外交部"中非联合研究交流计划"
"十二五"国家重点图书出版规划项目
国　家　出　版　基　金　资　助　项　目
南京大学非洲研究所江苏高校国际问题研究中心建设项目成果
江苏省优势学科建设工程资助项目

非洲资源开发与中非能源合作安全研究丛书　黄贤金　甄　峰 主编

非洲农业与农村发展
——非洲九国野外实地考察研究

姜忠尽　甄　峰　刘成富 编著

南京大学出版社

图书在版编目(CIP)数据

非洲农业与农村发展:非洲九国野外实地考察研究 /
姜忠尽等编著. —南京:南京大学出版社,2014.11
(非洲资源开发与中非能源合作安全研究丛书 / 黄
贤金,甄峰主编)
ISBN 978 - 7 - 305 - 13779 - 2

Ⅰ. ①非…　Ⅱ. ①姜…　Ⅲ. ①农业发展—研究—非洲
②农村经济发展—研究—非洲　Ⅳ. ①F34

中国版本图书馆 CIP 数据核字(2014)第 185589 号

出版发行　南京大学出版社
社　　　址　南京市汉口路 22 号　　邮　编　210093
出 版 人　金鑫荣

丛 书 名　非洲资源开发与中非能源合作安全研究丛书
主　　编　黄贤金　甄　峰
书　　名　非洲农业与农村发展——非洲九国野外实地考察研究
编　著　姜忠尽　等
责任编辑　陈　露　吴　华　　　编辑热线　025 - 83596997
照　　排　南京紫藤制版印务中心
印　　刷　扬中市印刷有限公司
开　　本　718×1000　1/16　印张 26.25　字数 514 千
版　　次　2014 年 11 月第 1 版　2014 年 11 月第 1 次印刷
ISBN　978 - 7 - 305 - 13779 - 2
定　　价　80.00 元

网址:http://www.njupco.com
官方微博:http://weibo.com/njupco
官方微信号:njupress
销售咨询热线:(025)83594756

总　序

国家主席习近平曾说过:"中非是命运共同体。"但对于中国人而言,非洲,既远又近。远,是她的距离、她的神秘;近,是中非关系的密切、中非交流的日盛。可是,往往似乎越来越了解非洲,却实际上也越来越不了解非洲。我们更多地看到的是对非洲的介绍,但却缺乏对非洲更多的深入了解,更多的研究探究。

非洲,富饶而又多难。富饶,非洲拥有丰富的矿产资源以及其他自然资源;多难,非洲长期难以摆脱"资源诅咒",即便是在95％的土地被殖民的19世纪末至20世纪,由于矿产开发与当地经济发展的"两张皮",其资源开发也未能带来非洲的繁荣。

进入21世纪,非洲的发展引人注目,2000年英国《经济学家》(*The Economist*)周刊声称非洲是"绝望大陆",在2011年,它认为非洲是"希望之州"。而中国对非洲经济增长贡献率达20％以上。可见,非洲的经济改革以及其不断融入全球化经济体系,尤其是中非新型战略合作伙伴关系的深入发展给非洲带来了更多的希望和不断的繁荣。

无论非洲是"远"还是"近",是"停滞"还是"发展",南京大学非洲研究团队50年来一直重视对非洲问题的研究。

50年前的1964年4月,为了响应毛泽东主席于1961年4月27日提出的"我们对于非洲的情况,就我来说,不算清楚,应该搞个非洲研究所,研究非洲的历史、地理、社会经济情况"的要求,原国务院外事办公室批准成立南京大学非洲经济地理研究室(1993年12月改建为南京大学非洲研究所)。这为南京大学组织多学科、多领域专家开展非洲研究搭建了重要平台。

50年来,南京大学非洲研究,从20世纪六七十年代的非洲地理资料建设、文献翻译以及资料挖掘研究,发展到八九十年代的非洲经济社会发展战略、非洲农业地理、非洲石油地理等全面、深入的非洲研究,进入21世纪对于非洲经济发展、非洲农业、非洲土地制度、非洲能源利用、非洲粮食安全等问题的合作与开放研究,使得南京大学对非洲问题的认知也不断拓展、深入和发展。尤其是与外交部、农业部、国家开发银行等合作,使得南京大学非洲研究团队对中非合作议题有了更为深刻的认知。

如何通过更加积极的中非资源合作，使得非洲不断摆脱"资源诅咒"？非洲土地、渔业、水资源如何得到持续利用？如何通过更加积极的土地制度改革，促进非洲粮食安全？非洲港口资源如何更加有效地服务于城市发展与区域贸易？长期以来，南京大学非洲研究所十分重视非洲资源开发及中非能源合作的研究，并组织了地理科学、海洋科学、城市规划、政治学、管理学等多领域的专家开展合作研究，所完成的《非洲资源开发与中非能源合作安全研究丛书》正是这一研究成果的结晶。

国家主席习近平曾说过："中非情比黄金贵。"本丛书研究的立足点在于希望对非洲资源的开发利用突破"殖民者的路径依赖"，突破"资源诅咒"的陷阱，服务于更加积极的中非合作，真正为推进非洲的发展提供参考，让非洲更多地得益、更快地繁荣；本丛书研究成果也突破了对非洲矿产资源的单一关注，侧重于对非洲矿产、土地、渔业、水资源、港口、城市等自然资源、人文资源与经济社会发展问题的综合研究，为有利于非洲区域自然资源一体化和可持续利用管理的决策提供参考。

黄贤金

2014 年 4 月

前　　言

"中非联合研究交流计划"系温家宝总理在"中非合作论坛"第四届部长级会议上宣布的对外务实合作八项新举措之一。外交部非洲司为贯彻交流计划，于2011年4月24日下达项目通知书，委托南京大学非洲研究所承接"非洲农业和农村发展"学术交流项目，并组织综合考察小组赴非洲国家开展实地考察。

南京大学非洲研究所为完成这一项目，由姜忠尽、黄贤金、甄峰、刘成富四位教授组成赴非考察小组，并编制了详细的考察计划，明确了考察的目标、内容、国别、交流对象和考察路线。

1. 考察目标定位

探讨非洲不同地理环境条件下，土地资源的综合开发利用、粮食安全战略、传统农业向现代农业转型模式、新农村与小城镇建设、传统文化在农村社会转型中的地位与作用，为我国科学有效地开展中非农业合作提供决策参考。

选择具有一定代表性的非洲国家的最高学府作为今后学术交流和合作研究的依托基地，逐步建立起长期的学术交流关系，探索合作研究的模式和有效的保障机制。

选择非洲国家中具有代表性的考察路线和考察区域来探索农业和农村发展内在的运行规律与机理，为今后长期的跟踪性研究创造条件。

培养一支长期从事非洲研究的人才队伍。

2. 考察内容

非洲粮食安全战略研究；

非洲土地资源永续利用战略；

非洲农村发展中的新农村建设与农村城镇化问题；

非洲传统文化在农村社会转型中的地位和作用。

3. 考察国家：南非、刚果（金）、刚果（布）、加蓬、马里五国

南京大学赴非考察小组于2011年8月9日至9月8日相继考察了南非、刚果（金）、刚果（布）、加蓬、马里五国。考察小组主要选择各国农业部、农村发展部、高等院校，联合国粮农组织，中非农业合作项目，小城镇和农村地区等，开展对接交流和实地考察。在考察过程中，因各国国情不同，考察重点和对接对象各有侧重。

在为期一个月的五国考察过程中,考察小组不仅获得了大量的文字资料,而且在野外考察中拍摄了大量照片和影像,这为进一步深入研究非洲农业与农村发展问题积累了宝贵的文献资料。2011 年 10 月考察小组完成了《非洲农业与农村发展》综合考察报告,同年 12 月在南京大学成功举办了"非洲农业与农村发展"综合考察汇报会暨学术研讨会。

1982 年至 1984 年 7 月,笔者在坦桑尼亚达累斯萨拉姆大学地理系进修并从事非洲地理研究期间,该校在自身教育经费十分紧缺的情况下慷慨解囊,资助笔者赴坦桑尼亚各地进行实地野外考察,重点考察坦桑尼亚不同农业自然资源环境条件下的农牧业和农村发展,旨在深入认识东非高原热带农业和农村发展的特点与地区差异,以及各农业地域类型区的地理环境、农业部门结构、作物地域组合和畜群组合特点。为了进一步探讨在不同农业地域类型区如何科学开发农业资源和因地制宜布局农牧业生产(详见坦桑尼亚野外考察路线图),在达累斯萨拉姆大学期间,笔者先后完成了两篇论文(英文稿):《非洲畜牧业》和《东非高原农业地域类型初步研究》。1986 年,笔者又在《西亚非洲》第 3 期发表了《非洲牲畜饲养方式与热带草原合理开发与利用》,在《南京大学学报(世界地理)》上发表了《从东非农业地域类型初探》。在坦桑尼亚全国野外实地考察的基础上完成的《坦桑尼亚农业地域差异的经济地理分析——热带农业地理的一例》于 1988 年发表在《热带地理》第 8 卷第 1 期上。

1998 年 10 月至 1999 年 10 月的一年里,笔者赴肯尼亚内罗毕大学地理系进行高级访问及研究半年,其后相继访问埃塞俄比亚亚的斯亚贝巴大学、乌干达默克雷雷大学和坦桑尼亚达累斯萨拉姆大学。在肯尼亚时,从内罗毕出发向东至沿海港口蒙巴萨,继而向北至沿海区历史名城马林迪,主要考察沿海农业;向西穿越东非大裂谷西支至纳库鲁地区,继续折向南至埃根顿农业大学,主要考察肯尼亚高地农业。之后,笔者在野外考察的基础上完成了《肯尼亚农业地域类型初步划分》(英文稿)。1999 年 5 月至 7 月访问研究埃塞俄比亚期间,笔者重点考察埃塞俄比亚高原农业和农村发展。从首都亚的斯亚贝巴向东南至东非大裂谷北段阿瓦什河谷地带上的农村,参观了当地的传统民居及其周围的生存环境。从首都向北至青尼罗河源头塔纳湖地区,落脚湖滨历史名城巴赫达尔,乘汽艇在湖上考察了湖中小岛和青尼罗河的源头水域。继而驱车考察青尼罗河提萨贝大瀑布,沿途考察高原农业和山民的简陋生活空间。《埃塞俄比亚农业现代化战略转型模式探讨》一文已摘要译成英文、法文,并发表于《北京周报》(中国与非洲)2000 年第 5 期上。

1999年8月至9月继续访问乌干达期间，笔者重点考察了维多利亚湖区（坎帕拉—金贾）的大蕉种植业，当地居民的主食"马图基"就是用大蕉做成的。自首都驱车向北至利拉地区，笔者考察了农业和农村。

在东非四国考察研究的最后一个月是在坦桑尼亚度过的。笔者首先再次赴桑给巴尔岛考察海岛农业，期间访问了达累斯萨拉姆大学海洋研究所，在所长的陪同下参观了所内的研究设备和标本。另一项重要考察活动是与我国驻坦桑尼亚大使馆文化参赞开车一同沿沿海公路向南，考察沿海经济果林，直至历史文化名城基尔瓦。遗憾的是在距目的地还有60公里的时候，小车突然冲出公路侧翻在路旁，驾驶室顶篷和两侧玻璃破碎，只好放弃前行，等待大使馆救援返回。

2011年8月至9月非洲五国考察及笔者进行的两次东非四国考察，虽仅涉足九国，但所揭示的农业和农村发展的种种问题，对整个非洲来说具有很强的代表性，九国农业和农村发展的种种问题基本上反映了非洲的现实。通过九国实地考察增强了感性认识，为进一步开展非洲农业和农村发展研究打下了初步的基础，为我国在新形势下进一步推动和深化中非合作提供了决策依据，探索了解决非洲粮食安全和农村社会发展问题的模式、对策与机制，具有重要的现实意义和长远的战略意义。

在有关政府部门和学术界，非洲农业和农村发展问题，尤其是中非农业合作的模式和机制，一直是一个充满歧义的话题，可以说，它是新中国开启农业援非以来的50年中一直探讨的问题。从本书的章节中也可以看出，学者们从不同的角度探讨非洲从传统农业向现代农业的转型之路，客观地反映了作者们对非洲农业和农村发展问题的独立见解，这对中国有效地开展中非农业合作具有积极的现实意义和重要的科学意义，有助于我国有关部门和企业界投身非洲农业与农村发展事业的科学决策。

在本课题的研究中，除考察小组亲自赴非洲九国实地考察获得的大量政府文献资料和对接访谈获得的宝贵活资料之外，还参考了国内外现有的研究成果，学者们在此基础上的研究进一步提高了本书的科学性。同时，非洲当地学者提供了自己的研究成果和观点，为本书增添了浓厚的乡土味。笔者在南非、刚果（金）、刚果（布）、加蓬、马里、坦桑尼亚、肯尼亚、乌干达、埃塞俄比亚九国野外考察过程中，得到我国驻上述国家大使馆的鼎力相助，同时得到中兴能源有限公司驻刚果（金）分公司的全力相助和中国赴马里农业专家小组的大力协助与支持，此外，陈雅、孙中亚协助主编做了大量工作，在此表示诚挚的敬意。本书上篇第一章和第六章图片均为笔者实地拍摄,其他图片主要选用网上的资料图片。全书由主编制订考察计划、编写大纲、统稿、修改和定稿。由于非洲农业和农村发展文献资料不多,作者水平也有限,书中难免有不少缺陷,敬望广大读者提出宝贵意见。

由于参加本书研究和编写的作者较多,不在此一一列出,作者仅署名于每篇文章末端,诚请谅解。

对于南京大学出版社杨金荣、吴华的鼎力相助和支持,陈露为全书编辑加工付出的大量辛勤劳动,谨此致以诚挚的感谢!

姜忠尽

2013 年 10 月于南京大学非洲研究所

摘　　要

　　非洲农业与农村发展问题,尤其是粮食安全问题,一直是国内外学者关注和研究的重要问题,也一直是充满歧义的问题。本书是笔者在南非、刚果(金)、刚果(布)、加蓬、马里五国和坦桑尼亚、肯尼亚、乌干达、埃塞俄比亚四国实地野外考察农业和农村发展问题的基础上,经多年探讨和研究完成的,笔者从不同的学科视野对非洲从传统农业向现代化农业的转型之路、乡村发展过程中的城镇化和传统文化在乡村社会转型中的地位和作用等问题进行深入的探讨和研究,客观地反映了笔者对非洲农业和农村发展中所面临的种种问题的独立见解,对中国有效地开展中非农业合作,推动农业合作开发,把非洲丰富的农业资源优势转化为产品优势、市场优势和经济优势,增强非洲国家自主发展农业的能力,提高粮食自给率,具有积极的现实意义和重要的科学意义。

　　本书内容分上、下两篇,上篇为考察与研究,以非洲农业和农村发展方面的专题性研究成果作为本书的特色。

　　上篇内容共分为六章,第一章为笔者赴南非、刚果(金)、刚果(布)、加蓬、马里五国进行农业和农村发展问题实地野外考察纪要。考察组活动内容主要为与各国农业部、农村发展部、高等院校,联合国粮农组织,中非农业合作项目单位等开展座谈和学术交流,并深入到乡村地区实地考察农业、农民和小城镇。

　　第二至五章内容主要涉及南非、刚果(金)、刚果(布)、加蓬、马里等国的粮食安全战略与对策、土地资源永续开发利用、畜牧业发展条件与潜力、森林资源综合开发和利用、乡村城镇化、传统文化与乡村现代化转型等问题的研究。

　　第六章主要研究东部非洲的高原农业问题,坦桑尼亚农业地域差异形成的地理条件和特点、肯尼亚农业地域类型的形成条件与划分、埃塞俄比亚农业现代化战略转型模式。

　　下篇内容共分八章,第一章为中非合作粮食安全战略选择,主要在分析非洲粮食长期不能自给的原因和发展农业的优势资源条件的基础上提出中非合作,携手共建非洲粮食生产基地,以提高非洲国家的粮食自给率,保证粮食供应。

　　第二章在分析非洲粮食问题时空演化的基础上,提出解决粮食问题的对策建议。

　　第三章在分析非洲海洋渔业资源开发现实的基础上,提出中非渔业合作的机遇、挑战与对策。

　　第四章重点分析非洲土地、草原、森林等生态环境的变化特点及其对农、林、牧业发展的影响。非洲脆弱的生态环境不断受到森林乱砍滥伐、粗放经营、草场过牧、随意垦耕、用水过度等人类活动破坏,导致土地严重荒漠化、生态系统受到严重破坏,严重削弱和制约农业经济的发展。

第五至六章主要研究非洲的城乡联系、乡村工业化与城市化的互动联系,探讨非洲乡村城镇化的道路与模式。

第七章在分析非洲乡村能源利用特点的基础上,面对乡村能源供求矛盾突出的现实,提出解决乡村能源供应问题的途径与对策。

第八章探讨非洲走向多元化融合以及传统文化在乡村社会转型中的地位和作用。非洲传统文化仍然体现在农民社会生活中的方方面面,如在乡村社会结构、宗教信仰、民俗等方面,如何继承与保护传统文化,取其精华,去其糟粕,值得研究。

Abstract

Agricultural and rural development in Africa, especially the food safety problem, has been the focus cared about and studied by the domestic scholars. It has always been an ambiguous problem. The author has investigated the agricultural and rural development in South Africa, Democratic Republic of the Congo, Congo, Gabon, Mali, Tanzania, Kenya, Uganda and Ethiopia. The author shows his distinctive view on the problems during the Africa agricultural and rural development, based on the investigation, research and discussion. The book makes a deep study, from different disciplines of the transformation from traditional to modern agriculture, the urbanization in rural development as well as the status and role of African traditional culture in the course of transition of rural society in Africa. All the above has brought benefit to the development of Africa agriculture. Firstly, it can help improve China-Africa cooperation on agriculture. Secondly, it can help the African countries transform their advantages in agriculture resources into advantages in product, market and economic, so that they can improve their grain self-sufficiency ratio and independent development capacity in agriculture.

The book consists of two parts. Part one is about the investigation and research. It features the monographic study of the agricultural and rural development in Africa.

Part one is divided into six chapters. Chapter one is the minutes recorded when the author did the field study on the agricultural and rural development in South Africa, Democratic Republic of the Congo, Congo, Gabon, and Mali. The study group selected Department of Agriculture, Ministry of Rural Development, institutions of higher learning, Food and Agriculture Organization (FAO), China-Africa agricultural cooperation units for main investigation. Then they carry out discussions and academic communications and take a field trip around agriculture, farmers and small towns.

The second to the fifth chapter mainly involves the study of the food security strategy, sustainable utilization of land resources, the development potential of animal husbandry, synthetic development and utilization of the forest resources, rural urbanization, traditional culture and the modern social transformation of the countryside in South Africa, Democratic Republic of the Congo, Congo, Gabon, and

Mali.

The sixth chapter mainly covers the agricultural problem on the plateau in East Africa, including the features and geographical conditions for the agricultural regional difference in Tanzania, the formation and division of agricultural region type in Kenya and development strategy of agricultural modernization in Ethiopia.

Part two is divided into eight chapters. Chapter one is about China-Africa cooperation on the choice of food security strategy. Firstly, it analyses the reasons for the long-term food insufficiency in Africa and advantage resources for agricultural development. Then it proposes the idea of China-Africa Cooperation to build up the grain production base so as to improve the grain self-sufficiency rate and guarantee food supply.

Chapter two analyses the temporal-spatial evolution of the food problem in Africa and makes countermeasures and suggestions.

Chapter three analyses the basic conditions of the development of marine fishery resources in Africa and puts forward the challenges and opportunities of the cooperation on fishery between China and Africa.

Chapter four focuses the analysis on the change of land, grassland and forest, especially the impact on the crops, forests and livestock. The fragile ecological environment is suffering from deforestation, extensive cultivation, overgrazing, overuse of water and some other problems. All have resulted in serious desertification, destruction of the ecosystem, which will restrict the development of agriculture.

Chapter five and chapter six present a primary research on the rural-urban linkages and the linkages between village industry and the rural urbanization in Africa, and discuss the development paths and models.

Chapter seven analyses the features of energy utilizations and proposes measures to solve the energy supply problems in rural Africa.

Chapter eight discusses the role that the integration of diverse culture and traditional culture plays in the course of transition of rural society. Traditional culture exits in all aspects of the life of the peasants, like the structure of rural society, their faith and customs. How to safeguard and inherit the traditional culture, select the essence and abandon the dross is worth studying.

目　　录

下篇 思考与探讨

CONTENTS

Part One Investigation and Research

Part two　Ponderation and Discussion

上篇　考察与研究

第一章

非洲五国农业和农村发展实地考察纪要

"中非联合研究交流计划"系温家宝总理在"中非合作论坛"第四届部长级会议上宣布的对外务实合作八项新举措之一。外交部非洲司为贯彻交流计划,在 2011 年 4 月 24 日下达项目通知书,委托南京大学非洲研究所承接"非洲农业和农村发展"学术交流项目,并组织综合考察小组赴非洲国家开展实地考察。考察内容主要有以下四个方面:(1)非洲粮食安全战略;(2)非洲土地资源永续利用战略;(3)非洲农村发展中的新农村建设与农村城镇化问题;(4)非洲传统文化在农村社会转型中的地位和作用。

南京大学赴非考察小组于 2011 年 8 月 9 日至 9 月 8 日相继考察了南非、刚果(金)、刚果(布)、加蓬、马里五国。考察小组主要选择各国农业部、农村发展部、高等院校、中非农业合作项目、小城镇和农村地区、联合国粮食组织等,开展对接交流和实地考察。在考察过程中,因各国国情不同,考察重点和对接对象各有侧重。同时,考察小组尽量利用一切可行的机会对社会不同阶层特别是下层社会进行了广泛的接触。

第一节　南　非

南非属于中等发达国家,也是非洲最发达的国家,但经济社会发展却表现出严重的不均衡。在比勒陀利亚,我们拜访了中国驻南非大使馆。当时的中国驻南非大使钟建华先生及使馆参赞等与我们进行了详细的交流,对南非的社会经济与乡村发展作了总体的介绍。我们了解到,长期的白人统治历史造成南非 7% 的人口占有了90% 的国土资源。这一历史问题至今仍然影响着南非的社会经济发展和空间特征。曾经很长一段时期,黑人是不能进城的,更无法获得就业机会。到了 20 世纪 80 年代,南非白人政权对黑人实行"流动劳工"制,即允许黑人在城市打工,但不许黑人在城市内安家,且规定黑人劳工必须随身携带证件,否则就会被遣返回农村。如今,尽管黑人当家做主了,但是南非贫富悬殊的现状并没有得到多大改善。虽然现在不少黑人也进城居住,但仍然是白人占绝对优势。黑人所从事的工作也都是技术含量低、薪酬低的工作。这客观上限制了乡村劳动力向城市的转移,更别说获得平等的就业机会,也阻碍了乡村地区的发展。

在中国驻南非大使馆的热情帮助下,我们拜访了南非农业部部长助理以及南非乡村发展部的部长助理并进行了座谈,较全面地了解了南非乡村与农业发展情况。乡村发展部部长助理给我们讲述了南非宏伟的乡村发展计划,也探讨了一些关于乡村发展的问题,如乡村城市化、乡村经济发展、乡村土地制度改革等问题。

图片 1-1　2010 年 11 月中国驻南非大使馆
(左起刘成富、姜忠尽、前中国驻南非大使刘贵今、前中国驻南非大使钟建华、陆青江参赞)

图片 1-2　与南非农村发展部秘书长合影

图片 1-3　斯坦陵布什大学非洲学术研讨会合影

南非乡村存在着资源占有不均衡的问题,这极大地影响着乡村地区的振兴。为了进一步了解南非农业与乡村发展情况,我们拜访了比勒陀利亚大学农业经济系。

曾多次访问过中国的系主任 Kristen 教授告诉我们,南非农业生产具有鲜明的二元结构,国内存在着两种截然不同的农业生产机制,其生产内容、水平、特点都存在着巨大的差异。一方面是少数白人农场主经营的发达的、高度商品化的大型农牧场,

图片 1-4 比勒陀利亚郊外白人农场

图片 1-5 比勒陀利亚典型的市郊景观

图片 1-6 比勒陀利亚郊区高档住宅区

图片 1-7 比勒陀利亚郊外四星级酒店(Farm Inn)

它们拥有南非国内多数的优质土地。南非的主要农产品均来自于白人商业农场,其产值占南非农业总产值的 90% 以上。这些农场是南非农业发展的基础,全国有 4 万多白人农场主,雇用了 60 万黑人农民,南非有 90% 的食品来源于这些农场。一般来讲,黑人农民每个月收入 1500 兰特。另一方面则是非洲黑人长期自给自足、仅能维持生计的传统农业。种族隔离统治时期的有关土地法令将 86% 的土地给了白人,广大的黑人被排挤到被称为“黑人家园”的土地相对贫瘠的“保留地”。到种族隔离制结束时,由于广大黑人地区人多地少,缺少资金和技术,基础设施落后,导致农作物产量低下,许多黑人地区所需的粮食还得从白人农场中调运。这已经严重影响了南非农业的整体发展。南非政府虽然也扶植黑人发展农业,增加对黑人农村的投入,但要改变这种局面并非短期可以见效的。南非农业上的这种二元结构和不平衡状况将长期存在。乡村的基础设施、基本公共服务仍然很差,这迫使越来越多的农业

人口走出乡村,到城市谋生,但由于找不到合适的就业岗位,就直接促使了城市边缘地区大规模贫民窟的出现。

在法律意义上,尽管延续了300余年的南非种族隔离制已宣告结束,但是社会生活仍然受到种族隔离制遗留问题的影响,白人和黑人文化差距大,贫富差距也难以在短时期内缩小。以大城市为主体的白人南非和以"黑人家园"为主体的黑人南非,是两种天地、两种生活图景。南非白人居住区与黑人城镇反差极大,前者有瑰丽多姿的花园别墅和豪华住宅;而后者简陋的铁皮小屋星罗棋布,多是以波楞瓦或铁皮为顶、形似纸盒的简单窝棚,有的甚至用木板和纸板搭成,屋内缺乏基本的生活、卫生设施,住房一家挨一家,单调暗淡,与精致多彩的白人住房形成鲜明对比。

图片 1-8 比勒陀利亚郊区民居

离开了比勒陀利亚,我们又返回到约翰内斯堡,乘坐飞机赶赴非洲最南端的海港城市——开普敦。它是南非的立法首都,立法机关都在这里。它也是2010年入选的全球最宜居城市之一,这可是非洲唯一的一个。但是,从机场高速一出来,首先映入眼帘的是沿着机场布局的一些物流企业,接着就是一大片贫民窟,连绵数公里。但接下来的自然景观,还是让人感觉到震撼。

图片 1-9 开普敦美丽优雅的自然景观　　　　图片 1-10 开普敦相得益彰的农业大棚

　　葡萄种植和酿酒业是开普敦的一个重要产业,它和旅游业相互协调,一起支撑着南非第二大城市开普敦的世界影响力。我们考察了坐落在一个风景秀丽的山坳之中的 Meethlingshof 葡萄酒庄,它已经有 300 多年的历史。酒庄种植了大片的葡萄,品种很多,其中可酿成红酒的葡萄占 55%,而剩余的 45% 是白酒葡萄。酒庄建设用地不大,有建筑物 3 栋,包括饭店和历史陈列馆、产品展示和游客体验区。Meethlingshof 在国际上享有卓越声誉,酒庄文化和地域特色浓郁,已成为开普敦及周边地区重要的旅游休闲地。这一点对于我们国内专业化农庄的开发与建设是有着重要的借鉴意义的。从进口红酒市场来看,南非的葡萄酒品质也是非常好的,国内与南非葡萄酒市场的合作具有良好前景,加强合作有利于改变我国当前以法国葡萄酒为主的单一市场结构。

图片 1‐11　美丽的 Meethlingshof 葡萄酒庄

　　好望角正位于大西洋和印度洋的汇合处,地理区位特殊,生态资源丰富。驱车从开普敦市区一路向西南,对滨海地区植被、城镇建设有了更为直观的感受。沿途我们看见了政府建设的中高档住宅区,别具风格的西蒙小镇和令人震撼的好望角。

图片 1‐12　开普敦山坳里的高级住宅区

图片 1‐13　开普敦地区渔村一景

图片 1-14　考察开普角自然保护区（左为好望角）

第二节　刚果（金）

刚果民主共和国,简称刚果（金）,是位于非洲中西部的国家,赤道横贯其中北部,面积234.5万平方公里,是联合国公布的世界最不发达国家之一。刚果（金）的采矿业占经济主导地位,加工工业不发达,农业落后,粮食不能自给,但在20世纪80年代,刚果（金）曾是非洲经济状况较好的国家之一。自1990年以来,由于刚果（金）国家政局混乱,加上西方国家终止与蒙博托政权的政府间合作并实施外交制裁,该国国民经济持续恶化,连年负增长,通货膨胀最高达4位数。中国驻刚果（金）政务参赞向我们介绍了刚果（金）的整体情况,让我们对其有了更清晰的认识。中国政府向刚果（金）提供过许多经济援助,承担了人民宫、体育场、制糖联合企业、手工农具厂、稻谷技术推广站、贸易中心和金沙萨邮件分拣中心、金沙萨综合医院等成套项目。近年来,越来越多的中国企业赴刚投资兴业,投资领域包括电讯、矿业、木材加工等,主要有中兴通讯公司与刚方合资设立的刚中电信有限公司、中国有色集团在刚设立的刚果矿业公司,中国中铁、中国水电和浙江华友与刚方成立的华刚矿业公司等。

由于多年战乱的影响,刚果（金）城乡社会经济发展非常落后,城市化水平很低,农村人口占全国总人口的70%,大部分人口住在乡村。

在首都金沙萨,我们在中兴公司的帮助下拜访了刚果（金）农业部的官员马普亚博士。在简陋、杂乱的办公室里,马普亚博士为我们介绍了刚果（金）的农业、农民和乡村发展问题。在当前的情况下,粮食安全是政府最关心的问题。由于全国的粮食产量远远不能满足需求,粮食产量大概有1900万吨,但需求是2400万吨,全国有45%的人口营养不良。因此,刚果（金）每年需要从国外进口大量粮食以满足大城市的需要,尤其是小麦、大米、糖等大部分都需要进口,其他的副食品如猪肉、牛奶、鸡

图片 1-15　拜访中国驻刚果(金)政务参赞、商务参赞　图片 1-16　与农业部主管官员马普亚博士合影

图片 1-17　与刚果(金)乡村发展部秘书长阿贝勒博士亲切座谈

蛋等也都需要进口,来满足人们对食品的需求。对于大城市来讲,由于港口等基础设施条件好,运输相对容易。但对于偏远的乡村地区来讲,运输不方便,加之价格较贵,农村居民很难享受到进口的食品。但一些自然条件较好的地区,如东北部的地区,基本能够做到自给自足,食品安全没有什么大问题。由于刚果(金)的极端贫困以及粮食紧缺问题,联合国粮农组织也做了很大努力去帮助解决粮食问题。战争结束后,也采取了一些紧急救援的措施,情况得到了不小的缓解。刚果(金)政府现在已经开始着手国家农业与乡村地区中期发展规划。

　　在中国驻刚果(金)大使馆和刚果(金)中兴能源公司的安排下,我们得以见到了刚果(金)乡村发展部秘书长阿贝勒·布希博士。阿贝勒秘书长热情好客,从中刚关系、农业和农村发展、传统文化建设及中刚合作等方面为我们作了详细的介绍。他谈到了中国是刚果(金)的第一个合作伙伴,他已走访了中国多个城市和乡村,很希望学习中国的成功经验来发展刚果(金)经济。因为刚果(金)大部分人口住在乡村,乡村部门要做的工作是饮食、饮用水住房等问题,要使农民有能力来进行农业的生产,所以还需要进行研究以满足乡村的需求,以及做好农产品的推广、销售、粮食贮存等。由于经常出现断水、断电情况,阿贝勒秘书长对新能源也很感兴趣。

据秘书长介绍,刚果(金)面积 234.5 万平方公里,差不多有 6000 万人口。农村地区的第一个特征是绝对贫穷;第二个是医疗设施很差。文盲率比较高,特别是年轻的女性。基础设施差,没有可饮用水、电、医院等,交通条件差。能源问题,太阳能、水利发电等都缺乏,主要是靠传统方式进行生产,使得粮食安全无法保证。过去几年,政府在农业机械方面作出了一些努力,买了不少拖拉机。由于农民居住分散,乡土感情很深,即使找一个有水有电的地方,人们也不一定愿意去。他强调了刚果(金)有自然方面的潜力,却没有能够利用好资源。所以第一步是要解决农村的最基本的压力问题,大部分乡村没有电、水资源,管理、医疗、住房、小孩入学等方面存在问题。刀耕火种,森林破坏在加重,土地沙化严重,存在森林保护和管理问题。

图片 1-18　金沙萨郊外的乡村市场

图片 1-19　金沙萨郊外省级公路边乡村摊点

刚果(金)传统文化具有多样性。每个民族文化对社会都会产生一定影响,宗教也是。刚果(金)没有传统的宗教,传统的宗教已经被殖民者给扼杀了。现在的宗教主要来自于东方和西方,如天主教、基督教、伊斯兰教等。作为国家,刚果(金)是无宗教的。因此,这个国家主要是靠宪法,不是靠宗教。现在的宗教被当局认为是现代的宗教。刚果(金)有很多的部族和家族,在权利尤其是国家政体这块,其影响没有以前那么大。如果再谈土地,有些是传统的土地,如祖先留下来的。国家规定说,土地以及土地以下的资源都是国家的,国家是土地的主人。国家是有耐心的,对于祖传下来的土地,要成为土地的主人,必须由国家来定。因为这是由土地法决定的,但是也必须要遵守传统。比如有一个酋长说,这块地是我的,是我的祖先留下来的,那么别人想获得这块土地,就要给酋长礼物,但也必须要通过国家来进行认证。如果得不到资质,酋长也没有任何证明的话,国家可以将土地给其他任何一个人。传统的酋长制度正在消失,传统文化很难继承下去。

原始民族主要集中在刚果(金)东北部的原始森林地区,人口大概是 60 万左右。他们处在社会的边缘,政府考虑的是如何引导这些人走向现代社会,并采取特殊政策和措施保护他们。这些土著人的传统观念很强,怎样保护树林、保护动物对他们都很重要。如果要谈农业发展,就必须要征求这些土著人的意见。作为国家是可以采取强制性措施的,但是我们会尊重他们的传统,向他们传授知识,帮助他们进入学校学习。最后,阿贝勒秘书长还就粮食安全问题的中非合作提出了自己的想法,包括从季节性的农业开发向全年性的农业开发过渡,加强农民的管理,激发私有企业单位的积极性等。

第二天,8月21日上午,阿贝勒秘书长亲自带领我们考察了首都金沙萨170公里之外的贝达村庄,它位于干线公路旁边,但还是保留着不少原始的景观。刚果(金)是一个多宗教并存的社会,但是,传统宗教在社会生活中,特别是在乡村生活中依然是主流。传统社会非常敬畏祖先和神灵,并形成了不同的宗教仪式,刚果(金)人的至上神崇拜也是传统宗教文化中的一个重要方面。传统的酋长权力在现代权力的执行中具有非常重要的位置。因为刚果(金)的人民大多数生活在乡村,所以他们直接受到传统的酋长制文化影响,直接接受酋长的领导。酋长一般拥有精神和政治的双重统治地位。酋长扮演着族人与祖先进行沟通的介质,他的精神威望在传统而神秘的就职仪式上得到确立。酋长的个性特点和人格魅力直接影响着他的精神领袖的地位。从传统权力的角度和酋长拥有的政治权力的角度来讲,他必须担负起为族人创造良好生活环境的责任。他要公正地对待族人,公平地分配领地上的资源,此外,还要担负起保护族人安全的责任。所以,酋长拥有武装力量的权力,这种权力得到国家公共权力机构的认可。

村长伽利马和村庄其他负责人在他自家的院内热情地接待了我们,这是他第一次接待来自中国的客人。他希望通过交流给他的村庄以希望。这个村有个村庄小组,不是一个人说了算。村长是世袭的,由于这里是母系氏族传承,村长的职位将传给其姐姐的儿子。村长手中的木偶上半身是人,是家族传下来的,它是氏族权力的象征。村里实行的是一夫多妻制。村长伽利马有两个老婆和六个孩子。男女婚姻自由,成婚一共有四步。第一步,男女双方和父母都同意,男方要送彩礼,如一箱啤酒、一瓶棕榈油等。第二步,在女方家定婚,然后男方要送丈母娘头巾、皮鞋、马灯、农具,送老丈人衣服、衬衫、领带、鞋、袜等,另外还要送两只山羊、一支猎枪、厨房灯、被子、床单、啤酒。第三步,在教堂举行婚礼。第四步,到市政厅办理结婚证,含财产协议。男女双方婚前不许有性行为;婚后如果有婚外性行为,则被赶出家门;如男人有婚外恋,女子可要求离婚。

在访谈结束前,我们问村长最需要哪方面的帮助,村长最希望能获得五方面的帮助:拖拉机和培训驾驶员,以扩大耕地;修道路;建贮粮仓库;解决饮用水;建医疗中心。访问结束后,村长送我们到村边公路旁的农村市场,他从西瓜摊上捡了两个西瓜送给我们,以示离别。

　　贝达村共有 1.5 万人,村庄所辖范围大约 2~3 公里,主要以栽培木薯为生。木薯起源于南美的巴西,哥伦布发现美洲之后才传入非洲。由于木薯十分耐旱耐瘠,基本不用浇水或施肥,因此在山坡或平地都可种植,不需要田间管理,且产量较高,每公顷约 800~1000 公斤,非常适合于热带非洲乡村地区种植。因此,木薯已经成为了乡村地区最重要的食物来源。乡村地区平均每人大约有一公顷可耕地,实际耕种的只是一小部分。木薯地中可间作玉米或豆类,种了 3~4 年就休闲几年。在贝达村考察时,一位族人把木薯削去皮切成小块,请大家品尝。这是一种甜木薯,含有小毒,需在水中泡三天释毒,然后晒干臼成粉,食用时用一种树叶包裹后蒸熟了再吃。这儿因食物短缺,村民每天只能吃一顿木薯饭团,很少吃菜,有时用木薯叶做菜。

　　水资源缺乏是影响非洲很多国家乡村发展的一大难题。由于贝达村地势较高,缺水也是必然的。饮水是村民面临的大问题,村民不得不到 3 公里外的一处低洼地去取水,饮用这些水之后可能会感染一些疾病,如疟疾、肠胃病等。村民们洗澡很困难,有的去附近的低洼沼泽地洗。有些年轻人会进首都打工,往往也因找不到活干,只得回来。

图片 1‑20　刚果(金)贝达村饮水储水罐及水井

图片 1‑21　刚果(金)贝达村考察:锄头和砍刀

图片 1-22　木薯田

图片 1-23　农民主食——木薯饭团

图片 1-24　乡村发展部秘书长讲解
木薯的种植与食用

图片 1-25　刚果(金)贝达村可爱的孩子们

2011 年 8 月 20 日,我们专程访问刚果(金)的最高学府金沙萨大学的农学院,副院长 Okitayela Onawoma Songhu 教授接待了我们。副院长向我们表达了希望与朋友建立合作关系的意愿。农学院首先是培养农学方面的学生,主要有七个方向:农学,主要是农业种植技术,如玉米、水稻等技术方面的传播;渔业养殖方面的专家,主要负责养殖业;农产品加工与贮存方面的教学和研究,主要是向农民传授储存、加工农产品的技术;土地和水方面,主要是寻求一些水土保持的帮助,水和农产品也是紧紧联系在一起的;野生动物和植物保护,因为刚果(金)有些国家公园需要去保护;森林保护,植树造林和木材加工;最后是农业经济,可能包容了前面所有的方面,还有商业化、市场营销等问题。农学院还有 400 多公顷的土地用作教学种植与养殖的实验农场,主要培养农业工程技术人才,可授予学士、硕士、博士等不同学位。

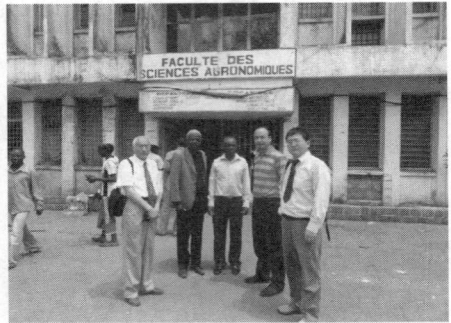

图片 1-26　与金沙萨大学农学院教师座谈

　　交谈完之后,副院长又很热情地带我们参观了美国帮助建设的制图实验室、加拿大帮助建设的土壤实验室等,并带我们参观了学校。有趣的是,在走廊里我们碰见了一个高大热情的黑人,他见到我们就用普通话打招呼,汉语很好。交谈中才了解到,他在广州待了 5 年,做生意赚了钱就来金沙萨大学学习了,正在攻读博士学位。

第三节　刚果(布)和加蓬

　　刚果(布)国土资源丰富,但现有农业开发面积仅占其 2%。农牧业落后,农业产值仅占国内生产总值的 6.3%,粮食、肉类、蔬菜等均不能自给,90% 以上依赖进口。刚果(布)农村人口约 100 万,农业生产以个体生产为主,个体农民耕种的土地面积占已耕面积的 68%,国营和外资合营农场占 28%,私营农场占 2.45%。刚果(布)主要粮食作物有木薯、玉米、稻谷、土豆、花生、香蕉等,经济作物有甘蔗、可可、咖啡、油棕、烟草等,畜产品有牛、羊、猪、鸡等。

图片 1-27　拜访前驻刚果(布)大使馆李树立大使

图片 1-28　刚果河畔一景

　　刚果（布）城市化水平高，已超过 60%，人口集中在首都布拉柴维尔及其他几个大中城市。存在的问题是，一方面乡村人口大量涌入城市，而城市又没有充足的就业岗位，这就造成了贫民窟在城市边缘区的出现。跟其他大多数撒哈拉以南非洲国家的乡村一样，刚果（布）的乡村处于非常原始的状态，非常贫困。中国与刚果（布）的农业技术合作有着多年的历史，对于刚果（布）乡村地区发展起到了积极的作用。我们考察了位于首都西南 17 公里处中国援建的贡贝（Kombe）农业技术示范中心①，这儿原为中国援建的贡贝农场，移交后渐渐废弃。该技术示范中心在原农场的基础上新建，中心占地面积 60 公顷，引进了新的蔬菜品种，已建成大棚蔬菜基地，并雇用当地人打工。但非洲人并不喜欢吃蔬菜。生活习惯方面，与中国的发展差距很大。该示范中心主要示范种植业（玉米、木薯、果蔬）、养殖业（养鸡）、食品加工业等，设有研发和培训中心，免费培训农技人才，每年举办3～4 期，每期 30～40 人，包食宿。

图片 1-29　刚果（布）贡贝农业技术示范中心菜地

---

①　中非论坛确立了 30 个农业示范中心。

图片 1-30　刚果(布)贡贝农业技术示范中心大棚蔬菜

2011年8月23日上午,我们拜访了刚果(布)农业部双边合作司。接待官员告诉我们,刚果(布)推动振兴计划,刚中有着特殊关系,进行农业合作时中方享有优先权。刚果(布)需要农业生产资料,需要粮食和蔬菜,如白菜、胡萝卜等。在谈到农业和农村发展时,他说刚果(布)在执行机械化计划,建立中心,帮助农民;在新农村发展计划中,由政府出资设立农业支持发展基金;农村发展与人口重新安置计划;建设粮食运送通道,把农村的粮食运送到大城市。目前刚果(布)耕种面积很小,需要拖拉机,需要与中国合作。刚果(布)1996年开始实施农业政策,支持农业发展。

8月25日,我们离开刚果(布)赴加蓬考察。加蓬国土面积只有26.8万平方公里,是热带雨林刚果盆地内刚果(金)、刚果(布)、加蓬三国中面积最小的国家,但矿产资源和森林资源极为丰富,石油和林业是加蓬两大支柱产业与外汇收入来源。林业是我们考察的重点。我们先后采访了我国驻加蓬大使馆、经商处以及在加蓬的主要中资木材加工企业华德集团公司驻地。加蓬森林的覆盖率高达85%以上,原木

图片 1-31　与中国援建刚果(布)贡贝农业技术示范中心农业专家进行交流

图片 1-32　拜访驻加蓬大使馆参赞

图片 1-33　加蓬首都利伯维尔海滨一景

储蓄量约 4 亿立方米,居非洲第 3 位。各类树种多达 800 余种,可开发利用的有 400 余种,多种名贵木材享有国际盛誉,例如采伐和出口最多的加蓬榄,其产量和出口量占世界首位。为保护森林资源,加蓬政府已出台原木出口禁令,各相关外资企业只得改建木材加工企业,中国企业也不例外。这一政府决策对外资企业虽有较大的影响,但对保护加蓬森林资源和木材产品加工增值是值得赞赏的。种植业在加蓬国计民生中不占重要地位。加蓬城市人口高达总人口的 80%。加蓬人民食物结构中的主食以木薯、香蕉、玉米、小麦、大米为主,均不能自给,大米、小麦全靠进口,玉米自给率只有 30%。

图片 1-34　游憩加蓬海岛沙滩公园

第四节　马　里

马里是我们五国考察的最后一站。2011 年 8 月 30 日下午 4 点,我们拜访我国驻马里大使馆。曹忠明大使热情地接待了我们。在会议室,由曹忠明大使主持,姜忠尽代表考察小组向全馆同志作了一小时汇报。汇报有四个重点:我国研究非洲力量的发展过程和现状;这次非洲五国考察的目标、内容和重点;对已考察过的四国的感受;在马里考察重点是商品粮基地的建立与农村发展,北部游牧经济的发展与水草资源保护等问题。

马里共和国是西非地区的文明古国,中古时代地处加纳、马里、桑海三大帝国的核心地区。马里国土面积124万平方公里,总人口1400万,80%的民众信奉伊斯兰教。马里是个多民族的农牧业国家,共有23个部族。北部通布图以北为撒哈拉沙漠,大多数人集中在南部地区。历史上有"西非粮仓"之称,工业基础薄弱,是联合国公布的世界最不发达国家之一。农村人口占总人口的70%,从事农业生产的人口占全国人口的40%以上。尼日尔河和塞内加尔河流经境内,可灌溉土地1800万公顷,约占全国总面积的15%,全国已耕地面积约350万公顷,占可耕地面积的20%。尽管马里发展农业生产的自然条件较好,但由于技术落后等原因,迄今仍基本处于"靠天吃饭"的状态,正常年份粮食自给有余。种植业以小米、稻谷、高粱、玉米为主;畜牧业占重要地位,主要牲畜为牛、羊、驴、马、骆驼。畜产品出口以牛羊肉、活牛羊及皮张为主。

图片 1-35 与驻马里大使馆曹忠明大使合影

图片 1-36 访谈马里农业部主管官员

图片 1-37 与粮农组织驻马里代表座谈

马里的市场并不发达,在市中心有一个规模较大的市场。由于马里畜牧业发达,所以牛皮制品也非常多。这里有传统的手工艺品,如黑木雕。大路的另一侧的街上有也许来自中国的廉价的生活用品。

图片1-38　马里首都巴马科的工艺品市场

图片1-39　马里首都巴马科街市

在中国援建马里农业专家队队长胡王先生的安排下,我们去拜访了联合国粮食与农业组织(FAO)在马里的观察所,较为详细地向粮农组织官员了解了马里农业生产技术、主要农作物类型与生产、农业技术人员、农业与农村发展这几个方面的内容。他们的主要职责是做马里的粮食安全工作。FAO在马里设有观察所,每个星期都要了解粮价,已在做商品粮的调查。他们负责全国粮食战略的制定,提出未来的战略报告,几种主要的谷物是优先发展的项目,已制定了五年发展规划。

马里农业结构现在是农牧结合,也用牛耕地,每户至少养1~2头牛,农忙时租用一头,很少的农户不养牛。商品牲畜主要在北方,现在南方养殖业也发达了。北方的商品牲畜主要向南出口至加纳、科特迪瓦。卖活畜损失太大,马里现不再出口活畜,主要出口肉类,但畜产品加工后需要冷库保存。粮农组织的盖塔先生表示愿尽力帮助我们完成农村实地考察,并提供一些已有的研究资料。

图片1-40　马里玉米与芒果树

尼日尔河是一条长 4200 公里的非洲大河,流域广阔,面积达 150 万平方公里,在流域内居住着 1.1 亿人口。马里是尼日尔河流域的重要国家,其境内尼日尔河流域的开发对全国的区域经济、农业与农村发展来讲意义重大。9 月 2 日,在胡王队长的协调下,我们一方面与尼日尔河流域开发办公室的负责人进行了面对面讨论和交流;另一方面,尼日尔河流域开发办公室又专门安排我们进行了尼日尔河流域塞林格地区的实地考察,涉及农业、渔业、牧业和副业等方面,是一次非常全面、系统的实地考察。从巴马科到塞林格水库有 160 公里,约三个小时的车程。

图片 1－41　马里乡村清真寺和民居

图片 1－42　与尼日尔河灌溉办公室官员座谈　　图片 1－43　尼日尔河巴马科大桥

由于靠近塞林格水库,灌溉条件较好,塞林格地区具备发展水稻种植的条件。当地村庄负责人及黑人水稻承包者在田头冒着烈日给我们讲述了稻田种植的基本情况。当地稻田每公顷产稻谷 3000 公斤,这已算是高产了。这儿旱作作物主要是玉米。水稻种植规模小的原因主要是在水稻选种方面存在着不少困难。随行的安徽省农科院的专家则为他们讲了中国的水稻种植技术。尽管由于长期的农业耕种习惯,水稻在这里的种植规模还是非常小的,但从发展远景来看,中马之间在农业合作方面利用中国成熟的水稻技术加强合作与交流,不失为一个很好的选择。

图片 1-44　马里水稻田考察

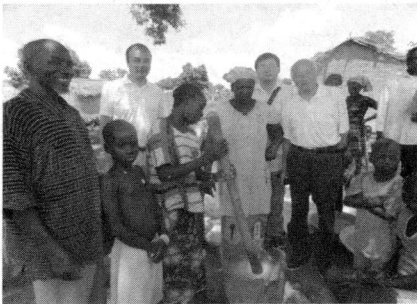

图片 1-45　参观农户

图片 1-46　牛群

离开稻田,我们又考察了该地区的主要农田水利灌溉设施,包括沟渠、泵站、河塘等。相对于别的乡村地区,这里的基本发展条件还是比较好的。在水渠的旁边,分布着一个小村庄,空地上晒着黍米,小孩子们在水渠里游泳嬉戏。我们走进一户农民家,住房为十分简陋的两面坡草屋,低矮狭小,只能容身过夜,无活动空间。草屋内无家具,厨房另建,家无院墙。村民吃粮加工全靠舂米。村内没有什么公共服务设施。接着我们又考察了该地区的畜牧业。畜牧业在马里国民经济中占有重要地位,牧民占全国人口的 42%,主要畜牧品种有牛、羊、驴、马、骆驼等,牧场面积约3000 万公顷,主要牧区分布在萨赫勒草原、北苏丹草场、尼日尔河三角洲及河谷。奶牛养殖在该地区比较普遍,沿途可以看见村民们饲养的奶牛。当地官员带我们去考察了位于城区的一个奶牛合作社,该社仅有两个房间,一个用于牛奶的简单加工,另一个用于牛奶销售。除了加热、除菌的机器,这里还可以制作酸奶,满足当地居民的需求,并可以向巴马科提供鲜牛奶。但现在的情况是家家户户都在养奶牛,规模化养殖却比较少。在这一方面,我们国内的奶牛养殖有着很成功的经验,"公司＋农户"的模式可以很好地解决奶牛养殖和奶产品销售的问题。

图片 1‑47　马里乡村一景

图片 1‑48　马里农村孩子们戏水

　　渔业是马里国民经济的重要部门,尼日尔河和塞内加尔河为马里提供了丰富的渔业资源。马里主要渔业区分布于尼日尔河内三角洲莫普提、塞古、迪雷一带。马里渔民约 26 万人,占农村人口的 3.6%;尼日尔河内三角洲地区有三分之一以上的居民从事捕捞业。当地官员带我们考察了鱼苗繁殖基地,该基地主要繁殖的是非洲鲫鱼等。基地的工作人员为我们介绍了鱼苗繁殖的设备与技术过程,相对于国内来讲,这些设备还比较落后,而且他们在育种关键技术领域还存在瓶颈。这一方面也为我们加强与马里的渔业技术合作提供了空间。接下来,我们又去看了当地的一个主要交易鱼类的小型水产品市场。鱼市码头是中国政府援建的,配备有冷库,鱼市就靠近冷库边。我们访谈了当地的村长,他们负责市场的管理。村长是选举产生的,无任期限制,一个村长有四个助手。座谈完后,村长向我们要小费,我们付了 5000 西非法郎。这里的鱼主要是供应巴马科市场。由于没有相应的保鲜技术,必须当天通过冷冻车运送到巴马科,现有车辆的不足也制约了渔业的发展。

图片 1‑49　马里水产繁殖基地鱼塘

图片 1‑50　路边鱼贩

　　马里北部沙漠和半沙漠地区著名的游牧民族图阿雷格人中,成年男子个个戴面罩。面罩是用长 4 米的黑色或白色宽条布缠绕而成的。他们用面罩把整个头部包裹得严严实实,只露出眼部的一条缝。这个习俗可以追溯到 11 世纪,戴面罩不是为了抵挡大风沙,而是代表一种信仰,为了防备一切鬼怪幽灵的袭扰。

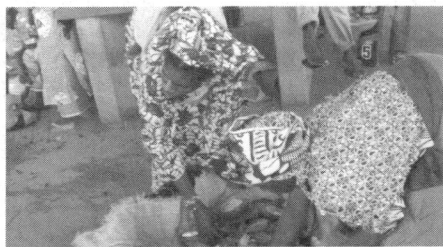

图片 1-51　尼日尔河支流上中国援建的小渔港

马里大学农学院是我们的重点考察对象之一。该学院的教务长热情接待了我们,他负责学院的教学与科研。学院接受外国留学生(已有来自 12 个国家的留学生),并与外国大学合作交流,如与美国、加拿大、荷兰等国的大学有合作研究项目。学院面临教师老龄化严重的问题。座谈会上,我们主要探讨了种植业和畜牧业的问题。

关于种植业,教务长主要谈了土地肥力问题和灌溉问题,主要进行土地改良和有效利用水资源的研究,改变农民传统的耕作方法,此外还存在农业技术的传播问题及农产品加工问题。

图片 1-52　与马里大学农学院教务长座谈

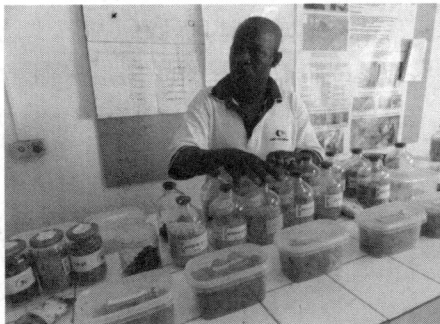

图片 1-53　农学院农产品育种室

关于畜牧业,教务长主要谈及游牧和定居放牧两种方式。北方热带干草原(萨赫勒地带)干季缺水严重,牲畜离开原地,南移游牧寻找河流、湖泊等水源,雨季时返回原地,没有固定地方。定居放牧主要是在居住点附近放牧。干季时水草严重不足,牲畜掉膘严重。为了解决牧民之间放牧时的矛盾,当地政府建立了共享的放牧走廊。

座谈结束后,教务长陪同我们参观了学院的种子培育室和室外的一块庭院式实验田。

我们还参观了中国"南南合作"农业专家组驻库利科罗工作站。库利科罗地处尼日尔河西北岸,西南距巴马科57公里,人口约1.7万,是尼日尔河中游航线起点,塞内加尔—马里铁路终点,水陆运输枢纽。库利科罗主要产业为花生、棉花、稻谷和畜产品集散中心,有碾米、榨油等工业。该地设有马里大学农学院、师范学校等。由于刚刚起步,工作站的几位同志工作条件还是相当辛苦的,加之与马里农业部协调方面还存在一些问题,工作开展还是相当困难的。

图片 1-54　中国农业专家组驻地

马里乡村的房子极为简单,以圆顶形或两面坡顶形土墙茅草房屋为主,一般没有木制门窗装置。由于聚族而居,到处可以看到用土砖砌成的一个个小圆屋所围成的院落。在通布图地区,除了圆形土墙茅草房屋外,有的居民还建造平顶方形和长方形土屋或带有晒台的泥坯楼房而居。总的来说,马里农村住宅内部条件比较简陋,家具较少,居民多就地铺草或羊皮而卧。

第五节　考察总结与对策性建议

考察小组之所以能在较短的时间内比较顺利和有效地完成考察任务,基本达到预期目标,是与我国驻五国大使馆的大力支持和帮助分不开的,与中兴能源公司驻刚果(金)子公司和中国驻马里"南南合作"农业专家组的全力协助调研和考察也是分不开的。这次考察对象虽仅限于五国,但所揭示的问题对整个非洲来说具有很强的代表性。五国农业和农村发展的种种问题,基本上反映了非洲的现实。通过五国实地考察,我们增强了感性认识,为进一步开展非洲农业和农村发展研究打下了良好的基础,为我国在新形势下进一步推动和深化中非合作,探索解决非洲粮食安全和农村社会发展问题的模式、对策与机制,具有重要的现实意义和长远的战略性意义。

一、五国土地资源开发利用的基本特点与对策性建议

1. 土地利用特点

（1）垦殖指数很低，耕地利用程度低

五国土地垦殖率普遍很低，一般不超过 10％。在热带地区，如能满足作物基本供水需求，已耕土地可一年三熟，但现实是，除南非的垦殖率（12.6％）较高外，其他四国都在 6％ 以下，刚果（布）与加蓬更低，不足 2％。

五国现有耕地利用程度很低，除加蓬为 31.5％ 外，其余四国均在 10％ 以下，最少的马里只有 1.5％，拥有大量的抛荒地。农作物大多是一年一熟。改变土地休闲轮作的耕作制，推广现代农机具和科学种田技术，提高耕地的利用潜力，可以使粮食产量的提高空间更加广阔。（详见表 1-1）

表 1-1 2009 年五国农用地利用

国家（地区）	土地面积（万公顷）	农业面积（万公顷）	耕地和永久性作物（万公顷）	耕地（万公顷）	永久性作物（万公顷）	永久性草地和牧场（万公顷）	森林面积（万公顷）	垦殖率（％）	耕地利用率（％）
刚果（金）	22671	2245	745	670	75	1500	15445	3.29	10.1
刚果（布）	3415	1056	56	50	6	1000	2242	1.64	10.7
加蓬	2577	514	47.5	32.5	15	466.5	2200	1.84	31.5
马里	12202	4110	646	636	10	3464	1257	5.29	1.5
南非	12145	9923	1530	1435	95	8293	924	12.60	6.2
全非	296468	116106	25324	22442	2883	90782	67790	8.54	11.4

资料来源：据 FAO 数据编制。

（2）农业复杂多样，生存型农牧业占绝对优势

非洲的农业经济成分很复杂，在分布上也存在着明显的地区差异。农业经营方式有原始的、传统的和现代的三种，在传统的和现代的方式中又可分为粗放的、半集约的和集约的三类，但以传统经营方式为主。如果按照经济职能划分，可分为自给、半自给和商品性三种。现有农业经济类型的多样化，是土地占有形式的多样性和农业经营方式的复杂性所造成的。因为各国各地区农业经济发展阶段和生产力发展水平的不同，在原始的和现代的农业经济类型中存在着不少中间过渡类型。五国现有的农业经济类型大体上有原始的采集、渔猎经济，粗放的自给、半自给牲畜牧业，粗放的自给、半自给性农业，半集约的半自给性农业，粗放的和半集约的小商品性农业，集约的小商品性农业，现代化的商品性农牧业。刚果热带雨林地区原始民族俾格米人在刚果（金）约分布有 60 万人，仍过着原始的渔猎生活。五国中，除南非存在

大量的小农场外,其他四国仍以一家一户的生存型传统小农业为主。

(3) 土地经营方式落后,烧荒造田,刀耕火种,土地退化呈加速之势,荒漠化日益严重

毁林开荒种地是造成森林减少的重要原因,五国原有的湿润森林和干旱森林随着无节制的乱砍滥伐被毁掉了一半以上,热带草原地区土地退化和荒漠化日趋严重。

生存型的锄耕农业和刀耕火种式的休闲轮作制,是一种掠夺式的传统耕作方式。撂荒地在热带高温多雨气候条件下,有机质流失大,如果不施肥,地力会迅速下降。同时,一夫多妻制、无计划生育、人口增长压力大导致无节制地开荒种地以养家糊口,使耕种边界线扩展到土地承载能力的极限,并向脆弱的生态带扩张。长此以往,土地退化将更加严重。

刚果(金)土地所有权归国家专有,不过,国家给予个人土地使用权,称作出让(承包)。转让有两种形式:长久转让和普通转让。在农村,要想获得土地使用权,需要事先调查空地,以便证明地块是否闲置或有他人使用。刚果(金)农业耕作方式粗放,每年一月进入放火烧荒的异地耕种季节,到处可以见到浓烟滚滚的烧荒现象,空气能见度低。这种特有的农业耕作方式既毁坏树林,也破坏和污染农业生态环境,最终也没有多少有机肥留在新开垦地里。

马里的土地属国家所有,农民仅有土地的使用权,不存在土地的买卖关系。农村土地实行分田到户的政策,主要是指村庄周围的土地和种粮区的大片土地实行分配政策,而大量未开垦的荒地、偏远的土地允许开荒种地。以户为单位,从事自给型的小农经济生产。也有一些规模较大的国营农场,其中最大的是位于尼日尔河三角洲的尼日尔局农场。此外,还有雇工和外资等农业经营形式。

在马里北部萨赫勒地带,农民仍然沿袭游牧制,干季时牲畜争夺水草资源程度加剧,严重过度放牧导致草场退化,加之撒哈拉沙漠南侵,导致许多牧场变成了荒漠,沙漠化日益严重。

南非农业生产具有鲜明的二元结构,国内存在着两种截然不同的农业生产机制,其生产内容、水平、特点都存在着巨大的差异。一方面是少数白人农场主经营发达的、高度商品化的大型农牧场,拥有国内多数的优质土地,它们提供南非农业总产值的90%以上,主要农产品均来自于白人商业农场。另一方面则是非洲黑人长期自给自足、仅能维持生计的传统农业。种族隔离统治时期的有关土地法令将86%的土地划给了白人,大批黑人被排挤到被称为"黑人家园"的土地相对贫瘠的"保留地"。到种族隔离制结束时,由于广大黑人地区人多地少,缺少资金和技术,基础设施落后,导致农作物产量低下,许多黑人地区所需的粮食还得从白人农场中调运。这已经严重影响了南非农业的整体发展。南非政府虽然也扶植黑人发展农业,增加对黑人农村的投入,但要改变这种局面并非短期内可以见效的。南非农业上的这种二元

结构和不平衡状况将长期存在。

2．土地资源潜力调查与筹建土地资源数据库对策性建议

（1）进一步加强非洲土地资源调查与评价研究，从而为更好地支持非洲建设与农业发展提供决策参考。

（2）跟踪非洲土地改革及其社会影响分析。非洲土地改革，尤其是南非等国家的土地改革以及由此所导致的经济社会问题日益突出，需要加以关注。

（3）在非洲土地调查研究的基础上，筹建非洲土地资源数据库和非洲农业投资信息服务系统。

二、五国粮食消费结构与粮食安全问题

农业一直是非洲国家重要的经济部门，其产值在 GDP 中基本稳定在 25％左右，大多数非洲国家至今仍然是传统的农业国家。在考察的五国中，刚果（金）和马里的农业在国计民生中仍占极重要地位，2010 年，农业产值占 GDP 比重分别为 43％和 37％，其他三国占比均在 5％以下，就农业经营模式和农业经济水平而言，南非现代农业经济远比其他四国发达，南非不仅有大量的大型现代农场，而且有众多的小型农场，其余的非洲人农业与其他四国一样，均为生存型传统自给性农业，如图 1-1 所示。

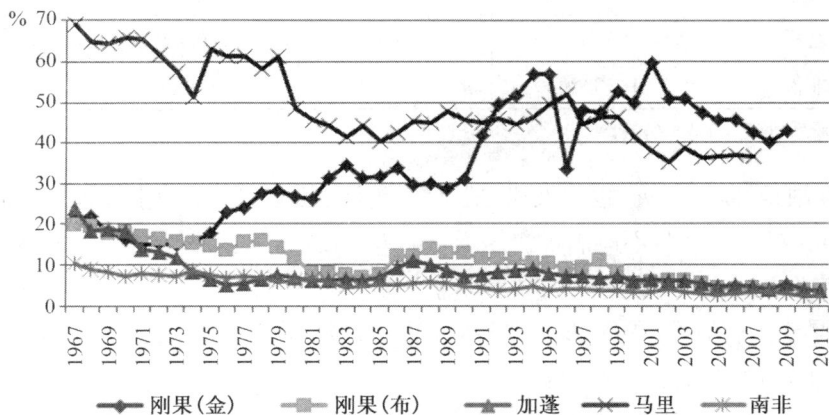

图 1-1　五国农业产值占 GDP 比重

1．粮食安全主要问题

（1）五国粮食消费以谷类和薯类为主，谷类中以玉米、小米、高粱、小麦、大米为主，薯类中木薯占绝对优势。五国因农业自然资源条件和各民族的作物种植习惯的不同，主导粮食作物因地而异，种什么吃什么，因此在粮食品种消费上有着很大的差别，但共同特色是均以粗粮消费为主。例如，热带森林地区的三国刚果（金）、刚果

（布）、加蓬主食均为木薯,刚果（金）木薯独占粮食消费量的85%以上,其他为玉米、小麦、大米。马里则不同,主导粮食作物为小米、大米、高粱、玉米等,因此粮食消费上以大米、小米、高粱、玉米为主。南非主产玉米和小麦,粮食消费也以玉米和小麦为主。上述五国的粮食消费结构以粗粮和木薯为主,客观上反映了非洲人收入水平低下和贫困的事实。

(2) 谷物自给率低下,粮食危机重重,走出缺粮困境步履艰难。五国中,除南非和马里的粮食可基本自给外,其余三国粮食安全问题严重,谷物自给率约为20%。例如,刚果（金）每年需进口60多万吨粮食,人民生活极端贫困,我们所考察的贝达村,1.5万村民每天只能吃上一顿木薯饭团。首都居民中,大约50%的人每天吃两顿,30%的人吃一顿,20%的人吃三顿。刚果（布）、加蓬两国谷物自给率更为低下,分别为10%和20%左右,小麦、大米主要靠进口。

表1-2　2010年五国谷物自给率

国家(地区)	产量(吨)	进口量(吨)	出口量(吨)	自给率(%)
南非	14699330	2106001	1376324	95.27
刚果(金)	1527798	643448	594	70.38
刚果(布)	24950	201697	4620	11.24
加蓬	40800	145273	0	21.93
马里	6418274	213702	3620576	96.80
非洲	156352601	66373532	1381943	70.64

资料来源:据FAO数据编制。

长期缺粮,既有天灾,也有人祸,是自然、经济、社会等多种因素综合作用的结果。

① 粮食增产缓慢,不能满足快速增长的人口需求,粮食缺口越来越大,每年需大量进口粮食。

② 旱涝灾害频发,严重影响作物收成。尤其是作为非洲人主食的玉米严重减产,加剧了粮食危机。

③ 粮食生产与消费不协调,加剧了粮食供求矛盾。据五国调查,农民主要生产养家糊口的粮食作物玉米、高粱、小米和木薯,无力向城市居民提供商品粮,而城市居民主要消费的大米和小麦,只能仰仗进口,这客观上加剧了业已严重的粮荒。

④ 农业生产方式落后,耕作粗放,单产水平十分低下,家无隔年粮,灾年靠国际援助。

五国农业大都是以家庭为单位进行生存型传统农业生产,锄头和砍刀是最基本的农具,沿袭"刀耕火种"休闲轮作制,无良种、不施肥、靠天吃饭,造成土地生产率低下,陷入"低投入—低产出"、广种薄收的恶性循环之中。单产极为低下,谷物单产除南非每公顷超过 4000 公斤外,其他四国均不超过 2000 公斤。木薯单产最高也不超过每公顷 1000 公斤。玉米除生产大国南非的单产可高达每公顷 4600 多公斤外,其他四国均较低,例如刚果(金)不超过 800 公斤。

表 1-3　五国谷物单产水平　　　　　　　　　　　　单位:千公斤/公顷

国家(地区)	1994—1996 年	1999—2001 年	2005 年	2010 年
南　非	2.19	2.47	3.31	4.15
刚果(金)	0.78	0.79	0.77	0.77
刚果(布)	0.76	0.76	0.76	0.79
加　蓬	1.85	1.54	1.44	1.78
马　里	0.89	1.06	1.09	1.72
中　国	4.69	4.84	5.23	5.52
非　洲	1.21	1.28	1.34	1.50
世　界	2.84	3.10	3.28	3.57

资料来源:据 FAO 数据编制。

2. 粮食安全战略对策性建议

自 20 世纪 60 年代起,我国实践了多种形式的援非计划。主要有:① 国家农业合作型——农业技术合作(农业技术实验站、推广站、农场等)、农业技术示范中心、农业技术培训、农业产品加工等;② 企业主导型——农场企业优化经营型、农产品加工型、农业科技合作型、渔业合作开发型;③ 民营企业、个体经营型——兴办养鸡场、养鱼场、种植蔬果等。除南非外,我国还与其他四国开展了多种形式的农业合作。至 2011 年 6 月,我国在非洲已建 14 个农业技术示范中心(计划增加到 30 个)。我们于 8 月 23 日实地考察的刚果贡贝农业技术示范中心,目前已建成综合功能服务区,初显示范效益。刚果(金)和马里农业技术示范中心已定点,即将启动筹建。50 余年的中非农业合作对提高非洲粮食的生产能力和粮食安全水平发挥了积极的作用,在今后的合作中重点仍将是农业技术示范、人才培训和技术推广、良种培育、农产品加工、储存和贸易、农业基础设施建设,其中,良种培育工程、灌溉农业工程、人才培训工程是提高作物单产的关键因素,应放在优先地位。只有帮助非洲国家提高农业综合生产水平,才能使非洲农业进入自主发展的良性循环。对于非洲乡村地区而言,能力的建设是非常重要的。而中国帮助建设的 30 个农业技术示范中心为乡村地区的能力建设提供了很好的范例。农业技术示范中心的建设不仅对于非洲乡村地区农业发展具有重要的作用,也通过传授当地村民技术、促进村民饮食结构改善和生活水平提高,对乡村地区社会经济的发展起到了积极的示范与引导作用。

(1)深入探讨传统农业向现代化农业转型经营模式,创建大型农业综合技术开发区,借鉴中国贸工农一体化、产加销一条龙、产学研相结合的成功经验,与非洲国家的实际相结合,探索出适宜非洲国家的农业发展模式。

(2)实施商品粮生产基地战略,农业部门产业地域组合和空间布局、人力资源开发与培训、种子工程建设是基地建设的关键,是商品粮生产基地集约利用耕地、提高单产、提高农业自主发展能力和粮食自给率的基本保障。

(3)发展灌溉农业,移植中国的节水灌溉技术,加强非洲国家农田水利和灌溉管道工程建设,推广中国先进的耕作和栽培技术,逐步改变靠天吃饭的传统农业生产方式,从而提高农业抵御旱灾的能力,保证农作物丰收。

(4)建立科技成果转化中心。中国援非农业项目完成的农业科研成果,适宜在当地转化成生产力,形成产业。转化中心的职能是尽快推动科技成果产业化。

三、五国乡村发展与城市化问题

尽管中非农业合作已有多年的历史,也取得了丰富的经验,但是中国目前还没有成规模的援助非洲农业发展的成功经验。对于非洲乡村地区而言,"三农"问题非常突出。中国改革开放以来的城市化战略为解决乡村剩余劳动力提供了广阔的空间,乡镇企业的发展也带动了乡村地区的经济发展。这些在中国都是成功的,但是这些模式是否能够被引入到非洲国家,还是需要我们进一步思考和研究的。总体上看,非洲国家地广人稀,乡村太零散,乡村居民"乡土"观念较重,客观上都影响着乡村社会经济的发展。由于国家整体经济实力较弱,城乡二元对立明显,城市对乡村的带动作用很小,也难以为从乡村"逃离"出来的居民提供足够的就业岗位,也很难开展大规模的乡村发展运动。但是,从国土开发战略上来看,选择一些中小城镇进行重点开发是非常必要的,也是现实可行的。从对五国考察的现实看,乡村发展主要面临的问题有:

(1)农村基础设施落后,严重制约着农村经济社会的正常发展。例如,农村道路交通十分落后,大多数村庄不通公路。因此,交通的完善和可达性的提高对于非洲乡村非农经济成长和致富非常重要。对于农业发展而言,水路交通与陆路交通的问题非常重要。要修道路、大吨位的船舶等,需要把邻国及大国联系起来。只有路修通了,发展农业生产才能不受影响。自1956年中国与非洲建交以来,中国援助非洲建设了大量铁路和公路等基础设施。中非合作论坛举办以来,非洲农村基础设施建设进一步加快,随着中非农业合作的深入,今后可以向农田水利设施以及乡村道路设施建设领域渗透。

(2)水资源的开发利用问题亟待改善。一是生产性用水,对于解决农村地区水资源缺乏的问题,中国有着成功的经验,包括雨水的收集和水库的建设。发展先进的灌溉系统,包括使用滴灌技术提高干旱地区的粮食产量也是非常重要的。在刚果(金)乡村考察过程中,村长希望政府加强水利设施建设。由于战乱,很多人离开了以前的家园,到了其他地方。现在稳定后,一些居民又回去了,但是已经失去了以前的生产能力,包括农具。二是农民生活用水问题,尤其是干旱地区,不仅取水困难,获得清洁水更是困难。

（3）缺医少药是五国农村地区普遍存在的严重现实问题。为改善非洲农村的这一局面,中国自20世纪60年代开始向非洲农村地区派医疗队,获得了良好的收益。例如,派驻医疗队是中国援助马里的一项重要行动。自1968年中国向马里派出第一支医疗队以来的40年中,中国政府通过浙江省不间断地向马里派出了20批次、674名医务工作者,累计救治病人300万人次,开展各类手术12万余台。中国医疗队改善了马里城市与乡村居民医疗环境,间接地为马里乡村发展作出了较大的贡献。

（4）农村能源问题,是五国普遍存在的严重问题。农村能源基本上依赖木材,例如,马里薪柴占燃料90％以上。乱砍滥伐,获取烧柴。同时,毁林开荒种地是造成森林减少的又一重要原因,这种无节制的乱砍滥伐,毁掉了大面积的森林,生态平衡遭到严重破坏,土地退化和荒漠化日趋严重。

（5）五国乡村工业极为薄弱,无力拉动乡村发展,城乡处于极不协调和对立的状态。二元经济结构突显。发展乡村工业有利于合理利用农用地资源,有效利用充裕的农村劳动力,对促进农村经济发展,增加农民收入,提高农民生活水平具有重要意义,而且必然引起农民思想观念的变革,从而促进传统农业向现代农业转型。

（南京大学赴非洲五国农业与农村发展考察组　甄　峰　姜忠尽　刘成富黄贤金）

第二章

南　非

第一节　粮食安全战略研究

南非共和国(the Republic of South Africa)位于非洲大陆南端,在南纬 22°～35°、东经 17°～33°之间,面积 122.3 万平方公里,超过德国、法国和意大利国土面积的总和。

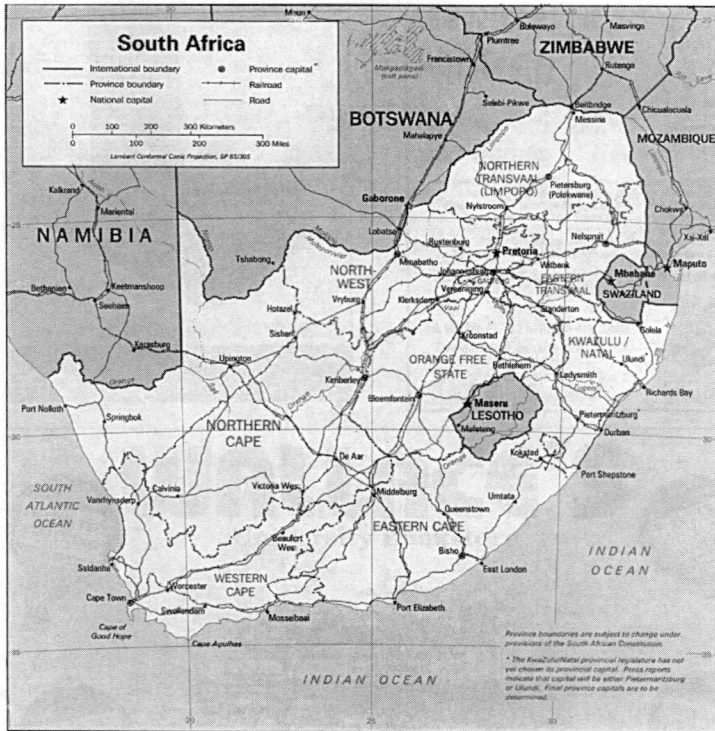

图 2-1　南非行政区划图

南非的东、南、西三面为印度洋和大西洋所环绕,两大洋交汇于好望角附近的海域,海岸线长 2954 公里。农业在南非经济中的地位,随着矿业和制造业的发展而不断下降,存在的主要问题:一是双重结构,分为主要由少数白人经营的发达的商品农业和非洲人维持生计的传统农业两部分,种族隔离时期的土地法令将 86% 的土地给了白人,大量的黑人被排挤到土地贫瘠的"保留地",到种族隔离制结束时仍然保持了这种极端分配;二是农业生产受气候变化的影响仍然严重,特别是经常受到干旱的威胁。

当前,南非的食品生产能够满足国内需求,但是,该国在粮食安全方面仍然面临各种挑战,比如,保持和改进现有的国家粮食充足状况,制定全国性的粮食安全总体框架,保障家家户户和每个人的可持续性的粮食安全。因此,我们试图通过对南非农业状况的分析来研究南非的粮食安全问题,提出可行性建议。

一、粮食安全动态过程评价

1. 粮的自给率动态变化特征

表 2-1　南非谷物产量、进出口量及自给率　　　　　　单位:吨

年份	产量	进口量	出口量	自给率
1961	6996635	166504	1181180	100.00%
1965	5844000	73206	508756	100.00%
1970	8137697	421150	1299769	100.00%
1975	11557896	96034	3523063	100.00%
1980	13377880	159378	3780403	100.00%
1985	11062037	765014	613618	98.65%
1990	11558321	915304	2229856	100.00%
1995	7507984	2229175	1766935	94.20%
2000	14527357	1710358	815782	94.20%
2005	14178888	2279437	2209384	99.51%
2009	14576683	2153060	1824499	97.80%
2010	14699330	2106001	1376324	95.27%

资料来源:FAO 数据库。

南非的谷物产量及进、出口量波动很大,时而上升,时而下降,但从 1961 至 2010 年的时间跨度来看,谷物产量仍处在缓慢上升之中,从 1961 年的 699.7 万吨上升到了 2010 年的 1469.9 万吨,谷物的进口量亦有缓慢上升,而出口量则变化不大。

万吨

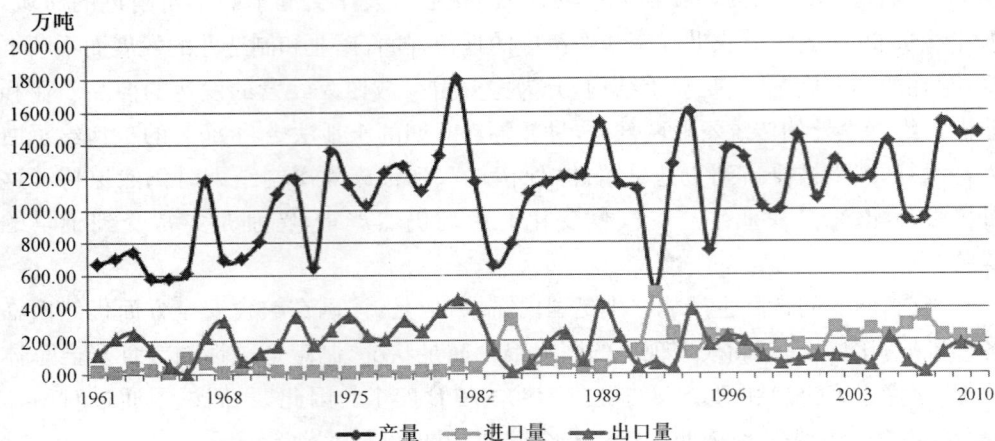

图 2-2　南非谷物产量及进出口量变化

%

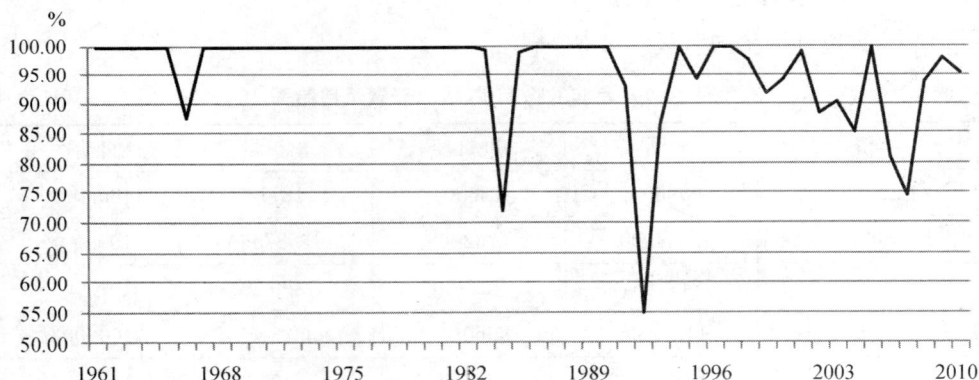

图 2-3　南非谷物自给率变化

　　除少数干旱年份以外,南非一直是粮食自给有余且能出口的国家。图 2-3 显示,南非谷物在 1961—1982 年间基本一直能够自给,除了 1966 年有所下降;但自 1982 年以来的波动则增加,其中 1984 年、1992 年有明显下降,自 1992 年以后,南非的谷物自给率处于波动状态,但总趋势为下降。

　　2. 人口增长与粮食生产动态变化分析

　　南非的谷物产量在 1994—1996 年间约为 1238.8 万吨/年,在 1999—2001 年间约为 1176.6 万吨/年,在 2005 年为 1417.9 万吨,而在 2006 年陡然下降到 945.4 万吨,在 2007 年为 951.4 万吨;而南非的人口则从 1994 至 1996 年间的 4134.8 万人上涨到 2007 年的 4917.3 万人。在谷物产量逐年减少和人口数量逐年增加的双重作用下,南非的人均谷物产量在 1994—2007 年间逐渐降低,从 1994 至 1996 年间的 0.300 吨/人下降到 2007 年的 0.193 吨/人,说明南非的谷物自给率处于下降状态。

表 2－2　世界各国（地区）人均谷物产量　　　　　　　　　　单位:吨/人

国家（地区）	人均谷物产量							
	1994—1996	1999—2001	2005	2006	2007	2008	2009	2010
巴西	0.290	0.288	0.299	0.314	0.365	0.416	0.367	0.386
中国	0.347	0.330	0.325	0.341	0.342	0.353	0.354	0.362
法国	0.974	1.072	1.050	1.006	0.965	1.128	1.121	1.087
印度	0.224	0.228	0.212	0.212	0.224	0.224	0.206	0.212
南非	0.230	0.262	0.295	0.194	0.193	0.311	0.293	0.293
刚果（金）	0.036	0.032	0.027	0.026	0.025	0.024	0.024	0.023
刚果（布）	0.004	0.004	0.006	0.006	0.006	0.006	0.006	0.006
加蓬	0.027	0.022	0.026	0.024	0.024	0.025	0.032	0.027
马里	0.233	0.230	0.258	0.272	0.277	0.333	0.425	0.418
美国	1.213	1.184	1.235	1.129	1.373	1.323	1.363	1.294
撒哈拉以南非洲	0.272	0.237	0.264	0.176	0.174	0.275	0.260	0.262
非洲	0.154	0.140	0.156	0.160	0.145	0.157	0.159	0.153
世界	0.346	0.341	0.348	0.340	0.352	0.375	0.366	0.356

资料来源:FAO 数据库。

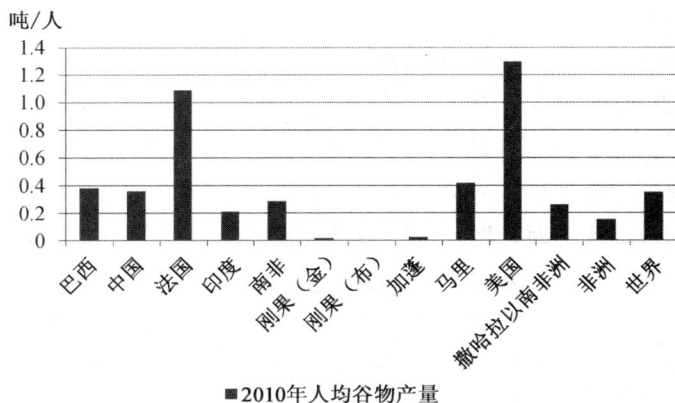

图 2－4　2010 年世界各国（地区）人均谷物产量比较图

（1）种植业产品

农作物占南非农业总产出的 1/3。南非现有耕地面约 1000 万公顷,其中 36％为玉米,21%为矮秆农作物。这些农作物加上油料作物和高粱,其耕种面积占耕地总面积的2/3。南非主要农作物有玉米、小麦、大麦、高粱、花生、葵花子、甘蔗、土豆、烟草和水果。南非的葵花子产量和蔗糖产量均居世界第10位。蔗糖、玉米和水果是南非的主要出口农产品。南非的酿酒业也很发达,1995年葡萄酒产量占世界的3.5%。

玉米是南非居民的主食。南非大约有15000个农场主从事玉米生产,主要分布在西北省,自由州的西北部、北部和东部,姆普马兰加省的高草原和夸祖鲁纳塔尔省中部,年产量在600万~1300万吨之间波动,总产量为非洲第一。国内玉米消费约为650万吨,好年景用于出口的玉米约200万~300万吨。表2-3显示,南非的玉米产量基本处在不断上升之中,从1961年的529.3万吨上涨到2010年的1281.5万吨。

第二位的农作物是小麦。20世纪70年代以来,南非的小麦的产值有一定的增加,目前已居于非洲前列。主要产区分布在西开普省的冬季降雨区,西北省的夏季降雨区,北方省和自由州。目前,自由州小麦产量最高,但是各年份产量起伏不定;西开普省因得益于可靠的降水,是小麦产量最稳定的地区。

南非大麦的主产区在西开普省南部沿海平原,南非约95%的大麦产于该地区。高粱产区主要在较干旱的夏季降雨区。花生生产区在北方省、姆普马兰加省、自由州北部和西北省。南非的葵花子产量居世界第10位,年产量在17.5万~63万吨之间,主要产区在姆普马兰加省高草原地带、西北省和自由州。

南非是世界第十大蔗糖生产国,蔗糖占农产品出口的第三位。主要蔗糖产区在沿海无霜降地带和夸祖鲁纳塔尔省中部。此外,约10%的蔗糖产量来自姆普马兰加省南部的灌溉区。

就生产者的收入而言,西红柿、洋葱、青玉米和甜玉米应该是最重要的作物。这些作物占蔬菜收入的17%~27.4%不等。西红柿在全国各地都有种植,但是主产区在北方省、姆普马兰加省的低地草原和中部草原,以及夸祖鲁纳塔尔省的旁勾拉地区、东开普省南部一些地区以及西开普省。洋葱主要产于姆普马兰加省,西开普省的卡里顿、西勒斯和沃塞斯特地区,以及温特斯塔德及其与自由州南部相连地区。[①]

表2-3 南非历年主要农产品产量　　　　　　　　单位:万吨

作物	1961	1965	1970	1975	1980	1985	1990	1995	2000	2005	2010
玉米	529.30	460.80	617.90	913.90	1104.00	844.40	918.00	486.60	1143.12	1171.59	1281.50
小麦	87.10	65.60	139.60	179.20	147.20	169.30	170.90	197.73	242.81	190.50	146.50

---

① 陈宗德,姚佳梅.非洲各国农业概况[M].北京:中国财政经济出版社,2000.

续　表

作物	1961	1965	1970	1975	1980	1985	1990	1995	2000	2005	2010
大麦	3.60	3.50	3.30	6.90	6.00	25.60	26.20	30.00	11.62	22.50	20.00
高粱	33.50	41.40	37.90	40.50	71.10	62.80	34.10	29.06	47.28	26.00	19.65
甘蔗	851.30	840.60	1214.39	1681.35	1406.22	1880.30	1808.35	1671.37	2387.62	2126.50	1601.56
葵花子	11.30	7.80	10.00	22.10	33.30	24.40	64.90	53.89	56.68	62.00	49.00

资料来源：FAO 数据库。

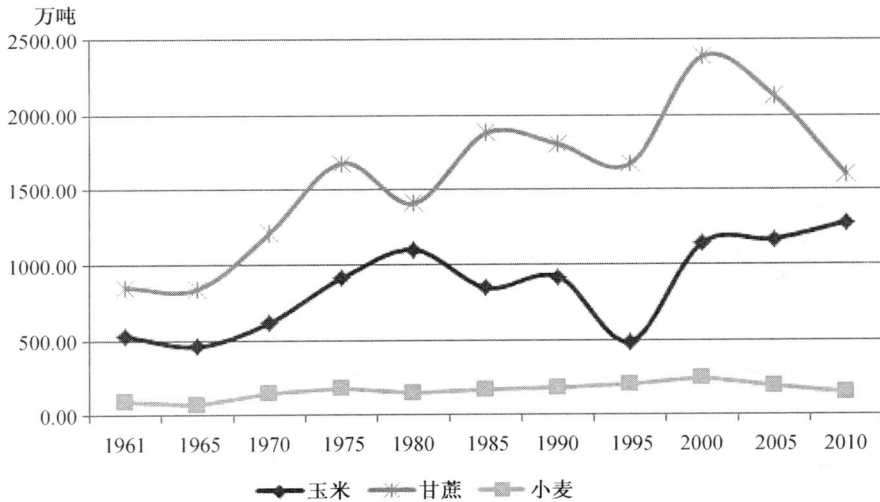

图 2-5　南非玉米、甘蔗、小麦历年产量变化

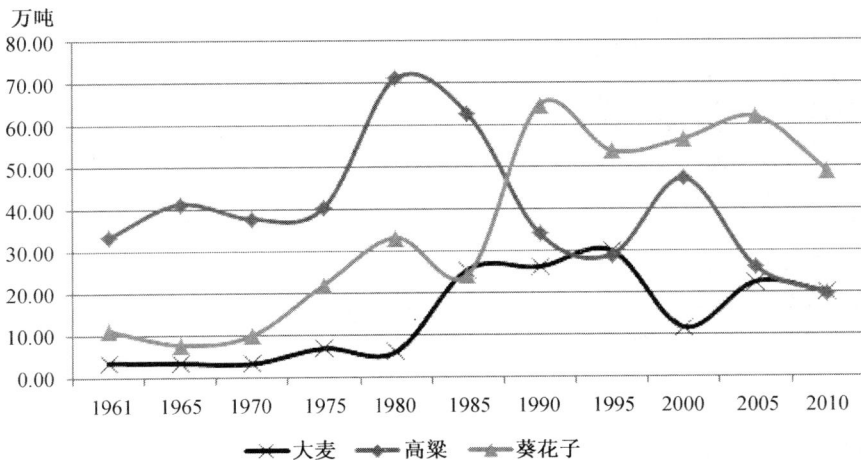

图 2-6　南非大麦、高粱、葵花子历年产量变化

（2）畜牧业产品

南非畜牧业发达，占农业产出的 40%。大部分地区都有畜牧业。牲畜数量随气候条件而变化。牲畜的繁殖主要集中发展适于当地气候和环境条件的品种。根据南非 1999 年官方年鉴数据，牛的存栏数为 1380 万头，绵羊为 2930 万只。南非肉食自给率达到 85%，其余 15% 从纳米比亚、博茨瓦纳和斯威士兰进口。

养牛场主要分布在北开普省和东开普省，自由州和夸祖鲁纳塔尔省的部分地区，以及北方省。当地的阿非里卡、邦斯马拉、德拉肯斯伯格和恩古尼是常见的肉牛品种，但是英国、欧洲和美国的品种，比如巴哈曼、Charoiais、Hereford、Argus、Santa Gertudis、Simmentaler 和 Sussex 主要作为配种用途的纯种牛加以保留。

绵羊养殖业主要集中在北开普省、东开普省、西开普省、自由州和姆普马兰加省。1996—1997 年，姆普马兰加省的厄麦罗连续 7 年成为最大的羊毛产区，年产 1840638 公斤。50% 的绵羊是产优质羊毛的美丽奴羊。

南非是世界第四大羊毛出口国。羊毛是仅次于玉米的第二大出口农产品。原有的羊毛董事会于 1997 年 8 月 31 日解散，代替它的是清算委员会。相继成立的还有羊毛论坛、羊毛信托和南非开普羊毛商会。

表 2-4　南非畜牧业产量　　　　　　　　　　　　　单位:只

年份	牛	山羊	马	绵羊	猪
1961	12527000	5133000	465000	37897000	1492000
1965	12500000	5341000	360000	37000000	1400000
1970	11300000	5675000	252000	34286000	1364000
1975	12700000	5271000	225000	30988800	1323000
1980	13575000	5794000	225000	31641000	1318000
1985	12000000	5780000	230000	30256000	1361000
1990	13300000	6100000	230000	32665000	1532000
1995	12600000	6456790	245000	28784300	1627990
2000	13600000	6706100	270000	28550700	1555600
2005	13790000	6356000	270000	25334000	1656000
2010	13731000	6274850	300000	24501000	1594490

资料来源:FAO 数据库。

（3）水产品

南非的水产养殖约占非洲该产业的 5%，占世界的 0.03%。这一产业在养殖技术、营销战略、营销实践和科学创新方面都取得了实质性的进展。主要的水产品包括:贝壳类、鲑鱼类、牡蛎和开普海藻。另外,鲍鱼有可能成为水产分支产业,西开普地区建立了新的鲍鱼养殖场。

二、农业资源潜力分析

1. 农业生产的优势条件

（1）可耕地资源潜力

南非面积达 121.9 万平方公里,超过德国、法国和意大利三国国土面积之和;其中,有 80% 的国土面积用于农业生产,可耕地资源目前约占国土面积的 12%,因此仍有一大部分的土地资源可以被开发作为可耕地。

（2）热量资源（气温、日照）与粮食生产

南非气候多样,东北部沿海是亚热带气候,西南部开普平原为地中海型气候,东部高原冬季有降雪,西北部沙漠地带干旱炎热。东西温差（至少相差 6℃）大于南北温差（0.5℃左右）。南非的夏季在 10 月至翌年 3 月间,夜间气温平均为 15℃,午间最高温度可达 35℃。冬季为 4 月至 9 月,气温在 0℃～20℃ 之间。虽然地区气候有差别,但是南非全境一般气候温和,大部分地区处在亚热带。南非三面环海,对调节气候有一定作用,与同纬度国家相比气温较低。多样的气候为南非的农业提供了生产多种农作物的条件。

（3）水资源（降水、地表水、地下水）与粮食生产

南非最长的河是奥兰治河,全长 1860 公里。奥兰治河与瓦尔河相连,总长为 2340 公里。穿越东部高原山脉的河流,虽不能用于航运,但是提供了丰富的水电资源,为周边农作物的生长提供了有利条件。

同时,南非三面环海,有接近 3000 公里的海岸线,为水产业的发展提供了巨大的优势。南非政府遵循 200 海里捕鱼区的原则,并对其中的海洋资源实行严格的保护。渔业生产主要是海洋捕捞。海洋捕捞量每年约有 60 万吨,不到世界捕捞总量的 1%,其中 90% 来自于西部海域。捕捞的主要海产品包括:鱼类、贝壳类、海藻和海鸟粪。1995 年南非海洋产品的批发销售额为 17 亿兰特。

（4）农村劳动力资源

南非拥有非常充裕的农业劳动力资源,不但有大量的男性劳动力,而且还有大量的女性劳动力。表 2-5 显示,南非 2010 年参加农业生产的人口为 4902 千人,仅占总人口 50133 千人的 9.78%,农业资源开发不足造成了大量的农业剩余劳动力。

表 2-5　2010 年南非劳动力资源情况　　　　　　单位:千人

农村人口	城市人口	农业人口	参加经济活动总人口	农业经济活动男性人口	农业经济活动女性人口
19200	30933	4902	18357	838	349

资料来源:FAO 数据库。

2. 约束性因素

相对于非洲其他国家,南非的农业生产方式较为先进,无论在农业机械化、农业良种还是农业化学投入物方面都比较完善。南非农业发展的主要限制性在于其干旱的气候与土壤的贫瘠。

(1)降雨季节分配、降雨变率、蒸发量、灾害性天气对作物的影响

南非虽然日照充足,但是降雨量小,是一个干旱的国家。全国大部分地区的降雨季为 11 月到翌年 2 月的夏季,但是开普半岛西南端夏季干旱,冬季降雨。全国范围年平均降雨量仅为 464 毫米,低于世界平均年降雨量 857 毫米的水平。全国 21% 的地区年降雨量在 200 毫米以下,65% 的地区年降雨量在 500 毫米以下,不足以维持旱地农作物的生长。全国 48% 的地区年降雨量在 200~600 毫米之间;31% 的地区年降雨量在 600 毫米以上;只有 20% 的地区年降雨量在 760 毫米以上。

由于周期性干旱,南非只有 1/4 地区的河流全年有水,主要在开普南部和西南部以及东部沿海山区,另外 1/4 地区的河流在旱季无水。而西部内陆广大地区的河流只在雨季有水,其余时间河床干枯,有的河流枯水期曾达到 6 个月。水资源的稀缺成为制约农业发展的一大因素。

(2)土地贫瘠

南非可耕地资源贫乏,仅占国土面积约 12% 的比例,南非的大部分土地只适于放牧。由于地表土壤成分复杂,因而有机质含量低且土壤容易退化。南非地形多样,降雨不均且稀少,水资源缺乏,有周期性的干旱,使南非的商品农业基本依靠灌溉。

三、粮食生产的关键问题分析

1. 农业生产力水平低下及其原因

这里选择了南非、刚果(金)、马里、澳大利亚、美国、中国、法国、加拿大及世界平均值对比各国 1994—2010 年的谷物单产水平。南非的谷物单产水平有所波动,从 1994 至 1996 年间的 2.19 吨/公顷上升到 2005 年的 3.31 吨/公顷,之后又有所下降,在 2007 年下降到 2.79 吨/公顷,但在 2010 年又回升到 4.15 吨/公顷。从整个时间跨度来看,南非的谷物单产水平逐渐上升,说明南非的土地生产效率有所改善。

表 2-6 世界各国(地区)谷物单产水平 单位:吨/公顷

国家(地区)	单位面积产量					
	1994—1996	1999—2001	2005	2007	2009	2010
南非	2.19	2.47	3.31	2.79	4.39	4.15
刚果(金)	0.78	0.79	0.77	0.77	0.77	0.77
刚果(布)	0.76	0.76	0.76	0.78	0.80	0.79
加蓬	1.85	1.54	1.44	1.67	2.39	1.78
马里	0.89	1.06	1.09	1.10	1.27	1.72
美国	5.14	5.83	6.45	6.70	7.24	6.99
中国	4.69	4.84	5.23	5.32	5.46	5.52
法国	6.70	7.08	6.98	6.55	7.46	6.99
非洲	1.21	1.28	1.34	1.36	1.53	1.50
世界	2.84	3.10	3.28	3.38	3.51	3.57

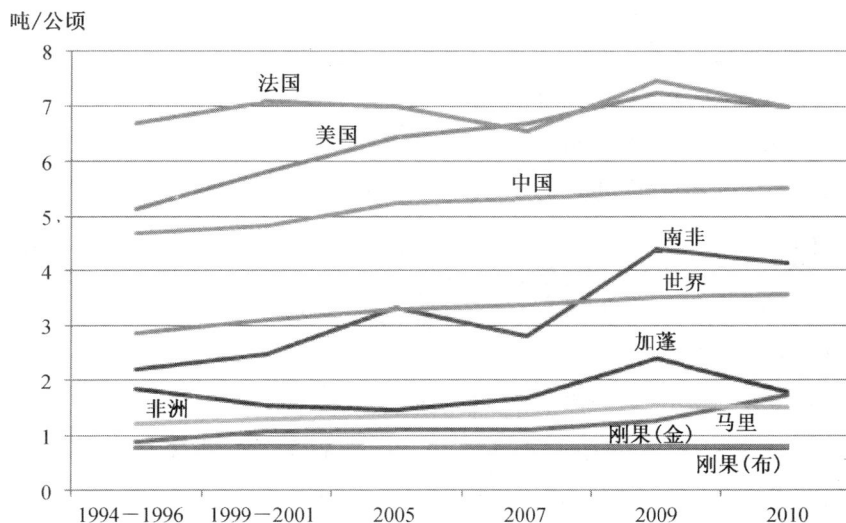

图 2-7 世界各国(地区)谷物单产水平

2. 农业生产工具

南非的农业机械化程度比较高,在南部非洲与津巴布韦相当。现代化农业机械主要是大型商业农场(多数是白人经营的农场)使用,非洲人维持生计的农业大部分仍采用传统的耕作方法,用牛和驴作耕畜的情况很普遍。

农用拖拉机的使用数量在 10 万台左右,1996 年为 11.5 万台,1997 年为 10 万台,1998 年为 8.8 万台。南非进口拖拉机数量较大,1996 年进口 3249 台(8421.3 万美元),1997 年进口 9800 台(1 亿美元),1998 年进口 3938 台(8606.9 万美元)。出口拖拉机的数量较少,1996 年为 400 台(588.4 万美元),1997 年为 410 台(600 万美元),1998 年为 415 台(604.9 万美元)。

收割机和脱粒机的使用数量在 1.2 万台左右。收割机和脱粒机的进口大于出口,1996 年进口金额为 671.3 万美元,出口金额为 580.3 万美元;1998 年进口金额为 470.4 万美元,出口金额为 409.9 万美元。

农业机械使用总量,1996 年为 12.75 万台,1998 年为 10 万台。该类农机的进口金额 1996 年为 290.1 万美元,1998 年为 174.6 万美元;出口金额 1996 年为 28.4 万美元,1998 年为 4.9 万美元。

3. 农业科技及其推广

南非干旱少雨的客观条件决定了南非发展农业必须依靠灌溉。根据土壤和水资源情况,南非的灌溉面积发展潜力大约为 150 万公顷,但实际灌溉面积 1998 年为 135 万公顷,约占该国耕地面积的 1/10。主要灌溉农田在原白人商业农场。黑人传统农业缺乏基础水利设施,干旱年份难保收成。

目前使用的灌溉技术主要有三种:

第一,地表灌溉,包括沟灌、边道灌和漫灌。此类灌溉面积约 40 万公顷。灌溉成本差别很大,每公顷在 100~1400 美元之间。灌溉效率在 55%~65% 之间。

第二,喷灌。此类灌溉面积约 60 万公顷,包括 16 万公顷使用可移动横向排水管和中央枢纽系统的灌溉面积。灌溉效率在 75%~85% 之间。开发成本每公顷在 500~2000 美元不等。

第三,微型灌溉,包括滴灌和微型喷射灌溉。此类灌溉面积为 14 万公顷。灌溉效率在 85%~95% 之间。开发成本每公顷在 1300~2800 美元。

4. 农业良种

南非有较发达的基础设施,包括科研机构,为农业生产者提供农作物和牲畜繁殖的材料,比如种子和果树苗,以及牲畜良种。南非是南部非洲少数几个制定了植物多样性保护法律并参与国际种子机构的国家。除南非外,其他国家包括津巴布韦和赞比亚。

南非首都比勒陀利亚附近的陶鲁思牲畜改良合作社,每年为全国肉牛饲养场主提供 11 万单位冷冻精液,为奶牛业提供 58 万单位的冷冻精液,用于人工配种。该合作社有 400 头优质公牛,致力于改良南非的牲畜。

四、粮食安全战略目标与战略对策

1. 粮食安全战略目标定位

粮食安全的含义是,全体人民都有权利获得充足、安全和营养丰富的食物以保证健康和有意义的生活。当前,虽然南非的食品生产能够满足国内需求,但是,该国在粮食安全上仍然面临各种挑战,比如,保持和改进现有的国家食品充足状况;制定全国性的粮食安全总体框架,使得家家户户和每个人都能得到可持续性的粮食安全。同时,制订和实施地区性与国际范围内的粮食安全合作计划。

2. 粮食安全战略目标对策

政府的农业政策与《重建和发展计划》的目标一致。1995 年 6 月,南非政府公布《农业白皮书》。这个有关农业政策的文件包括以下原则:(1) 为以前被排斥在农业资源以外的人提供更广阔的渠道;(2) 为刚开始从事农业的农户提供资金和技术援助,使他们最终能成为独立经营的农场主;(3) 保持和发展商品农业部的经济活力,该部门以家庭为基础,以市场为导向,并具有竞争力;(4) 促进国家和家庭的食品安全;(5) 发展和支持市场体制,以形成国内的自由竞争,同时最有助于南非农场主在国际市场的竞争;(6) 农业生产要可持续利用农业和水利自然资源;(7) 发挥妇女和农业工人在农业中的作用;(8) 制定农业灾害管理政策,在制定生产和营销计划时要考虑到干旱这个自然灾害。

新时期的粮食安全战略研究对象没有改变,以上八点仍然是要努力的方向。其中,在第一条原则"为以前被排斥在农业资源以外的人提供更广阔的渠道"中,由于南非的双重结构,前"黑人家园"占有土地资源面积稀少,耕地质量差,地区农业生产条件落后,长期得不到发展,而且人口密度大,土地过度耕作而退化。新政府应该采取合理的措施,在保证国家稳定的同时,加快重新分配土地的步伐,同时实施辅助小农场的发展计划,旨在为刚刚进入商品农业领域的黑人提供服务。

五、传统农业向现代农业转型模式

同为发展中国家,农业在南非及中国的经济中都占有重要的地位,且中国的农业发展正在转向高效的产业化经营上,因而在农业发展模式上,中国可以成为一个良好的范例。

中国的农业产业化是经济体制深化改革和市场农业发展的产物。众所周知,始于 20 世纪 70 年代末的农村家庭联产承包责任制的推行,改变了农村经济体制的总格局,极大地调动了农民的生产积极性,产生了巨大经济绩效和社会震撼力。但是,到了 80 年代中后期,随着改革开放后国内社会化大生产的迅速发展和市场经济体制的急骤发育,农业进一步发展的深层次矛盾日益凸显,严重制约着农业和农村经济的进一步发展。矛盾集中表现为:(1) 农业基础仍很脆弱,比较利益低下,农业生产

发展动力不足;(2)分散的小农户经营规模不经济,它在发展农村经济和提高农民收入方面的局限性已越来越明显;(3)传统计划经济体制下,农业产业被分割,农业实际只剩下产中环节,能够增值的加工和销售环节归让工商部门,实行多部门"条条"管理,中间环节多,交易成本高,为追求部门利益最大化,甚至利用其垄断地位损害农民利益,妨碍国民经济统一市场的形成,成为市场农业发展的体制障碍。这样,80年代后期和90年代初以来,一些地方以农业产业一体化作为解决农业深层矛盾的现实突破口,产生了改革农村经济的新的产业组织方式、资源配置方式、农业产业经营方式和农业管理体制。①

农业产业化经营高于或优于单项的改革与发展举措之处是在稳定农民家庭经营的基础上,以市场为导向,在龙头企业等有效载体的带动下,组织引导小农户联合进入大市场,依托农业一体化经营方式,用现代工业提供的技术装备农业,用现代生物科学技术改造农业,用现代经营理念和组织方式管理农业,将农产品加工业和部分种养业集中化、企业化、规模化,实施全程标准化运营,创造较高的综合生产力,促进农村全面发展,逐步实现农业现代化。这样,自然而然地、有机地将稳定(家庭承包经营)、改革(经营方式和管理体制)和发展(市场经济和现代化农业)融于一个历史进程。农业产业化经营不仅是当代中国农村改革与发展的伟大创举,而且是有中国特色的农业现代化道路和经营制度的整体创新。②

从南非的现状来看,在其二元模式中,黑人赖以生存的小农经济难以形成规模,产量与利润低,散户的经济实力难以达到采用良种、施用化肥、购买农机及使用先进农业技术的水平,这样形成恶性循环,加剧了农民的生活成本。而中国农业的产业化发展模式为南非的农业发展提供了范例,通过产业一体化的方式改革农村经济组织形式、资源配置方式、农业经营方式及管理体制将成为南非农业转型,实现高效农业的一条良好出路。

六、粮食安全的国际援助

1. 国际组织或国家援助

1994年结束种族隔离后,南非得到广泛的国际支持,外部援助主要是针对新政府的重建与发展计划。美国、英国和澳大利亚政府承诺提供财政和其他形式的援助。日本曾在两年期间成为南非最大的捐款国,保证提供47亿兰特。承诺提供援助的还有非洲开发银行和法国、丹麦、意大利、挪威、德国、瑞士、比利时、加拿大、荷兰、瑞典、芬兰和爱尔兰。

---

① 刘葆金.中国农业产业化理论探析[J].南京农业大学学报,1999(04).
② 牛若峰.中国农业产业化经营的发展特点与方向[J].北方经济,2002(11).

南非农业部门与国际社会有广泛的联系。南非政府农业部和农业研究委员会在具有战略意义的农业国际机构派驻代表。南非农业部在布鲁塞尔、罗马和日内瓦设有办事处;南非农业研究委员会在巴黎和华盛顿设有办事处。这些驻外代表的作用主要有两方面:一是为南非提供农业发展方面的信息,特别是对政策有影响的信息;二是与驻在该国及其周围国家的农业组织建立联系。

南非与美国的农业科技合作的重要进展是在美南双边委员会之下,建立了农业委员会。双边农业委员会之下的各种工作小组已经建立并正常运转,每两年会晤一次。该委员会为南非青年提供到美国进行研究生培训的机会,并在南非农村地区建立了村镇银行系统。

南非与欧盟的双边自由贸易协定谈判于 1999 年年初结束。其中对南非农业有益的优惠涉及水果罐头、插花、葡萄酒和乳制品等商品。据估计,在履行协议 10 年之后,南非向欧盟出口的 63% 的农产品将享受零关税市场准入。最大的收益产品将有新鲜水果、乳制品、水果罐头、烟草、葡萄酒和烈酒。南非同意在 5 年内分阶段废除向第三国出口的酒类使用现在的 Port、Sherry 商标,向南部非洲发展共同体国家的此类出口将在 8 年内停止使用上述两种商标。但是,南非国内市场和南部非洲关税同盟国家将在 12 年内继续使用这些商标。有关酒类产品的谈判还没有结束。

南非与津布巴韦之间的贸易在双方谈判修订的协定中重新确认。根据该协定,津布巴韦向南非出口的很大一部分农产品将免征关税,对诸如肉类、部分乳制品、西红柿、玉米、油料、烟草等产品将实行关税配额。这是一个互惠协定,南非出口津巴布韦的产品享受类似的优惠。

2. 中国的农业援助与合作模式

中华人民共和国成立后,一贯支持南非人民反对种族隔离制度的斗争,与南非白人种族主义政权没有来往。中国在 1960 年断绝与南非白人政权的经贸关系。1990 年南非取消党禁,开始废除种族隔离制度的变革。1992 年,中国在南非首都设立"南非研究中心",南非相应地在北京设立"中国研究中心"。1992 年 10 月,南非非洲人国民大会时任主席纳尔逊·曼德拉访问中国。1993 年 9 月,中国贸促会正式恢复与南非的经贸关系。中南双边贸易额在 1993 年达到 6.58 亿美元,1994 年为 9 亿美元,1995 年超过 13 亿美元。中国的企业也开始在南非投资。1998 年 1 月 1 日,中国与南非正式建立大使级外交关系。

我国与南非建交后,高层领导人互访,经贸技术合作取得进展。据我国经贸部发布的统计数据,1999 年中国与南非的贸易总额为 17.22 亿美元,约占中非贸易总额的 27%。据南非外交部的数据,中国在南非的投资已超过 8000 万美元,南非在中国的投资超过 1000 万美元(协议)。除双边经贸合作外,民间往来、学术文化交流和旅游观光都有所增加,促进了相互了解。中国与南非在很多方面有共同语言,在南南合作、建立国际政治经济新秩序和更广泛的国际领域有合作的基础。

(张默逸　陈　雅　姜忠尽)

第二节　土地资源永续利用研究

南非是非洲最发达的国家之一,城市化水平高,农牧业、矿业、制造业都很发达。南非区域性气候多样化、空间分异特征明显,适宜种植水果,并大量出口。南非可耕地相对不足,约占土地面积的 13%,适于耕种的高产土地仅占 22%[①],对于南非土地的高效集约利用提出了很高的要求。同时,由于种族隔离制度的遗留问题和土地制度改革的缓慢进程,一定程度上制约了南非农用地的潜力开发利用,因此需对南非土地资源永续利用制定全盘的战略对策,以保证南非的农业增收、经济增长、土地合理利用和生态可持续发展。

作为非洲大陆上的领头羊,南非的土地问题却一直没有得到很好的解决,尤其是在土地改革后,许多白人被驱逐出农场,并将土地归还黑人,造成了南非土地利用效率的极速下滑。这其中的原因有南非农业地位变迁、经济和粮食结构、人口结构、地形分布等客观地理和社会经济因素,也与南非政府所施行的土地利用经济方式、土地经营方式有直接关联。因此,应对土地永续利用的制约性因素进行分析,制定土地可持续利用的战略。

一、农业在国家民生中的战略地位

1. 农业 GDP 在 GDP 中的比重

南非经济的发展,走的是一条以农牧业起步、采矿业发家、制造业后来居上,采矿业、制造业发展成为其支柱产业的独特道路。南非原是一个农牧业国家,随着工矿业的发展,农业在南非国内生产总值中的比重逐步下降,20 世纪 30 年代农业约占国内生产总值的 20%,到 1960 年下降到 11%,进入 20 世纪 90 年代,农业仅占到国内生产总值的 4% 左右,2002 年之后再也没有超过 4%,2007 年农业占 GDP 比例的 3.2%。尽管如此,农业在南非经济中仍占重要地位,并且对整个南部非洲地区的发展和稳定起着至关重要的作用。

南非的工业部门比较齐全,随着工业化进程的加快,各种工业基础设施和服务业也迅速发展起来。目前,南非的金融业、商业与采矿业、制造业一起成为南非的主

---

① 百度百科,http://baike.baidu.com/view/105868.htm.

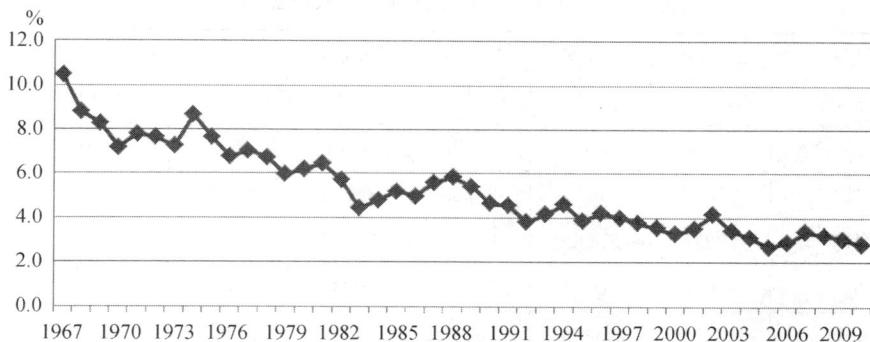

图 2 - 8　1967—2010 年南非农业 GDP 比例历年变化图

资料来源:世界银行,www. worldbank. org。

要经济支柱,使得第三产业的产值不断增加,比重不断上升。2010 年,南非第三产业 GDP 比重达到了 75%。

2. 农业人口、农业劳动力比重

进入 21 世纪,随着城市化的快速推进和人口的增加,南非从事农业劳动的人口一直呈现下降趋势。2000 年,南非的农业劳动力为 148 万人,占总就业人数的 16%,而到了 2010 年,南非的农业劳动力占就业总人数的比例降到了 6.5%,农业部门吸收的劳动力超过 100 万人,其中男性劳动力的比例超过 70%。

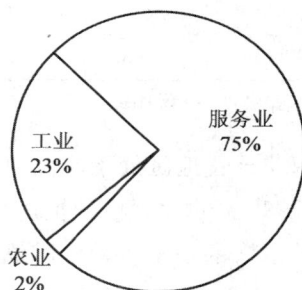

图 2 - 9　2010 年南非产业结构图

资料来源:世界银行,www. worldbank. org。

表 2 - 7　2010 年南非农业劳动力资源情况

农村人口 (千人)	城镇人口 (千人)	参加经济活动总人口 (千人)	参加农业生产人口 (千人)	参加农业生产男性人口 (千人)	参加农业生产女性人口 (千人)
19200	30933	18357	1188	838	350

资料来源:FAO 数据库。

3. 农产品出口在出口中的地位

南非的农业科技和管理水平较高,过去 30 年间农业产量增加一倍。农产品基本自给,在正常年份,南非粮食除自给自足外还可供出口,其农产品出口收入占非矿业出口收入的 15%,但由于南非大部分地区属于热带草原气候,农业生产受气候变化影响明显。

表 2-8 2004—2010 年南非主要农产品出口额 单位:万美元

农产品	2004 年	2005 年	2006 年	2007 年	2008 年	2009 年	2010 年
葡萄酒	53323	59737	52747	66863	75899	71628	78136
玉米	11266	25944	14353	3243	53152	45346	30485
甜橙	27067	27276	31723	39021	43485	40484	59873
葡萄	28279	29662	25760	31261	31531	36116	41952
糖	13680	20514	29669	20043	12691	24747	11689
苹果	18102	15448	16010	21230	24273	23388	24877
Fruit Prp Nes	17356	17295	16584	17220	17236	18529	22482
Food Prep Nes	6818	8056	11001	12952	15477	17040	22106
羊毛	7275	7028	9536	14566	13890	14552	16874
梨	7963	8855	6860	11819	11218	13896	15872

资料来源:FAO 数据库。

南非开普地区处于非洲顶端地带,具有典型的地中海气候,区域内西部气候凉爽,有着理想的大规模种植优良葡萄品种的条件,形成了从海边向内陆不超过 50 公里的沿海的葡萄种植和酿酒区域,因此葡萄和葡萄酒成为了南非出口最多的农产品,成为南非经济的重要支柱产业之一。[1] 同时,南非也是一个玉米出口大国,在易遭受干旱影响的非洲,拥有高产量和充足内存的南非有足够的玉米供应满足国际市场需求。根据预测,2012 年度南非玉米出口总量有望达到近 300 万吨,较 2011 年增长 50%。[2] 南非出口的水果种类繁多,除了葡萄类,还有落叶类(苹果、梨)、柑橘类(橙、柑橘)和亚热带水果(鳄梨、芒果、荔枝)等;南非鲜果业雄踞世界前五强,并拥有众多引以为豪的世界品牌,如 Cape 和 Outspan。水果产品主要销往美国、英国、德国、荷兰和比利时,中国也是南非亟待开发的新市场。凭借完善的空运和海运港口设施,南非产品能够被送达世界每个角落。据统计,南非水果年出口总额大约为 80 亿兰特。[3]

二、农用地生产潜力分析

1. 农用地条件

(1) 地形

① 百度百科,http://baike. baidu. com/view/2502478. htm.
② http://finance. sina. com. cn/roll/20110808/151610279712. shtml.
③ 南非食品出口显优势[N]. 中国食品报,2010-03-24.

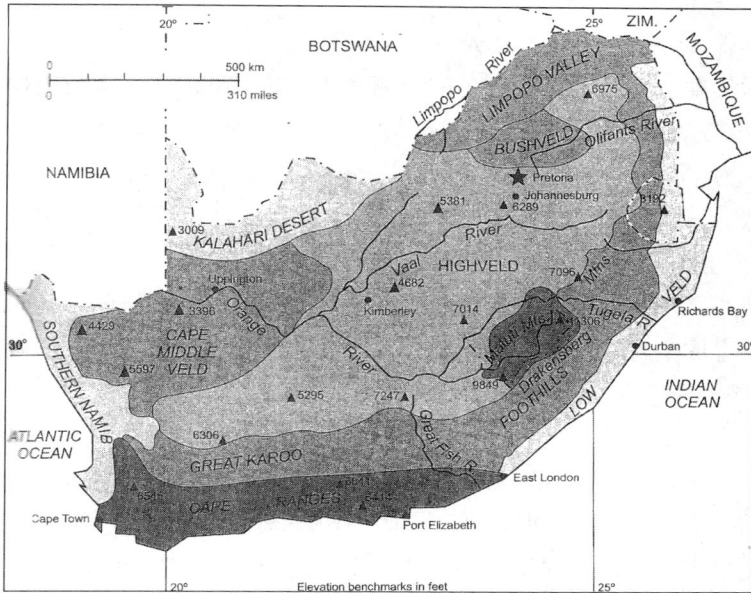

图 2‑10 南非地形地势图

资料来源：Roy Cole, Harm J. de Blij. Survey of Sub‑saharan Africa: A Regional Geography[M]. Oxford University Press, 2007:575.

南非位于非洲大陆最南部，面积 122.1 万平方公里，北邻纳米比亚、博茨瓦纳、津巴布韦、莫桑比克和斯威士兰。东、南、西三面为印度洋和大西洋所环抱，地处两大洋间的航运要冲，地理位置十分重要。其西南端的好望角航线，历来是世界上最繁忙的海上通道之一，有"西方海上生命线"之称。南非的海岸线长 2500 公里。全境大部分为海拔 600 米以上的高原。德拉肯斯山脉绵亘东南，卡斯金峰高达 3660 米，为全国最高点；西北部为沙漠，是卡拉哈里盆地的一部分；北部、中部和西南部为高原；沿海是狭窄平原。奥兰治河和林波波河为两大主要河流。

南非由三种地形所组成：一是"内陆高原区"；二是在内陆高原区外围的"陡峭带"；三是从陡峭带通往海岸线的"斜坡带"。其中"陡峭带"是最显著且连贯的地形。陡峭带的海拔高度因地而异，从玄武岩覆盖的罗格费尔坡地的 1500 米左右到夸祖鲁纳塔尔省的龙山（Drakensberg）的 3482 米。南非高原的内陆陡峭带北起撒哈拉沙漠，是非洲高原地形的南部延伸；典型的非洲高原特征是开阔的平原，海拔平均约 1200 米。跨越南非高原带，是轮廓分明的高山团，以山国莱索托为代表地形。

在大陡峭带和海岸线之间，是一个宽度从 80 到 240 公里的东南地形和从 60 到 80 公里的西部地形。其中易于辨认的至少有三块：东部高原斜坡带、开普山谷（及附近)斜坡带和西部高原斜坡带。

（2）土壤

南非的气候条件下形成了众多的土壤类型。沿海地区多是砂质岩和被侵蚀的花岗岩，在地势较低处则被页岩层层包围。相反，靠内陆的区域则以页岩母质土和河流沉积土为主。与中国相比，除了没有大面积的人为土外，南非土壤几乎包括各种土壤类型。其中有一种分布在干旱区，以硅为胶结物质的硬磐土壤，除了澳大利亚以外，世界上是极为少见的。南非有三种最主要的土壤类型：花岗岩育成土，通常为红色至黄色，呈酸性，分布于山麓坡地及山区，具有良好的物理特性和保水性；塔尔布山砂岩育成土，为相对贫瘠的砂土，有较好的保水性；页岩育成土，通常为褐色，结构坚固，部分为已分解的母岩，富含养分，具良好的保水性。

2. 水资源潜力分析

南非日照充足，但降雨量小，是一个干旱的国家。全国大部分地区的降雨季节为 11 月到翌年 2 月的夏季，但是开普半岛西南端夏季干旱、冬季降雨。全国范围年平均降雨量仅为 464 毫米，低于世界平均年降雨量 857 毫米的水平。

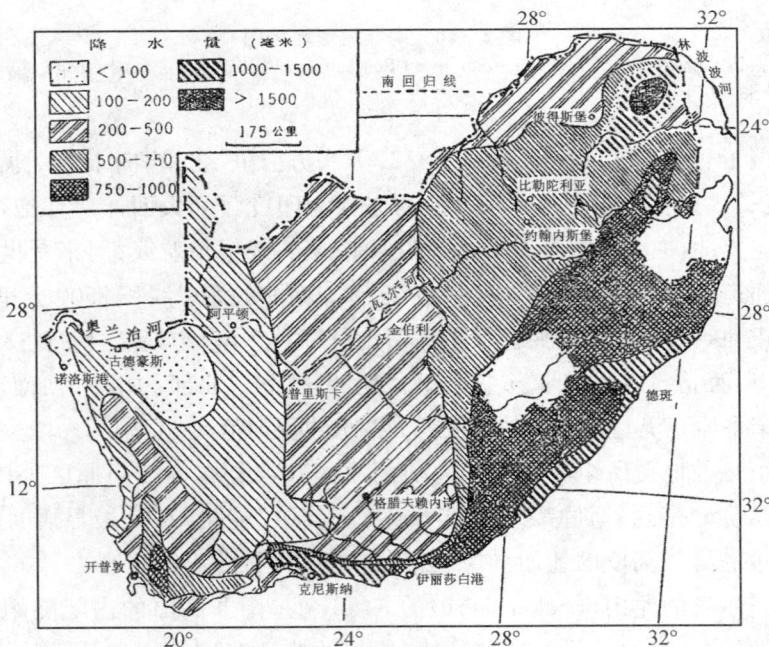

图 2－11 南非年降水量分布

资料来源：Г.М.莫伊谢耶娃，著.南非共和国经济地理概况[M].郑州：河南人民出版社，1976.

由于周期性干旱，南非只有 1/4 的地区有全年有水的河流，主要在开普南部和西南部以及东部沿海山区，另外 1/4 地区的河流在旱季无水。而西部内陆广大地区的河流只在雨季有水,其余时间河床干枯,有的河流枯水期曾达到 6 个月。南非最长的河是奥兰治河,全长 1860 公里。奥兰治河与瓦尔河相连,总长为 2340 公里。南非缺少具有航运价值的河流或湖泊。穿越东部高原山脉的河流,虽不能用于航运,但提供了丰富的水电资源。南非多样的气候为多种农作物生长提供了条件。南非有世界著名的野生动物园和自然保护区,是丰富的旅游业资源。

南非的海岸线呈均匀封闭式,其中有数处锯齿状的海岸适合辟为港埠。在南非 3000 公里的海岸线上,唯一天然港湾是西岸的萨尔达尼亚湾(Saldanha Bay),然而该地区水源缺乏,南非大部分河口都不适合建港埠,这是由于多年来大型沙洲形成的阻滞所致。沙洲是由海浪、潮汐、南非多数河流陡斜带来的周期性的沉积物形成的。只有橘河、林波波河等大型河川可以借强大的流冲击力穿越沙洲。总体上来说,南非没有适合于航行的河道。

地下水是南非许多地区全年供水的唯一可靠来源,年地下水量为 22 亿立方米。

3. **劳动力资源**

(1)人口结构

南非系多种族、多民族国家,享有"彩虹国度"美称。根据南非国家统计局公布的 2007 年人口调查数据,南非总人口 4790 万。其中,非洲人占总人口的 76.7%,为 3674 万,分为九个部族。白种人(欧洲移民后裔)占总人口的 10.9%;亚洲裔人占人口的 2.6%,为 124 万人,其中大部分都是印度人后裔。

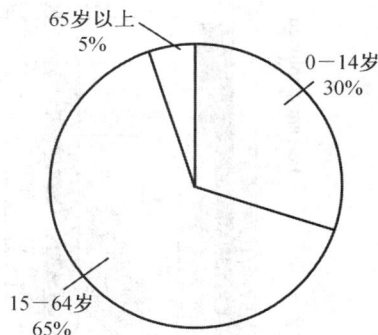

图 2-12　2010 年南非人口年龄结构

根据 2010 年人口统计,南非城市地区人口为 3093 万人,占 61.7%,非城市地区人口为 1920 万人,占 38.3%,经济最发达的豪登省人口最多,也是接纳外省移民最多的地区。南非人口的城市化程度在非洲为最高,但各种族比例不同,白人城市人口占 90%,非洲人中的城市人口占 47.3%,具有很明显的二元结构。全国总人口中,将近 30% 是 15 岁以下的青少年,65 岁以上的老人占 5%,人口结构仍比较年轻。

(2)性别构成和职业构成

南非属于中等收入的发展中国家,由于受艾滋病肆虐的影响,人口生育率并不高,人口增长速度也不快。南非统计局 2010 年发布的人口预测数据显示,南非男女人口总数大致相当,男性的平均寿命为 53.3 岁,女性平均寿命为 55.2 岁,低于非洲平均水平。①

南非的职业构成存在着很大的种族差异,由于种族隔离时期南非白人和黑人的受教育权利极为不平等,因此在就业市场上,种族不平等的现象仍然十分严重。南非知名调查公司公布的调查结果显示,南非私营公司63%的高层管理人员是白人男性,14%为白人女性,而黑人男性和黑人女性所占的比例分别仅有9%和4%。大多数白人、黄种人主要从事经理或者有专业特长的工作,而大多数黑人则是从事技工和操作员的工作。数据显示,黑人男子每月平均收入为2400兰特,而白人男子每月平均收入为19000兰特;大多数白人妇女每月的收入为9600兰特,而大多数黑人妇女每月的收入仅为1200兰特。

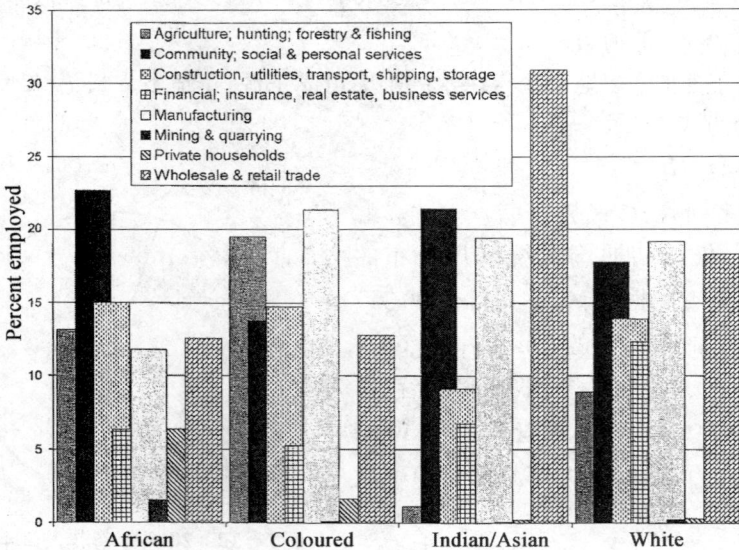

图 2-13 南非职业构成

资料来源:Roy Cole,Harm J. de Blij. Survey of Sub-saharan Africa:A Regional Geography[M]. Oxford:Oxford University Press,2007:584.

4. 土地生产潜力与分析

(1)作物产量

农作物占南非农业总产出的1/3。现在耕地总面积约1000万公顷,其中36%为玉米,21%为矮秆农作物。这些农作物加上油料作物和高粱,占耕地总面积的2/3。

玉米是南非最重要的农作物。南非大约有15000个农场主从事玉米生产,主要分布在西北省,自由州的西北部、北部和东部,姆普马兰加省的高草原和夸祖鲁纳塔

① 寻找发展与人口增长平衡点 国外人口政策扫描[N]. 人民日报,2010-08-16.

尔省中部。居第二位的农作物是小麦,主要产区分布在西开普省的冬季降雨区,西北省的夏季降雨区,北方省和自由州。目前,自由州的小麦产量最高,但是各年份产量起伏不定。西开普省因得益于可靠的降水,因而是小麦产量最稳定的地区。大麦主产区在西开普省南部沿海平原,这里出产南非95%的大麦。

表 2-9　南非主要农作物产量

单位:千吨

作物	2003/2004	2004/2005	2005/2006	2006/2007	2007/2008	2009	2010
玉米	9737	11749	6947	7339	13164	12050	12815
小麦	1687	1913	2114	1913	2031	1958	1430
甘蔗	20419	19095	21052	20275	19724	18655	16015
葡萄	1762	1550	1757	1813	1791	1348	1261
马铃薯	1785	1787	1719	1946	1853	1867	2090
橙	1325	1126	1245	1349	1410	1369	1415

资料来源:FAO资料库。

(2)草场载蓄能力

南非畜牧业发达,占农业产出的40%。牲畜数量随气候条件变化而变化,主要集中发展适合于当地气候和环境条件的品种。根据南非1999年官方年鉴数据,牛的存栏数为1380万头,绵羊为2930万只,南非肉食自给率达到85%。养牛场主要分布在北开普省和东开普省;绵羊养殖业主要集中在北开普省、东开普省、西开普省、自由州和姆普马兰加省。

南非拥有的野生动物数量和种类超过大多数国家。过去几年间,野生动物牧场发展很快,今天已成为有活力和巨大经济发展潜力的产业。南非全国大约有8000个野生动物牧场,占地几百万公顷,投入了大量资本。[①]

(3)森林资源

南非的自然森林资源有限,19世纪林木受到严重砍伐,资源遭到破坏。直至20世纪80年代,南非还是一个木材和木材加工产品的净进口国。

南非政府对自然森林采取保护政策,并引进外来树种人工造林。1998年,商品林占南非国土面积的1.2%,约1428公顷。其中约70%为私人所有,30%左右为国家所有。南非已开发的人造林资源,在世界占领先地位。人造林的产值每年约20亿兰特。加上林产品加工业,该行业年产值超过130亿兰特,其中1/3左右是出口收入,每年赚取外汇约50亿兰特。

---

① 李才旺.南非共和国草地畜牧业考察报告[J].四川草原,2002(1):60-62.

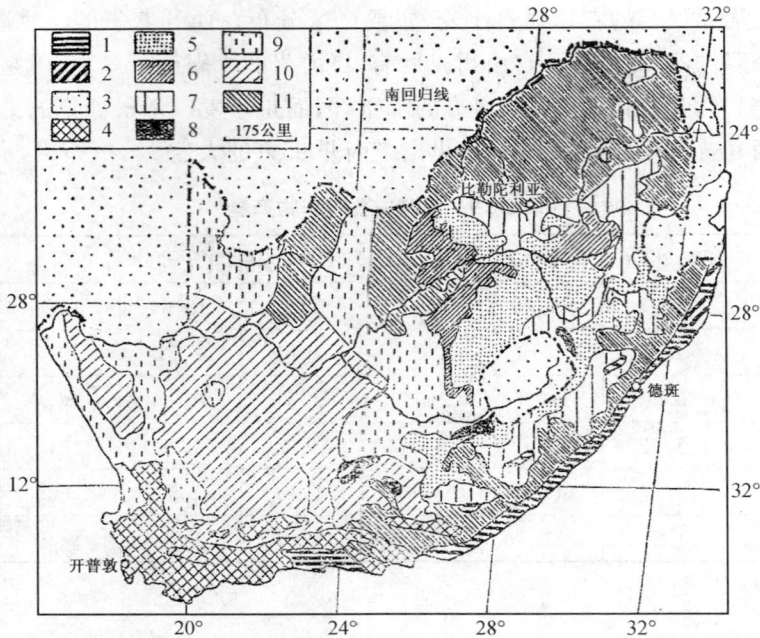

图 2−14 南非植被覆盖图

1—亚热带森林   2—红树林
3—开普省西南部旱生植物   4—萨瓦纳或矮灌木裴勒得
草本草原或草本裴勒得：
5—"混合"裴勒得   6—"甜"裴勒得
7—"酸"裴勒得   8—高山裴勒得
半荒漠和荒漠：
9—卡鲁和卡拉哈里西南部肉质植物   10—卡鲁灌木荒漠
11—荒漠化萨瓦纳

资料来源：Г. М. 莫伊谢耶娃，著. 南非共和国经济地理概况[M]. 郑州：河南人民出版社，1976.

5. 土地人口容量潜力分析

（1）人口增长压力

数据显示，过去十年南非人口增长率基本呈逐年下降趋势，从 2001 年的 1.4%
下降到目前的 1.06%。此外，南非每名妇女平均生育孩子的数量也呈逐年下降趋
势，目前为平均每人生育 2.38 个孩子。[①]

（2）土地承载能力

南非土地资源十分丰富，重视资源的适度开发和生态保护，平均每公顷土地承
载人口 39 人，整个国家的经济发展同人口增长相协调，生态、环境、资源利用与人口
增长也相协调。农村人口比例小，同时大力发展有机农业，合理的土地利用方式，农

---

① 寻找发展与人口增长平衡点 国外人口政策扫描[N]. 人民日报，2010−08−16.

业综合开发的规模化、集约化使得南非的土地资源保持在一个适当的人口承载量上,并且具有很大的潜力。

三、农用地资源开发利用特点

1. 土地利用结构特点及潜力

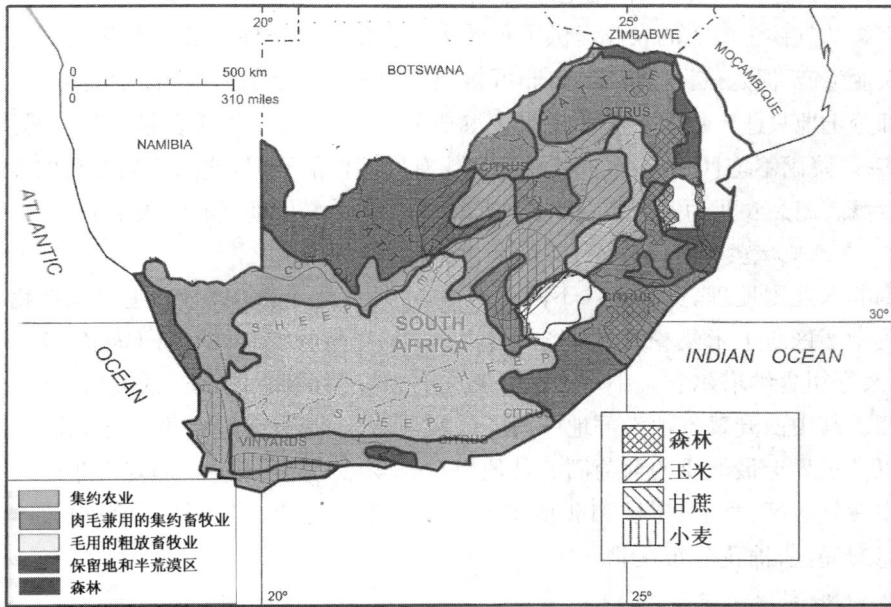

图 2-15　南非共和国农业区

资料来源:Roy Cole,Harm J. de Blij. Survey of Sub-saharan Africa:A Regional Geography [M]. Oxford:Oxford University Press,2007:597;Г. М. 莫伊谢耶娃,著. 南非共和国经济地理概况[M]. 郑州:河南人民出版社,1976.

(1) 农用地结构

表 2-10　2009 年南非农业土地资源情况　　　　　　　　单位:千公顷

土地面积	农业面积	耕地和永久性作物	耕地	永久性作物	永久性草地和牧场	森林面积
121450	99230	15300	14350	950	82930	9240

南非全国土地划分为可耕地(arable land)、永久性农作物用地(permanent crops)和其他土地(other)三种利用类型。可耕地指用于耕作农作物[1],如小麦、玉米和稻米,每次耕作收获之后还可再种植的土地。永久性农作物用地指用于耕作农作

———————
① 中国土地学会. 赴南非、肯尼亚和埃及土地管理考察报告[R]. 2008.

物,如柑橘类、咖啡、橡胶,收割后不再种植的土地,包括种植花丛灌木、水果树、坚果树、葡萄树的土地,但不包括种植其他树木的土地。其他土地指除可耕地和永久性农作物用地以外的土地,包括永久性的草地和牧场、森林和林地、建设用地、道路、荒地等土地。2009 年,南非共有耕地 1530 万公顷,人均耕地约 4.9 亩,可耕地、永久性农作物用地和其他土地面积分别占全国土地总面积的 11.8%、0.78% 和 87.42%。

(2) 粮食作物、经济作物用地结构

多样的气候为南非的农业提供了种植多种农作物的条件。虽然 80% 的国土面积用于农业生产,但是按世界标准,南非可耕地资源贫乏,仅约占国土面积的 12%,南非的大部分土地只适于放牧。南非地表土壤成分复杂,土壤有机质含量低且容易退化。地形多样,降雨不均且稀少,水资源缺乏且伴有周期性的干旱,使南非的商品农业基本依靠灌溉。商品农业约占南非农业总产值的 1/3,而传统农业只有听天由命。

2. 农业地域类型

南非农业因地理、资源条件不同而异,每个地区均有鲜明特色,主要农作物有自己的集中产区。玉米集中在西北省、自由州、姆普马兰加省高草原(海拔 1300m 以上)以及夸祖鲁纳塔尔省。小麦产区主要在冬季降雨的西开普省、西北省、北部省和自由州。其中西开普省西南部地中海式气候区降雨可靠,冬季温和多雨,盛产小麦、水果以及世界上最优质的葡萄酒。其他粮食作物中,大麦、黑麦、燕麦等集中于西南部地中海气候区,甘蔗、柑橘和菠萝主要集中于沿海无霜冻地区以及夸祖鲁纳塔尔省沿海湿润区,棉花分布在北方省。[①]

3. 土地利用组织形式

尽管种族隔离时代已经结束,目前南非 83% 的农业用地仍然为白人农场主拥有,黑人、印度人和有色人种拥有的土地面积总和仅为 13%。虽然依据南非法律,政府可以不经法院判决直接征用白人土地,将其重新分配给黑人社区或者在种族隔离时期被强行剥夺土地的个人,但由于担心此类过激的土地政策会造成社会混乱和农业生产力下降,南非政府对此一直持谨慎态度。多年来南非政府一直希望能说服白人农场主接受政府倡导的"自愿买卖"原则,在土地价格等问题上与政府合作,平稳推进土地改革。但南非土地成本节节攀升,使得要从白人手中购买土地的资金成本大大增加。南非政府计划,在 2014 年前将商品农场 30% 的土地重新分配给黑人,然而截至目前,仅有 4% 的商品农场土地进行了重新分配。如果要在 2014 年达到重新分配 30% 土地的目标,所耗费的成本将达到 103 亿美元。此外,在推行土地改革的过程中,南非还遭遇了一些与邻国类似的尴尬:获得土地的黑人对于经营农场不甚了了。在已有的转让给黑人经营的 590 万公顷农业用地中,有多达 90% 的土地遭到

---

① 常伟. 南非农地制度改革前景展望[J]. 世界农业,2010(9):33-35.

荒废,严重威胁到南非的粮食供应。

4. 农业经营方式

由于南非地广人稀,土地租金低廉,有利于大规模经营,同时距离优良海港近,有利于农产品的商品经营。南非的农业类型主要为大牧场放牧业和混合农业。大牧场放牧业是一种进行大规模商品畜牧业生产的农业地域类型,往往分布于干旱、半干旱气候区,因地表主要为草原植被,形成了大牧场放牧业这种农业地域类型。它有商品率高,生产规模大,经济效益好,专业化程度高的特点。混合农业是在同一农场中将种植业和畜牧业有机结合在一起的农业生产地域类型,它的生产形式较稳定、分布较广泛、商品生产有一定规模。此外,南非还有许多小型农场,由小规模农户经营,虽然经济实力和规模有限,但是其对市场的适应性强,发展潜力巨大,也是南非农业生产的重要组成部分,小规模农户能对缓解粮食危机起到有益的作用。南非的小规模农户多为食品供应链的基层供应者,对于缓解粮食危机有很大帮助。

四、农用地潜力的主要制约因素

1. 耕地资源的合理开发利用问题

南非可耕地相对不足,人均耕地面积仅有约 0.4 公顷,灌溉面积 80 万公顷。由于雨量不多,水源不足,自然条件对农业生产不利,气候变化对农业生产十分不利,尤其是干旱的威胁,一直是困扰南非农业的一个不利因素。耕地资源上,南非的肥沃耕地仅占可耕地面积的 22%,因此需制订不同区域、气候特征下的耕地开发利用计划。

2. 种族隔离制度和土地制度对农牧业的影响

南非的农业经济存在着鲜明的二元结构,分为主要由白人经营的发达的商品农业和非洲人维持生计的传统农业两部分。[①] 前"黑人家园"地区农业生产条件落后,长期得不到发展,而且人口密度大,土地因过度耕作而退化。1994 年种族隔离制度废除后,先前白人地区由 6.7 万个农场主占有,规模大都超过 1000 公顷,而 71% 的农村人口居住在剩余的 14% 的土地上,黑人地区人均占有可耕地低至 0.1 公顷。新政府开始实施扶助小农场的发展计划,旨在为刚刚进入商品农业领域的黑人提供服务,但南非农业中的这两种极端在短时期内不会有什么大的变化。南非的土地所有权是困扰南非农业的主要问题,当前土地所有者无力耕种,需要将土地租给其他人,导致农业发展缓慢。

3. 农业技术装备条件和政府投入

南非有较发达的基础设施,包括科研机构,为农业生产者提供农作物和牲畜繁

---

① 李建民. 南非加快推进农业 5 年发展计划[N/OL]. 新华网,2011－03－26. news. xinhuanet. com/world/2011－03/26/c_121233646. htm.

殖的材料。南非是南部非洲少数几个制定了植物多样性保护法律并参与国际种子机构的国家。南非的农业机械化程度比较高,现代化农业机械主要是大型商业农场(多数是白人经营的农场)使用,非洲人维持生计的农业大部分仍采用传统的耕作方法,用牛和驴作耕畜的情况很普遍。同时,南非在农业科技化过程中缺乏政府扶持和投入,与发达国家对农业的补贴免除了农业科技化投入的后顾之忧相比,南非的农业科技化发展迟缓。

4. 自然灾害

南非荒漠和草原多,同时,南非农业受降水影响较大,干旱是南非普遍发生的自然灾害,其他灾害也频发:林波波省几年一遇的洪灾,西开普省等其他林业发达地区常遇森林火灾,大西洋沿岸的飓风等,同时农业上也面临着病虫害的威胁。自然灾害使得南非农业存在极大的不确定性,这种不确定性不仅可能威胁到南非的粮食安全,还会阻碍南非政府促进农村发展以创造就业机会的远大目标。

五、农用地资源永续利用战略对策

1. 生态环境的开发与保护

南非矿产资源丰富,过去无节制的开采造成了水库水质变差、水资源紧缺、富营养化以及难以修复的环境问题,给居民的健康和生活造成了危害。为了保护土地资源可持续利用,南非一直强调生态环境保护,全国设有 422 个大型生态环境保护区,面积总计 6.7 万多平方公里,无论从数量上还是占国土比例上,均为世界之最。在野生动植物比较集中的山坡草地、海滩海湾、风景名胜和文化古迹建立南非的生态环境保护区,唤起全国人民保护大自然的强烈意识。[1]

2. 发展人工种草,实行农牧结合

南非大部分地区干旱缺水,制约了畜牧业的发展。鼓励家庭农牧场重视利用雨季的有利时机开展人工种草,尤其是在东部和沿海畜牧业比较集中的地区的奶牛场,人工种草可作为饲草料的主要来源。牧草在生长季节进行放牧利用,雨季结束后牧草因干旱缺水而干枯,其枯草的营养价值仍较高,可供家畜在旱季(或冬季)采食利用。家庭农牧场在种植牧草的同时,可安排一定面积的土地种植玉米,并进行机械化播种、管理和收获,收获的籽实可用作家畜的精料。通过农牧结合的方式可大大提高土地利用效率。

3. 继续完善农业风险管理制度

南非历史上由于长期实行白人庄园经济,农业经济规模相对较大,对市场化的

---

① 李建民. 南非生态环境保护为世人称道[N/OL]. 新华网,2008 - 04 - 23. news. xinhuanet. com/news-center/2008 - 04/23/content_8031870. htm.

商业保险承受能力较强。因而南非保险产业比较发达,保险品种丰富,体系也十分完备,具有很强的竞争力。目前,大约有一半农民为自己种植的作物购买了作物保险,大多数农民都是通过合作社购买作物保险。通过立法,加强政策引导,可吸引更多农户参加农业保险,确保国家农业系统健康发展。

4. 建立白人农场主和黑人的合作机制,增加农业就业

南非农业中具有经营管理能力的主要是白人。自 20 世纪 90 年代以来,南非农村失业问题日益严峻。在国际贸易自由化的大背景下,南非曾一度取消了农业补贴,并且对农业支持力度不够,从而导致了部分商业农场的停产或倒闭,并带来农业就业机会的减少。在土地改革后,部分黑人农场由于经营不善,也导致了农村失业人数的增加。在这种局面下,政府在增加对农业投入的前提下,建立白人和黑人的合作机制,不仅可以在一定程度上抵御失业问题带来的压力,也有利于南非农业的健康、稳定发展。

5. 合理解决能源供应,开发可再生能源

2008 年 6 月南非遭受严重的电力危机影响,全国范围内的矿产业曾在 1 个月内被迫停产五天,导致第一季产量大幅下滑,同时,严重的电力短缺是制约不少非洲国家经济发展的瓶颈。尽管南非国家电力公司发电量占整个非洲大陆的 45%,但仍不足以满足本国经济发展的需求。在经济极速发展的今天,能源已经成为经济发展的重要条件,而国与国之间的能源互补,已成为国际间能源发展的一种重要方式。南非能源部表示,南非需要开发目前在世界上进步最快的能源——风能,同时此开发将提供更多的就业机会,开发风能是南非 2013 年达到 10000 千兆瓦能源供应计划的一部分。另外,南非于 2010 年开始在全国积极推广太阳能,大力普及太阳能热水器、太阳能交通灯和太阳能路灯等。大力开发再生能源、出台新能源使用优惠政策,势必能解决南非的能源供应问题。

6. 有效吸引外资,加强农业工程建设

南非总体商业环境虽好,但面临高失业率和庞大贫困人口的难题。原因是经济增长缓慢,无法提供更多的就业岗位。要提高经济增长率和就业率,南非必须增加出口和吸引更多外国直接投资。得益于 20 世纪 90 年代的贸易自由化措施,南非经济增长在过去 15 年内从外国直接投资中获益匪浅。作为非洲第一经济大国,南非具有除石油以外的丰富矿产资源、发达的金融业、门类较齐全的制造业,是中国进军非洲的一个理想投资地。[①] 而对于农业,南非与欧美一样,走大工厂、机械化道路,非洲的农产品加工一片空白,从新产品开发、技术设备创新到产品包装、运输及销售都蕴藏着无限商机。提供优惠的政策招商引资,吸引外资进入,进行农业工程的投入,对

---

① 汪阳.南非经济形势与投资环境考察报告[J].世界经济研究,1992(2):5-8.

其他地区国家农业技术进行引进和优化,加大农用地资源的合理高效利用,使得南非的农业发展更上一个新的台阶。

(马 奔 陈 雅 姜忠尽)

第三节 渔业发展问题研究

鱼是人类食物蛋白质供应的主要来源之一,对人类食物安全和健康发挥着重要作用。联合国粮农组织把鱼类,包括无脊椎动物在内的水产品,肉类和豆类列为人类的三大蛋白供应源。根据 FAO 统计,2007 年全球每年人均鱼类消费量为 17.8 千克,鱼类提供了全球人口 16.6%的动物蛋白的摄入量和 6.4%的全部蛋白摄入量。全球有 2.9 亿人的 20%的动物蛋白摄入量以及 4.2 亿人的 15%的动物蛋白摄入量来自鱼类。随着人口的增加和生活水平的提高,人类对蛋白质的需求增加,对鱼类资源的消费需求将迅速增加。渔业主要分为养殖渔业和捕捞渔业,然而长期以来的过度捕捞导致渔业资源的持续衰退,根据《2010 年世界渔业和水产养殖状况》,1996 年全球海洋捕捞渔业产量达到 8630 万吨高峰,到 2008 年降低到 7950 万吨。此外,据联合国统计,世界渔业有 25%以上处于过度开发,50%处于充分开发,75%则需要立即行动降低捕捞并保护其衰退的种群。面对鱼类消费需求增加和鱼类资源衰竭的矛盾局面,国际渔业合作是形势所趋。中国与南非有好的渔业合作潜力。南非是非洲重要的渔业国家,拥有丰富的渔业资源、先进的渔业管理经验、较大的消费市场,但渔业养殖发展相对落后。中国面临渔业资源衰退的局面,渔业发展需要改进渔业管理方式,也需要更大的渔业供给市场。此外中国是世界上最大的渔业养殖国家,积累了丰富的渔业养殖技术和经验,能够为南非的养殖渔业发展提供帮助。本节对南非近年来渔业资源开发与管理进行分析,提出中非渔业合作的方向。

一、南非渔业发展概况

1. 自然条件优越,鱼类资源丰富

南非海岸线长达 2798 公里,按照自然特征的不同,南非海岸带划分为西海岸带、南海岸带以及东海岸带。西海岸带有本格拉洋流经过,而厄加勒斯洋流自东海岸流向南海岸带(图 2-16)①。本格拉寒流在南非西海岸大陆架上形成较强的上升流区,引发表层寒冷海水和底层温暖海水之间的搅动,带来了丰富的营养盐和大量的浮游

---

① Walmsley S. A. ,ed. Bycatch and discarding in the South African demersal trawl fishery[J]. Fisheries Research,2007 (200786):15-30.

生物,形成了优良渔场。在东面的海岸带,厄加勒斯暖流带来的流幅狭而流速快的洋流,在南非厄加勒斯浅滩约东经20°上与向北流动的本格拉寒流交汇,两个洋流的交汇形成巨大的温度差,形成了南非海域独特的海洋环境,使南非海域成为世界主要渔场之一,供给了全南非约75%的捕鱼量。在优越的自然条件下,南非渔业种类多样,商业价值明显。在南非沿海富饶的渔场中,既有大西洋、印度洋的鱼种,又有太平洋的鱼种;既有冷水性鱼种,又有暖温性鱼种,种群数量也相当可观。具有商业性捕捞价值的鱼种包括南非拟沙丁鱼、南非鳀鱼、南非无须鳕、深水无须鳕、鲍鱼、鱿鱼、金枪鱼、章鱼、菲岩龙虾和居氏欧龙虾等。据统计,南非海洋捕捞年产量超过千吨的种类有无须鳕、南非竹荚鱼、南非拟沙丁鱼、南非鳀鱼、脂眼鲱、长鳍金枪鱼、大西洋叉尾带鱼、雷氏枪乌贼、杖鱼和鲐鱼等十几种。此外,沿岸的港口码头提供了渔产品交易市场,改善了渔业渔需物质、渔船进出港、捕捞安全、流通交易的条件,推动了南非渔业的发展。

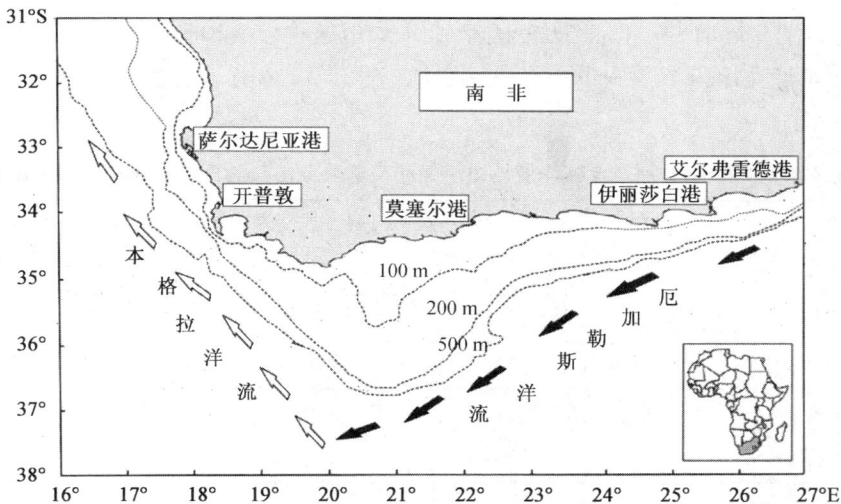

图 2-16　南非海岸带及流经洋流示意图

2. 渔业经济发展良好

南非是非洲和全球重要的渔业经济国家,渔业在南非国民经济中占有重要地位。由图2-17可见,南非1950—2010年渔业产量呈波动发展。从20世纪50年代以来,随着技术进步,机械化渔船、人造纤维渔网具和冷冻设备的发展,南非海洋捕捞业发展迅速,到20世纪60年代后期,渔业产量达到高峰,最高产量为213.26万吨。此后,由于200海里专属经济区制度的实行,公海渔业管理日趋严格,南非渔业产量在波动中下滑。1994年,南非废除种族隔离制度,渔业发展进入新阶段,渔业产量开始呈上升趋势,到2004年渔业产量达92万吨。2004—2010年,随着渔业捕捞管制的完善,渔业产量下滑。

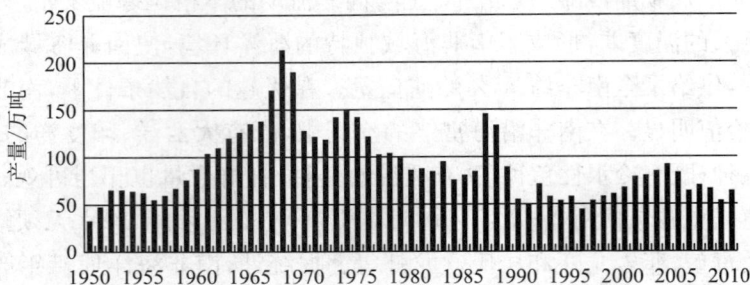

图 2 - 17 1950—2010 年南非渔业产量图

南非渔业部门在经济中所占的比重较小,约占南非 GDP 不足 1%,但渔业在经济上的重要作用是不可忽视的。据 FAO 渔业统计年鉴(2010),2010 年国际渔业贸易中,南非是净出口国,出口渔产品总额 5.66 亿美元,进口 2.41 亿美元,进口盈余为 3.25 亿美元。同时,在非洲 53 个国家和 6 个地区中,南非渔业出口总额占较高比例,在全球渔业出口贸易中也占有一席之地(表 2 - 11),南非是非洲和全球重要的渔业经济国家。

表 2 - 11 南非、非洲及全球渔业出口总额和南非渔业出口总额占非洲和全球的比例

时间	南非(千美元)	非洲(千美元)	全球(千美元)	南非/非洲	南非/全球
2006 年	402014	6915775	86017822	5.81%	0.47%
2007 年	510763	7142107	93499925	7.15%	0.55%
2008 年	518872	7578815	101896995	6.85%	0.51%
2009 年	441776	7527856	95961286	5.87%	0.46%
2010 年	565664	8544236	109274148	6.62%	0.52%

二、南非渔业发展的特点

1. 渔业管理严格

南非种族隔离制度已经严重地影响了南非的发展、公平和正义,长期以来南非的渔业资源由少数白人控制的渔业公司进行开发,渔业资源开发程度较低,国际渔业捕捞的船队也常到非洲沿岸进行渔业捕捞。1991 年 6 月 30 日,南非政府宣布南非种族隔离制度正式终结。1994 年,纳尔逊·曼德拉就任总统,宣布新南非正式成立。民主化进程中,对南非海洋渔业资源的开发与管理也进入一个新的时代。在渔业资源保护管理方面,南非于 1977 年颁布了海洋法规,严格限制外国渔船进入南非水域从事捕捞作业;1997 年,南非发布了海洋渔业政策白皮书,加强了对 200 海里专

属经济区的管理,保护海洋渔业资源。1998年,南非政府颁布《海洋生物资源法》,对海洋生态系统和海洋资源的保护、有序开发及可持续利用等作出了全面的法律规定。同时,南非政府重视渔业改革,制定了多项符合本国实际情况的法律法规和管理条例,为渔业资源的合理利用,渔业的可持续发展营造了良好的外部条件。总之,通过改革,为南非的渔业发展创造了良好的发展环境,促进了南非渔业的可持续发展。经过十几年的渔业改革,南非保持了渔业经济发展的稳定、公平以及发展的可持续性。建立了南非完整的渔业管理系统。通过改革,南非重新分配了渔业经营权,人们可以资源竞争获得渔业经营权,渔业经营者的数量增加了20倍,并且过去处于不利形势的个体的参与比例从0.75%增加到62%,解决了长期以来商业性海洋渔业分配不均的现象。同时,取得捕鱼权者必须遵守各项管理规定,包括:渔船船型和大小、渔具与渔法种类、鱼体大小、鱼汛期、渔获(包括目标鱼种和兼捕鱼种)数量等。在渔业资源的开发利用上,南非政府实行严格的捕捞配额管理,综合采取多种渔业监管方式严厉限制海洋渔业年捕获量,主要的监管方式有:总可捕捞量(TACs)、渔获努力量(TAE)、袋限制(bag limits),间接的管理措施包括禁渔期、禁渔区和轮休期(gear restrictions)。这些监管方式不仅规范了渔业捕捞行为,而且保障了渔业资源的可持续利用。[1]

  2. 消费市场潜力巨大

  过去几十年中,世界鱼和渔业产品人均消费量不断增长。联合国粮农组织发布报告指出,20世纪70年代,世界人均鱼类和渔业产品消费量为11.5公斤,90年代增至14.4公斤,2005年达到16.4公斤,2007年和2008年的初步数据显示人均消费量为17.1公斤。2007年,南非人口约为4971.3万人,平均鱼类消耗量为7.6公斤,其中鱼类蛋白的摄入量占动物蛋白摄入量的7%,总蛋白摄入量的2.8%,远远低于全球平均水平。若按照世界人均消费水平计算,南非还需消费的鱼类资源总量达47227万吨。事实上,面对国际金融危机的影响,国际渔业进口贸易额降低,而南非的渔业进口贸易却呈现相反的情况。据FAO统计数据显示,2009年国际进口贸易较2008年减少了89亿美元的进口额。但在这种国际背景下,南非的渔业进口额度仍然呈上升状态,2008年南非渔业进口额度为2.39亿元,到2009年为2.61亿元,增加了2200万元的进口量。这些数据充分显示了南非鱼类消费市场的巨大潜力。巨大的鱼类消费需求对南非渔业发展提出了新的要求,南非政府不仅要重视国内渔业资源的开发利用,也要紧随时代步伐大力发展养殖渔业,提高渔业产量,满足人们的鱼类消费需求。

---

  ① George,M. B. & M. C. Barry. Fish stocks and their management: The changing face of fisheries in South Africa[J]. Marine Policy,2006(30):3-17.

3. 养殖渔业发展不足

从世界渔业发展趋势看,海洋和内陆天然渔业资源大部分已呈现充分利用或者过度利用状态,而随着人口的不断增加、工业化城镇化速度的加快和人们生活水平的提高,对水产品数量和质量的需求将会持续增加。未来渔业的发展和水产品的供应将主要依靠水产养殖业的发展。据 FAO 渔业统计年鉴(2010),自 2001 年以来全球鱼类捕捞总量一直维持在 9000 万吨左右,而且显示出强劲的持续增长力。据统计,全球鱼类养殖业产量从 2001 年的 3461 万吨增长到 2010 年的 5987 万吨,每年平均增长约为 6%,养殖业占总产量的比例不断升高。而在南非,海洋捕捞产量约占总产量的 99% 以上,养殖产量不到 1%(包括海水养殖和淡水养殖),到 2010 年养殖渔业产量为 0.51 万吨,占渔业总产量的 0.82%,养殖业所占比例严重偏小,与国际发展趋势不一致(表 2 - 12)。

表 2 - 12　2001—2010 年全球及南非水产养殖产量及其占总渔业产量的比例

时间	全球水产养殖量(吨)	南非水产养殖量(吨)	全球养殖量占总产量的比例	南非养殖量占总产量的比例
2001 年	34613626	2830	27.60%	0.38%
2002 年	36785687	4105	28.80%	0.53%
2003 年	38915093	6602	30.59%	0.80%
2004 年	41907649	5954	31.16%	0.67%
2005 年	44295996	5895	32.42%	0.72%
2006 年	47290220	6037	34.44%	0.97%
2007 年	49937426	5669	35.61%	0.83%
2008 年	52946447	5421	37.12%	0.83%
2009 年	55714357	5333	38.33%	1.03%
2010 年	59872600	5148	40.32%	0.82%

此外,淡水养殖是养殖业发展的重要组成部分,淡水是淡水养殖业发展必不可缺的基础资源。而南非是一个淡水资源严重不足的国家,全国 19 个流域中,有 7 个流域水资源量小于需水量,满足不了经济发展的需求,需要从外流域调水。此外南非地处副热带高压带,降雨数量稀少,全国年平均降雨量为 475 mm,远低于 857 mm 的世界平均水平。据预测,到 2030 年,全国地表水利用量将达到 $300×10^8$ m^3(其中跨流域调水 $70×10^8$ m^3),加上各种损失 $170×10^8$ m^3,尚可利用的地表水资源只有 $30×10^8$ m^3。未来的水资源紧缺状况将更加严峻,给南非发展淡水养殖带来极大的障碍。[①]

---

① 于瑞,李应仁,王佳迪. 南非发展淡水养殖业需要关注的几个问题[J]. 中国渔业经济,2010,28(5):113 - 118.

三、中国—南非渔业合作的方向

中非友谊有着坚实的基础,中非合作论坛北京峰会的召开、《中国对非洲政策文件》的发表推动了中国与非洲的友好关系的发展。2009年中国成为非洲第一大贸易伙伴国,中非贸易占中国对外贸易总额的比重由2%上升到4%,占非洲对外贸易总额的比重由4%上升到10%。[①] 南部非洲是中国政府鼓励企业实施"走出去"战略的重点区域之一。在中国政府2004年公布的《对外投资国别产业目录》中,南部非洲被归于与中国有经济互补性的地区。2006年以来,中国与南非双方签署了多项合作协议和谅解备忘录,开启了中国与南非以农业领域为重点的全面合作。在渔业合作方面,中国同南非签署了渔业合作协议或谅解备忘录。此外,中国还在非洲举办了30多期农业技术培训班,对来自包括南非在内的40多个非洲国家的政府官员和技术人员进行了有关种植业、畜牧业、渔业和农业管理等多个领域的培训。[②] 在渔业发展方面,中国与南非优势互补,加强两国之间的渔业合作是大势所趋。

1. 促进渔业管理交流

自20世纪70年代起,中国的渔业资源就进入了衰退期。目前黄海渔场已有3种贝类资源濒临枯竭,7种甲壳类、16种主要经济鱼类(传统的黄渤群系鲆鱼、黄骨、真鲷、带鱼、河鲀等)渔业都已先后失去了产业价值。东海区"四大家鱼"(大黄鱼、小黄鱼、带鱼、乌贼)除了带鱼还能维持一定产量以外,其他均已形不成渔汛。[③] 造成渔业资源的衰退的因素有很多,首先是捕捞强度居高不下,随着渔业发展空间的缩小,我国的传统作业渔场大大缩小,但捕捞渔船数量仍没有明显减少。其次是由于我国渔业生产与管理部分,造成地方保护主义广泛存在,渔业执法不严,甚至出现以罚代管的局面。个体渔船的自由性使渔业法律法规难以正常实施。这些问题均导致中国的渔业执法变得软弱无力。[④] 再次是我国还存在资源制度缺失的问题,渔场是典型的公共池塘资源,进入不具有排他性,门槛制度不健全,造成了渔场拥挤。针对这些问题,尽管中国采取了多种补救措施,从近海走向远洋,并且实行了禁渔区、禁渔期、伏季休渔制度和渔船控制等措施,但这些措施的成效并不明显,近海渔业资源在短时间内仍然难以恢复。南非在渔业发展过程十分注重渔业发展,渔业监管严格,渔业法规完善。中国加强与南非在渔业管理方面的交流,建立一套严格的综合渔业

① 中非关系[EB/OL]. 新华网,(2011 - 11 - 19)[2012 - 07 - 27]. http://news. xinhuanet. com/ziliao/2006 -06/14/content 4695531. htm.

② 刘青海,刘泓武. 中非技术合作的回顾与反思[J]. 浙江师范大学学报(社会科学版),2011,36(172):1 - 6.

③ 徐质斌,李相林. 中国渔业资源衰退问题的多因性与组合解[J]. 渔业现代化,2008,35(3):47 - 51.

④ 戴桂林,赵婧. 中国水资源开发战略基本取向[J]. 中国渔业经济,2006,(3):15 - 17.

监管体系和渔业法治体系。

2. 加强水产品贸易合作

自 2002 年以来,中国一直是世界最大水产品出口国,与世界主要国家和地区有着水产品的贸易往来。然而,中国水产品出口市场过于集中,主要集中在日本、韩国、美国、欧盟、香港和东盟等市场,出口到这些国家的水产品占出口总量与总额的 90％以上。[①] 出口市场过于集中,导致中国水产品的出口容易受少数国家和地区政治、经济形势变化的影响,当这些地区出现经济萧条甚至经济危机或者制定严格的进口限制时,极有可能引起连锁反应,影响中国水产品贸易的正常发展。近年来,随着中国水产品出口的高速增长和贸易顺差的不断增大,一些国家的地方保护主义不断加剧,贸易摩擦日渐增多。限制了中国水产品出口的发展空间,对水产品出口的持续稳定增长带来严重威胁。[②] 随着水产品贸易的蓬勃发展,一些国家为了本国的经济利益,制定了对本国有利的水产品贸易制度,包括关税和许多非关税措施,有的标准和要求极为严格,甚至达到了苛刻的地步,严重阻碍了水产品贸易的正常发展。[③] 2002 年以来,欧盟、日本、美国和韩国等就相继采取了各种技术性贸易措施来限制水产品的进口,给中国水产品出口带来巨大损失。面对越来越激烈的国际竞争,为减少中国出口受他国贸易制度的影响,中国需要拓展水产品出口市场,实现水产品出口市场的多样化,保障中国水产品贸易的稳定发展。南非拥有巨大的鱼类消费市场,鱼类进口需求强劲,中国应加强与南非的水产贸易合作,拓展中国在南非的水产品市场。

3. 推动养殖渔业合作

面对渔业资源持续衰竭和人们鱼类消费需求增加的形势,发展养殖渔业是南非渔业发展的必然选择。但是,南非的养殖渔业发展受到许多因素的限制:就渔业养殖而言,由于南非一直以来对渔业养殖的重视不够,没有积累大规模发展渔业养殖的经验技术;就淡水养殖而言,由于南非国内水资源匮乏,淡水养殖发展遇到瓶颈。面对这样的情形,南非政府必须要以发展海水养殖为主,加强国际交流与合作,大力发展本国海水养殖渔业,顺应渔业发展趋势,满足人们对鱼类的消费需求。

中国从 20 世纪 80 年代开始在沿海地区开始大力发展水产养殖,积累了丰富的水产养殖经验和技术;至今,中国已发展成为世界水产养殖较大国家,成为世界上唯一的养殖产量超过捕捞产量的国家[④]。2010 年,中国的水产养殖量为 3673 万吨,世

① 山世英. 从比较优势到竞争优势——我国水产品对外贸易的战略选择[J]. 商业研究,2005(314):5－7.

② 胡求光. 中国水产品出口贸易研究——基于需求变动的实证分析[D]. 杨凌:西北农林科技大学,2008.

③ 李洪铉. 韩中日水产品贸易比较研究——兼论韩日 FTA 及其对三国水产品贸易的影[D]. 青岛:中国海洋大学,2008.

④ 李怡芳. 三十年来我国水产品贸易的改革与发展[J]. 水产科技情,2009,36(1):1－7.

界水产养殖总量为 5987 万吨,中国水产养殖总量占世界的 61％。在海水养殖方面,中国的一些海水养殖(如海水对虾养殖、扇贝养殖、鲍鱼养殖等)不论在规模上、技术上,还是在苗种的供应上都处于领先水平。[①] 中国水产育种能力强,养殖病害防治、水域环境监测、水产质量检验体系逐步完善,水产养殖领域的公共服务、管理水平和抗风险能力强,水产养殖的综合实力比较强。

随着南非对养殖渔业的重视,两国未来开展合作的空间很大。中国应该抓住南非发展水产养殖的有利时机,鼓励中国的企业到南非投资水产养殖,进一步拓展南非市场,同时准确了解南非未来水产养殖的发展重点,积极推动中方企业与南非企业开展产业链合作,有针对性地扩大对南非水产种苗和养殖饲料的出口,使我国成为南非养殖企业的苗种供应基地和饲料供应基地。同时,中国应在南非积极开展新技术与岗位培训工作,在南非推广普及渔业新技术,帮助南非推动水产养殖业的发展。

(张振克　张凌华)

第四节　农村发展与农村城镇化

南非位于非洲最南端,面积 121.9 万平方公里,全国人口 4910 万,2010 年国内生产总值 2551 亿美元,人均达 5381 美元,是非洲大陆经济最为发达的国家。尽管农业在国民生产总值中的比例不高,但是在南非经济中仍然占有十分重要的地位,对南非的发展起着至关重要的作用。本节主要通过介绍南非的农业经济发展、农业工业化、农村人口城镇化等方面,分析了南非农村发展和城镇化的主要难点,并且明确小城镇发展在城镇化中的重要地位。

目前南非的支柱产业是采矿业和制造业,农业占国内生产总值的份额虽然已从20 世纪 30 年代的 20％下降到现在的 3％左右,但它在国家经济中仍占有重要地位,并对整个南部非洲地区的发展和稳定起着至关重要的作用。由于存在与中国相似的土地制度"二元"结构,2011 年南非政府表示将在 5 年内投入 36 亿美元加快新农村建设[1],因而南非农村发展的相关议题亟待探索讨论。

一、南非农村经济现状特点与存在问题

1. 农业经济

就农业自然条件来说,南非大部分地区(土地利用构成如图 2 - 18 所示)为热带

---

①　都小岩,倪国江. 关于加强中韩渔业合作的几点思考[J]. 中国渔业经济,2007(6):42 - 45.

草原气候,东部沿海为热带季风气候,西南部开普敦平原为地中海式气候。夏季为12月至翌年2月,冬季为6月至8月。地势总体较高,因此冬无严寒,夏无酷暑,日照充足。南非的降水量比较少,主要集中在夏季。西北部干旱少雨,年降雨量不足200毫米;东南部雨量比较丰富,达1000毫米左右。此为南非农业发展独具的天时、地利优势。在此基础上,南非现代化程度高,农业机械拥有量随年份呈不断下降趋势,但农业机械化正在度过一个过去26年未遇到过的绝好发展时期。

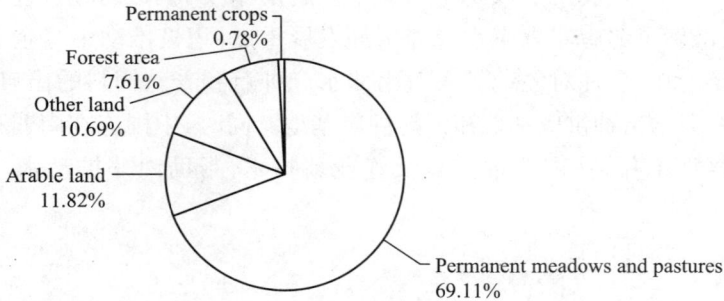

图 2-18　2009 年南非土地利用构成

资料来源:根据 FAO 数据作图。

　　2009 年,南非全国耕地总面积达到1450万公顷,占国土面积的11.94%,人均耕地面积超过0.3公顷,可灌溉土地面积为149.8万公顷。2009年,南非土地利用主要以永久牧场为主(69.11%),整体土地利用水平在非洲诸多国家可谓最高,加上独具的非洲大陆最佳自然优势,南非 2010 年主要农作物的产量颇高,如图 2-19 所示。

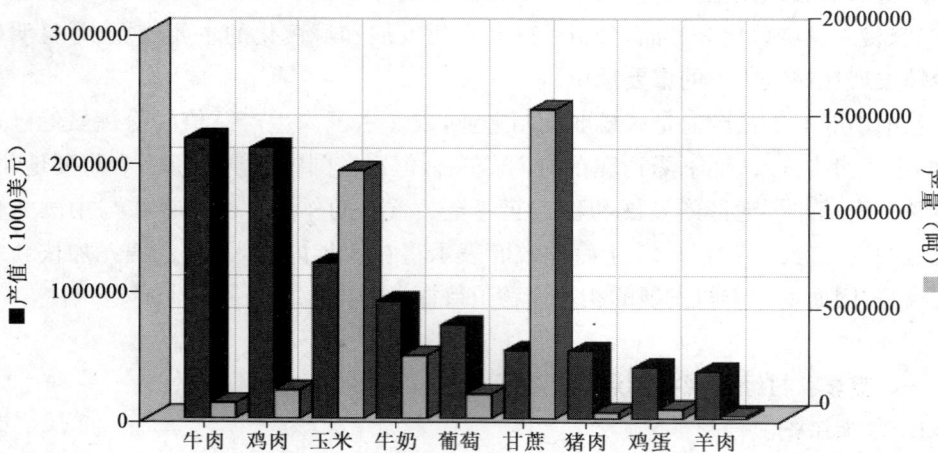

图 2-19　2010 年南非农作物产量和产值

资料来源:根据 FAO 数据作图。

南非农牧业产品充裕,而且质量优良,农产品自给有余(除满足本国需要外,33%的农产品可供出口)。特别是南非经济在非洲首屈一指,其地理位置交通十分便利,农业市场化程度高,农产品在市场上具有很强的竞争力,是农业净出口国。其中玉米、小麦、马铃薯、花生、蔬菜、水果、肉类自给有余,大量出口世界各地和援助非洲其他国家。

表 2 - 13 南非主要农作物产量表 单位:千吨

作物	2005 年	2006 年	2007 年	2008 年	2009 年	2010 年
玉米	6947	7339	13164	12700	12050	12815
小麦	2114	1913	2031	2130	1958	1430
甘蔗	21052	20275	19724	19255	18655	16015
葡萄	1757	1813	1791	1865	1347	1261
马铃薯	1719	1946	1853	2040	1866	20905
橙	1245	1349	1410	1522	1369	1414

资料来源:联合国粮食与农业组织。

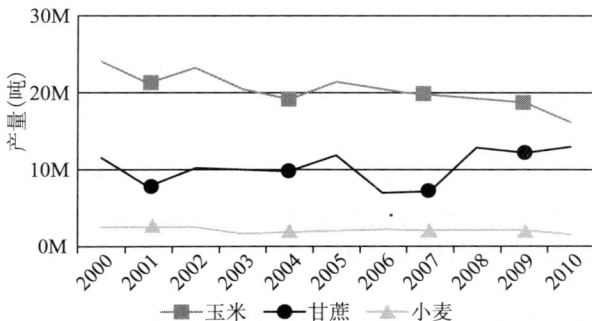

图 2 - 20 2000—2010 年南非主要畜牧品产量变化

资料来源:根据 FAO 数据作图。

1991—2007 年间,南非全国农业出口总值处于快速增长期:从 1991 年的 17.76 亿美元,曲折增长到 2007 年的 41.09 亿美元。排除此时间段内出现自然灾害和不断变化的降水量等因素,推动农业出口总量增长的主要因素应包括农产品产量的增加、对外贸易的增长以及国家对农业支持政策的出台与实施。

2. 农村工业化

"工业化不仅包括制造业的机械化和现代化,而且也包括农业的机械化和现代化。"南非农村工业化内涵主要从农业机械化和农业发展方式现代化进行解读。

从农业机械化角度来看,与其他国家一样,南非农业也经历了从依靠增加用地

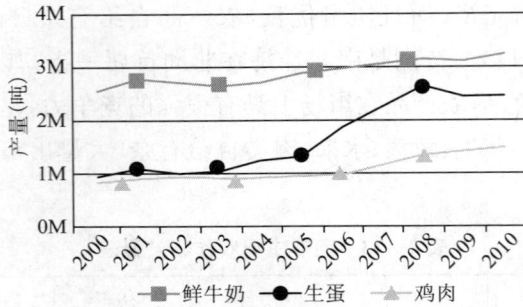

图 2 - 21　2000—2010 年南非主要农产品产量变化

资料来源:联合国粮食与农业组织。

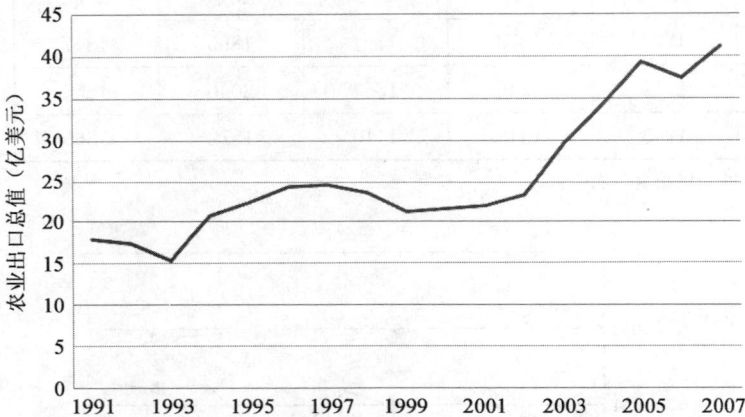

图 2 - 22　1991—2007 年南非农业出口总值变化图

资料来源:《非洲国家农业发展指数》。

规模、劳动力密集的粗放式发展到依靠资本、技术等要素密集的集约型发展模式。南非农业机械拥有量在 1961—2006 年间经历了先增后减的过程,在 20 世纪 80 年代达到最高。虽然近几年来呈现减少趋势,南非农业机械拥有量相对非洲平均水平仍高出很多,占非洲所有国家的近四分之一。可见,南非农村机械化水平在非洲范围内处于较高水平。

相较于非洲大陆其他国家与地区,南非的农业发展组织方式也较为先进。目前,南非全国有将近 1000 个农业合作社和农工联合企业。这些合作社和联合企业是农村与工业相结合、农业横向集聚发展的媒介。农业产业化带动农民生产,而市场的纽带和桥梁作用又扩大了农业产业化经营的规模。其中,农产品深化加工、发展以观光旅游为导向的葡萄酒园地等为南非农村工业化的主要着力点。

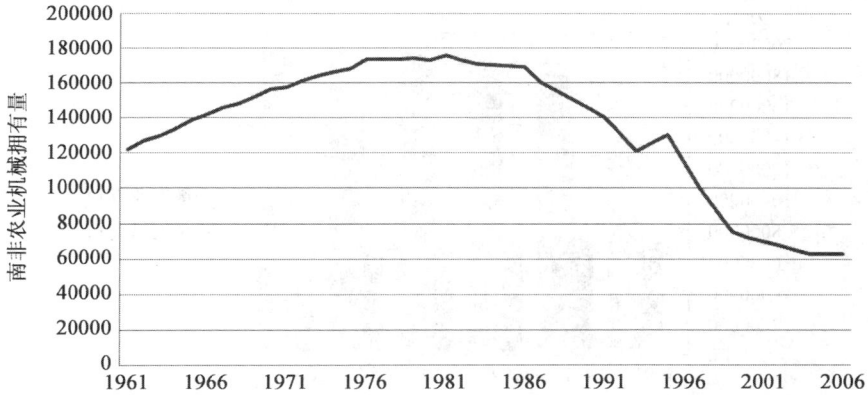

图 2‑23　南非农业机械拥有量变化图

资料来源:《非洲国家农业发展指数》。

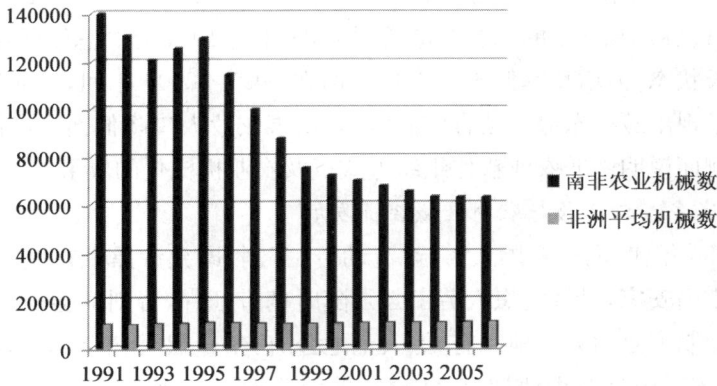

■ 南非农业机械数
■ 非洲平均机械数

图 2‑24　南非和非洲平均机械数比较图

资料来源:《非洲国家农业发展指数》。

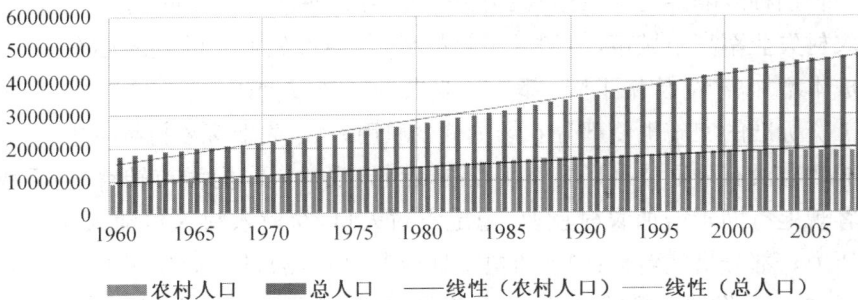

▨ 农村人口　▨ 总人口　—— 线性（农村人口）—— 线性（总人口）

图 2‑25　1960—2008 年南非人口与农村人口变化

资料来源:《非洲国家农业发展指数》。

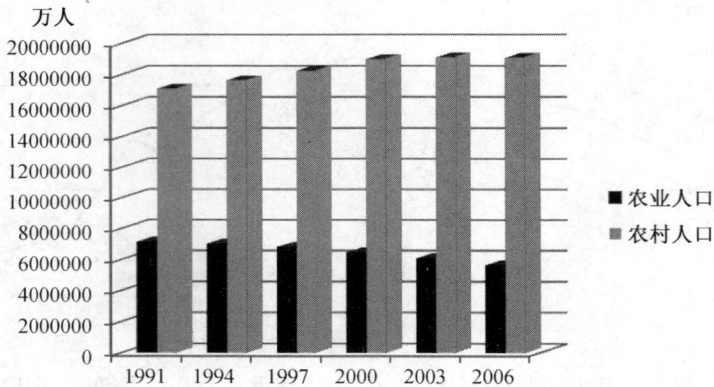

图2-26 1991—2006年南非农业人口和农村人口数量变化图

资料来源:《非洲国家农业发展指数》。

1960—2008年期间,南非全国人口从1739.6万增长到4868.7万。与此同时,南非农村人口也从1960年的929万增长到2008年的1911万。总体而言,南非农村人口处于增长状态,但增长率低于总人口。而在1991—2006年间,南非全国从事农业的人口却呈现出减少态势。结合前面所提,从事农业人口降低而农产品产量上升的现象可从侧面说明南非农业耕作组织方式以及农业机械化的成果。

3. 南非城乡人口迁移与农村区域经济发展

20世纪80年代,南非对黑人实行"流动劳工"制,即允许黑人在城市打工,但不许黑人在城市内安家,且规定黑人劳工必须随时携带证件,否则就会被遣返回农村。旧南非的土地制度是白人土地私有,黑人土地公有,禁止黑人私有、买卖和处置集体土地,而且国家对于公有土地拥有征调权,即南非的城市化大多以"征调"黑人土地来满足城市化需求。加上所谓的"有序城市化"迁徙制度,共同造就了南非城乡人口迁移的现状,即黑人进城却不能安居的尴尬处境。[2]

由于长期种族隔离统治及遭受国际制裁,南非各行业失业问题严重,农业也不例外。农村失业率高于城市,但初呈缓解趋势,与城市失业率的差距亦有缩小。[3]由于生产成本增加、产品价格下降,部分商业农场停产或倒闭,就业机会减少;农业工人最低工资标准的实施也使部分农场主减少雇用人数,失业现象持续发生。

南非政府没有采取特别措施直接控制或引导农村人口向城市转移,但采取了部分措施客观上有助于增加农村就业,稳定农村人口,缓解农村人口涌入城市对城市就业的压力。部分措施包括:(1)加快土地改革进程,通过重新分配土地,造就一批黑人农场主;(2)发展小型扶贫项目,政府指导、扶持黑人农民发展种菜等小规模农场,组织农村妇女开展缝纫等副业;(3)政府采取适用于各行业的措施创造就业,如通过修建基础设施等公共工程项目创造就业机会等。[4]同时,南非虽然未曾设立专门针对农民的社会保障体系,但政府扶贫政策向农村地区倾斜。这些措施在一定程度上减少了农村劳动力向城市的迁移,一方面繁荣了农村地域的经济发展,另一方面也相对缓解了城市失业状况。在此基础上,南非形成了以开普敦(Cap Town)、豪登(Gauteng)、曼德拉湾(Nelson Mandela Bay)以及德班(eThekwini)为中心的城市区域。[5]

4. 农村经济发展存在问题

(1) 土地问题的矛盾将长期存在。新南非政府成立后提出的"发展与重建计划"指出在农业方面进行土地改革,但是由于南非政府想通过购买和减少资助的方式从效率不高和处于边沿地区的白人农场中挤出一些土地来分配给黑人。这对于解决整个社会的土地矛盾不会产生太大的影响,因为这样挤出来的土地毕竟有限。

(2) 农业上的二元结构和不平衡状况将长期存在。南非绝大多数农产品来自白人拥有的私人农场,这些农场仍是南非发展农业的基础。但是,广大黑人地区人多地少,缺少资金和技术,基础设施落后,农作物产量低下,许多黑人地区所需的粮食还得从白人农场中调运。这种局面严重影响了南非农业的整体发展。南非政府虽然也开始扶植黑人发展农业,增加了对农村地区的投入,但要改变农业中的这种局面,不是短时期就能完成的。

(3) 农村贫困。2005 年 WKKF 出资进行了一个关于南非农村贫困的研究,选中案例地区为 Sekgopo 和 Makgato。研究结论认为贫困与特定的弱势群体(妇女和小孩)相关。同时,和经济贫困更为密切的因素是孤立和健康问题。获取基本福利和健康服务对解决贫困问题尤为紧迫。在案例地区中,70%的居民每天个人消费少于 2 美元,其中 40%的居民每天消费少于 1 美元。对于这个 40%群体,每日平均收入近 4 兰特。这些数据表明南非的农村贫困问题和世界范围内多数贫困国家一样令人震惊。

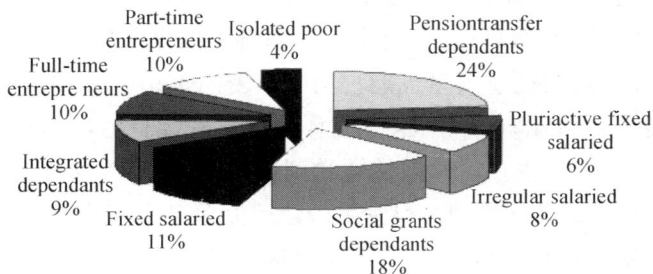

图 2-27 案例地区不同居民类型构成

二、南非农村经济发展战略研究

1. 传统农业向现代农业转型模式

南非农业经历了从传统农业向现代农业转型的发展过程,主要采取以下措施:

(1) 采取了一系列有利于农业发展的措施

例如,政府颁布扶植农业的法令,增加对农业的投入,重视水利建设,提高农产品的收购价格,降低农产品的运输价格,制定保护农业的关税政策等。此外,国家非常重视农业教育,许多中小学都设有农业专题课程。

(2) 十分重视发展农业科学技术的研究与开发

农业研究委员会(ARC)是南非的国家级农业研究实体,由农业部和工艺科学部共同领导。ARC 有 17 个研究所和分布在全国各地的 40 个试验站,ARC 和各省农业研究机构与大学的农学院形成了较为完善的全国农业研究体系。研究机构装备先进,基础研究和高新技术的条件可与欧美发达国家相媲美。1998 年,ARC 的研究经费为 4.3 亿兰特,其中 78% 来自国会拨款,12% 左右来自技术转让和产品销售等,并且后者的份额还在逐步扩大。

(3) 重视农业技术的推广和普及

农业部大力组织科研力量进行农业、园艺、兽医学的研究和普及工作。ARC 的很多研究都与企业和市场的需要紧密联系。例如,蔬菜花卉研究所对南非特有的花种 Fynbos 进行改良,根据国际市场对该花的市场需求进行研究,然后将其技术转让。ARC 十分重视适宜小农户应用的技术开发,如小规模节水作物园区综合配套技术、贫困小农户初级产品加工技术、家畜和水产品养殖配套技术等,经济实用,效果很好。南非政府在改良农作物和牲畜品种、预防病虫害方面已建立起了一个全国性的网络,使农业科研直接服务于农业生产,取得了良好的效果。

(4) 广泛应用现代农业技术,重视农业教育与培训

这一点突出表现在许多农牧场通过推广优良品种、高产品种,实现了农作物和禽畜的良种化。20 世纪 70 年代末,南非就培育出了世界上最好的玉米品种。该品种对水分要求不高,甚至在沙漠里也能种植。小麦因选用了抗锈菌的品种,产量增长很高并且有盈余可供出口。畜牧业方面,南非引进优良的美丽奴羊和卡拉库尔羊,并且培育了多种肉用牛。南非因常常受到干旱的威胁,为保证饲料供应所开发的新型饲料受到世界的普遍重视。兽医部门还研制了几十种疫苗,有效地预防和遏止了牲畜的多种疾病,现已向非洲许多国家出口疫苗。

2. 中国因素

南非农业存在二元结构,很多地区耕作粗放、广种薄收,一些农业技术还不如我国。我国的企业可以到南非广大农村地区兴办农场和各种企业,如养鸡场、农产品加工厂、饲料加工厂等。

我国农牧业在南非已经有了面积 80 多公顷的大型基地——南非茂华发展有限公司,位于约翰内斯堡东南 160 公里的斯坦顿,另有带料加工工业区 4.2 公顷。该公司由中国牧工商集团公司等组成,种植玉米、葵花、大豆、牧草等经济作物,并饲养南非的名种肉牛和波尔山羊。南非交通运输方便,电力供应充足,有良好的社会化服务,并且有农作物保险制度,又是整个南部非洲的购物中心,市场前景良好。

三、农村城镇化现状与存在问题

1. 小城镇在农村发展中的地位和作用

南非有将近 500 个居民少于 5 万人的小城镇,容纳了将近 330 万人口(将近总人口的 8%)。小城镇较少被认为是国家发展的重要元素,而只被当作行政单位。在种族隔离政策影响下,小城镇控制下的种族分化保证了在白人和黑人地区的歧视性服务供给。而在白人的故乡,所有的城镇都有完善的服务。

在南非,小城镇正遭遇多种外部因素的制约而衰退,同时去中心化过程对其作出有效回应而增加了压力。但是,学术界较少研究国家和次国家公共政策对南非小城镇发展的影响。[6] 当前政府由于土地和农业而考虑到农村发展,城市发展也大多集中在大城市。小城镇既非都市也非农村,因而基本被忽略。南非发展政策中对小城镇以及当地管理结构相关的社会经济发展支撑策略也少有规定。

但从全球范围内小城镇发展经验来说,处于南非农村地区的中心地区,小城镇可以促进和帮助农村发展。但作为城市之末、农村之首,小城镇对农村发展的带动作用显然巨大。

2. 农村城镇化现状与存在问题

南非超过一半的小城镇经济有所衰退,大多数面临着人口增长问题。但是总体来说,小城镇对国民经济增长是有所贡献的。而在南非,诸多小城镇都面临着经济发展动力不足、基础设施无法配套的尴尬局面。

在东开普敦,在格拉汉姆镇周边形成城镇发展群。其中大多数是退休人员聚集地和观光目的地。东开普敦的 Stutterheim 已经成为南非小城镇发展研究最有影响力的案例地区。20 世纪 80 年代中期,Stutterheim 面临着诸如农业面积减少、经济停滞、基础设施和服务减少以及严厉的种族和政治斗争。1990 年主题为小城镇发展的 Stutterheim 论坛召开后,在当地政府的领导和上级部门的财政支持下,Stutterheim 发展开始起步,获得了极好的成果。但此案例中外部支持是其成功的主要因素,并不能普遍推广。

而在东开普敦的 Keiskammahoek 则极度需要发展。镇上的 1000 人口中贫困和失业率极其高,2/3 的收入来自于罚金和汇款。小镇相对优势极少,通讯公共服务供给和基础设施匮乏。私人投资希望渺茫,因而此镇的发展潜力甚为悲观。

3. 小城镇规划与建设措施

正如前文所述,南非小城镇在国家、次国家公共政策方面仍不受太大重视。因而,对于南非小城镇的规划与发展来说,政府应从政策扶持以及管理优化等角度着手,进而推动全国范围内小城镇规划标准或规范的制定,以引导小城镇的发展与建设。同时,小城镇需要形成未来发展的目标,将利益相关者调动起来实现。南非小城镇的未来发展需要从以下三个角度来制定策略:

(1)和解

黑人和白人社区需要认识到他们的未来紧密相连,这并不仅仅是为了美好未来而必要的种族和解,而且也是如同 Stutterheim 一样的小镇形象营销。

(2)经济增长和社会发展

种族和解在经济衰退时期比较困难。小城镇需要创造性地改变工作福利供给途径。比如可以在观光农业旅游、小企业发展等方面作出努力。同时,应当保证已存在设施的充分利用,可以对所有居民开放。贫困社区可以提供建筑和服务等行业培训,当然居民间应该互助。

(3)联系

每个小城镇需要制定彼此联系的策略。国家项目对特殊的城镇策略极为重要。周边城镇应该在资源和经验方面建立共享机制。除此之外,国家发展组织、贸易联盟、教堂和商会都可以提供城镇群体联系的机会。

作为南非重要的合作伙伴,中国在城镇化方面取得了举世瞩目的成就。以苏南小城镇为代表的中国城镇通过村镇工业化、引入外来投资等方式达到发展经济、提高城镇居民生活水平的目的。因而,笔者认为,以中国城镇化的经验作为参考,南非政府可以因地制宜地制定城镇发展宏观政策,进而提高南非广大农村地区的城镇化进程。

四、结论与讨论

南非农村地区发展态势在全国范围内并不乐观,但是其对全国地区稳定与发展起到至关重要的作用。农业机械化水平以及从事农业的人口规模的降低,同时存在的土地矛盾、二元结构以及农村贫困等问题,都在一定程度上说明了南非政府从上至下对农业发展、农村建设的重视程度有待提高。需要指出,目前南非农业处于由传统农业向现代农业转型升级的关键阶段,同时南非于 2011 年出台了"新农村建设"计划,表明南非农业、农村以及从事农业人员都将在此阶段的转型与发展过程中受益。

由于传统的"种族隔离"政策与 20 世纪 80 年代以来的"有序城市化"政策,南非城乡人口迁移显现出与我国城镇化相似的规律和特点。与国际上其他国家一样,南非的城镇化率已经呈现下降趋势,且目前已经低于"种族隔离"时期的水平。在此情况下,作为南非城乡联系的关键点,南非小城镇的发展地位则显得尤为重要。为了推动小城镇发展,南非政府应从政策与管理优化两大方面作出努力。明确小城镇在城乡发展中的地位,构建合理的城镇规划标准或规范,以及消减小城镇种族摩擦、协调经济发展与社会发展,是南非农村城镇化以及整体城镇化的重要着力点。

(孙中亚)

参考文献

[1] 中国广播网.南非政府 5 年内将投入 36 亿美元加快新农村建设[EB/OL].中国广播网,2011－03－27. finance. cnr. cn/txcj/201103/t20110327_507832557. html.

[2] Jürgens U,Donaldson R. A Review of Literature on Transformation Processes in South African Townships[J]. Urban Forum, 2012(23):153－163.

[3] Rogerson C M. Urban Agriculture and Public Administration:Institutional Context and Local Response in Gauteng[J]. Urban Forum, 2011(22):183－198.

[4] Todes A, Kok P, Wentzel M, et al. Contemporary South African Urbanization Dynamics[J]. Urban Forum, 2010(21):331－348.

[5] van Huyssteen E, Oranje M, Robinson S, et al. South Africa's city regions: a call for contemplation and action[J]. Urban Forum, 2009(20):175－194.

[6] van Niekerk J, Marais L. Public Policy and Small Towns in Arid South Africa:The Case of Philippolis[J]. Urban Forum, 2008(19):363－380.

第五节　传统文化的多元性

作为金砖国家之一的南非,经济的迅猛发展举世瞩目。南非的城市建设与欧洲国家几乎相差无几,蓝蓝的天,白白的云,辽阔的自然动物保护区,还有令人心旷神怡的好望角。初到南非观光的人常常流连忘返,但是要真正读懂南非,则必须深入了解黑人社会的传统文化。

在南非,家庭是社会的基本单元,核心家庭、大家庭和部落是其常见形式。在传统的黑人社会中,部落是最重要的聚居单位,相当于一个民族。部落是其成员的经济依靠和感情归属,在现代社会快速的经济转型中仍然发挥着一定的作用。[①] 20 世纪末,南非获得了民族独立,广大农村地区仍旧推行村社和氏族及其政治上的酋长制度。村社实行部落土地公有制,每个部落成员都有占用一份耕地,但不能转让、出

---

① 杨立华,主编.列国志(南非)[M].北京:社会科学文献出版社,2010:32.

售和继承。[①]

在南非的原住民族中,科伊人由家庭血亲关系和受庇护者组成氏族,氏族在酋长松散的管理下形成氏族集团;以祖鲁人、科萨人、斯威士人和恩德贝勒人为主的恩古尼人则按父系组织社会,从事农牧混合经济;而南非班图语非洲人的另一支索托人,在1400年前后形成氏族社会,每个氏族以某种动物为象征,如野猫、豪猪或鳄鱼,氏族集团逐渐形成三大分支,即南索托人、北索托人和西索托人;至于文达人,则按男女双系续谱和继承财产,聪加人按父系续谱和继承财产。氏族是由一个真正的或神话中的远祖的所有后裔组成的具有共同血缘关系的集团。在氏族和部落社会里,血缘关系就是社会的核心。一个氏族可分成若干个"家族",后者将某一特定个人的全部后裔一代代地纳入一个单独的世系。父系氏族制度和母系氏族制度两种形式常常并存,但有些氏族社会更重视其中的一种。[②]

在这些氏族内部,财产往往归集体所有。在氏族成员构成上,父系大家庭一般由长父和他的众妻、弟弟、儿子以及弟弟的儿子、弟弟的妻子,加上他儿子及弟弟的儿子的妻子,以及这两代人所有的未婚子女组成;母系大家庭则由母亲和她的外来丈夫、他们的未成年子女、已婚女儿与上门女婿组成。[③]根据被考察社会和人口兴衰的不同,一个氏族可有数百人之多,或者只有不太多的人。一个氏族的人口可以住满一个地区、一个城市、一个村庄、一个居民区,抑或这些地域范围的一部分,也可以囊括某一职业的全部成员。

"酋长"通常是指资本主义社会中氏族、部落共同体的首领,以及早期王国的统治者和管理者。当然,在非洲的不同地区,不同的部落和民族,对其首领人物或者君王都有各自特定的称谓和具体内涵,反映出部落或民族所具有的文化背景和习俗。此外,酋长还分为若干等级,不同级别的酋长又各有专门的名称。在最高酋长和其他级别的酋长之间,在政治地位、职责权力和社会影响方面也存在很大差别。[④]酋长制度是非洲的一项重要的政治制度,在南非也不例外,在其原住民族群桑人、科伊人和班图人中,酋长制由来已久。部落集体土地所有制以及自给自足的自然经济是其重要物质基础,传统的血缘观和敬祖观是其得以长期存在的精神支柱。[⑤]无论过去还是现在,酋长制度对南非政治、经济和社会生活的方方面面都产生着巨大影响。

自19世纪80年代起,白人殖民者完成对班图语非洲人的征服,占领了南非90%以上的土地。南非黑人被挤压到零散狭小的土著人保留地,传统的部落酋长制

① 舒运国,艾周昌.非洲黑人文明(修订插图本)[M].福州:福建教育出版社,2008:427.
② [法]G·尼古拉.黑非洲传统社会的社会结构[J].民族译丛,1982(03):27.
③ 任荣.古非洲生活[M].汕头:汕头大学出版社,2009:34-35.
④ 彭坤元.略论非洲的酋长制度[J].西非亚洲,1997(1):23.
⑤ 同④,第26页.

度沦为白人统治的工具;1948 年南非政府把黑人分为 10 个黑人家园,企图通过各个黑人家园由自治到独立,从而最终把非洲人从南非分割出去,并为此扶植和利用接受黑人家园政策的部族保守势力,强化对非洲传统社会的控制。新南非实现民主变革后,传统部族领导人的地位仍旧得到承认,但受到宪法的制约,黑人社区酋长专制的传统权力有所削弱,村社土地使用的分配权也不完全由酋长控制,当然古老的酋长制度在广大农村地区仍有很大影响,酋长们竭力维护原有权力,确立本阶层在南非国家中的应有地位,较大的部族中的酋长或"国王"的权力更大,如纳塔尔省的祖鲁人部族,部族传统势力依旧在不同程度上发挥作用,而且成了各政党的争夺对象。①

　　尽管酋长已逐步丧失其原有的政治地位和权力,却仍然是非洲人心目中德高望重的智者或长者,特别是在黑人传统文化保存较好的乡村地区。非洲人认为,酋长不是凡人,而是联系物质世界与精神世界的超人,在仪礼乃至社会和文化中具有极其重要的地位。②迄今许多民族毕恭毕敬地向酋长鞠躬,在举行有关时令、成年礼、节日等盛大庆典时,酋长是人民的领导者和代表。在南非的班图诸族中,15 世纪就形成了权力集中的酋长领地。小的酋长领地由一个村落组成,以酋长为中心直接管辖;大的酋长领地则由多个各自为中心的村落组成,大酋长掌握整个领地。酋长通过部落理事会会议安排族群食物,听取各方面意见,解决纠纷,接待宾客。酋长是该领地最富有的人,有权要求其居民为他干活,但酋长的权力也有限,通常没有常备军、警察和监狱,其权力实施主要依靠部落理事会成员的合作,包括男性亲属和平民。③

　　南非是一个笃信宗教的国家,同时也是一个宗教多元化的国家。除了非洲传统宗教以外,世界性的主要宗教在南非都有一定影响,如基督教、犹太教、伊斯兰教和佛教等,"宗教与经济、社会及能使一些人享有特权的政治关系纠缠在一起"④。南非居民主要有非洲人、白种人、"有色人"(混血人)和亚洲裔人四大种族。其中,非洲黑人是南非的原住民族,占总人口的 3/4 以上,是南非的主体民族,分为 9 个部族:祖鲁人、科萨人、斯威士人、恩德贝勒人、南索托人、北索托人、茨瓦纳人、聪加人和文达人。在所有的南非居民中,白人、有色人的大多数和 60% 的黑人信奉基督教新教或天主教;亚洲裔人约 60% 信奉印度教,20% 信奉伊斯兰教;部分黑人信奉原始宗教。宗教已渗透到南非各民族、各部落人民的日常生活中。⑤

　　南非在现行宪法通过之前,由于种族歧视和种族隔离政策的推行,宗教自由权

　　①　杨立华. 南非政治中的部族因素[J]. 西非亚洲,1995(5):9-11.
　　②　张宏明. 传统宗教在非洲信仰体系中的地位[J]. 西非亚洲,2009(3):18.
　　③　杨立华. 列国志(南非)[M]. 北京:社会科学文献出版社,2010:50.
　　④　张象,主编. 彩虹之邦新南非[M]. 当代世界出版社,1998:365.
　　⑤　宗教研究中心,编. 世界宗教总览[M]. 北京:东方出版社,1996:550.

利的法律保护范围和力度都存在许多不尽如人意之处。从南非推行临时宪法起,宗教自由权利的保护获得了更加充分的保障。1996 年南非宪法第二章基本人权第 15条规定,保证宗教信仰和主张的自由,同时规定宗教活动必须遵循自由和自愿的原则,必须符合宪法有关条款的规定。在宪法的其他章节也以专门条款保障民族语言、文化、宗教的自由,包括生活方式、政治取向、宗教信仰和文化归属,保护公民不在宗教、意识、信仰、文化等方面受到直接或间接的歧视。现行宪法还规定,南非立法机关有权承认根据宗教制度、其他传统习惯缔结的婚姻的合法性,并明确规定,教会享有自己兴办或在政府支持下筹办医院和学校的自由。南非政府在不同程度地扶持着某些宗教机构。总的说来,南非政府的政策是不干涉宗教活动,对非主流宗教派别也日益宽容,当然仍有大量规模较小的本土宗教还没有得到政府承认,2500多个犹太复国主义的派别从未得到政府的认可。另外,南非广播公司和对外广播电台设有宗教节目。在南非政府的推动下,宗教和世俗社会之间的交融进一步加强。①

在多民族、多元化的南非乡村社会中,宗教组织能起到一种协调和凝聚作用,激励有着共同宗教信仰的民族内部产生一种强大的心理因素和精神力量。非洲本土教会作为南非最大的基督新教的宗教组织,广泛分布于城市和乡村,教会的领导人和信徒都是黑人,号召"不同部落的非洲人以上帝的名义团结起来"②,注重非洲文化,提倡黑人自尊,宣扬勤劳、自救与和平。在乡村,参加教会活动很普遍,如在夸祖鲁纳塔尔省的农村地区就有数百个教堂。

宗教的礼仪、道德规范、禁忌、节日等不断演变成民俗,对南非各民族的心理、行为规范、思维模式和价值观念产生了巨大影响。在南非乡村社会里,不仅在一些公共仪式,如祈雨、农业仪式、节日庆典中反映出种种宗教习俗,在伴随人一生的各种个人仪式中,如出生、青春期、成年礼、结婚以及丧葬等活动中,各部落的宗教信仰遵从不同的宗教礼仪。例如,"祖先之灵是班图人最亲近的神灵:他们是家族和部族的成员,在一些重要的时刻,人们都想到他们并向他们求救"。③伴随着各种宗教、礼仪应运而生的,还有诸如祭司、通灵人、占卜师、草药医生乃至巫医等,有专职的或非专职的宗教神职人员。

在南非,尽管延续了 300 余年的种族隔离制在法律上已宣告结束,但社会生活仍然受到种族隔离制遗留问题的影响,白人和黑人文化差距大,贫富差距也难以在短时期内缩小,这种差距在民居与建筑方面表现尤为明显:以大城市为主体的白人南

① 张明锋.南非宗教自由权利的宪法保护探析[J].世界宗教文化,2010(4);杨立华,主编.列国志(南非)[M].北京:社会科学文献出版社,2010:181;宗教研究中心编.世界宗教总览[M].北京:东方出版社,1996:556.
② 张象.彩虹之邦新南非[M].北京:当代世界出版社,1998:372.
③ [英]帕林德,著.非洲传统宗教[M].张治强,译.北京:商务印书馆,2004:59.

非和以"黑人家园"为主体的黑人南非,是判若云泥的两个世界、两种生活图景。前者高楼林立、四通八达,一派西方现代化发达国家的景观;后者却是村舍茅屋、小农经济、贫穷落后,处处反映出氏族社会的痕迹。南非白人居住区与黑人城镇反差极大,前者有瑰丽多姿的花园别墅和豪华住宅;而后者简陋的铁皮小屋星罗棋布,多以波楞瓦或铁皮为顶,形似纸盒的简单窝棚,有的甚至用木板和纸板搭成,屋内缺乏基本的生活、卫生设施,住房一家挨一家,单调暗淡,与精致多彩的白人住房形成鲜明对比。

非洲本土风格建筑以恩德贝勒人的房屋为代表,多为圆形,即圆柱形屋身,屋顶为拱形、尖顶及平顶,建筑取材多为草、泥或石块,房屋装饰色彩绚丽。有复杂的庭院和前庭系统,与部落集体生活及家庭成员等级划分的社会等级制度相适应;在夸祖鲁纳塔尔的乡村地区,祖鲁族的穹顶圆形草屋很有名,典型的为十多间草屋呈蜂窝状排布,不过现在已不多见,反而是"圆锥加圆柱形"甚至长方形房屋较为常见,材料也逐渐选用现代建筑材料;另外,在自由州的乡村,南索托房屋装饰美丽,随处可见,有着长方形的外形和低矮的单面屋顶,其建筑方法和装饰手法体现着传统的非洲风格。①

在饮食习惯上,南非人黑白分明。南非黑人的主要食物是玉米、高粱和小麦,薯类、豆类、南瓜、花生等也是传统饮食的主要成分,尤其爱吃烤牛肉和烤羊肉;以前一般不吃猪肉和鱼类,现在有所改变;饮料主要是牛奶、羊奶和土制啤酒,还特有一种植物饮料叫如宝茶。相比而言,南非白人平日以吃西餐为主,主要吃牛肉、羊肉、鸡肉、鸡蛋和面包,爱喝咖啡和红茶,南非的葡萄酒和啤酒也闻名于世。

与黑白分明的饮食习惯相呼应的,是南非的双重结构农业经济:一部分是广泛存在的仅够维持生计的传统农业,另一部分则是由白人经营的相当发达的商品农业。目前,南非生产的主要农作物有:玉米、小麦、大麦、高粱、花生、葵花子、甘蔗、土豆、烟草和水果。全国 36% 的可耕地种植玉米,21% 的可耕地种植各类谷物,葵花子产量和蔗糖产量均居世界第 10 位,蔗糖、玉米和水果是南非的主要出口农产品。同时,南非也是一个重要的肉类、皮革、羊毛和牛奶生产国。南非现有 10 万公顷葡萄园,其酿酒业很发达,直接或间接地创造了 21.5 万个就业机会。

可以说,农业生产与传统文化的渊源颇深,它既是历史发展的根脉,又是未来发展的基础。而饮食文化作为农业生产实践活动创造出来的相关内容,与农业生产之间存在天然的血缘关系。没有农业,饮食文化就成了无源之水、无本之木,农业生产发展过程中孕育和产生了饮食文化,而饮食文化和民俗的形成、发展与传承又反过

---

① 张象,主编. 彩虹之邦新南非[M]. 北京:当代世界出版社,1998:137;杨立华,主编. 列国志(南非)[M]. 北京:社会科学文献出版社,2010:32.

来推动了农业的进步,两者相辅相成,密不可分。①

　　由于西方传教士的影响,大部分非洲人信奉基督教,但仍有几百万非洲人信奉非洲的传统宗教。在欧洲殖民者到来之前,南非各族人民已有自己的传统宗教,尤其是在乡村社会,长期的保守性使古老的信仰易于保留。非洲传统宗教建立在整体宇宙观之上,没有明确的经文教义、教规和组织,主要表现在家族文化和部落传统习俗、宗教礼仪、忌讳等日常生活准则之中,强调并加强教徒与自己、家庭、社会、环境、精神世界、善恶,最终与上帝之间的关系。传统的宗教仪式一般在耕耘、播种、收割和牲畜配种等期间举行。当发生自然灾害、战争或是瘟疫等流行疾病时,人们尤其要在祖先面前作集体祈祷,以祈求上苍的帮助和庇护。在个人婚配、丧葬或进入成年等时机时,也要举行相应的仪式。

　　目前南非传统宗教的信仰者占总人口的17%。其中文达人信徒最多,占其人口的70%;布须曼人的图腾信仰是瞪羚和公牛,不准族人打死或食用此类动物;在斯威士人中,传统宗教也广为流行,如信奉造物主和先人的神灵,使用草药,求助于占卜师;在班图语各族的传统宗教中,祖先崇拜占突出地位,把雨水、收获和其他福祉的降临与祖先联系在一起。家园领袖和酋长掌管祭司,成为人与神的中介,具有很高的权威。此外,还有巫师等专门传授神的知识和相关技艺的人员。每个班图部落遇有重要事情,都要以牺牲供品的洒浇油来祭奠祖先,以求祖先保佑赐福。他们还对上苍有一种模糊观念,把打雷、闪电、暴风雨等自然现象视为上苍神灵的表现。班图人信仰的精灵,有山林魔鬼,也有河塘水妖及动物精灵。他们把这种观念同祭祀祖先结合起来,各部落赋予其不同的名称。②

　　南非是一个迷人的复杂综合体,种族众多,社会文化多样,南非黑人传统文化极具代表性的一面集中体现为以下几个基本特征:

　　首先是其独立性与封闭性。作为世界文化的重要组成部分,黑人传统文化是一种相对封闭、独立发展的文化形态。南非各民族在自己所处的特殊的热带自然生态环境中,创造发展了自己有别于东西方的、独具形态的热带大陆黑人文化,近代又经历了白人殖民者的侵略和统治,经受过种族隔离制度的镇压。在这些独特的历史进程与发展过程中稳定和沉淀下来的黑人文化,有着自己独特的文化模式、思维特征、行为方式、心理结构、宗教情感、伦理习俗和价值观念,是黑人存在于世界的独特方式。此外,由于有形的地理屏障和无形的文化屏障,各部落之间、部落与外界之间往

　　① 杨立华,主编.列国志(南非)[M].北京:社会科学文献出版社,2010:37,247-265;唐珂.关于农业和文化的关系[J].古今农业,2011(1):1-2.
　　② 杨立华,主编.列国志(南非)[M].北京:社会科学文献出版社,2010:16-37;新加坡 APA 出版有限公司,编.南非[M].钱芳,顾迪,凌永琪,译.北京:中国水利水电出版社,2003:61.

往没有足够的经济文化交流和信息沟通。这种与传统部落生活息息相关的黑人文化,具有明显的保守性和封闭性特征。

其次是口传性与部族性。对非洲黑人来说,语言不仅是日常的交流手段,同时也是保存先人智慧的基本手段,而口头传说则被理解为一代人用口头方式传给下一代人的口证。① 南非黑人的口传文化内容包罗万象,丰富多彩,包括神话、传说、祷词、民谣、故事及谚语等,主要根植于各部落种群中,涵盖了生产生活和精神领域的各个方面,既有历史的记忆,也有经验的传承,反映了各地居民的风俗文化和日常生活,并且相互渗透、浑然一体,在潜移默化中把传统宗教、信念、价值、习俗、禁忌等承续下去。保存和传递这种文化的人,一般是祭司、巫师或秘密社盟的组织者,或村社长老,或说唱艺人。传统文化的口述特征一方面具有生动性、经验性和示范性,另一方面也具有神秘性、暂时性和某种不确定性。祖鲁歌谣唱道:"脱掉你的帽子! /你叫什么名字? /你的父亲是谁? /你的酋长是谁? /你在哪个地方交税? /你在哪条河里饮水? /我为我的祖国哀痛!"整篇歌词朴实无华,逐字逐句地记述了南非通行证法施行以来,黑人在警察局遭到的盘问和对待。② 而作为口述文学组成部分的谚语,也为我们更好地了解南非黑人各族的文化风貌提供了一条别具特色的途径,在聪加人看来"财富是露水",而祖鲁人则说"鸡貂嗅不出自己身上的恶臭",索托人则认为"没有人民,就没有酋长"。③ 至于部族性特征,则表现为在南非的广大农村地区,依旧是以一定血缘关系作纽带联结在一起的部落为基本单位,保持着传统的社会结构体制,部落色彩浓重,因而导致传统的部族思想仍占据主导地位。

此外,在南非现有原住民族的九个部族之间,就其文化个性、文化传统来说,仍具有高度异质性,并呈现出明显的多样化和地域差异性。"许多具有相似文化特征的孤立文化相互分割,平行发展,黑非文化一词更多地是个地理上的概念,而不是一个有机的历史文化实体。"④由于各部族所处地区不同,自然条件、经济生活、政治结构以及宗教、语言也不同,彼此之间有着巨大的文化差异。

总之,尽管南非在20世纪末废除了种族隔离政策,黑人获得了与白人一样的政治权利与地位,但是广大黑人的经济地位并没有明显改变,黑白矛盾仍然十分尖锐,文化价值的不同取向也是一个极其重要的方面。要解决这一矛盾并非一朝一夕的事,至少需要好几代人的共同努力。值得注意的是,对传统文化的理解和尊重不容忽视,这是南非走向民族矛盾和解与社会经济繁荣的唯一路径。

(刘成富　游晓航)

---

① 宁骚. 非洲黑人文化[M]. 杭州:浙江人民出版社,1993:314.
② 高峰. 非洲口头传说的史实分析刍议[J]. 世界历史,1990:93.
③ 潘兴明、李忠. 南非——在黑白文化的撞击中[M]. 成都:四川人民出版社,2000:41.
④ 刘鸿武. 黑非洲文化发展的若干特征[J]. 历史教学,1993(1):11.

第三章

刚果(金)

第一节　粮食安全战略研究

刚果(金)是撒哈拉以南非洲地区国土面积最大的国家[①],土地资源丰富,但农业落后,粮食不能自给。据 20 世纪 90 年代联合国人道主义事务协调办公室(OCHA)的材料统计,刚果(金)农业可耕地约 1 亿公顷,已耕地约为 600 万公顷,仅占可耕地面积的 6% 左右,绝大部分土地尚未利用。刚果(金)的粮食安全问题仍然十分严重,

图 3-1　刚果(金)行政区划图

---

① 资料来源:中华人民共和国外交部网站,http://www.mfa.gov.cn/chn/pds/gjhdq/gj/fz/1206_14/.

2009 年农业仅占当年 GDP 的 40%①。由于冲突问题，刚果（金）仍将有 180 万人口流离失所。刚果（金）邻国不稳定的局势造成超过万人涌入，对刚果（金）紧缺的食物供应造成了明显压力。② 刚果（金）农业发展的限制在于资金短缺、耕作技术落后、农业物资不足、劳动力素质不高等。国际社会对刚果（金）的农业发展提供了大量的帮助，新时期刚果（金）政府应设立新的粮食安全战略目标，努力实现粮食自给。

一、粮食安全形势严峻，自给率逐渐走低

1. 谷物自给率长期低下

表 3-1　刚果（金）谷物产量、进出口量及自给率　　　　　单位：吨

年份	产量	进口量	出口量	自给率
1961	503194	63000	0	88.87%
1965	448234	149712	0	74.96%
1970	666231	205186	30	76.46%
1975	759021	302034	581	71.57%
1980	889000	350068	0	71.75%
1985	1141300	319670	0	78.12%
1990	1490658	396168	0	79.00%
1995	1479003	404215	30	78.54%
2000	1572045	288708	95	84.49%
2005	1523139	612770	145	71.33%
2009	1572730	478941	5318	76.86%
2010	1527798	643448	594	70.38%

表 3-1 显示了刚果（金）1961—2010 年的谷物产量、进出口量及谷物自给率的变化。谷物产量时有波动，从 1961 年到 1995 年间处于明显上升趋势，从 1961 年的 50.3194 万吨上升到 1994 年的 165.994 万吨，增加了两倍，而在 1995 年往后又有所下降，直到 2010 年产量基本稳定在 150 万吨左右，谷物产量的下降说明了刚果（金）面临的严峻粮食安全问题。进口量较不稳定，但从 1961 至 2010 年的整个时间跨度来看，刚果（金）的粮食进口量基本处在上升之中，从 1961 年的 6.3 万吨上升到了 2010 年的 64.34 万吨，说明刚果（金）温饱问题的解决愈来愈依赖于进口。同时，刚

---

① 资料来源：Country profile：Democratic Republic of the Congo (DRC). http://www.intracen.org/btp/wtn/newsletters/2010/tpr_congo.htm.

② 资料来源：FAO, Crop Prospects and Food Situation, 2011.

万吨

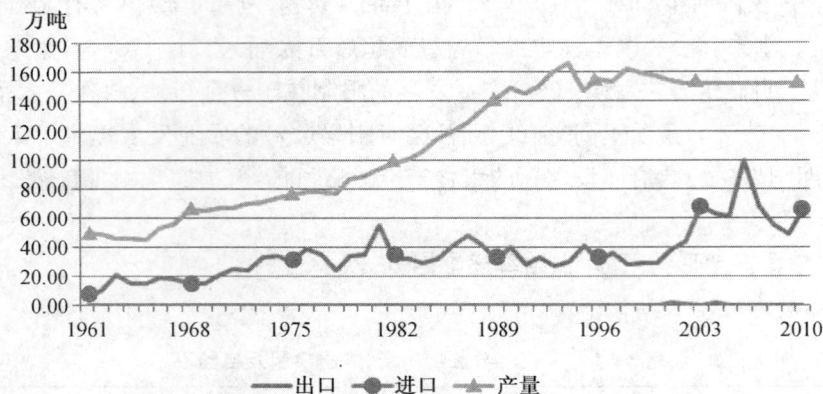

图 3-2 刚果(金)谷物产量及进出口量变化

果(金)的粮食自给率变化趋势显示其自给率极其不稳定,从 1963 年到 1969 年有所上升,1969 年到 1981 年又明显下降,1981 年到 1999 年再次处于上升阶段,但 1999 年后则急剧下降,虽然从 2000 年后有所增加,但 2010 年 70.38%的粮食自给率仍然远低于 1961 年 88.87%的自给率,说明刚果(金)谷物不能自给的情况愈发严重(图 3-3)。

%

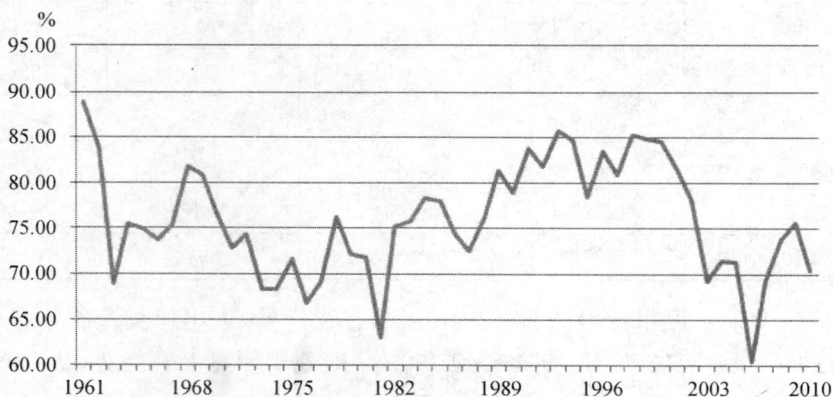

图 3-3 刚果(金)谷物自给率变化

2. 粮食作物生产落后,农业结构单一

刚果(金)农业落后,粮食不能自给,消费结构较为单一。粮食作物主要包括谷物和薯类两大类。2010 年谷物和木薯这两类作物的产量分别是 152.8 万吨和 1505 万吨。主要农作物包括玉米、水稻、木薯、豆类;主要经济作物包括油棕榈、咖啡、可可、棉花、橡胶、花生。

表 3-2　刚果（金）主要粮食作物产量　　　　　单位：吨

年份	木薯	玉米	大米	小麦
1961 年	8680000	370000	70800	2127
1965 年	9700000	350000	48880	3000
1970 年	10345900	428100	179800	3256
1975 年	11844100	495400	207800	3500
1980 年	13087200	594000	234300	3100
1985 年	15700000	760000	312000	3400
1990 年	18715000	1008000	392300	6750
1995 年	16870100	1007580	365818	10818
2000 年	15959000	1184000	337800	9385
2005 年	14974500	1155260	315480	8590
2009 年	15054500	1156180	316880	8790
2010 年	15049500	1156410	317231	8841

资料来源：FAO 数据库。

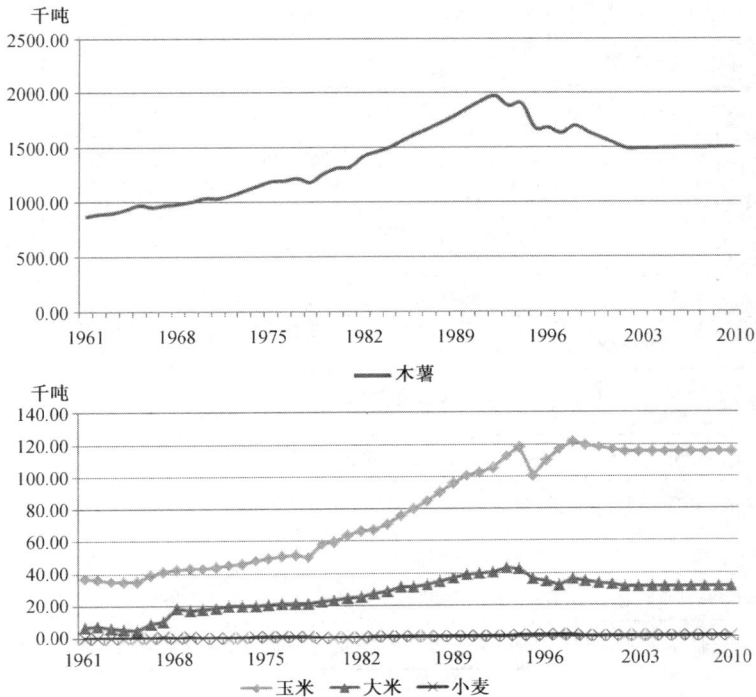

图 3-4　1961—2010 年刚果（金）粮食作物产量变化

表 3-3　刚果(金)主要薯类作物产量与比重　　　　　　单位:千吨,%

种类	1995 年		2000 年		2005 年		2010 年	
	产量	比重	产量	比重	产量	比重	产量	比重
木薯	1687.01	94.85	1595.90	94.58	1497.45	93.25	1504.95	91.94
马铃薯	8.67	0.49	8.98	0.53	9.31	0.58	9.48	0.58
甘薯	41.20	2.32	23.7	1.40	22.98	1.43	24.70	1.51
山药	8.87	0.50	9.69	0.53	8.49	0.53	9.02	0.55
其他淀粉根茎类	32.92	1.85	49.84	2.95	67.68	4.21	88.66	5.42
总计	1745.75	100.00	1637.58	100.00	1538.23	100.00	1548.15	100.00

资料来源:FAO 数据库。

表 3-4　刚果(金)主要粮食消费量　　　　　　单位:千吨

年份	木薯	玉米	大米	小麦	谷物
1961 年	721.308	30.555	5.792	4.161	45.203
1965 年	805.950	35.405	5.205	7.059	52.378
1970 年	848.637	41.710	13.310	10.160	69.644
1980 年	1085.206	61.595	16.672	15.074	98.512
1985 年	1209.538	72.750	22.764	18.827	120.131
1990 年	1505.758	86.330	32.141	19.550	145.490
1995 年	1528.870	99.910	29.102	19.732	158.225
2000 年	1548.399	110.869	25.345	23.538	163.287
2005 年	1608.721	155.606	39.663	43.995	243.369
2007 年	1799.428	136.622	45.206	59.262	245.122

表 3-5　刚果(金)主要粮食进口量　　　　　　单位:吨

种类	1961 年	1965 年	1970 年	1980 年	1985 年	1990 年	1995 年	2000 年	2005 年	2009 年	2010 年
玉米	760	45827	63514	147435	84000	80000	29000	20000	17616	32013	10183
小麦	28	1129	0	166354	154000	150314	160000	100000	205469	300000	398751
谷物	63000	149712	205186	350068	319670	396168	404215	288708	612770	478941	643448
大米	15377	23848	25573	26000	40000	85000	70766	51337	208953	40177	47480

　　木薯。木薯是刚果(金)的主要粮食作物,占薯类作物产量的 95% 以上,主产区分布在下刚果省卢卡亚和卢卡拉等地、北基武省瓦利卡勒、南基武省沙班达、东方

省、西开赛省、加丹加省、班顿杜省等地。[①] 从 1961 至 1992 年间，木薯的产量一直处在上升态势，由 1961 年的 86.8 万吨上升到 1992 年的 197.8 万吨，自 1993 年后有所下降，到 2001 年下降到 154.36 万吨，在 2002—2010 年间产量基本稳定在 150 万吨。而马铃薯、甘薯、山药等薯类的产量所占比重比较低。木薯的消费量也是粮食作物中最高的，并一直处在上升之中，从 1961 年的 72.13 万吨上升到 2007 年的 179.94 万吨。

玉米。玉米是刚果（金）主要的谷类作物，近几年其重要性愈发显现。自 1961 至 2010 年，玉米的产量一直处在上升之中，从 1961 年的 37 万吨上升到 2010 年的 116 万吨，增加了 2 倍之多。玉米目前的重要性源自 20 世纪 80 年代 PNM（USAID 资助）开发的高产的多样品种。卡萨 1 号和萨笼格品种的玉米几乎到处都有种植。玉米也是最适合使用化肥的作物，同时也适合与改良的作物轮种和套种，如尼埃拜小麦和大豆。

大米。刚果（金）有水稻种植的良好条件，大米在其粮食作物中的重要性在快速增长。在 1961—1993 年间，大米的产量处在不断上升之中，从 1961 年的 7.08 万吨上升到 1993 的 42.98 万吨，从 1994 年往后处在下降阶段，下降到 2010 年的 32 万吨；而大米的消费量则一直处在上升之中，从 1961 年的 5.79 万吨上涨到 2007 年的 45.21 万吨。班巴以及马涅玛地区雨水多，在鲁兹兹峡谷、马勒博地区等有灌溉农田。中央盆地雨水量大，种植新品种 NERICA 稻非常有成效（早熟、不怕荒草、高产、蛋白质成分高）。在姆班达卡，农民将引进和挑选这一新品种进行种植。

刚果（金）主要的豆科作物有花生、菜豆、Niébé 豆和大豆。刚果（金）所有的省都种花生。花生为人类提供蛋白质和食用油，是妇女们的主要种植物。菜豆在某些地方种植很多，特别是在下刚果省。Niébé 豆和大豆的种植目前不多，但是几乎各地都在很快地普及。从营养角度和生产体系持续性角度来看，它们很重要。

二、粮食生产潜力巨大

1. 优势条件

（1）农用地资源潜力

世界粮食计划署（WFP）驻刚果（金）代表处的代表认为，刚果（金）是非洲发展农业潜力最大的国家。刚果（金）赤道省农业厅厅长将刚果（金）说成是发展农业的“天堂”。[②] 的确，富饶的土地资源和优越的气候条件，使刚果（金）几乎成为世界上任何农作物均可以生长的国家，各种热带作物、温带作物，甚至高寒山区的作物均能种

---

① 卢肖平.非洲农业与中非农业合作基础研究[M].北京:中国农业出版社,2010:100.

② 农业部赴刚果(金)调研组.刚果(金)的农业、农民及农业开发[J].中国农村经济,2009(3).

植。刚果（金）有着广阔的土地资源,全国可耕地面积 1.365 亿公顷,约占国土面积的 58.2％,目前已有耕地 600 多万公顷,仅占可耕地面积的 4.4％,尚有大量的土地有待于开垦耕作,潜力巨大。刚果（金）大量的土地基本属于原生态类型,非常肥沃,有机质含量很高,可达 1％ 以上,土质疏松,呈微酸性,pH 值在 5.5～6.5 之间;植物营养含量也较高;其土壤主要为红沙壤和黑沙壤,只要有充足的肥料和水分供应,就可以种植包括各种热带作物、温带作物,甚至高寒山区作物在内的多种作物。

（2）充裕的水资源和热量资源

除了丰富的可耕地资源以外,刚果（金）还具有发展农业的优越自然条件。由于赤道横穿刚果（金）北部,常年光照充足,年平均温度为 27℃。刚果（金）南纬 5°以北属热带雨林气候,以南属热带草原气候,一年中分为旱季和雨季（10 月至次年 5 月）,雨量充沛,年均降雨量为 1500～2000 毫米,是世界上降雨最多的地区之一。刚果（金）雨季阳光充足,晴天光照度在 3 万～9 万 lux 范围内,中午最高可达 11 万 lux 以上,阴天也可达 2 万～3 万 lux,其湿热多雨的气候有利于农作物的生长。在刚果（金）所有省份的广大地区,都分布有较多的河流,最大的河流刚果河自东向西流贯全境,全长 4640 公里,有许多的土地可以自然灌溉,为多种作物生产奠定了坚实的基础。[①]

（3）充裕的劳动力资源

刚果（金）拥有非常充裕的农业劳动力资源,不但有大量的男性劳动力,而且还有大量的女性劳动力。表 3-6 显示,刚果（金）2010 年参加农业生产的人口为 14194 千人,仅占总人口 65966 千人的 21.52％,农业资源开发不足形成了大量的农业剩余劳动力。因而刚果（金）农业劳动力价格低廉,在城市就业的白领阶层月薪水平一般在 150 美元以下,一般员工工资在 100 美元左右,而农业上雇用妇女劳动力月薪在 50 美元左右,低廉的劳动力成本有利于企业和个人进行农业开发。[②]

表 3-6　2010 年刚果（金）农业劳动力资源情况　　　　　单位:千人

农村人口	城镇人口	参加经济活动总人口	参加农业生产人口	参加农业生产男性人口	参加农业生产女性人口
42734	23232	24808	14194	7293	6901

资料来源:FAO 数据库。

2. 约束性因素

尽管生产资源丰富,但刚果（金）农业发展还存在一系列的约束性因素。

---

① 马新才,袁合烈,邢同胜. 刚果（金）农业现状调查分析[J]. 潍坊高等职业教育,2010(1).
② 农业部赴刚果（金）调研组. 刚果（金）的农业、农民及农业开发[J]. 中国农村经济,2009(3).

① 刚果（金）东部地区严重的干旱强烈地损害到农业活动，造成作物产量缩减及更多的人口流离失所。同时，刚果（金）中部与南部地区在 2008 年也经受了相当长的一段干旱期，对如高粱、小米此类的主食产量造成了负面影响。

② 交通运输基础设施建设滞后，成为制约农业增长的主要瓶颈。刚果（金）的陆路运输和水路运输系统发展相当滞后。公路和铁路的路况都很差，运输效率很低，运输成本很高。水路运输船只数量少、船况差，码头设施差，运输效率低，水运玉米损失有时可高达 20％ 以上。在刚果（金）姆班达卡的村落里，由于交通不便，当地农户出售农产品主要靠中间商（贩子）上门收购，农户无法把自己生产的产品运到市场。尽管当地农产品的市场价格高得令人难以想象，但因为交通运输不便，农民长期面临着"卖粮难"的问题，难以扩大农业生产规模。①

③ 农业科技总体水平低下，农业投入品长期处于短缺状态，明显制约了刚果（金）的农业发展。技术落后贯穿于种植业产业链的各个环节，从良种培育技术、土壤改良技术、植物保护技术、灌溉排涝技术、收获技术、储藏技术、加工技术直到产品分销技术，都几乎处于空白状态。农业生产方式仍处于"刀耕火种"阶段，烧荒轮种是绝大多数农民采取的主要生产方式。同时，农业投入品供给一直处于严重短缺的状态，农民种地缺少良种、缺少化肥、缺少农药、缺少农机，很大程度上制约了农业的可持续高效发展。另外，刚果（金）农民的土地属于国家委托酋长管理制，虽然名义上土地归国家所有，但农民分到的土地是世袭制，农民的所得还要交一部分给酋长，这种土地制度实质上是对农民生产积极性的一种打压。

④ 刚果（金）农业技术人才的缺乏也是制约其农业发展的一个因素。20 世纪 70 年代是刚果（金）教育事业发展的鼎盛时期，据统计，1978 年刚果（金）的小学入学率高达 94％，中学入学率为 23％。而此后，由于经济下滑，中小学教育出现下滑。90 年代的政局动荡更是使刚果（金）的教育入学率降到 18％，文盲率呈现上升势头；1990 年刚果（金）成人文盲率为 28％，2003 年增加到约 35％，教育水平的低下严重阻碍了农业知识的普及与先进技术的推广。②

三、粮食生产的关键问题分析

尽管刚果（金）农业资源丰富，具有巨大的发展潜力，但由于长期政局动荡，以及政府实行"重矿轻农"的发展战略，严重打击了农业生产的积极性。但自 1982 年起，政府已经意识到农业在解决粮食安全问题上的重要性，并提高了在农业方面的投

---

① 农业部赴刚果（金）调研组. 刚果（金）的农业、农民及农业开发[J]. 中国农村经济，2009(3).

② 资料来源：刚果民主共和国商务在线，http://www. invest. net. cn/swzx/Dcongo/jj/jj05. html，转自外交部网站.

资,提出优先发展农业。为对刚果(金)农业发展提出合理决策,首先需对影响刚果(金)粮食生产的关键因素进行分析。

1. 农业劳动生产率低

单位农业劳动力产值是粮食生产的一项关键因素,衡量了该国农业劳动力的生产效率。表3-7中,刚果(金)的农业人口人均农业 GDP 为最小;且自 1995 至 2010 年,其他各国农业人口人均农业 GDP 值均处在逐渐上升之中,而刚果(金)则由 1995 年间 105 美元的平均值下降到了 2009 年 75 美元的平均值,单位劳动力生产效率降低,对粮食生产造成很大影响。

表3-7 世界拟选国家(地区)农业人口人均农业 GDP(2000 年不变价 $)

国家(地区)	1995 年	1997 年	2000 年	2003 年	2005 年	2006 年	2007 年	2008 年	2009 年	2010 年
中国	183.89	201.75	208.83	232.11	271.29	281.34	312.64	342.92	362.26	392.69
刚果(金)	105.00	80.08	69.81	71.78	70.40	73.04	70.84	69.86	75.23	0.00
刚果(布)	246.66	220.86	136.09	175.23	140.79	129.52	138.84	123.96	162.75	150.34
法国	15532.38	16943.59	19063.50	19738.72	20740.90	20423.89	22960.16	22272.19	19322.08	—
加蓬	83010.23	82416.69	67574.35	71669.09	62340.28	64960.30	68714.81	60356.29	80345.54	66851.51
马里	114.33	108.38	110.51	120.36	117.25	121.69	122.76	—	—	—
南非	658.39	756.30	701.76	857.35	769.15	899.09	1134.55	1153.21	1100.30	948.66
非洲	125.57	133.44	124.32	152.96	148.60	150.54	156.17	133.55	139.92	119.78
世界	468.67	474.35	439.85	448.02	430.90	420.73	436.84	432.69	415.06	444.47
美国	18740.82	22114.30	18775.70	21113.47	23701.69	21344.17	24066.52	26429.90	23531.93	26483.78

资料来源:FAO 数据库。

2. 单位面积产量低

单位面积产量也是决定一国粮食生产的关键因素。刚果(金)谷物的单位面积产量从 1994 至 2010 年基本上一直保持在 0.77 万吨/公顷的水平上,一直处在五国排名的最后一位(详见上篇第二章表2-6和图2-7),且远低于世界平均值,说明刚果(金)农业生产水平过于低下,究其原因主要有以下两点。

① 主要在于耕作方式的落后。刚果(金)目前主要还是以家庭为单位的小农生产,采用原始的农具,如锄头、砍刀等,和一些刀耕火种的方法,技术落后贯穿于种植业产业链的各个环节,从良种培育技术、土壤改良技术、植物保护技术、灌溉排涝技术、收获技术、储藏技术、加工技术直到产品分销技术,都几乎处于空白状态。

②农业投入一直处于严重短缺的状态，农民种地缺少良种、缺少化肥、缺少农药、缺少农机，很大程度上制约了农业的可持续高效发展。表3-8显示，非洲的三个国家南非、刚果（金）及马里在化肥的投入上相比其他国家均偏小，刚果（金）和马里又明显低于南非，而化肥的短缺必然会造成粮食产量的缩减。刚果（金）的化肥总消费量在2005年到2010年之间不断上升，由2005年的454吨增加到2008年的6347吨，但其增长幅度仍然相对较小，其后化肥总消费量有小幅度减少，2010年消费量为4571吨。总体比较而言，刚果（金）化肥消费量是所有拟选国家中化肥总消费量最低的。

表3-8　世界拟选国家化肥总消费量　　　　　　　单位：吨

国家（地区）	化肥总消费量					
	2005年	2006年	2007年	2008年	2009年	2010年
中国	48344630	51299640	52414677	50289592	55433037	57397764
刚果（布）	32	26	176	366	2289	276
刚果（金）	454	3048	4253	6347	3424	4571
马里	87925	99355	180340	70468	48148	173487
加蓬	2712	2749	2944	3418	3907	1027
法国	3537000	3491426	3828000	2785000	2720000	2776245
南非	623586	785439	768874	720553	706103	666888
美国	19582600	20247000	19954800	17343600	17812800	19655800
非洲	4586313	4429217	4442932	4823747	4188453	4547679
世界	157883451	163635269	171666463	161578322	166811698	178443897

3. 资金投入不足

资金的投入也是粮食生产的一项关键问题。刚果（金）的财政收入很大程度依赖国际援助，外债负担严重。由于预算缺乏管理、支出增长过快，刚果（金）财政赤字不断扩大。而刚果（金）所需的农业机械和作物良种基本依靠国外进口。近年来，进口的农业机械有下降趋势，进口额由1997年的2.02亿美元下降到2004年的917万美元。耕作机械占进口农业机械的比重最大，但也从1997年开始呈下降趋势，由1997年的1064.2万美元下降到2004年的80万美元，其中，下降速度较快的有谷物联合收割机、挤奶机和农用拖拉机等。农业资金投入的减少严重影响了粮食作物的生产。

4. 种子繁杂，缺乏良种

良种的严重匮乏也是刚果（金）粮食生产所面临的一项关键问题。目前，刚果

（金）由于化肥的短缺造成粮食产量很低，因而种子和秧苗的质量一直受到重点关注，希望通过耕种良种和良苗提高单位面积粮食收成。在中刚（金）农业合作组帮助下，在当地推广的我国常规水稻品种——湖北6号和湖北8号，示范田单产达6.5吨/公顷，是刚果（金）水稻平均单产的6.5倍。[①]

5. 局势动荡，破坏生产

长达几十年的国内动乱也是造成刚果（金）农业发展滞后，人民贫穷的一个重要原因。1991年和1993年的两次武装冲突以及1997年、1998年的两次战乱，均发生在矿产资源丰富的东部地区，生产遭到破坏，产量急剧减少。而刚果（金）邻近国家不稳定的局势造成超过10万人流入刚果（金），对刚果（金）本身已经紧缺的食物供应造成了更大的压力。由于战乱，刚果（金）饥饿的人数已经由1990—1992年间的1100万上升到2003—2005年间的4300万。[②]

四、粮食安全战略目标定位与对策

武装冲突结束后，刚果（金）经济处在快速复苏当中，2007年的GDP达到89.55亿美元，较2000年增长了108%；2006年农林畜牧业在GDP中占据42.4%。在如今政局趋于稳定的背景下，刚果（金）政府应抓住契机，大力发展农业，兴修农田水利设施，修复在冲突中损坏的大量道路设施，增加良种、化肥、农机等的投资，采用优惠的政策招商引资，同时积极培养农业技术人才，以扭转国内粮食生产无法自给的局面，争取减少饥饿，从而解决粮食安全问题。这里的粮食安全战略目标主要可以分成两步：第一步，解决基本温饱问题；第二步，提高粮食安全系数。

1. 刚果（金）政府为解决粮食问题所做的工作

目前刚果（金）政府十分强调农业发展的重要性，为了吸引农业投资，刚果（金）政府规定，农业投资采取国民待遇，农业投资用的设备、种子、化肥等免进口税，外国人可以租赁国有土地，租期为25年，期满后可以续租。此外，对农业经营中的营业税等有几年的免税。

2. 国际社会的工作

刚果（金）一直是世界银行、联合国粮农组织等国际机构的援助对象，各国及国际组织对刚果（金）农业方面的援助、援建主要集中在粮食和农业生产、农业生产资料购买、农业基础设施建设等方面，也是刚果（金）财政收入和农业经济增长的重要组成部分。根据世界银行的统计，国际社会对刚果（金）的援助有上升趋势，从2000年的1.77亿美元提高到2006年的20.56亿美元，提高了11.6倍，2003年更是达到

---

① 农业部赴刚果（金）调研组. 刚果（金）的农业、农民及农业开发[J]. 中国农村经济，2009(3).

② 资料来源：FAO, Crop Prospects and Food Situation.

54.16 亿美元，超过前三年的总和。经济合作与发展组织（OECD）成员国是刚果（金）的主要援助来源。据 OECD 统计，2007 年 OECD 成员国对刚果（金）的官方发展援助由 2001 年的 1.43 亿美元上升到 7.71 亿美元，超过 2001 年 4 倍，占刚果（金）接受的官方发展援助总额的 37.51%。国际社会的援助对于刚果（金）发展社会经济、提高农业生产技术水平、减少饥饿和贫困人群具有十分重要的意义。①

3. 中国的援助及中刚（金）农业合作战略重点

中国援助刚果（金）的农业项目始于 1973 年，中国农业专家重点帮助当地农民发展水稻种植，以扩大稻谷种植面积及提高单产为目的，推广先进的种植技术和水稻良种。农业合作组在当地推广我国常规水稻品种——湖北 6 号和湖北 8 号，该品种米质好，抗倒伏，目前示范田单产达 6.5 吨/公顷，是该国水稻平均单产的 6.5 倍。

刚果（金）拥有发展农业的良好的自然和劳动力条件，但农业生产落后，每年大量进口粮食，中国在粮食生产和农业发展方面具有丰富的经验，通过加强中刚（金）双边合作，将有助刚果（金）改进农业基础设施和技术服务体系，提高粮食安全水平。

4. 主要杠杆

刚果（金）自身及包括中国在内的国际社会所做的工作为刚果（金）农业的发展起到了巨大的推动作用，但是要进一步提高生产，保证食品安全和增加收入，还应使用几个主要杠杆（政策措施、支持生产的要素、资源和资本的投入量）：

① 建设农业示范中心。

农业示范中心的建设将为刚果（金）农民提供学习与掌握现代化农业科技的机会，促进刚果（金）农业由传统型向现代型转变。目前刚果（金）仍然保持着传统型农业，传统农业不能充分地开发利用土地生产潜力，大量的土地肥力遭到浪费，而现代农业吸纳了现代化的工业生产方式，实现农业机械化、化学化和产业化、市场化，信息技术和理念的产生更是引入了知识、技术、资本和管理等生产要素，从传统农业到现代农业的转型将有利于实现农业优质、高产、高效的发展。

② 发展灌溉农业，提高单产为重点。

刚果（金）部分地区由于常年受到干旱的影响而造成大量粮食作物受损，产量锐减。对于水资源不足造成的瓶颈，发展灌溉农业将成为一个良好的解决措施。通过各种农田灌溉水利措施的应用，保证土壤的温度、湿度、空气与养分，可以提高土地生产能力，增加粮食作物单位面积产量。目前灌溉农业已经成为保证中国粮食安全的关键因素，通过合理的借鉴，也将为刚果（金）的粮食安全带来巨大的保障。

③ 加强种子工程建设。

目前，刚果（金）对良种和良苗的需求很大，化肥的短缺造成粮食产量很低，因而

---

① 卢肖平. 非洲农业与中非农业合作基础研究[M]. 北京：中国农业出版社，2010：122-124.

种子和秧苗的质量一直受到重点关注,希望通过良种和良苗的耕种提高单位面积粮食收成,其中增加水稻、玉米的单产尤为重要。粮食单产的提高将会为刚果(金)实现人民温饱带来巨大的帮助,而陷于农业生产手段的落后与农药、化肥等的短缺,提高粮食单产的最佳手段就是引进适应性较强的良种良苗。如果能把良种和化肥引入千家万户,不但能够提高其防治病虫害的水平,而且粮食的单产水平会有大幅度提高,这将为非洲农业生产带来革命性的变化。

④ 实施生态农业战略,引导农民科学种田,借鉴中国高产、优质、高效、产业化经营的经验。推广沼气等农村能源技术,一为解决农村能源问题,二为提供优质农肥。

⑤ 建设不同等级系统的粮库。

农业基础设施的严重不足及不稳定的冲突局势造成刚果(金)大批民众饥饿及营养不良的现状。为应对这种局面,同时做到未雨绸缪,刚果(金)政府应当建设不同等级的粮库,保证充足的粮食供应,在发生如干旱等突发事件时确保人民的基本温饱问题。

⑥ 合作编制既科学又可操作的粮食安全战略十年规划,明确近、远期战略目标、战略重点、战略部署和战略对策。

为了减少饥饿与营养不良的状况,提高刚果(金)的粮食安全水平,编制科学而又具可操作性的粮食安全战略规划是十分有意义的。通过编制规划,刚果(金)政府可以在每个阶段进行对比,明确近期与远期的战略重点,及时调整自身的战略目标与战略对策,为实现粮食安全进行指导。

⑦ 创建农业综合开发区,加强农业基础设施建设,提高农业综合生产能力。

刚果(金)的基础设施建设不足是造成其粮食短缺的一大关键因素。其中,道路运输问题是目前影响粮食销售最关键的问题,在连续的战争冲突中许多主要的干道已损坏,因而尽管市场上的粮食价格很高,农民也无法到达市场,资金的短缺导致化肥与农机的供应不足,从而又对粮食生产造成不利影响,形成一个恶性循环。如果能够建立农业综合开发区,兼具粮食的生产与销售,解决农民的销售问题,保证其基本收入,则更加有利于资金的积累及基础设施的完善,最终也就提高了农业生产能力。

⑧ 培养农业技术人才和管理人才。

刚果(金)教育程度低也是造成农业生产力低下的一个重要原因。在大力发展新型农业经济,增加农资投入时,也应对农业技术人才与管理人才予以高度重视。一方面提高国内教育的普及程度,增加对教育事业的资助;另一方面大力引进人才,从主观上拉动农业的转型。

⑨ 增加经济作物,提高收入。

国家仅有粮食生产,只是解决吃饭问题;只有经济作物生产才能增加生产的经济效益,使农民富裕起来,加快经济发展。因此,农业生产不仅是玉米、水稻、木薯、花生、甘薯等粮食生产，还要加强番茄、黄瓜、茄子等蔬菜生产，芒果、香蕉、菠萝、柑橘等果树生产，棕榈、咖啡、可可、橡胶、甘蔗等其他经济作物的生产。这也应有全国性的规划，全国粮食生产面积和经济作物生产面积的比例、种植的经济作物种类、运输、加工和销售渠道等，都要作出合理的计划。[1]

⑩ 通过微观金融，吸引农业投资。

现在众所周知，刚果（金）微观金融机构很重要。随着宏观经济的稳定，微观金融重新在刚果（金）获得地位，并应与一切开发项目和计划成为一体。这也是吸引农业生产投资的一个重要杠杆。

五、中刚（金）农业合作战略模式选择

同为发展中国家，农业在刚果（金）及中国的经济中都占有重要的地位，且中国的农业发展正在转向高效的产业化经营，因而在农业发展模式上，中国可以成为一个良好的范例。

1. 中国农业产业化经营模式

中国的农业产业化是经济体制深化改革和市场农业发展的产物。众所周知，始于 20 世纪 70 年代末的农村家庭联产承包责任制的推行，改变了农村经济体制的总格局，极大地调动了农民的生产积极性，产生了巨大经济绩效和社会震撼力。但是，到了 80 年代中后期，随着改革开放后国内社会化大生产的迅速发展和市场经济体制的急骤发育，农业进一步发展的深层次矛盾日益凸显，严重制约着农业和农村经济的进一步发展。矛盾集中表现为：（1）农业基础仍很薄弱，比较利益低下，农业生产发展动力不足；（2）分散的小农户经营规模不经济，其在发展农村经济和提高农民收入方面的局限性已越来越明显；（3）传统计划经济体制下，农业产业被分割，农业实际只剩下产中环节，能够增值的加工和销售环节归让工商部门，实行多部门"条条"管理，中间环节多，交易成本高，为追求部门利益最大化，甚至利用其垄断地位损害农民利益，妨碍国民经济统一市场的形成，成为市场农业发展的体制障碍。这样，80年代后期和 90 年代初以来，一些地方以农业产业一体化作为解决农业深层矛盾的现实突破口，产生了改革农村经济的新的产业组织形式、资源配置方式、农业产业经营方式和农业管理体制。[2]

农业产业化经营高于或优于单项的改革与发展举措之处是在稳定农民家庭经营的基础上，以市场为导向，在龙头企业等有效载体的带动下，组织引导小农户联合进入大市场，依托农业一体化经营方式，用现代工业提供的技术装备农业，用现代生

---

① 马新才，袁合烈，邢同胜. 刚果（金）农业现状调查分析[J]. 潍坊高等职业教育，2010(1).

② 刘葆金. 中国农业产业化理论探析[J]. 南京农业大学学报，1999(4).

物科学技术改造农业,用现代经营理念和组织方式管理农业,将农产品加工业和部分种养业集中化、企业化、规模化,实施全程标准化运营,创造较高的综合生产力,促进农村全面发展,逐步实现农业现代化。这样,自然而然地、有机地将稳定(家庭承包经营)、改革(经营方式和管理体制)和发展(市场经济和现代化农业)融于一个历史进程。农业产业化经营不仅是当代中国农村改革与发展的伟大创举,而且是有中国特色的农业现代化道路和经营制度的整体创新。[①]

从刚果(金)的现状来看,其农业生产发展动力明显不足,且小农经济为主的耕种方式难以形成规模,产量与利润低,散户的经济实力难以采用良种、施用化肥、购买农机及使用先进农业技术,这样就形成了恶性循环。而中国农业的产业化发展模式为刚果(金)的农业发展提供了范例,通过产业一体化的方式改革农村经济组织形式、资源配置方式、农业经营方式及管理体制,将成为刚果(金)农业转型、实现高效农业的一条良好出路。

2. 农业示范中心模式

为了帮助刚果(金)更好更快地掌握现代化农业技术及良种良苗的培育方式,中国政府应当在刚果(金)建立农业示范中心,供当地农民进行学习与参照,同时向他们普及农业科技知识,只有将知识与技能传授给他们才能从根本上解决刚果(金)的粮食短缺问题。中国已经在刚果(金)设立了一些农业示范中心,并取得了良好的效果。1972年12月农林部商请江苏省于1973年年初选派领导骨干和专业技术人员赴刚果(金)顶替台湾农耕队,根据当地大多属于热带和亚热带气候的实际情况,中国专家从我国接近这两种气候的广东省和湖南省引进水稻种子,在首都金沙萨成立中刚全国农业技术推广总站,同时在各地建立起13个推广分站。农技组遵照使馆的指示,用半年时间全部接替了九个点,经过下半年的努力,引进了我国的水稻品种进行选育,扩大了稻谷种植面积,提高了单产。蔬菜产量全面超过台湾农耕队,并取得二十多个蔬菜品种留种试验的成功,受到了刚方官员和广大群众的称赞。此外,中兴能源公司目前在刚果(金)实施了一个331公顷的玉米示范田项目。该项目示范田距金沙萨市区80公里,公司已获得土地经营权,并已开荒60公顷,种植十多个玉米试验品种。示范田所在地区年降雨量达1500毫米,预计玉米产量每亩可达400~500公斤,比当地农民种植的玉米亩产高100~200公斤。按当地玉米价格每公斤0.8美元计算,预计每亩玉米产值可达320~400美元。

3. 商品粮生产供应基地建设

刚果(金)目前仍然保持着小农为主的农业运营模式,而小农的需求往往被忽略,缺乏农机、农药、化肥、良种等物资,导致大量土地开发潜力不足,粮食产量低下。

---

① 牛若峰.中国农业产业化经营的发展特点与方向[J].北方经济,2002(11).

如果能选取自然条件优越的大块土地建设商品粮生产供应基地,形成规模化的播种、耕作、生产及供应,将在很大程度上推动刚果（金）农业的发展。建设商品粮基地,一方面有利于招商引资,吸纳资金与科技人才,为购置现代化农耕器械、农药、化肥、良种等打下坚实的基础,促使刚果（金）的传统型农业更加快速地与现代化农业接轨;同时规模化的生产可以大大提高生产效率,有利的生产条件可以保证农田的高产稳产,能较为稳定地提供充足的商品粮,为人民生活提供保障。商品粮基地由于其面积大、自然条件好、耕作方式先进等优点,可以种植多种作物,包括粮食作物与经济作物,在确保经济收入的同时有足够余粮。

（张默逸　陈　雅　姜忠尽）

第二节　土地资源永续利用研究

刚果（金）土地资源丰富,绝大部分土地尚未利用。富饶的土地资源和优越的气候条件,使这个国家几乎成为世界上任何农作物均可以生长的国家。游耕制的生产方式使得刚果（金）的农业一直比较落后,而上世纪的武装冲突和战乱进一步破坏和打击了农业这一国家经济支柱,农业成效大幅减退。本节通过研究刚果（金）的经济结构、农用地条件、劳动力资源、土地利用方式,分析了刚果（金）农业发展现状和农用地潜力的主要制约性因素,提出了刚果（金）土地资源永续利用的实施方法和战略对策。

一、农业在国家民生中的战略地位

1. 农业 GDP 在 GDP 中的比重

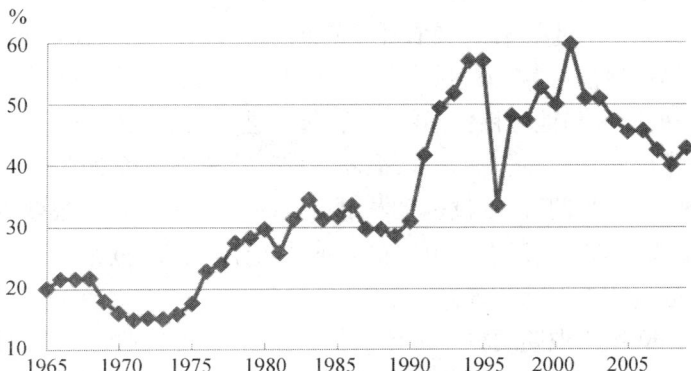

图 3 - 5　1965—2009 年刚果（金）农业 GDP 比例变化图
资料来源:世界银行,www. worldbank. org。

1975 年之前刚果（金）农业占 GDP 比重不
到 20％,发展到 1999 年已达到52.7％,25 年
间增长了 30 多个百分点。图 3－5 中还可看
出,农业对 GDP 贡献最大的是 2001 年,其
GDP 比例达到了 1965 年至 2009 年间的最高
值,由此可以得出农业对于刚果（金）的发展起
着重要作用。农业占 GDP 的百分比从 1980
年至 1994 年持续增加,这是由于国家稳定的
原因。2000 年之后,由于战争的破坏,该比重
开始下降。

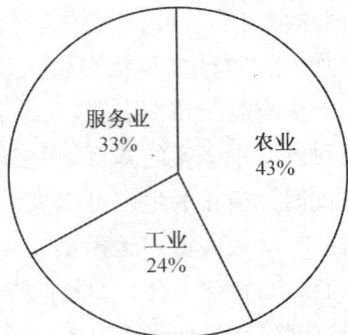

图 3－6　2009 年刚果（金）三产结构图
资料来源:世界银行,www.worldbank.org。

在经历了上世纪 90 年代的政变和经济衰退之后,刚果（金）在 21 世纪初保持了
5％的经济增长率。2009 年,刚果（金）的国内生产总值为 11204 百万美元,其中农业
GDP 占 43％,可见农业是该国最重要的经济部门。

2. 农业人口、农业劳动力比重

据 2005 年统计,刚果（金）的城市化率仅 32.7％,农村人口众多,有 1443.3 万人
参加农业生产。刚果（金）的农业劳动力资源非常丰富,不但有大量的男性劳动力,
而且还有大量的女性劳动力,并且当地的女性劳动力是农业生产的主力军。

该国农业资源开发不足,形成了大量的农业剩余劳动力,因而刚果（金）的农业
劳动力价格低廉,在城市就业的白领阶层的月薪水平一般在 150 美元以下,低廉的劳
动力成本有利于企业和个人进行农业开发,可见刚果（金）的农业劳动力资源潜力
巨大。

3. 农产品国际贸易

农产品出口是增加农民就业、促进农民增收和推动农业产业结构调整、提高农
业竞争力的重要途径。非洲有发展农业生产的良好条件,但在长期的殖民统治下,
许多国家都是单一种植,把物力、财力、人力集中在供出口的经济作物生产上,粮食
生产落后,80％的国家和地区粮食不能自给,每年进口大批粮食。

刚果（金）进口的农产品包括大米、小麦、豆类、大麦等粮食产品以及化肥、农药、
农用拖拉机、挤奶机、收割机、脱粒机等农用品。1997 年进口各类粮食价值约 3 亿美
元,约占其外汇收入的 1/3 以上。由于粮食不能自给,自 20 世纪 70 年代以来,刚果
（金）每年都需进口数十万吨粮食。

据 20 世纪 90 年代中期的材料统计,刚果（金）农业可耕地约 1 亿公顷,已耕地约
占 6％左右。[①] 主要农作物是玉米、水稻、木薯、豆类、花生;主要经济作物有棕榈、咖

① 刚果民主共和国情况简介,http://wenku.baidu.com/view/fb052c27482fb4daa58d4b66.html.

100

啡、可可、棉花、橡胶。近年来,刚果（金）农业生产日益呈现出单一化趋势,咖啡成了最重要的种植和出口经济作物。

表3－9　2006—2010年刚果（金）农产品进出口总额　　单位:百万美元

2006 年		2007 年		2008 年		2009 年		2010 年	
进口	出口	进口	出口	进口	出口	进口	出口	进口	出口
655.14	39.47	655.72	42.00	801.42	56.55	1010.27	58.64	1002.62	75.12

数据来源:FAO数据库。

表3－10　2010年刚果（金）各类农产品进出口额　　单位:千美元

农产品	进口额	农产品	出口额
小麦	97912	烟叶	18537
棕榈油	94000	咖啡	13592
离心糖	85630	糖	2333
玉米粉	42555	可可豆	2632
肉类	126813	麦糠	4311
小麦粉	79979	蔬菜罐头	1196
全脂奶	46546	小麦	100
无酒精饮料	15150	天然橡胶	1092
麦芽	26456	棕仁油	1352
黄豆	12	新鲜蔬菜	638

数据来源:FAO数据库。

刚果（金）原是农产品很丰富的国家,咖啡、棕油和棉花等农产品曾经大量出口,1983年农产品出口额占总出口额的36％。但随着经济形势日益恶化,农产品出口额下降,目前占出口额不到10％。烟叶、咖啡、糖成为较大宗出口的农产品,2010年出口额分别为1854万美元、1359万美元和233万美元,其他出口农产品有可可豆、橡胶、棕仁油和茶叶等,但出口量都比较小。

二、农用地生产潜力分析

1. 农用地条件

（1）地形

刚果（金）位于非洲中西部,大西洋东岸,赤道横贯北部。南北相距2190公里,东西相距2110公里,国土面积为234.5万平方公里,在非洲仅次于苏丹和阿尔及利亚

的国土面积,是撒哈拉以南非洲最大的国家。刚果(金)中西部为刚果盆地,海拔在
300~500 米之间,约占国土面积的 1/3,盆地东南高、西北低,盆地内多为沼泽、湿地
和茂密的热带森林,人口比较稀少。盆地南、北为高原地貌,海拔一般在 600~1000
米之间。刚果(金)东邻乌干达、卢旺达、布隆迪、坦桑尼亚,北邻中非、苏丹,西隔刚
果河与刚果(布)相望,南邻赞比亚、安哥拉。

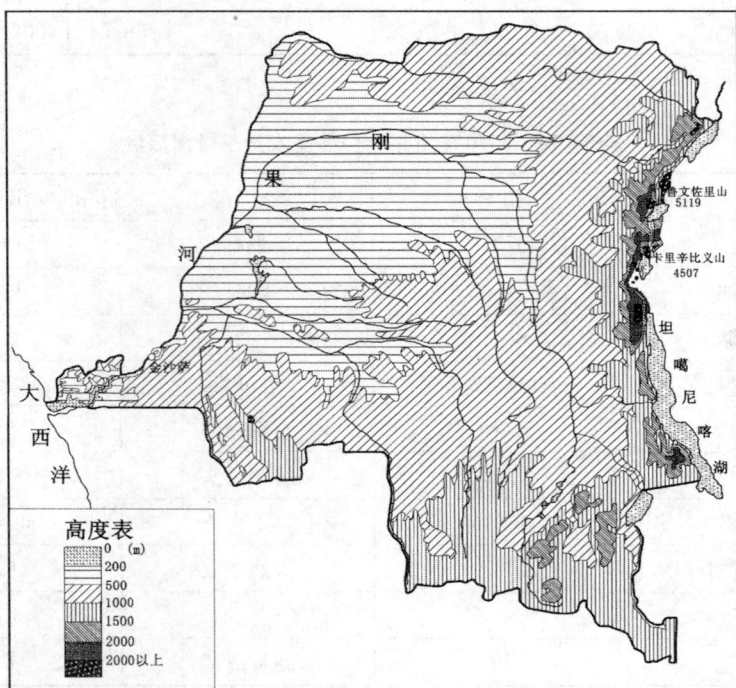

图 3-7 刚果(金)地形地势图

资料来源:南京大学地理系非洲经济地理研究室非洲地理资料(内部资料),《扎伊尔
地理概况》,1976 年。

刚果(金)地跨赤道,其中位于赤道北侧的土地占国土面积的 1/3,位于赤道南侧
的土地占 2/3。地形既有平原,也有山岭坡地、河岸滩地,可适合进行多种农作物的
栽培。领土可以划分为三个不同的主要农业生态区:(1) 在刚果中部的广泛冲积盆
地,其海拔高度介于 300~500 米,涵盖了三分之一的领土。植被组成是赤道森林和
沼泽,这里人口相当稀少;(2) 接壤盆地北部和南部的托盘楼阁草原(700~1200
米),这里人口较稠密;(3) 东部和东北部多山的火山高原(1500~5000 米),人口
稠密。[①]

———————————

① 对外经济贸易大学国际经济研究院. 刚果民主共和国农业投资环境报告[R]. 2009.

（2）土壤

在湿热的气候条件下，砖红壤和砖红壤化红壤分布广泛，是刚果（金）境内的地带性土壤。

Ⅰ　砖红壤

砖红壤是热带雨林区的典型土壤，广泛分布于盆地中部和周围地区，母质以洪积期沉积物为主，也发育在花岗岩、片麻岩、砂岩等母质上，成土时间长，受长期淋溶，易溶盐全部淋失，pH 值为 4 左右，有机质含量低。土壤结构性很差，除表土较疏松外，土层紧实，干燥条件下易结成硬块，旱时干裂，湿时泥泞。

在这类土壤上，表层有机质的积累和分解都很快，以此保持着土壤的自然肥力。开垦后起初作物生长良好，但几年后肥力即告耗竭。砖红壤分布地区宜种植芋类、木薯、玉米、高粱、谷子、花生、豆类、椰子、油棕、橡胶、可可、咖啡、香蕉、茶、剑麻等多

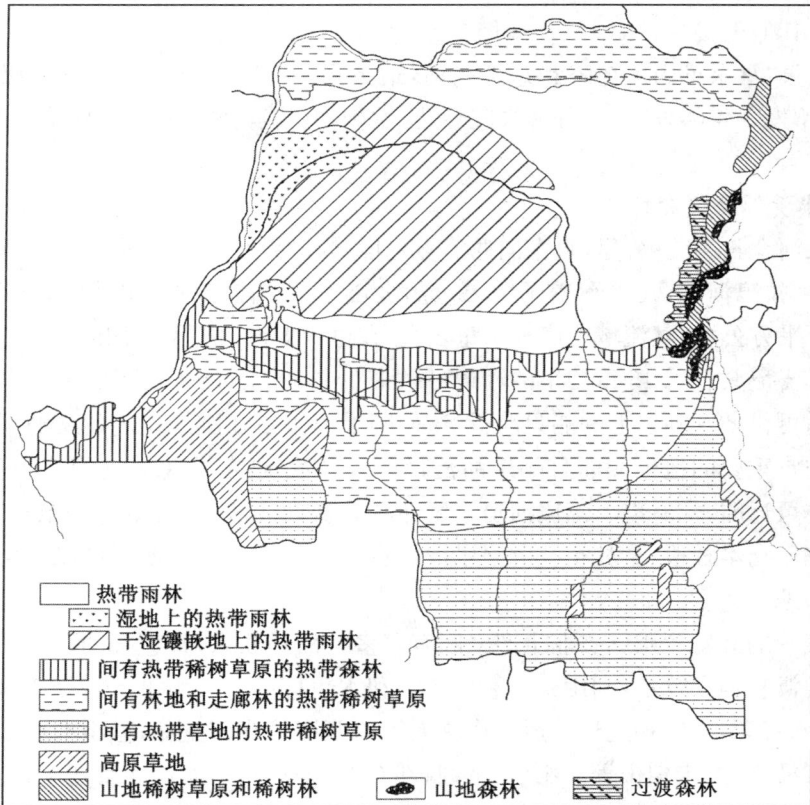

图 3 - 8　刚果（金）植被分布图

资料来源：南京大学地理系非洲经济地理研究室非洲地理资料（内部资料），《扎伊尔地理概况》，1976 年。

图例：
- □ 热带雨林
- ⋮ 湿地上的热带雨林
- ╱ 干湿镶嵌地上的热带雨林
- ▥ 间有热带稀树草原的热带森林
- ┈ 间有林地和走廊林的热带稀树草原
- ▤ 间有热带草地的热带稀树草原
- ╱ 高原草地
- ╲ 山地稀树草原和稀树林
- ◉ 山地森林
- ▨ 过渡森林

种作物。

Ⅱ 砖红壤化红壤

砖红壤化红壤形成于高温多雨、但有短暂干季的气候条件下，在南部的沙巴高原和西南部开赛河流域分布更为广泛。母质主要是古老的花岗岩和其他酸性岩石。有机质含量较低，pH 值在 4 以上。这类土壤物理性质良好，肥力较高，可种植各种热带作物如咖啡、油棕、橡胶、可可、茶、油桐以及薯类等。一部分已用于种植。

Ⅲ 黑色冲积土

盆地中部河流两岸和盆地边缘的河谷地带分布着大量的黑色冲积土。这种土壤质地较细，有机质含量丰富，表层多为团粒结构，肥力高，大部分已经垦殖。

Ⅳ 火山灰土

东北部鲁文佐里火山区的土壤，发育在年代新近的火山灰上，养分丰富，是刚果（金）境内重要的农耕地带。

Ⅴ 其他土壤

下刚果、马永贝山地丘陵和东部高地，地势高，侵蚀作用剧烈，土壤表层常遭冲刷，故土壤发育年龄较短，养分淋失较轻，土壤肥力较高，大部分用来种植薯类、玉米等作物。

2. 水资源潜力分析

刚果河全长 4640 公里，自东向西流贯全境，为世界第六长的河，重要支流有乌班吉河、卢阿拉巴河等，几乎覆盖了刚果（金）全境。整个刚果河及其支流的流域面积约 370 万平方公里，其流域之广和水量之大，在世界上仅次于南美洲的亚马孙河。刚果河及其支流共有 1.45 万公里的河道可供 150～350 吨的平底船只航行，有 2785 公里的河道可供 800 吨以上的船只航行，这使刚果河水系在刚果（金）的交通运输系统中占据非常重要的地位。而且刚果河流量稳定（3 万立方米/秒～8 万立方米/秒），一年四季可通航，只有以下三段河道多瀑布和急流而无法通航：金沙萨至马塔迪段，基桑加尼至乌本杜段，金杜至孔戈洛段。这也使船只无法从大西洋溯刚果河直接进入刚果内地。

地表水的开发利用同农业生产之间有着多方面的联系，最直接的联系就是可引地表水灌溉耕地和草场，利用水面繁殖鱼类和水生植物等。刚果（金）处于全年多雨区，地表水资源丰富，在这里一般农作物无需灌溉即可终年生长，但也有少数情况下需要发展灌溉，如水稻田等。刚果（金）西部有 37 公里长的海岸线直通大西洋，各种水产资源相当丰富。2000 年，刚果（金）的捕鱼量为 20.9 万吨，2002 年仅淡水鱼产量就达到了 21.8 万吨。刚果（金）东部边界自北向南有阿尔伯特湖、爱德华湖、基武湖、坦噶尼喀湖（最大水深 1435 米，为世界第二深水湖）和姆韦鲁湖等。

刚果（金）的水力资源异常丰富，蕴藏发电量约 10 万兆瓦，相当于非洲总储量的

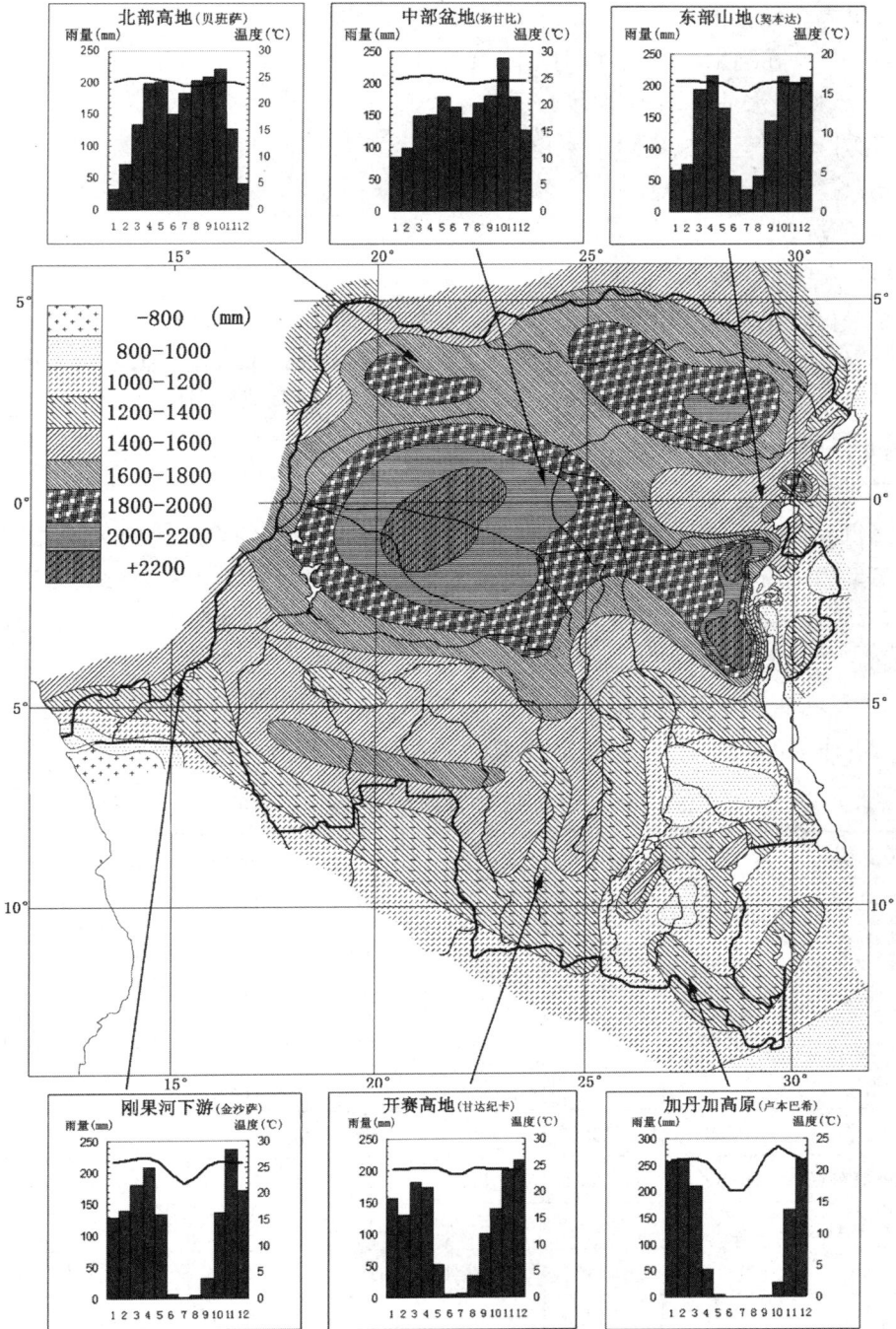

图3-9 刚果（金）雨量气温图

资料来源：南京大学地理系非洲经济地理研究室非洲地理资料（内部资料），《扎伊尔地理概况》，1976年。

50％和世界总储量的 13％（2003 年）。[①] 水力资源主要集中在刚果河干流，特别是刚果河入海口处，该处河水的平均流量为 4 万立方米，发电潜力巨大。但刚果（金）的水电资源开发目前还只是处于起步阶段。

3. 劳动力资源

（1）人口的年龄、职业组成

刚果（金）的人均预期寿命为 47 岁，从人口的年龄构成来看，2011 年，刚果（金）0—14 岁人口占总人口的 46％，15—64 岁人口占 51％，是一个年轻化的社会结构。

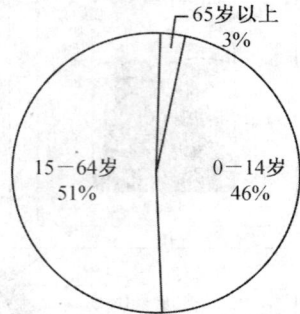

图 3-10　2011 年刚果（金）年龄构成
数据来源：世界银行。

（2）性别构成

据世界银行统计数据，2007 年刚果（金）以女性为户主的家庭比例达到 21％，女性在劳动力中所占比例为 38.6％。在很多非洲国家，由于传统习俗和一夫多妻制的存在，女性在家庭生产中承担了更多的生产劳动，刚果（金）参加农业生产的女性人口将超过男性人口。

4. 土地单产潜力与分析

（1）作物单产

表 3-11　2004—2009 年刚果（金）主要作物单产　　　单位：千克/公顷

农产品	2004 年	2005 年	2006 年	2007 年	2008 年	2009 年	2010 年
牛油果	7440.1	7440	7440.2	7481.4	7496.6	8493.4	7439.6
香蕉	3737	3737	3737	3736.4	3737	3705.9	3737.0
豌豆	541	541	541	541	541	547.6	541.0
木薯	8114	8114	7984.3	8114	8110.8	8124.8	8114.0
花生	778	778	778	778	778	778.0	778.0
玉米	779	779	779	779	779	779.0	777.8
芒果番石榴	16989.5	16990.1	16989.6	16804.9	16809.7	16990.1	16991.1
油椰子	6760	6760	6520.9	6513.7	6483.3	6285.7	6500.4
橙子	15339.5	15340	15340.4	15058.3	15054.1	14634.1	15340.9
木瓜	16840	16840.5	16840.6	16910.8	16575.6	16923.1	16841.1

---

① 百度百科，http://baike.baidu.com/view/5920.htm.

续　表

农产品	2004 年	2005 年	2006 年	2007 年	2008 年	2009 年	2010 年
芭蕉	4492.8	4491.7	4481.5	4492.8	4492.7	4444.4	4545.5
土豆	4633.1	4632.9	4632.9	4633.1	4633	4750	4633.1
水稻	755	755	755	755	755	761.9	755.0
块根块茎	7691.8	7690.3	7777.8	8000	7777.8	7178.4	7961.2
甘蔗	38763.8	38057	37363	38750	38750	38750	43333.3
番薯	5011.1	5011	5011	5011	5011	4683.2	5011.1
芋头	4045	4045.1	4045	4044.9	4045.1	4062.5	4051.6
鲜蔬菜	5384.6	5330.9	6130.9	6615.7	6476.1	5396.1	5441.2
山药	4396	4396	4395.9	4396.1	4395.9	4400	4396.4

数据来源：FAO 数据库。

（2）草场载蓄能力

刚果（金）虽然草原面积广大，但大部分地区高温多雨，萃萃蝇危害严重，因此畜牧业并不发达，主要集中在加丹加、东方、下刚果、南基武和北基武等省的草原与高原地区。东北部阿赞德高地牧场广阔，牧草生长良好，又无萃萃蝇危害，集中着全国 2/3 的牛，是最重要的养牛区。另外，沙巴矿区和大城市郊区养乳牛较多，下刚果区、基武区、开赛高地的非萃萃蝇带也有小规模养牛业。山羊适应性强，盆边高地普遍饲养，绵羊仅限于较干旱的西南部高原。

2009 年，刚果（金）的家畜存栏数为：牛 75.5 万头，山羊 410 万头，绵羊 96.5 万头，猪 90 万头；畜牧业的产品产量为：牛肉 1.3 万吨，羊肉 1.9 万吨，猪肉 4 万吨，禽类肉 1.9 万吨，牛奶 0.5 万吨，鸡蛋 0.7 万吨。刚果（金）国内生产的肉类产品长期以来无法满足国内需求，短缺部分主要依靠从国外进口。

（3）单位森林采伐量

由于刚果（金）的气候非常有利于林木生长，它的国土有一半以上被森林覆盖，刚果（金）的热带雨林绵延 155 万平方公里，占非洲森林资源的一半以上，占世界森林面积的 6%。[①] 刚果（金）的森林有 80% 可供开采，木材品种有 150 多种，其中不乏许多有名的贵重木材，刚果（金）的林地绝大部分未经开采，没有遭到破坏，已被开采的林地主要在下刚果省。热带雨林是重要的全球生态系统服务的提供者，通过联合国"减少发展中国家毁林和森林退化所致排放量方案（REDD＋）"，到 2030 年，刚果

---

① 百度百科，http://baike.baidu.com/view/4940433.htm.

（金）的热带雨林有望带来每年 9 亿美元的收入。

5. 土地人口容量潜力分析

（1）人口增长压力

据 2011 年统计，刚果（金）人口约为 67.7 百万人，254 个民族，较大的民族有 60 多个，分属班图、苏丹、俾格米三大族系。自 1990 年以来，刚果（金）的平均人口增长率为 2.9％，位居世界前列。美国人口普查局国际数据基地曾对 2050 年世界 5000 万人口以上国家进行预测，结果显示，刚果（金）的人口将从 2011 年的 6775.8 万增长到 1.89 亿，排名从世界第 20 位上升到第 10 位，并保持超过 1.84％的增长率，大部分人口的生存直接依赖于自然资源，使该国所面临的人口增长的巨大压力令人担忧。因此，对刚果（金）的土地合理利用进行规划，确定土地人口容量成为该国一个很重要的问题。

（2）粮食安全问题

多年来刚果（金）经历了农产品的大幅下降，以至于再不能满足国内需求，农业部门遇到了严重阻碍，农民组织框架体系的垮台、持久的土地争端等原因，导致了人均粮食产量普遍下降。自 1999 年以来，木薯产量下跌约 20％，原因是各种攻击以及农民产量的减少。自 1990 年初，食物生产增长率（平均为 2％）低于人口增长率（2.9％）。现在，农业部门已经不能满足人民的食物需求。在此种条件下，得不到满足的需求给粮食安全带来了威胁。

三、农用地资源开发利用特点

1. 土地利用结构特点及潜力

（1）农用地结构

根据联合国粮食及农业组织的报告，刚果（金）有着充足的适农用地。可耕地从 1990 年的 667 万公顷增长到 2005 年的 670 万公顷。该国的农业生产以个体农民传统生产方式为主，个体农民耕种的土地占已耕面积的 68％，国营农场和与外资合营农场占 28％，私营农场占 2.45％。

表 3 - 12　2009 年刚果（金）农业土地资源情况

土地面积（千公顷）	农业面积（千公顷）	耕地和永久性作物（千公顷）	耕地（千公顷）	永久性作物（千公顷）	永久性草地和牧场（千公顷）	森林面积（千公顷）
226705	22450	7450	6700	750	15000	155459.5

数据来源：FAO 数据库。

（2）粮食作物、经济作物用地结构

虽然刚果（金）可耕地面积只占国土总面积的 3％，但适宜的地理环境和气候条

■耕地　■永久性作物　■永久性草地和牧场　森林面积

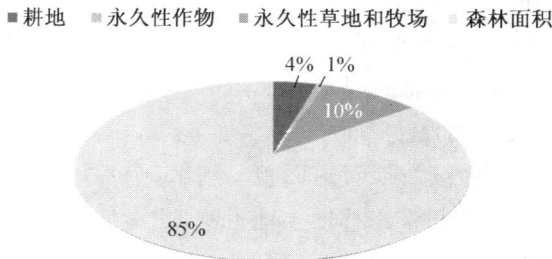

图 3 - 11　2009 年刚果（金）农用地结构图

件使其适合多种粮食和经济作物的种植。主要粮食作物有木薯、玉米、水稻和大蕉等，多由农民小规模经营，主要为了满足国内居民的基本食物需求；主要经济作物有咖啡、棕榈油和棕榈仁、橡胶、棉花、可可和烟草等，多由大种植园经营，大部分面向出口。

2. 土地利用组织形式

从农用土地所有制度来看，刚果（金）土地所有权归国家专有，不过，国家给予个人土地使用权，称作出让（承包）。有两种转让形式：长久转让和普通转让。在农村获得土地使用权之前，需要事先调查空地，以便证明上述地块是否闲置或有他人使用。

由于农民绝大多数在农业生产上没有化肥投入，因此仅靠野外自然生长的植物在一年或多年形成的有机质来补充土壤养分是不够的。高生物产量的作物会大量夺取土壤的养分，如何还原和补增土壤养分？ 如果仅靠摺荒和休闲来补充，太过浪费土地资源；一家一户多养一头小牛、一头小羊或小猪，虽然增加一些劳动负担，但不会增加太大的养殖成本。

3. 土地经营方式与生产方式

刚果（金）农业的耕作方式粗放，从十一月开始进入旱季后，下雨越来越少，地面和作物叶面水汽蒸发量越来越大，空气湿度越来越低。地面的杂草和小杂木逐渐枯黄落叶，风干物燥。每年一月份起刚果（金）进入放火烧荒的异地耕种季节，到处可以见到浓烟滚滚的烧荒现象，空气能见度低，不时地有烟灰飘落下来。异地摺荒耕种形成中非特有的农业耕作方式，放火烧荒既毁坏树林也破坏和污染农业生态环境，最终也没有多少有机肥留在新开垦地里。①

---

① 中非农业发展探讨，http://www.docin.com/p-261407784.html.

四、农用地潜力的主要制约性因素

1. 农用地资源的合理开发利用问题

由于能源资源短缺,不少非洲国家把木柴作为重要的能源来源,这在普通非洲人的日常能源消耗中尤为明显。然而,以木柴为能源,必然会破坏有限的森林资源,既不是长久之计,也与可持续发展背道而驰。刚果(金)森林资源丰富,覆盖面积占到农用地的85%,合理使用热带雨林区土地资源,才能使得土地潜力得到最大限度的发挥。

2. 农业物质技术装备条件

刚果(金)农业机械条件落后,农户畜力耕作使用率非常低,机械化耕作非常少见。全国除了少数外国人或本地企业家开办的农场以外,农民都没有拖拉机等农业机械。没有牛、马等畜力,具备畜力耕作要求条件较高,并不是一般农户所能承受的,这明显制约了农业发展。该国主要的农具是很原始的刀和镢头,农业技术总体水平亟待提高。

木薯和玉米是主要的农产品,但是品种长期没有更新;农民种地得不到良种,得不到化肥和农药,没有农业机械,完全手工作业,甚至最基本的生产工具都没有。农民不知道因土施肥,当地也没有土壤成分检测设备,更不懂植物和动物疫病如何防治。

3. 农畜产品加工条件及其运输条件

刚果(金)缺乏农产品干燥储藏加工设备及工具,农副产品(农业废弃物)没有得到开发利用,农业技术落后贯穿于产业链各个环节,从良种培育技术、土壤改良技术、收获技术、储藏技术、加工技术直到产品分销技术,都几乎处于空白状态。刚果(金)畜牧业技术水平也同样落后,畜牧业良种、配合饲料、疫病控制、畜产品加工等都属于等待开发的领域。农业技术和加工条件落后的根本原因是政府不重视农业,农业上基本没有国家财政投入。

4. 民族的传统习俗、农牧经验、价值观念、宗教信仰等对农牧业的影响

刚果(金)的居民45%信奉天主教,24%信奉基督教新教,17.55%信奉原始宗教,13%信奉金邦古教,其余信奉伊斯兰教,其不同的信仰和传统习俗对农牧业活动的进行以及土地利用情况有一定的影响。

5. 病虫害频发

从种植业的病虫害来看,可可是最易遭受病虫害的热带木本作物,其造成的损失远远高于橡胶、咖啡、油棕等。目前植保措施较差,病虫害成为突出问题,主要有盲椿蟓、褐果腐烂病(棕榈疫霉引起)、肿枝病(水蜡虫传播的真菌性病毒引起)、根朽病、黑夹病等。块根作物也易受病虫害严重危害,如薯蓣主要有甲虫和叶斑过滤性病毒引起的皱叶病,致使减产并降低经济价值。稻谷生产易受雀害,有时竟招致无

收成的严重灾害，因此多一年一种，雨季种、干季收，既可避雀，又利于收割和防止霉烂。

从畜牧业的病虫害来看，萃萃蝇主要分布在热带雨林和热带草原，性喜生活在低湿的树林、灌丛和高草丛中。它是锥虫病的传染媒介，通过叮咬病人和病畜将锥虫病传染给健康人畜，受感染的牲畜则患牛锥虫病，往往2～12周内死亡。萃萃蝇大大限制了刚果（金）畜牧业的发展和分布，尤其是牛等大牲畜受影响更大。大面积的草场由于萃萃蝇为害而难以发展养牛业，并影响农牧结合。

五、农用地资源永续利用战略与对策

1. 土地永续利用战略

（1）因地制宜，优化土地利用结构

根据该国的特殊地理气候条件，做好全国的农业调查，确定全国各地区适宜生产的土地面积、劳动力数量、适宜种植的农作物种类、农产品消费情况、农资市场情况等，然后全面作出农田开垦和农田建设计划、水利灌溉建设规划、农民管理模式等，优化土地利用结构。同时根据各地区的种植面积、作物种类、开垦农田、种植模式、管理技术人员配备、农业机械供应进行具体计划。

（2）适度开发，防止掠夺式开发

刚果（金）是世界个体采矿劳动力最多的国家，大约200万人从事个体采矿业。但由于缺乏管制，个体采矿业造成了土地退化和环境污染。据估计，刚果（金）未开采的矿藏储量价值在24万亿美元左右，在世界上具有重要的战略地位，其丰富的矿产资源成为国外竞相争夺的目标，这给该国的森林、野生动物和水资源带来了巨大的压力。

通过引进现代新型的采矿方式，逐步淘汰严重依赖环境的旧式采矿模式，同时采取快速措施，修复加丹加省的矿业污染"热点区"，同时制定更佳的环境和职业健康标准，使得个体采矿业更加规范，防止掠夺性开发。

（3）生态环境开发与保护

刚果（金）已经参加了联合国的"减少发展中国家毁林和森林退化所致排放量方案"。通过这个方案，刚果（金）将能够得到所需资金用于解决目前大范围的发展和环境问题。同时，刚果（金）还应加强疫病、火山爆发、洪灾、森林大火等灾害防备工作的体制建设，包括早期预警体系。

2. 战略对策

（1）加强农田与草场的建设和保护

根据本国的资源禀赋，调整和优化农牧业结构，把保护、提高农牧业综合生产能力和推进农牧业结构调整有机统一起来，实行最严格的耕地和草场保护制度，切实

加强基本农田、草场、水利建设。高度重视粮食安全,稳定粮食生产,坚持农牧结合,发展饲草料作物,促进种植业结构向合理的粮、经、饲三元结构转变。

（2）合理解决乡村能源供应,开发可再生能源

在缺能较为严重的热带非洲,建立农村用能薪材基地可能是解决农村能源供应切实可行的有效途径。刚果（金）正从长期的国家衰落和旷日持久的危机中复苏,目前,水、电等基础服务供给以及城市中心的环境问题仍是刚果（金）需要应对的重要挑战。野生灌木具有耐干旱、瘠薄、速生、易繁殖、生物量大、热值高等特性,因而有着巨大的开发价值。建立灌木林能源基地,制定合理的采伐和更新制度,同时开发小水电、太阳能、风能等可再生能源,解决乡村生活燃料等能源供应,通过新能源的开发使用加强刚果（金）乡村经济,创造就业和收入,减少昂贵的碳氢化合物的支出,并使农业多样化。

将能源多元化作为重振经济活动的基石。刚果（金）的潜在水力发电量为1亿千瓦,相当于全球水力发电潜力的13％。刚果（金）的水力发电将不但可以满足国内用电需求,还可通过电力外输获得创收。

（3）加强农业立法,确保农户合法土地权利

刚果（金）的大部分农业土地还没有开发,因而有必要创造促进投资激励条件,尤其是人口稀少地区。在本国乃至非洲或全球范围内的生态、人口、经济、社会急剧变化的总体背景下,通过加强立法,有效地应对刚果（金）土地管理是当前最紧迫的任务。通过法律手段调节土地活动,确保多样性的乡村农户土地分配公平、投资的安全和分享、不同土地的有效管理,以便致力于减贫、巩固社会和平、实现保护环境前提下的持久发展。这涉及确保农户得到土地的合法权利,以利于增强农村发展的活力,脱贫和促进公平,通过他们支配土地资源和有效的土地管理工具,预防土地纠纷,使各地区得到发展。

（4）有效吸引外资,加强农业工程建设

刚果（金）同美国、法国等西方国家一直保持比较密切的外交和经贸关系,也因此获得了西方国家和国际有关援助机构的大量官方援助与大量投资,但本国所获得的援助、投资大多用于基础设施改善项目,诸如公路、铁路、供电、供水等项目,因此今后对外资的吸引要更有针对性,着重于对农业工程建设的投入。同时,碳市场和生态旅游也可能成为该国大规模融资的来源。

（马　奔　陈　雅　姜忠尽）

第三节 农村发展战略与对策

刚果（金）农业拥有巨大的潜力，因为享有优厚的气候和自然条件，刚果（金）得以位居世界上最大的农业国之列。然而，该国的农业发展也面临着众多的限制因素。因此政府需要加强农村地区的基础设施建设，优化组织结构，提高农民的能力，等等。国际上，尤其是近年来中国采取的一系列措施均对刚果（金）农村发展起到了积极的作用。

一、刚果（金）农村发展状况

刚果（金）是以农业为主的国家，约 70% 的人从事农业活动（养殖业，渔业，农田耕作），个体农民是农业生产的主体，多采用游耕制，刀耕火种。因为拥有巨大的多种潜力，享有多样气候和自然条件，刚果（金）得以位居最大的农业国之列：农业可耕地为 8 千万公顷，劳动力充足，生态条件适合多种作物生产。然而，多年来刚果（金）经历了农产品的大幅下降，以至于再不能满足国内需求，因为农业部门遇到了六大严重障碍：基础设施的持续损坏限制了市场准则和社会基础服务；良种和优良公种畜

表 3-13 刚果（金）人口发展

年 份	2000	2001	2002	2003	2004	2005	2006	2007
常住人口（百万）	52099.00	53505.70	54950.30	56434	57957.70	59696.40	61487.30	63331.90
常住人口增长率（%）	2.7	2.7	2.7	2.7	2.7	2.7	3	3
就业人口（百万）	8790.70	11383.50	11567.40	11972.60	12380.20	12688.30	13093.90	13093.90
就业人口比例（%）	28.12	35.11	34.98	35.32	35.64	35.63	35.87	35.87
失业率（%）	66.9	49	49.1	48.5	35.4	38.6	36.6	41.1
农村人口（百万）	43304.69	44776.74	46299.50	47873.80	49501.29	51184.47	52925.00	54723.72
农户（百万）	6699.49	6880.38	7066.15	7258.24	7452.88	7676.46	7906.53	8143.96

资料来源：刚果中央银行（B.C.C）年终报告。

供应困难，兽医稀缺；没掌握农产品的保管、加工和储存技术，因此收获后出现大量损失；农民组织框架体系的垮台；持久的土地争端；难以获得金融服务，税收混乱，以及各式各样的烦恼。因此，刚果（金）人均粮食产量普遍下降。自 1999 年以来，木薯产量下跌约 20%，原因是武装冲突爆发，以及农民产量的减少。自 1990 年初，食物生产增长率（平均为 2%）低于人口增长率（3.3%）。现在，农业部门已经不能满足人

民的粮食需求。在此条件下,得不到满足的需求给食品安全带来了威胁。

刚果(金)农村地区的特点是:

- 环境深度恶化,基础设施不足
- 获得生产设备和培训服务的渠道较窄
- 农民组织的能力不强,很难获取投资
- 体制和管理能力有待加强

但农村地区联合组织发展的主要障碍是因为其自身结构的薄弱性(这些结构的组织化程度较低)以及缺乏资金支持。另外还有三大障碍被视为限制因素:(1) 由于教育、宣传和信息的缺乏不利于人民合作意识的发展,从而导致合作社成员不积极参与组织生活;(2) 由于农业活动缺乏多样性且具备不稳定因素,因此农业组织缺乏经济活力;(3) 管理组织及其结构运行的方式不当,组织成员也无法获悉各类活动。

除了这些障碍之外,需要强调的是,金字塔任何层面的管理人员都无法掌控组织人员的实际数量,更不用说组织内部的成员了,这就使得对组织成员行为的追踪和评价无法进行。

1. 农村发展的限制因素

(1) 体制性限制因素

由于发展部门的机制运行不良,我们可在此列举以下几个问题:

- 发展部门内部,以及发展部门与农业部门和其他部门之间在结构和职能上存在着多项重叠、互错的公共职责
- 缺乏一项真正的国家农业发展政策
- 该领域不同成员的工作关系较混乱
- 缺乏人力的物质和金融方案来限制农村地区技术、研究、推广和资金培训服务的正常运行
- 由于工作条件恶劣且报酬不稳定,工作人员(无论是在职的还是待招聘的)消极、缺乏动力
- 资源稀缺,此外款项支付与工作时间经常不一致,预算不足(不超过国家预算的 1%)
- 乡村地区的数据银行尚未开设

(2) 社会经济限制因素

总的来说,刚果(金)农村地区的主要特点有:

- 社会经济基础设施极为陈旧
- 受多种原因影响,如贫困、缺乏基础社会服务、战争以及生活条件持续恶化等,时常发生农村居民迁居的情况
- 贫困指数低于联合国承认的最低限值,即人均少于 1 美元

- 村落的隔离和闭塞
- 地方病的复发，以及新型疾病的涌现
- 土地、可饮用水、电力资源、体面住房和生产因素难以保证
- 失业人口数量不断增长
- 武装斗争导致所有盈利活动（耕田、捕鱼、畜牧、狩猎等）中止以及大量人口的迁移，发展部门提供的特殊服务装备不良，在某些省份并未发挥其所有作用
- 全国农村人口总是不断成群移居
- 农村人口的培训及其能力的增强、组织化水平、资金不足等问题并未得到显著改善
- 农村道路的严重破败，这也是村落隔离和闭塞的根源。因此，农产品流向消费中心以及加工产品流向农村变得十分困难

（3）长期与农民相伴的限制因素

为了改善农村地区的生活质量、减少农村地区的贫困并保证食品安全，农村发展部门管理局应考虑到以下参数：农村地区的信息不足和文盲状态，结构和组织的薄弱（妇女、年轻人等），自行推广组织的管理不当，固有的文化导致长期存在家庭纷争和土地纷争，等等。

20世纪90年代以来的"扎伊尔化（企业的国有化）"和在全国肆虐的战争，使得本来就人口稀疏的乡村地区变得更加人烟稀少。

如今在农村地区依然很难获得银行信贷：银行体系并不适合农村活动，这些金融体系在省市的运行尚不成熟，在农村地区就几乎难以生存了。

此外，符合小农和贫困家庭需求的小型投资，由于缺乏法律法规文件表述的管理农村地区的政治意向，这些投资迟迟无法落实。

（4）与环境有关的限制因素

生态环境的恶化（砍伐森林、土地恶化等）对于农村人口来说是一个持久的威胁，因为他们需从环境中获取资源以满足他们的大多数需求：食物、健康、能源、住房……卫生整顿基础设施的缓慢发展意在改善农村地区的污染状况，然而灌木的焚烧是导致土地恶化的一大因素，传统农用技术对火烧地的使用也是砍伐森林的主要因素。

如此一来，这种生态环境的恶化使得土地变得贫瘠、枯竭，加剧了雨水的冲蚀，并使含水层下降。总之，它在破坏所有小气候的同时又加剧了当地居民的贫困，并造成了气候变暖现象。这些后果所带来的，是农村居民可耕种的肥沃土地越来越少，并创造了一些所谓的"耕地"村庄以从事田间劳动。土地的贫瘠继而又造成了非木质产品的消失。

由于缺少卫生措施，可饮用水和卫生设备尚未普及，这成为了导致发展中国家

人口身体状况恶劣和感染严重疾病的主要原因。刚果(金)农村地区可饮用水的获取率非常低,而诸如霍乱和腹泻这些水源性疾病多是由于居民直接饮用未经保护的河水或井水而感染的金杜(马涅马)饮用水获取率为 91%,伊图里则为 65%,这两个城市就没有此类现象。

气候变化可能最终会给农村居民生活带来负面影响,他们将不得不应对疟疾这样的疾病、某些地区水资源的紧张以及农业产量的降低。

2. 农村地区的有利条件

(1) 资源丰富

尽管有种种限制因素存在,不可否认的是农村地区依然拥有大量的自然和人力资源,为短期和中期发展提供了良好的愿景。该国位于赤道附近,加上优越的水文地理条件,有利于多样化农业形式的发展,尤其是粮食作物可一年两熟,另有果树栽培、园艺、赢利作物、林业、水产养殖业、渔业、畜牧业和手工业,等等。

刚果(金)居民主要从森林中获取资源。虽然说如今木材收入仍然很低(约一亿六千万美元),但是热带木材出售的收入平均每年就超过了十亿美元。热带木材保证了刚果(金)居民约 91.5% 的能源需求以及几乎全部农村人口的需求,其中只有1% 是用于发电的。预计刚果(金)每年消耗木材的数量超过 110 万到 170 万吨,其价值超过十亿美元。

表 3-14　刚果(金)植被分布表

地名	土地植物类型	地名	土地植物类型
下刚果省	红树林,草原,森林,稀树草原	东方省	森林,草原
班顿杜省	森林,稀树草原,森林走廊	赤道省	常绿森林,白茅次级草原,落叶性森林
西开塞省	稀树草原的适旱植物森林,草及灌木丛森林,森林走廊	北基武省	草原,乔木硬叶森林,山地森林,赤道森林
东开塞省	森林,稀树草原	南基武省	低海拔森林,赤道山地森林,热带草原,草原,高海拔竹林
马涅马省	森林,沿水系有森林走廊的草及灌木丛森林	加丹加省	竹子与槐树混杂的稀树森林,草原,草原森林,山区多种类型森林,沼泽地草原,各种草原,森林

农村家庭中约 75% 的动物蛋白来自于野生动物区系,而刚果(金)消耗的 10%～40% 的动物蛋白来自于毛虫、昆虫和幼虫。此外,超过 75% 的刚果(金)家庭利用森林植物和农工业产品(野生苋菜等)来作为食物或收入来源。

（2）热量条件

刚果（金）全境属热带气候，赤道贯穿北部，月平均气温很少低于 25℃。[①] 刚果（金）的日长变化在 11.5～12.5 小时之间，由于湿度和云量较大，全年日照时数约为 2000 小时，占可能日照时数的 45%～48%。短日照和均衡高温条件有利于多年生热带木本植物以及甘薯、木薯、水稻、玉米等短、中日照作物生长。同样，优越的热量条件有利于多数作物、牧草、林木的生长，气温日较差大有利于养分积累。

刚果（金）的气候条件对于粮食作物种植具有重要意义。作为最重要的粮食作物，木薯可在各地普遍种植。生产量仅次于木薯的玉米除自给外，尚有少量出口。水稻产量不断增长，大部分供国内消费。高粱、粟米的产量较小，主要用于酿酒和食用。

不仅如此，刚果（金）气候条件对经济作物种植同样具有重要意义，其气温条件非常适宜对热量条件要求较高的棕榈、橡胶、可可等热带多年生经济作物的生长。

（3）有利的水文条件

刚果（金）水利资源丰富，年平均降雨量约 1500 毫米。除南部的沙巴高原外，大部分地区干湿季不明显，春秋分太阳直射赤道，形成两个降雨高峰。降雨形式多为对流型，下午或夜间以雷阵雨形式降落，有利于农业生产。

在地表水方面，刚果（金）拥有非洲最稠密的水道。刚果河自东向西呈弧形向心状水系流贯全境，两岸支流密布，流域面积占全国总面积的 97%。

该国丰富的水资源为农村地区的发展提供了很大的发展机遇。农作物一般无需灌溉即可终年生长。众多的河湖和水域为渔业提供了得天独厚的条件。这些水资源不仅具备众多的食用产品，而且刚果河及其分支构成了非洲主要的通航脉络，由此也为该国居民提供了经济的交通方式。

为了使农村人口从贫困的阴影中解脱出来，农村发展部负责对农民进行培训，加强社会经济基础设施的建设，开发生产区域，通过小型信贷改善生产工具和投资状况。

当然，在现行背景下，亟待发展的任务重大且具有多变性。因此，为了改善农村家庭的微观经济状况和微观经济总额，对于能够引起总体结构永续变化的行动方针需要进行一番权衡。下面将探讨为刚果（金）政府改变农业和农村现状而拟定的战略方针。

---

① 曾尊固.非洲农业地理［M］.北京：商务印书馆，1984：323.

二、刚果(金)农业和农村发展的战略方针

1. 政府关于农业和农村可持续发展的展望

农业部门和农村地区的振兴是摆脱贫困的主要途径,在该领域我们必须承认创造大量就业的必要性。事实上,研究表明,农业生产每增加 10%,贫困线以下人口就会减少 7%。对于该部门的振兴,刚果(金)政府打算通过颇具竞争性的家庭式和工业式的自给农业在农村地区创造财富。

这样的变化可以通过以下方式实现:

- 大规模的农业研究
- 在重视环境的情况下扩展技术创新
- 在权力下放的条件下进行适当的财政拨款
- 因地制宜地对农村地区进行规划和组织
- 农业和农村发展部门重组计划的实施
- 推行适合该领域活动性质的金融体系
- 扩建公共基础设施,以完成生产基地的准备工程
- 振兴农业部门,推动家庭式和工业式自给农业的发展
- 提高农产品的生产力、附加值和商品化程度
- 通过基层社群来实现当地发展

2. 战略方针

刚果(金)政府打算大力振兴农业生产活动,主要是因为政府预计农业活动能够直接促进扶贫发展战略的实施。农业的崛起将使农村地区底层人民获得所需收入,同时以合理的价格为城市地区的贫困人口提供食物。此外,特别需要指出的是,如果在农业生产复苏之前先行复苏采矿业,那么农产品进口很可能会不利于当地农业生产,考虑到部门机构的缺陷,阻止这种不利因素的演变将变得尤为困难。

刚果(金)政府针对农业领域提出了特殊的和具体的政策,主张短期和中期部门战略,以农业潜力大、人口密度高和商业化程度高的地区为中心,因为具备这些特点的地区拥有着最大的增长潜力。目前,三个主要发展区域已经确定如下:

- 农业潜力大、商业化程度高、人口密度高的地区
- 农业潜力大、商业化程度有限、人口密度低的地区
- 农业潜力小、商业化程度高、人口密度低的地区

农业潜力大的地区分布在五个不同的区域:

区域 1——从大西洋到卡宾达(东开赛)境内;

区域 2——加丹加矿业城镇的腹地;

区域 3——大湖地区[①]；

区域 4——厄瓜多尔省的北部地区；

区域 5——从基桑加尼到马莱博湖的腹地地区。

在这些确定区域内部，分布着有利于农业生产的盆地。在这些生产盆地内部，将会逐一发展：(1)农业生产部门；(2)除了基础设施以外，另外发展涉及地区开发和投放市场的设施(饮用水设施，学校，医疗中心，住房，休闲设施等)；(3)基层社团构造和组织能力。

根本的战略方针应该将食品安全和经济发展相结合，集中所有资源来显著增加农业生产和生产力。为此，在这方面需要持之以恒地作出努力，以保证农业生产的增长率高于人口增长。为了提高农业生产力(每公顷产量、工作日报酬)并保证生产体系的可持续性，唯一的选择是在有可能实现增产以及使农民增收的地区，以一种与自然资源和谐相处的方式实现农业的集约化。

目前，由于交通基础设施年久失修，许多生产地区失去了潜在的市场。一些具有潜在生产力的地区如今人口密度很低，可用的劳动力资源受限，并使得生产服务变得极其困难和昂贵。因此，那些农业生产潜力大、人口密度大且商业化程度高的地区将成为首选。

3. 战略对策

为了解决上述限制因素，兹探讨以下五项战略对策。

(1)战略对策 1:进入市场，改善农村基础设施和贸易能力

该对策将为农村地区的振兴打下基础。为此，需要建立商品化的基础设施，农产品储存的基础设施，农产品处理和加工的基础设施，通水、通电、住房和社会文化基础设施，以及建设农村市场。市场和价格的信息体系也将得到发展和加强。

① 农村路况整修。

• 农村道路和水路

生产地区的开放显得尤为重要，通过对农村道路和水路进行整修与维护，将各个高产地与省道连接起来；尤其要使基层结构变为真正的服务行业。

该战略包括：

• 使用"劳动力高强度"的技术，简称 HIMO

• 建立"道路维修当地委员会(CLER)"，工程的维修则由村民负责

• 加强"道路维修当地委员会(CLER)"所组织社团的检修能力

• 重新开放水道(疏浚、清沟和信标系统)以及港口基础设施

---

① 大湖地区指非洲中东部东非大裂谷周围的一些国家，包括布隆迪、中非共和国、刚果(布)、刚果(金)、肯尼亚、卢旺达、苏丹、坦桑尼亚、乌干达和赞比亚等。因为裂谷的形成，该地区的湖泊发育茂密，故得此名。

② 农村通饮用水。

该战略目的为:在当地社团的参与下,实现水资源的钻探、引流,完成水利工程;加强已成立的水事委员会的能力。

③ 农村住房和生活质量的改善。

该战略的重点是:利用当地更合适、更便宜的建筑材料;推广新类型的住房;对农村卫生加强法律法规监管;制定《土地整治管理纲要》。

④ 农村电气化。

在农村电气化方面,该战略主要涉及:

· 推广与农村社会经济情况相适应的新能源和可再生能源(尤其是将农业和畜牧业副产品的残余物与生物能、沼气、太阳能和风能相结合)

· 小型水坝建设

· 对可再生新能源的生产者和使用者进行培训

· 参与国家电气化战略的制定

· 建立水力发电厂

⑤ 促进农产品的附加值和销售。

在这一方面,该战略的重点在于:

· 通过改进技术来减少收获后的损失,提高收成,同时推广相应的干燥、库存、加工和保存体系

· 加强农民自身的能力,并建立宣传和交流机制

· 推广小型加工单位

· 推广市场信息体系

· 恢复并建立农村市场

· 恢复并建立屠宰场

(2) 战略对策 2:改善农作物、畜牧业、渔业和手工业生产

农业现代化的关键必然是通过农民的转变来实现的。此外,关于农作物、畜牧业、渔业和手工业的振兴,其附属战略陈列如下:

· 依靠一个农民新阶层的涌现,来推动其自身发展

· 推广现代生产技术

· 建立"农业培训中心"

· 促进农业生产者的组织

· 加强农业机械化

· 推广改良品种和农业研究

· 推广改良公种畜和人工授精

· 加强对农民的培训和知识普及

· 投入资源和土地的开放化

· 发展工商业作物，逐步建立农业部门

· 发展城市和城郊的畜牧业与园艺

· 在农村地区发展家禽、小型反刍动物和猪群养殖

· 逐步恢复大型家畜养殖

· 引进非传统农业

· 发展渔业和水产养殖业

· 注重环境保护

（3）战略对策3：农业和农村领域的投资

农业和农村领域的投资战略包含：

· 通过投标竞价和其他组织的协会，创建小额信用社、互助社和合作社，以及小额信贷机构，等等

· 由国家创建"国家和省份农业农村发展基金（FNDAR）"和"社区支持框架（CCA）"

· 在"国家和省份农业农村发展基金（FNDAR）"的保证下，通过外部资源建立投资机制

· 促进农村储蓄和投资

（4）战略对策4：对机构能力和人力资源进行管理并强化

该战略建议对农业和农村发展部以及其他涉及农业农村活动的机构进行深入重组。

① 机构改革。

这些改革的重点在于：

· 将国家的作用与私营部门的作用分离，对公共部门进行调整，让私营部门发挥更大的作用

· 下放权力与部分责任

· 加强国家能力和权限

· 加强生产者的专业组织

· 调整并强化农业和农村发展部的分析、规划、预测和审计部门

· 重组农村发展部

· 加强基层参与措施的协调

· 农业和农村发展部重组中对工作人员进行整顿

· 建立一套框架对部门内部所有相关机构和部门进行协调

· 加快对各项法律法规文件的审查和发布

这些法律法规文件包括：

· 农业政策和农村发展公文

· 农业法议案(农业部门的相关基本原则)

· 植物检疫议案

· 动物检疫议案

· 渔业法议案

· 农业种粒议案

· 农业和农村合作社议案

· 所有关于农作物、动物和渔业产品保护的国际公约

② 能力加强。

· 中央和省级主管部门建筑的建设、改造和配备

· 注重发展全国顾问委员会(CCN),省级顾问委员会(CCP),农业和农村管理委员会(CARG)和地方发展委员会(CLD)

· 发展农业和农村领域的通信平台

· 发展农业和农村领域中小型企业与非政府组织的管理能力,尤其强调女性对管理机构的参与

· 建立该领域民间社会组织和经济运营商的年鉴

· 在研究和规划局建立一个"区域研究特别项目(PSES)",加强分析、规划和预测能力,包括对数据的收集和处理

· 制订一项人力资源能力建设的国家计划

(5) 战略对策 5:农村自行管理的组织(所有权)

该战略包括:

· 促进农村地区带动发展的新阶层的出现

· 建立对积极性团体组织的参与评估

· 在权力下放的同时建立农村组织

· 振兴农村活动和获取信息的渠道

· 促进社团和地方发展

· 促进并支持农村女性和青年社团组织的发展

· 促进农业农村领域同类行业的发展

三、国际组织及中国对刚果(金)农业的援助

20 世纪 90 年代以前,刚果(金)同美国、法国等西方国家一直保持比较密切的外交和经贸关系,也因此获得了西方国家和国际有关援助机构的大量官方援助与大量投资。比利时和法国是向刚果(金)提供双边援助和投资最多的国家。美国、日本、德国、英国也向刚果(金)提供了大量的援助和投资。同时,世界银行和国际货币基

金组织也对刚果（金）进行了资金援助，并免除了其部分债务。联合国粮农组织正在帮助刚果（金）政府在城市中建立一个食品价格变化监测体系，并帮助政府对食品保障体系和信息传播进行分析。刚果（金）所获得的援助、投资大多用于基础设施改善项目，诸如公路、铁路、供电、供水等项目，少量用于农业生产项目以及工业和服务项目。[①]

而中国对刚果（金）的援助力量也不可小觑。2000 年中刚国际论坛为中非关系奠定了外交基石。在农业上，刚果（金）拥有潜在的相对优势，但缺少投资，开发利用不足，中方则将新技术和新品种引入刚果（金），并开展培训项目，传授的都是中国农民提高生产力的经验。[②]

中刚双边农产品贸易数据见图 3 - 12、图 3 - 13，商务部和农业部有关数据（补充）。

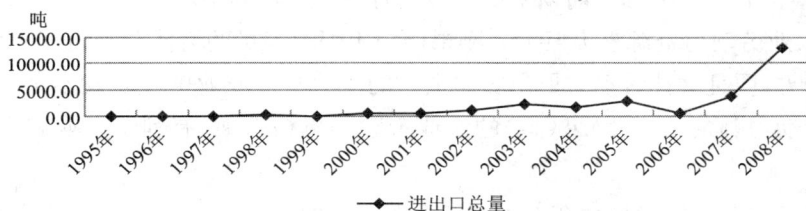

图 3 - 12　1995—2008 年中国与刚果（金）农产品贸易量

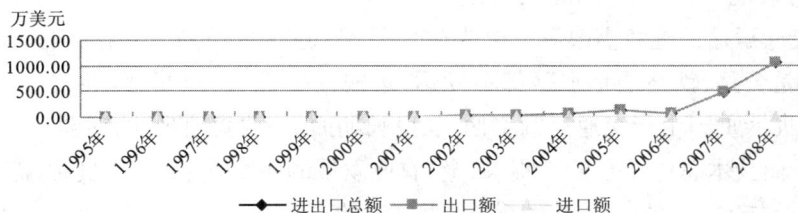

图 3 - 13　1995—2008 年中国与刚果（金）农产品贸易额

中刚农业合作方面具备很多优越条件，世界粮食计划署驻刚果（金）代表处的代表认为，刚果（金）是非洲发展农业潜力最大的国家。

中刚农业合作的机遇表现在：

① 耕地资源开发潜力巨大。刚果金有可耕地面积 8000 万公顷，目前已利用的耕地面积只占可耕地面积的 10％。也就是说，还有 90％的可耕地有待开发。此外，刚果（金）年降雨量丰富，光照充足，土壤为红沙壤和黑沙壤，可种植不同种类的作物。

② 发掘农业科技潜力巨大。刚果（金）农业基本处于原始农业发展阶段，现代农

①　李智彪. 刚果民主共和国［M］. 北京：社会科学文献出版社，2003：204.

②　［英］克里斯·奥尔登. 中国的非洲参与：动机与前景［J］. 张碧昭，译. 文化纵横，2011（8）.

业技术的应用在多数地区处于空白状态。在这种情况下,若将新技术和新品种引入刚果(金),对提高当地农业生产水平有明显效果。中兴能源公司正在金沙萨附近开发的玉米种植项目,采用综合配套技术,预计可使当地玉米产量提高50%,对于某些地区而言甚至有可能提高几倍。

③ 畜牧业和渔业的开发潜力巨大。目前,刚果(金)畜牧业的养殖类型依然是传统的一家一户的分散养殖模式。该国的牧草和林业资源相当丰富,若推行现代化集中式的养殖场,在发展食草动物为主的畜牧业方面蕴含着巨大的商机。此外,丰富的海洋资源和淡水资源使得渔业和水产养殖业潜力无限。

④ 林业资源开发潜力巨大。刚果(金)国土面积的50%以上为森林覆盖,林地总面积约1.2亿公顷,其中有8000万公顷可供开采。但受交通和技术等方面因素的制约,当地丰富的森林资源长期以来没有得到有效的开发利用。

⑤ 农业劳动力资源潜力巨大。刚果(金)不但有大量的男性劳动力,还有大量的女性劳动力,而且女性劳动力更是农业生产的主力军。农业资源开发不足造成大量的农业劳动力剩余,因而刚果(金)的农业劳动力价格低廉,有利于企业和个人进行农业开发。

但中刚农业合作中也存在着不可忽略的制约因素:

① 投资环境亟待改善。目前,刚果(金)在招商引资方面没有出台具体的优惠政策,很难有效地吸引外资,因此农业也一直没有起色。

② 交通运输设施急需改善。刚果(金)发展农业面临的最大制约因素是交通运输。无论是公路、铁路还是水路都不发达,运输效率低,设施简陋,导致农产品运输过程中损失严重。由于交通运输不便,农民长期面临着"卖粮难"的问题。

③ 农业技术总体水平低。刚果(金)农业发展的各个环节,包括良种、施肥、生产工具和农业技术方面都依赖传统模式,明显制约了农业发展。畜牧业技术水平也同样落后,畜牧业良种、配合饲料、疫病控制、畜产品加工等都属于等待开发的领域。

④ 农产品的有效需求严重不足。由于多数人处于赤贫状态,有消费能力的群体很小,这从根本上造成了农产品的有效需求不足。

⑤ 社会化服务体系薄弱。刚果(金)的农民组织化程度很低,农民基本上都是以家庭为单位的单干户。农民得不到小额信贷,使得农业发展普遍缺乏资金,也得不到所需的专业技能培训,严重制约了农业发展。

中国驻刚果(金)大使吴泽献表示,在刚果(金)进行农业生产的自然环境好,农业生产潜力很大。中刚农业合作项目组为两国人民间的友谊作出了卓越贡献。中国将继续加强两国在农业领域的合作,鼓励国内有实力的企业到刚果(金)投资农业项目,帮助刚果(金)发展农业。

（房　美）

参考文献

[1] 李智彪.刚果（金）2004 年经济年鉴[M]//世界经济年鉴 2004—2005 年.北京:经济科学出版社,2005.

[2] 李智彪.刚果民主共和国[M].北京:社会科学文献出版社,2003:204.

[3] (英)克里斯·奥尔登.中国的非洲参与:动机与前景[J].张碧昭,译.文化纵横,2011(8).

[4] 姜忠尽.世界文化地理[M].南京:江苏教育出版社,1997.

[5] 南京大学非洲研究所.中非农业合作国别研究报告[R].2009.

[6] 《Stratégie Sectorielle Agricole et Développement Rural Final》(《农业和农村发展最终区域战略》).

[7] 《Programme D'actions Prioritaires(PAP) et Cadrre de Dépenses à Moyen Terme(CDMT) 2011—2013》(《2011—2013 年优先行动计划和中期支出框架》).

[8] 联合国开发署. Revue de Toutes Les Provinces de la R. D. Congo:Descriptif Géo-agro-économiques,Territoires à Haute Prodution, et Commercialisation[刚果（金）所有省份一览:地理农业经济描述、高产地及市场营销][M]//刚果（金）国家农业和农村复兴计划摘要,2010.

[9] 世界银行. Tratégie Nationale Pour le Développement Des Peuples Autochtones Pygmée(俾格米土著人民发展的国家战略)[M].2009 年 5 月.

第四节　传统社会结构与传统文化

刚果（金）的传统社会结构可概括为"氏族—村社—王国"三个层次,虽然历经历史变迁,但这一基本结构得以保存至今。氏族是刚果（金）的社会结构的基础,扮演了从家庭关系向政治关系过渡的基本环节。酋长制是刚果（金）政治制度的主要组成部分。酋长拥有精神和政治的双重统治地位,至今仍在刚果（金）的现代社会中扮演着重要角色。在漫长的历史发展中,刚果（金）形成了坚固的文化传统,其宗教信仰和生活习俗一直保留至今。尽管受到基督教和伊斯兰教的冲击,但刚果（金）的本土原始宗教和外来宗教一起在社会、政治和伦理生活中发挥着重要作用。可以说,宗教多元化是刚果（金）文化的一个重要特点。像其他非洲黑人社会一样,刚果（金）的语言文字发展水平不高,其文化传承只是依靠人们的记忆和口传。刚果（金）的日常生活也具有一些特点,其民居多为茅草房,其餐桌上多为淀粉类、蔬菜类食品,肉类食品较少。

任何一个社会都有其自身的组织结构和运行规则,作为黑非洲一员的刚果（金）也不例外。刚果（金）的社会发展历程中经历了四个主要阶段:传统部落社会—殖民地社会—摆脱殖民统治获得独立—民主共和国的内乱时期。在这个历史长河里,刚果（金）的社会生活从部落生活进入被殖民统治的社会生活,之后又受到 40 年的专制统治并爆发了两次血腥的战争。在比利时王国对其进行殖民统治之前,刚果(金)的传统社会组织结构可以用"氏族—村社—王国"三个层次来表示。在漫长的历史发展中,虽然撒哈拉以南非洲有过多次社会文化变迁,但这种结构却以其顽固的生命力保留下来。

氏族是刚果(金)传统社会的基础。一个氏族是由若干个大家庭组成的,血缘的纽带关系举足轻重。在父系大家庭里,男性起支配作用,权力由族长掌握,而族长则是氏族中年龄最大的男性,他有权支配氏族的所有财产。族长的继承采用父子相让制,若族长无子,则兄终弟及,如果没有弟弟,族长死后由其姐妹代管财产。母系氏族的族长职位则由最年长的舅舅担任。刚果(金)的南部以母系氏族为主,北部则以父系氏族为主。无论是母系氏族还是父系氏族,因为有共同的血缘关系,氏族的纽带非常牢固,集体行为规则得到家庭成员的遵守,族长的权威得到尊重。氏族成员崇拜共同的祖先,集体劳动,共同创造财富。

在刚果(金)传统社会,氏族扮演了从家庭关系向政治关系过渡的角色。在同一个种族或者在由多个种族组成的种族集团里,氏族之间也会有等级之分,比如在氏族体制下,存在"长子氏族""兄弟氏族""丈夫氏族""妻子氏族""酋长氏族"等。因此,政治是氏族家庭生活的一个衍生物。为了解决和外族的纷争——这种纷争可能也是两个氏族之间的对立,产生了村社,行政管理的雏形得以在村社里产生并被推行。为了解决内部因为土地分配而产生的矛盾,建立了酋长制,由酋长国中年龄最大的村长担任酋长职位,因而酋长所代表的氏族就变成了贵族。酋长的职位得到崇敬,逐渐演变成郡主,因此诞生酋长郡主。只有当权的氏族在酋长国被驱逐出去的时候,才会产生新的酋长。酋长管辖下的所有村庄都变成了酋长的物品,这些村庄需要向酋长上贡。

在比利时王国对刚果(金)进行殖民统治之前,这种体制是刚果(金)社会中最广泛的社会结构形式。在比利时王国开始殖民刚果(金)之后,在刚果(金)建立了一系列的行政管理体系,并于1906年将酋长/领地纳入刚果(金)的国家行政单位,由省下属的区管辖。在不同的社会时期,国家对酋长制的政策也是随着客观需要或者受客观情况的要求而改变。在殖民统治时期,比利时王国为了巩固其殖民权利,获得殖民的最大利益,就直接任命各部落的首领。被殖民统治者任命的酋长一般都是殖民统治者的亲和分子,他们行使一定限制的司法权、负责征收地方税收、承担公共工程的建设、保证地方的卫生、组织地方市场和农业的种植。由于与传统的酋长任命的方式相悖,所以当时存在两种酋长:一种是中央国家政府任命的但不符合传统酋长体制的酋长,他们是为了帮助中央政权掌控原酋长所掌握的权利;另一种是根据传统习俗上任的酋长指定奴隶为新的酋长,以图削弱中央政权。在摆脱殖民统治之后,虽然新的政权认为传统的酋长制存在诸多落后的地方,但是由于政局的动荡,酋长制仍被保留下来。特别是在刚果（金）经历动荡的时期，部落武装成为人们依赖的保护力量。

在各种形式的国家结构中，酋长制度继续存在，比如在王朝或者帝国的政权体制下，酋长辖制的村社联合就被赋以"省"的身份。这种体制在刚果（金）的古代历史中是最典型的行政结构模式。在刚果（金）漫长的历史中，酋长国联盟或者氏族家庭集团构成了一种以家庭为特征的等级划分，一种代表整个"王家"氏族利益、拥有虚拟的至高无上的权力的"王家结构"，在这个王国里，在职的各个酋长掌管各个领域的事务。当政治实践在村庄和村庄联盟这两个级别进行分配的时候，它属于酋长或者领主的管辖范围。当政治实践超越了这两个级别的时候，王国就得到公认，发挥其作用。在这种情况下，出现了多级行政单位：村长—酋长或者领主（村社联盟或者省）—社会的最高领袖（王国或者帝国）。王国和帝国的区别很大程度上在于两者辖地的大小，帝国所管辖的地域要宽广很多，一个帝国可以管辖好多个王国。王国和帝国是真正意义上的国家结构，政治实践也是在一种复杂的情况下实施的。在刚果（金）被比利时殖民的时代，酋长制得到保留，从殖民时代的刚果（金）到获得独立的刚果（金）这段时间，刚果（金）经历了中央集权到地方分权的演变。地方分权是伴随着国家体制向联邦制转化的进程逐渐形成的。

在非洲，尤其在刚果（金），传统的酋长权力在现代权力的执行中占据着非常重要的位置。因为刚果（金）的人民大多数生活在乡村，所以他们直接被传统的酋长制文化影响，直接接受酋长的领导。他们的家族属于某个酋长领地，接受获得酋长职位的占统治地位家族的领导，并且世代承认酋长统治的合法性。刚果（金）的宪法承认酋长的传统权力和威望，目的在于避免酋长的权力和国家宪法相违背，能够帮助国家维持公共秩序和法律，保持国家的也不例外，从而不与良好的传统道德背道而驰。所以，酋长的这种权力既来源于传统的文化，从其祖辈几千年的文化传统遗留的神圣性中找到根源，同时，在现代社会中又被现代国家行政体系赋以新的含义。酋长一般拥有精神和政治的双重统治地位。从精神的角度来讲，酋长扮演着族人和祖先进行沟通的介质。酋长的精神威望在传统的秘密就职仪式上得到确立。酋长的个性特点和人格魅力直接影响着他的精神领袖的地位。从传统权力，换句话说，从酋长拥有的政治权力的角度来讲，酋长必须担负为其族人创造良好生活环境的责任。他要公正地对待族人，公平地分配领地所拥有的资源。另外酋长还担负着保护族人的安全的任务。所以，酋长拥有掌握自己的武装力量的权力，这种权力是受国家公共权力机构认可的。

在后殖民时代，新建的国家政权试图消除酋长的权力，但是，酋长制在刚果（金）历史悠久，根深蒂固，到现在仍有相当大的社会影响和经济势力，想在短时间内就把这种延续千百年的传统制度和传统势力铲除掉几乎是不可能的。为了获取统治的合法性和保持社会的稳定,刚果(金)政府对他们采取了既利用又削弱的政策,试图在利用中逐步削弱它的势力,消除它的影响。而在国家动乱的时代,由于国家级负责维护公共安全的警察力量的不作为或者无力作为,民众转而求助酋长武装力量的保护。所以酋长的特殊地位和权力注定其在刚果(金)的现代社会中要继续扮演重要的角色。他们在现代社会既是地方的首脑,也是政府的代表。

刚果(金)的乡村以集体生活为特征,基本单位是以血缘为纽带的氏族(家庭),几个家庭的联合组成村社。在集体生活中,每个成员都是村社的有效组成部分,他们已经形成为集体劳动的思想,每个人都知道自己的义务和责任。他们不是寄希望于获得更多的个人财富来保证他们的未来,而是通过在集体生活中尽到自己的义务、完成自己的责任,从而由集体来为每个人的未来做担保。到了共和国时代,乡村社会的组织结构和生活模式都有了较大的改变,特别是在颁布了土地法①之后,传统社会力量(酋长)希望保持他们对土地特别是对所辖领地的支配权的意愿,与国家收回对土地控制的意愿发生冲突。按照传统的习俗,土地归集体所有,世代相传,由酋长掌握。但是颁布土地法后,对土地的使用需要签订合同,国家可以把农民的土地从一个人的手中拿走,分给另一个人,并且可以租赁和销售土地,形成了土地所有权的实际转移。另外,在乡村社会经济活动中,除了保留了传统的和土地紧密联系的农业活动与畜牧业外,也产生了市场经济,出现雇佣工人的现象。乡村也开始建立学校,农村教育得到初步的建设和发展。资本开始流入农村,生产企业或者矿藏开发开始深入到农村传统生活之中。这一系列变化带来的后果就是酋长的领导地位相对被削弱,在酋长之间、传统农民、国家及开发投资者之间产生了一系列矛盾,甚至演变为激烈冲突。当然,刚果(金)以部落为特征的传统生活模式具有几千年的历史,已经形成了坚固的文化传统,直到今天,基本的家庭生活体制和文化习俗还是得到了很大程度的保留。

对于非洲人来说,宗教并非仅是一套信仰,而是一种生活方式,是文化、道德、价值观的基础。宗教是有助于促成社会稳定和创新性革新传统的一个不可或缺的部分。刚果(金)的大多数民众信仰宗教。原始宗教、基督教、天主教、金邦古教是刚果(金)人信仰的主要宗教,还有 2% 左右的人信仰伊斯兰教。非洲部落的传统宗教除了发挥宗教的一些基本功能外,还是一种探索人与自然的工具。非洲人在理解和应对自然方面,从中发现了诸多神灵,建立了众多崇拜,比如自然崇拜、祖先崇拜、至高神崇拜。这种传统宗教表现出开放的特点,它不要求改变信仰,能够容忍宗教中的创新,视这种创新为新知识的反映。所以,当传教士将基督教或是伊斯兰教或是天主教传到刚果(金)社会时,当地居民虽然皈依了新的宗教,但是他们的传统信仰并

---

① 1966 年 6 月 7 日 66-343 法案,1973 年 7 月 20 日 73-021 法案,1980 年 7 月 18 日 80-008 法案。

没有从根本上被剔除，而是继续发挥其影响。基督教、天主教和伊斯兰教却要求皈依的信徒放弃其他的宗教信仰，具有排外性，尤其是基督教和伊斯兰教两者之间更是不能互相容忍。不时发生的改革运动和宗教净化活动，致使从外部传来的宗教（基督教和伊斯兰教）受到非洲传统宇宙观的解释，而外来宗教也在非洲社会思想范围内本地化。宗教的多元化是刚果（金）社会的一个重要特征。

刚果（金）在反殖民战争中刚刚获胜，取得独立的时候，国家基本处于瘫痪状态，建筑、遗产、经济都被破坏，教会控制着学校。民族独立后，刚果（金）实行政教分离的政策，此举受到教会的反对。政府首先从基督教手中收回教育的管理权，命令取消不是源自非洲的教名，在公共场所或者公共机构等去除十字架，等等。基督教方面声称为刚果（金）的发展已经作出巨大的贡献，对政府的这种忘恩负义的行为表示很难接受，对政府表现出的回避对话的进攻行为，尤其是单方面终止以前达成的协议的行为尤其感到不满意。而政府和天主教之间的联系则更加直接一些，如今，天主教在刚果（金）已经建立了坚固的物质和精神地位，并且给刚果（金）政府已经制造了不小的麻烦。刚果（金）政府希望限制各个宗教教派的力量，不希望看到教会势力的增长威胁其政权。而传统宗教在争夺权力、控制教育资源或者经济资源方面并没有对政府提多少要求。因此，有些传统统治者，即使他们本人是基督徒或者穆斯林，在殖民统治结束后的社会政治秩序中，也反对抛弃传统的政治斗争，认为强调殖民前的宗教基础很有必要。[①]

刚果（金）存在相当多的宗教组织（协会），这些带宗教性质或者宗教倾向的组织在一定的领域工作，为刚果（金）社会的发展作出了贡献。这些宗教组织有的以医疗、卫生为工作内容，比如帮助乡村居民预防艾滋病；有的以改善居民生活、发展乡村经济为内容，比如融资、帮助村民修盖房子，从而帮助改善居住条件；有的宗教组织则专注对难民或者灾民的救助，等等。这些宗教组织的出发点就是通过社会宗教形式，参与刚果（金）的社会发展，以求改变刚果（金）乡村贫穷、饥饿、疾病的残酷现状。同时，为村民提供宗教精神活动的场所，希望通过宗教活动加强人与人之间的理解和沟通，从而消除刚果（金）社会各部族之间的频繁冲突。由于宗教生活在社会生活中占据非常重要的位置，宗教的礼仪和习俗在刚果（金）社会中，特别是在乡村社会中得到了大家的尊重和重视。无论是传统宗教中的宗教崇拜、祭祀，还是生活中的婚嫁、生育、丧葬、宗教节日庆典，几千年来留下的传统得到继承，严肃的宗教礼仪得到了尊重。这种对宗教礼仪和社会习俗的继承与尊重增强了部落凝聚力，使得传统文化的根基更加牢固，从继承和保护文化传统的角度来看是有很多好处的。但

---

① 　A. A. 马兹鲁伊，主编. 1935 年后的非洲［M］// 非洲通史第八卷. 北京：中国对外翻译出版社，2003：368.

是,从社会现代化的角度看,传统观念的加深不太利于人们接受新的思想和新的生活方式。

非洲是一个多宗教并存的社会,除了存在传统宗教,伊斯兰教、基督教也有近半数的信徒。但是,虽然非洲人皈依了这两大宗教,传统宗教在社会生活中,特别是在乡村生活中,依然是非洲宗教的主流。在非洲,传统宗教主要体现在祖先崇拜和至上神崇拜。"祖先看管家园,佑助着家族、部落成员,直接关心和过问着家庭和财产方面的一切事情;他们使后代五谷丰登、六畜兴旺、人丁昌盛、福禄长寿。祖先随时可以来到世人身边,或者说,他们就活在人们身边。""非洲人把灾难和不幸看作是祖先亡灵作祟而致。"所以,非洲传统社会非常敬畏祖先和神灵,并形成了不同的宗教仪式。比如在祭祖仪式中,规模、时间、地点、祭品都有严格要求。非洲人的至上神崇拜也是传统宗教文化中的一个重要方面。在非洲各族心目中,至上神就是创世主,世界万物都归于神的创造。在非洲人的传统生活中形成了对至上神的膜拜仪式。原始宗教对非洲社会的影响是巨大的,特别是对乡村生活的影响更大,它直接支配着乡村的精神文化生活。传统宗教影响日常生活并渗透其中,其中最具代表的就是成人仪式。这种仪式体现了对祖先、上神、众神的尊崇,也体现了他们对生和死的观念。

以血缘为纽带的部落是传统黑非洲社会生活的基石,这种社会结构特点使黑非洲的传统文化具有典型的与部落生活特点相关的独立性和封闭性。"部落文化把人们的眼界局限在某一地域、某一部落的狭隘范围之内。它往往通过宗教、神话传说等形式强调本部落的神圣性,强化成员对共同体的认同和情感,强调对部落组织的效忠。部落与外界没有常规性的联系,没有经济的、文化的、人际的广泛交往。部落文化的这种封闭性限制了与外界的沟通和了解,加深了不同部落之间的隔阂、怨恨和仇隙。对内,人们亲如一家,互相分享。对外则或消极共处,各部落相互分隔,不来往,不通婚;或相互敌对,兵戎相见。部落文化的这种封闭性和排外性是当今黑非洲社会部落主义、地区主义肆虐,国家动荡不已的重要文化原因。"

撒哈拉以南非洲是个多语言、多民族的大陆,各个民族都形成了自己的语言。但是从整个非洲来看,在现代教育兴起之前,黑人各族真正使用文字的范围和程度都很有限。文化的传播、保存和继承在很大程度上依赖人们的记忆和口传,通过诗歌、谚语、戏剧、历史传说、神话、歌曲、史诗等形式得到传承。黑人口传具有集体性、变异性和理想性的特点。"口传往往同社会经济与大众生活融为一体,并经过许多代人的传承加工,成为集体创作的产物。"口传性是黑人文化的一个特征。

非洲黑人文化属于一种大众文化,精英文化发展不足。由于鲜有文字,文化的传承主要依靠口传和口述,也通过雕刻、绘画、技艺得以表现和传承。口传的方式会导致传播的信息发生变异,从而具备异质性。同时,由于黑人文化的内容、形式等都和部落生活紧密联系，从而产生地域差异。非洲主要领导人在现代化建设中大都强调文化的重要性，比如蒙博托将文化拔高到绝对的高度，提出文化已成为人类发展的主旋律和"各民族（国家）发展的唯一道路"，"文化既是发展的理由，同时也是发展的目的"，因而"没有文化就没有发展"。非洲著名思想家、塞内加尔前总统桑戈尔认为，"文化不仅是社会的核心，而且也是社会的细胞、躯壳和纽带，甚至是社会存在的理由"，因为"如果人们仔细思考一下就会发现，文化不仅是政治、经济发展的始与终，而且是人类一切活动的内涵与外延，是人类一切发展的始与终"，因此，只有文化发展了，才能带动其他一切方面的发展，即实现"真正的发展"。在进行现代化建设的过程中，传统文化的继承和保护问题走过弯路。当看到传统文化成为现代化发展的一个障碍时，国家领导人的最初做法是仓促地废除传统文化，影响最大的一个做法是废除酋长制。但是，仓促取消酋长制的弊端很快就暴露出来，"简单地否定过去是不能建立美好未来的"。国家让酋长继续发挥传统的作用，另一方面也要求酋长积极参与国家的变革，努力成为国家"不可或缺的合作者"。传统权力系统主要限于广大乡村地区。

在欧洲殖民者将西式建筑引进以前，非洲乡村的建筑大致分为两类：茅草建筑和木石建筑。大约 35％的农民住在茅草房里，34％的农民住在由篱笆墙、秸秆顶构成的房子里，剩余的农民住在用铁皮做顶的泥土房子或者用坚固材料做成的房子里。从这个统计数据不难看出，在 21 世纪的今天，仍有众多农民保留了原始的居住习惯，即住茅草房。这种房子既没有窗，也没有通风设施，人和家畜混居在一起。这种居住习惯的保留主要受到传统习惯的影响，特别是受到崇拜祖先的文化习惯的影响。但是，在城市周围的农村的居民，特别是年轻人，他们受到城市化发展的影响，更加偏向选择带顶的泥土房子或者用坚固材料做成的房子，这种房屋一般都会留有小窗和通风设备。大多数带顶的房子的建筑面积大约是 40 平方米，一般有 3 个房间和 1 个客厅，通常留 4 个小窗，里面相对而言有一定的起居设备。家畜不再在房间里过夜，不过可以允许鸡在屋子里过夜。屋里一般没有通电，不通自来水。一些国际非政府组织在一些村庄凿井，附近的村民可以从井里打水，而没有水井的地方，村民在河里挑水供日常使用。

在刚果（金）的农村，种植和采集为村民带来很多种类的粮食和蔬菜，比如玉米、大米、花生、香蕉、南瓜、木薯、红薯、香菇、西红柿以及众多水果和种类多样的豆类。刚果（金）居民的餐桌上一般会有淀粉、蔬菜类菜肴，有时候会配有肉或鱼。一般情况下，他们会把食材一起加工，或炖或煮。淀粉一般由玉米、木薯、豆粉或是小麦之类的食物为原料揉成面团，做成网球大小；大米一般和蚕豆放在一起加工；和主食一起搭配的是绿色蔬菜，菌类食品很受青睐。大多数人平时的餐桌上很少有荤菜，所以居民普遍缺乏动物蛋白。但是，在刚果河沿岸及大小湖泊边的居民的餐桌上常常有鱼。食物的味汁一般由西红柿、洋葱、地方产的香料植物、盐、橄榄油、红绿辣椒制作而成。刚果（金）乡村居民有吃昆虫的传统，比如蚱蜢就是一种常常被食用的昆虫。当地居民喜欢喝羊奶，养殖业中也主要以养山羊和鸡为主。农村经济发展不足，一般是以自给自足为主。全国可耕种面积有限，加上很多农村的交通基础设施比较落后，农业生产基本保持了传统的模式，集体劳作，以满足生活所需为主。

　　刚果（金）农村从整体上说是贫穷的，政府在财政政策上也没有倾向对农业的投入，投入到农业的资金仅占 4％左右。由于豆类在饮食结构中占主导地位，其生产就显得尤为重要。基武（Kivu）是豆类的最大产区，其产量占全国产量的 67％，除了保证本地居民的需求，还要满足其他地区居民的需求。① 另外，养殖业方面也是以满足自身的需要为目的的，比如说养山羊、养鸡。虽然国家鼓励开发新的可耕种土地，出台了一系列土地租赁、购买等政策，以期发展经济作物，特别是谷物，但是成效不大。主要原因还是土地政策，因为长期以来形成的农村土地集体所有，部落首领掌握土地并分配给家庭，国家的土地法令触动了传统习俗形成的习惯权力，因土地归属的问题引起了众多冲突。再加上乡村的基础设施、特别是道路设施非常落后，私人资本在农业投资方面不是很有动力。

　　综上所述，非洲的现代化进程起点低，没有经过长期的理论思想、经济和文化的发展积累。在非洲现代化的前期或者进程中，没有出现太多的思想家，并缺乏一定的理论基础。从某种意义上说，非洲的现代化的"因素"是"外植的"。在现代化的各方条件都还没有成熟的时候，现代化的推进中传统因素和现代因素在并存中发生冲突。老一辈政要和社会精英讴歌黑人文化，在反对殖民统治的时代具有特殊的意义。但是，当传统文化对发展的影响已是一个不争的事实，过去那种绝对美化黑人传统文化的态度逐步改变，指出黑人传统文化需要吸纳其他文化的精髓，发展和革新，从而为现代化服务。虽然非洲传统文化有阻碍国家发展的一面，但是也有其积极的一面。非洲传统文化有精华也有糟粕，两者往往共生、共存于一体，很难做到真正意义上的扬弃，所以理解和尊重至关重要。

（蒋海燕　刘成富）

参考文献

[1] 李保平.非洲传统文化与现代化[M].北京:北京大学出版社,1997.

[2] A.A.马兹鲁伊,主编.非洲通史第八卷[M].中国对外翻译出版公司、联合国教科文组织联合出版,2003.

---

① 刚果（金）农业部.粮食生产统计数计[M].金沙萨,1996:12-13.

[3] 姜忠尽.世界文化地理[M].南京:江苏教育出版社,1997.

[4] 邓辉.世界文化地理[M].北京:北京大学出版社,2010.

[5] 王恩涌,等.人文地理学[M].北京:高等教育出版社,2000.

[6] 段建国.刚果(金)文化[M].北京:文化艺术出版社,2005.

[7] 艾周昌,沐涛.走进黑非洲[M].上海:上海文艺出版社,2001.

[8] 徐济明.试论黑非洲的村舍制度[J].西亚非洲,1992(3).

[9] 张宏明.论黑非洲国家的部族问题和部族主义的历史渊源[J].西亚非洲,1995(5).

[10] 李保平.论黑非洲传统文化的基本特征[J].北京大学学报(哲学社会科学版),1993(6).

[11] 刘鸿武.论黑非文化特征与黑非文化史研究[J].世界历史,1993(1).

[12] 刘鸿武.论当代黑非洲的部族文化整合和国民文化重构[J].西亚非洲,1997(3).

[13] 张宏明.非洲发展问题的文化反思[J].西亚非洲,2001(5).

[14] 葛公尚.非洲的民族主义与部族主义探析[J].西亚非洲,1994(5).

[15] 许长路.传统与现代之间——非洲村舍社会主义评析[J].当代世界社会主义问题,2001(1).

[16] 张宏民.部族主义因素对黑非洲国家政体模式取向的影响[J].西亚非洲,1998(5).

第五节 国家粮食安全计划(PNSA)

刚果(金)自然及矿产资源丰富,素有"中非宝石"、"世界原料仓库"、"地质奇迹"之称。全国蕴藏有多种有色金属、稀有金属和非金属矿,是世界上铜矿储量最多的国家之一。经济发展主要依赖于矿产资源的出口,农业仍然是农村的主要生产活动,但是机械化程度仍然很低。这也是非洲国家中为数不多的几个农业发展潜力巨大的国家:富饶的土地资源和优越的气候条件,使这个国家几乎成为世界上任何农作物均可以生长的国家,农产品种类十分丰富,各种热带作物、温带作物甚至高寒山区的作物均能种植。刚果(金)耕地面积共 8000 万公顷,其中可灌溉耕地 4000 万公顷,河道遍布,据估算,潜在的鱼类年产量为 707 吨,牧场资源丰富(4000 万头畜牛)。尽管国内农业资源潜力巨大,刚果(金)仍是低收入缺粮国家之一,同时也是最不发达国家之一。该国人均国民生产总值从 1962 年至 2005 年持续下降,由 380 美元降至 120 美元。人民仍旧面临严峻的粮食安全危机。大多数人生活无保障,尤其是在农村地区以及战乱地区,生活资料短缺的情况极为严重。据 20 世纪 90 年代中期的材料统计,刚果(金)农业可耕地约 1 亿公顷,已耕地约占 6% 左右,主要农作物是玉米、水稻、木薯、豆类、花生;主要经济作物有棕榈、咖啡、可可、棉花、橡胶。农业产值占国内总产值的 10% 左右。刚果(金)有 2/3 的人口从事农业,70% 的人口生活在贫困线之下,其中 52% 处在极端贫困之中,超过 70% 的人营养不良。此外,人口增长

（平均年增长率为 3.3%，城市人口占总人口的 34%）、各地区不同的土地政策（土地使用权的二元性）、非法侵占土地以及土地开发的非可持续性（农业耕作时未保证土壤肥力的保存）导致了土壤的贫瘠化，民族、地区冲突不断加剧。由于地区冲突和政局动荡，刚果（金）的社会经济环境发生了深刻的变化。世界经济危机还在继续影响着刚果（金）主要食品的价格。根据国际食物政策研究所于 2009 年 10 月 14 日公布的《2009 年全球饥饿指数》报告，全球有 29 个国家面临严重或极端严重的饥荒，刚果（金）是全世界饥荒最严重的国家之一。鉴于国家所面临的严峻形势，刚果（金）政府在布雷顿森林体系相关机构的扶持下制定并实施了一系列经济改革方案。

因此，2001 年 6 月至 2002 年 3 月，刚果（金）政府先后执行了临时增强计划（PIR）和政府经济计划（PEG），以帮助遏制恶性通货膨胀并恢复经济活动。在临时增强计划（PIR）收到显著成效之后，政府又在国际货币组织减贫促增协议的支持下，着手进行一个为期三年（2002 年 4 月至 2005 年 12 月）的计划的制订。2003 年，刚果（金）政府又颁布了战略性减贫临时文件（DSRP－I）。以上政策的实施使刚果（金）的经济得到了增长，2003 年至 2005 年的年平均国内生产总值为 5.6%。2006 年，政府制定并采用了首批战略性促增减贫文件（DSCRP），并通过优先行动方案（PAP）在 2006—2009 年内得以实施。但是依据 2007 年优先行动方案（PAP）的审查，大部分结构和量化目标都没有实现，同时还有很多计划要跟进。这是东部地区的武装冲突以及第一次自由民主选举导致宏观经济框架延误所造成的。总之，经济增长变得缓慢：2008 年的经济增长率为 5.5%（计划为 8.4%），2009 年 12 月的经济增长率为 2.8%；通货膨胀率在 2008 年也回到了 15%，2009 年底为 53.4%，而原计划 2010 年的目标为 15%。应该指出的是，在实现了以上措施及改革之后，政府又在国际货币组织（FMI）延伸信贷投资（FEC）的支持下，构思新的经济方案，并于 2009 年 7 月至 2012 年 6 月期间执行。

与此同时，政府从以下几方面做了努力：

① 在非洲发展银行（BAD）的财政支持下，实现始于 2008 年并计划于 2010 年底完成的农业研究；在地方分权的情况下，这一农业研究的范围包括了全国 11 个省中的 8 个。② 制定 2009 年农业政策及农村发展公文。③ 制定名为"农业领域基本政策相关法令"的农业法规。对于刚果（金）政府来说，国家粮食安全计划作为本报告的主体内容，在满足世界粮食峰会的既定要求的同时，也与千年发展计划的目标一致，尤其是千年发展计划的首要目标，即消除贫困和营养不良。此外，国家粮食安全计划的首要目标，就是要提出贯彻落实促增减贫战略文件第二步的框架，主要涵盖了巩固并推动行业增长。

尽管政府的举措在多方面都收效颇丰，但是人民的生活条件仍是没有保障的，尤其在局势不稳定的地区，人民颠沛流离，失去生计。总体看来，刚果（金）的社会局势仍然严重,城市和农村的贫困化形势严峻,尽管从 2005 年到 2007 年,贫困率已经由 71％下降到 66％,但是要实现 2015 年的 40％的目标,还有很长的路要走;虽然存在数据的分歧,艾滋病的发病率依然很高(4.1％);饮用水的供应率为 17％,农村电气化不超过 1％;很大一部分失业人员及其他应聘者在非正规部门求职。

一、刚果(金)粮食安全现状

1. 食品形势

从种植业来看:粮食作物年均种植面积达到 500 万公顷,2006 年预计产量为 2000 万吨,主要作物为块茎植物、香蕉和芭蕉、玉米、大米、花生和豆类作物,均依据传统的刀耕火种方式进行耕种,休耕期长达五年甚至更长时间。

木薯是迄今为止刚果(金)的最重要的粮食作物,自 2002 年来,木薯的种植面积约为 200 万公顷,年产量约为 1500 万吨。国内对木薯的需求量占粮食产品总需求的 70％。从生产量和需求量上来看,香蕉和芭蕉是仅次于木薯的作物。香蕉和芭蕉在林区尤其重要,有时会成为那一地区人民的基本食品。在一些省,芭蕉和香蕉用来做香蕉啤酒。在金沙萨,芭蕉的消费增长很快(从 3.85 公斤/人增至 8.89 公斤/人),而香蕉的人均消费却从 1.91 公斤减至 1.12 公斤。生产香蕉和芭蕉的主要问题是病虫害和线虫网。香蕉和芭蕉的运输和保存也存在很大问题,它们很容易变质。对消费者来讲,香蕉和芭蕉的价格相对较高,它们有较高的收入弹性。位居第三的就是平均年产量 155 万吨的谷类作物,其中玉米占 74％,大米占 23％,小米占 3％,小麦占 1％。至于蔬菜作物,1991 年至 2006 年的十六年间,绝对平均产量为 670681 吨,其中花生占 64％,豆类占 20％,豇豆占 7％,笋瓜占 5％,蔬菜作物的消费比重相当大(2000 年金沙萨的蔬菜消费量为 24.35 千克/人)。

就畜牧业来看:刚果(金)的畜牧业主要集中在加丹加、东方、下刚果、南基武和北基武等省的草原与高原地区。上世纪 90 年代之前,全国畜群包括了 100 多万头牛、725000 头猪、70 万只羊、250 万只山羊以及 15 万只家禽。随着日益严重的社会经济危机,这些数值都有所下降。事实上,在过去十年中,当地的肉类产量约为 70000 至 95000 吨。1994 年,人均肉类水平为 20 千克每人每年,而国际标准为 36 千克每人每年。刚果(金)国内生产的肉类产品长期以来无法满足国内需求,短缺部分主要依靠从国外进口。

就水产养殖业来看:刚果(金)河流湖泊众多,西部有 37 公里长的海岸线直通大西洋,因而各种水产资源相当丰富。2000 年,刚果(金)的捕鱼量为 20.9 万吨,2002年仅淡水鱼产量就达到了 21.8 万吨。刚果(金)的年均水产量在 20 万吨到 25 万吨,而其生产潜力在 35 万吨到 70 万吨。水产品的人均拥有量为 5.2 千克,远低于国际标准 13 千克每人每年。

根据以上数据,不难看出,刚果(金)的粮食问题很严峻,粮食形势说明国家无法确保所有居民的粮食供应。造成其粮食危机的原因是多种多样的,也与人口的普遍贫困息息相关。那些偏远地区受到的粮食危机的冲击更加剧烈。政治因素和自然灾害又加剧了弱势家庭的负担。

总之,导致粮食危机的主要因素有:贫困,生产效率低(缺乏足够的种植面积、种子质量差、生产技术过于传统、低投入),创收活动不稳定,教育水平低下,就业机会不足,农村道路受损严重,偷盗作物以及非法征税。

2. 营养状况

营养问题的严重性:刚果(金)居民营养问题严峻,各项调查都说明了问题的复杂性,不同地区存在不同的问题。受影响最大的群体是儿童、孕妇和哺乳期妇女,主要面临的问题是营养不良和微量营养素缺乏症。不到五岁的儿童中有 43% 发育迟缓或慢性营养不良。2007 年,15 至 49 岁的妇女中有 19% 营养不良。各省的情况各不相同,在班顿杜省,31% 的妇女患有慢性能量缺乏症。微量营养素的缺乏,尤其是铁和维生素 A 的缺乏,是刚果(金)普遍存在的问题。71% 的五岁以下的儿童和 53% 的育龄妇女患有贫血。而多种传染病和寄生虫病,特别是疟疾和肠道寄生虫疾病,又加剧了贫血的发病率及病症,儿童尤其受影响。

糖尿病和心血管疾病是刚果(金)所面临的另一个营养问题。2007 年,全国 11% 的妇女超重,2% 的妇女患肥胖。肥胖患者主要集中在富裕家庭,其患病率为 23%。

另一大不断显现的问题就是 Konzo。Konzo 是一种无法康复的瘫痪疾病,妇女和儿童是主要患病群体。目前没有完整的患病数据,但是在班顿杜的一些村庄,严重的地方患病率超过 25%。

营养问题的原因:刚果(金)人口营养状况低下的原因很复杂,涉及很多因素,其直接原因是营养不良和不足,这主要是因为饮食习惯和方法的不当。婴幼儿的喂养方式很不理想,纯母乳喂养率偏低(2010 年,纯母乳喂养率仅为 37%),这使得很多儿童患上急性呼吸道疾病和腹泻,甚至因此死亡。此外,补充食物被过早或过迟引入,不能满足儿童需求。而且儿童的营养状况在很大程度上取决于母亲孕期及哺乳期的营养状况。在刚果(金),对孕妇和哺乳期妇女的营养供给是远远达不到既定要求的。很多家庭的粮食消费能力仍然很弱。营养不良程度与食品消费质量有关,家庭食品消费性越差,孩子就越容易患慢性营养不良或体重过轻。

在卡路里方面,虽然国家没有出具数据,但形势仍很严峻。2000 年,77% 的金沙萨人每天摄入的卡路里低于 1800 千卡,而一个适当劳作的成年人每天需要的卡路里为 2300 千卡。

最后,发病率也是一个重要因素。据很多研究显示,超过一半的儿童患急性呼吸道感染、疟疾和腹泻。面对如此高的发病率,遗憾的是居民对卫生服务的重视度并不高。

除了上述原因，导致刚果（金）人口营养问题的原因还包括人口的贫困及母亲和儿童监护人的文盲状态。研究显示，营养不良与孕妇受教育水平及家庭社会水平相联系。

3. 粮食安全特别计划（PSSA）的成果和影响以及粮食安全的其他计划

刚果（金）于 1996 年加入粮农组织粮食安全特别计划中，在可持续发展的基础上提高生产率以保证粮食生产。具体目标之一就是开发洼地和洪水多发地，以实现更高的产量，帮助填补粮食缺口并与农村地区的贫困作斗争。为了获得更好的协同作用，粮食安全特别计划鼓励项目受益者参与到选址及技术开发中来。但是，社会、政治和军事方面的多重危机，已经严重影响到刚果（金）的国家能力：很多技术人员离开了该国，全国推广服务也不再继续，农村生产者也未从中获得更多的技术或物资援助。这就导致了现有试点被逐步放弃，由原先的 9 个缩减为 2 个，这两个试点分别是 Tshwenge（金沙萨）和 Loma（下刚果），主要措施有：修复 Tshwenge 和 Loma 周边的灌溉设施；提高农民能力以便于周边灌溉系统的管理建设；协助设立周转基金，以确保经营及基础设施维护的自主权。

水利工程的修复和建设显著改善了这两个试点的农业生产条件及粮食安全情况。

其他农业发展及粮食安全计划：（1）除了粮食安全特别计划，粮农组织还制订了其他重要计划（常规方案和项目，紧急行动及恢复行动）；（2）世界粮食计划署（PAM）和国家统计局（INS）共同制订了 2008—2011 年战略计划；（3）世界银行支持 2006 年农业方面发展计划的实现；（4）非洲发展银行投资了两个项目，即农业改造支持项目（PARSAR）和农业改造项目（PRESAR）；（5）农发基金（FIDA）投资了三个项目；（6）比利时合作在 2010—2013 年的投资计划；（7）美国国际开发署正在筹备一项 3500 万美元的投资项目；（8）德意志合作投资为期 9 年的森林和生物多样性计划（PBF）。

4. 与粮食安全相关的限制、潜力和挑战

首先，粮食安全的限制。广义上来说，粮食安全所受到的限制可以归为 4 类因素：粮食产品供应的决定性因素；稳定供应的决定性因素；粮食获得的决定性因素；粮食生物利用率的决定性因素。

其次，粮食安全的潜力。尽管有上述关于粮食安全的限制，刚果（金）农业部门在实现短期和中期粮食安全上还是具有很大潜力的：丰富的气候和生态系统为发展多样化农业提供了可能；农业土地及草场资源开发潜力大；境内存在一个未开发却有着丰厚潜力的热带雨林；很多作物的出口潜力及潜在国际竞争力很大，有待进一步发展；国家农艺研究所的设立在很大程度上可以指导农业学习和研究；一些已经取得积极成效的农业发展政策和方案有利于在新形势下进行粮食生产和出口作物的现代化发展；大型非政府发展组织的分支机构遍布全国各地，并从事生产经营活动。

最后，面临的挑战。上文中已经提及粮食安全所面临的挑战及发展潜力，但是为了使这些潜力得到更好的发挥，就需要制定具体的政策和战略，以处理粮食危机的根源。所有措施应当着眼于缩减粮食危机，并通过缩短社会差异来实现：重建农业生产能力；提供技术支持重组；社会经济基础设施的修复及重建；缓解影响家庭食品安全的风险因素；通过营养教育和创收活动改善最弱势群体的生产力。

二、国家粮食安全计划（PNSA）

1. 国家粮食安全计划制订的背景

不同地区、不同年龄或不同社会阶层面的人对粮食危机的看法各不相同。然而，粮食安全问题对所有人、所有利益相关者来说，都是生存战略的重中之重。粮食安全问题的这一性质取决于它的持续时间及严重程度。

就持续时间而言，粮食安全问题可以区分为以下三种：（1）长期或永久性存在的粮食安全问题，它通常导致的是长时间的贫困、商品的匮乏、缺乏生产资料及资金，迫使个人或者一部分人在相当长一段时间内的消耗低于最低必要限度；（2）短期或暂时、相对短暂的粮食安全问题，有可能会突然爆发，适用于依赖高度不稳定市场的城市居民及经受自然灾害的农业生产者；（3）周期性或淡季干预型粮食安全问题，影响的是立即收获之后很饱足却在等待下一季收获的过程中面临困难的小农民。

导致刚果（金）粮食危机的原因主要有两个。从国内局势来看：在东部地区，由于长期以来的武力冲突造成了局势的不安全（屠杀、抢劫、性暴力、诈骗）、人口的迁移、生产资料的缺失、社会—经济基础设施（如市场、健康中心、教育机构）的不完善。从结构上来看：国家所面临的政治、社会、经济危机暴露了国内各省所普遍存在的问题，即社会经济基础设施（专用线路、市场、交通等）严重匮乏，且农村发展普遍存在问题。也正是由于以上原因的长期存在，导致了人口普遍的贫困化。

由于长期不断的局势冲突，道路、住房以及社会经济基础设施被摧毁，加上国家的社会保障缺失，人民对生活必需品的负担能力日渐下降。

一般认为，妇女是这一现状主要的受害者，但是由于生产并负责家庭粮食，她们也是对抗粮食安全问题的主力军。因此，粮食安全农业政策的制定和执行必须有她们的参与。刚果（金）各省经过协商，得出了粮食安全问题的几个限制因素，主要有：生产资料的获得、信贷体系、缺乏市场准入、小农业生产者资金的缺乏，以及直接影响家庭粮食状况的饮食传统和习惯。

现今，粮食安全问题已经在地方、省甚至国家得到了高度的重视。全球粮食危机和由此引发的粮价飞涨,进一步加剧了最弱势及贫困家庭应对粮食安全问题的紧迫性,刚果（金）的人口和经济发展都岌岌可危。具体的解决方法有:(1) 提高农业部门的生产率（种植业、畜牧业、渔业及林业）;(2) 改善市场准入及农产品增值;(3) 恢复及加强社会经济基础设施;(4) 促进金融体系的分散化;(5) 加强公共和私营机构的技术与组织能力,以支持生产。

由于粮食安全涉及多方面因素,因此要求制订一个全面、机动的国家粮食安全计划。

2. 国家粮食安全计划的目标

国家粮食安全计划的总体目标是要长期对抗粮食危机,并通过产品产量的增加及家庭收入的提高来改善人民的生活条件。为了实现这一总体目标,先要实现以下具体目标:

· 通过生产力、多样化生产及生产系统安全性的改善,以提高农产品的产量
· 通过储藏、保鲜及加工技术的改善,以实现蔬菜产品、渔产品、动物产品以及非木材林业产品的增值
· 改善居民对食物营养的获取及居民营养健康状况
· 加强对生产者支持的能力

总体来说,国家粮食安全计划所要达到的预期目标为以下七个:

① 提高粮食作物产量,2680 万吨木薯,2176481 吨玉米,5949230 吨大米,694644 吨花生,209597 吨菜豆,106127 吨豇豆,29253 吨大豆;

② 设立 6675 个农业灌溉项目及 5340 个取水点;

③ 2988 个家禽养殖场、3264 个羊类养殖场、3087 个山羊养殖场及 3216 个养猪场的设立及管理,渔业产量达到 419098 吨;

④ 设立 237 个仓库及 215 个商店;

⑤ 25 个动物源性食品屠宰场、仓库的整治与翻修及 125 个熏制场的修建,同时设立有关渔业产品的 15 项加工及储藏的设施;

⑥ 全长 1538 km 的城乡交通线路以及 200 km 农村专用水道的修缮,同时,1270 km 的城乡交通线路及 200 km 农村专用水道的保养将得到保障,20 旅养路工也将受到培训并全部装备化;

⑦ 设立 25 个饮用水源。

3. 国家粮食安全计划的研究方法及概念

国家粮食安全计划意图设定一个总体框架,以协调、整合各技术部门的行为,并全面实现粮食安全的四个方面:保证粮食供应、粮食供应的稳定性、经济及地理辅助性粮食、粮食的最佳生物利用。国家粮食安全计划建立在所有利益相关者共同参与的基础之上,并将他们与各个发展阶段相结合,涵盖了多个方面。原则上,这一计划

为期十年,并覆盖刚果(金)全境;但是由于其国情的特殊性——处在冲突之后寻找新的发展机遇的阶段,主要的行动和措施就集中在第一个五年阶段进行,提高生产潜力较大地区的农业生产,同时依据各地区周边的气候情况采取一系列粮食安全辅助措施,最终达到减轻人民尤其是弱势群体损失的目的。此外,计划的实施主要依靠农业部、相关部委、民间机构、非政府发展组织及当地生产者组织的协调参与。计划主要由国家统筹,政府负责动员一切人力、财力和物力并对其进行监督和跟进,以达到保证全国粮食安全及全国性减贫的目的。

4. 战略方针

就计划本身而言,着手于三条战略主线,又细分为六大分计划,其中包括 20 个组成部分和 56 个层面(成果)。主线:(1) 提高生产力以增加产量;(2) 改善居民的营养状况并对薄弱环节进行监测及管理;(3) 加强体制。六大分计划分别为:(1) 粮食作物的可持续集约化;(2) 食物及收入来源的多样化;(3) 发展城市及城郊农业;(4) 农产品的减损及增值;(5) 食品薄弱环节的管理;(6) 加强体制。每个分计划又囊括了以下几方面:项目背景及可行性,具体方面、预期成果,待采取措施以及所需费用。

5. 受益者

国家粮食安全计划的主要受益群体为:

① 小生产者,尤其是那些以农村和农业活动为基本生活方式的群体;

② 专门的农业组织及生产组织;

③ 公共机构(农业和农村服务);

④ 非政府组织合作伙伴。

6. 定位

国家粮食安全计划是面向刚果(金)全国推广的。但是考虑到其国情的特殊性(即在冲突之后寻找新的发展),该计划第一阶段将集中在前五年,首先提高高潜力地区的农业生产,并因地制宜,施行一系列补充措施。同时,将剩余产品转移到产品匮乏地区,以缓解弱势群体的压力。这些具有高潜力农业生产的地区共五个,分别是:

1 区——从大西洋到东开赛—卡宾达地区

2 区——加丹加省采矿城镇及其腹地

3 区——大湖地区

4 区——北部赤道地区

5 区——基桑加尼到马莱博湖腹地

7. 计划内容

以实现粮食生产可持续增长为核心的国家粮食安全计划由以下几个次级方案组成:

① 粮食作物生产的可持续集约化

② 食物和收入来源的多样化

③ 城市和城郊农业的发展

④ 农产品减损和增值

⑤ 粮食安全薄弱缓解的管理

⑥ 加强体制

国家粮食安全计划的实施过程中，会产生很多限制性因素，这就要求我们要随时跟进项目进展，并尽量避免障碍的产生。

① 财力和物力的缺乏：资金的短缺可能会限制甚至阻止既定目标的实现。需要指出的是，在计划的筹备、仲裁以及政府预算的过程中，要充分考虑到农业在国民经济中的重要地位。

② 人力资源薄弱：缺乏培训的技术人员将对计划的预期结果产生不良影响。如果不能确保人员的及时更新，员工的老龄化及退休也将对各级方案的实施、协调和监测造成障碍。无论如何，提高这些人员的业务能力事关重要。

③ 服务行业的质量或缺乏保证。相当大一部分方案所涉及的服务行业缺乏资质鉴定，这有可能会影响方案性能的发挥。

④ 受益者。国家粮食安全计划依赖于受益者的积极参与和他们的所有权情况，保证他们的积极参与及所有权，以提高实现既定目标及确保方案可持续进行的可能性。

⑤ 天气状况的不可知性。气候往往影响农作物的生长，有可能导致晚播、病虫灾害等。建立一个反应迅速的预警系统能有效缓解和防范这些风险。

最后，来谈一下国家粮食安全计划的影响及其持久性。国家粮食安全计划的可持续性取决于受益者的所有权程度。为了保证其所有权，国家粮食安全计划采取参与方式进行。计划所要采取的行动应当充分考虑到受益者的切身利益，同时还需要受益者参与到计划的具体实施、监测中来。此外，在项目的具体实施中学习，与相关机构建立伙伴关系以及建立公共政策框架对于计划的可持续发展都至关重要。为了避免障碍并真正实现计划的可持续发展，须牢记以下几点：

① 应当在行动实施框架下，重新评估传统的生产体系及地方知识技能。

② 在计划的全期实施过程中，确保责任向当地移交的稳定性，以促进计划的可持续性，目的是要使受益者获得方案的所有权。

③ 在技术选择上，应当优先考虑简单且易于模仿、维修率低的技术。

④ 使妇女、青年、灾民参与到所有计划的实施中来。

⑤ 相关的政策和规划应当得到及时的更新，同时要着眼于发展低成本的管理技术，有利于受益者的可持续管理。

⑥ 在可灌溉地区,人口的迅速增长对资源造成了巨大的压力,迫切需求完善水土资源的可持续管理。这就需要对灌溉有更好的了解,因此,要制定有关灌溉系统设计及管理的规范性文件。

⑦ 名为《农业相关基本条例法》的农业法规对于土地政策的制定至关重要。这份文件应当被译作当地语言以便更有效地运用于对自然资源的合理管理。

⑧ 国家粮食安全计划也致力于最小化灌溉地区的负面因素,尤其是健康问题和污染问题。

(张　莉)

第四章

马　　里

第一节　创建商品粮基地战略研究

马里共和国位于西非中部、撒哈拉南部，系西非内陆国，面积 124 万平方公里，东西宽约 1800 公里，南北长约 1650 公里，边界线长约 7000 公里。介于北纬 11 度至 25 度，东经 4 度至西经 12 度之间。东邻尼日尔、布基纳法索，南同科特迪瓦、几内亚交界，西与塞内加尔、毛里塔尼亚毗连，北与阿尔及利亚接壤。马里是一个农业国，地多人少，农业开发有着巨大的潜力。尼日尔河横穿该国，形成宽阔的平原和湿地，成为马里农业发展的命脉。马里政府十分重视农业发展尤其是粮食生产，2006 年出台的《农业指导方针》把粮食安全提高到粮食主权的高度，2008 年推出"水稻种植倡议"，中期目标达到粮食自给。马里政局稳定，经济发展速度较快，法制较健全，且中马友谊历史悠久，有着广泛的合作基础，为中马农业领域的合作开辟了良好的前景。

一、商品粮基地粮食安全战略基本保证

1. 粮食的自给率动态变化特征

表 4-1 表明了马里从 1961 年到 2010 年的粮食产量、进出口量及粮食自给率，马里的粮食产量基本处在增加之中，由 1961 年的 1106550 吨增加到 2010 年的 6418274 吨；进口量的波动性较大，在 1985 年和 2005 年达到两个峰值之后又分别迅速下降，但从总体上来看，进口量的总趋势是增加的。

表 4-1　马里粮食产量、进出口量及自给率

年　份	产量(吨)	进口量(吨)	出口量(吨)	粮食自给率
1961	1106550	8514	12882	100%
1965	991700	21898	3710	98%
1970	991241	71171	48	93%

年　份	产量(吨)	进口量(吨)	出口量(吨)	粮食自给率
1975	1306628	119775	0	92%
1980	967911	86778	40	92%
1985	1724909	273148	17460	87%
1990	1771419	60500	20000	98%
1995	2188965	94382	15000	97%
2000	2309968	113766	12800	96%
2005	3398727	416979	18677	90%
2008	4814931	252302	4271	95%
2009	6334621	263026	206	96%
2010	6418274	213702	1513	97%

资料来源:FAO 数据库。

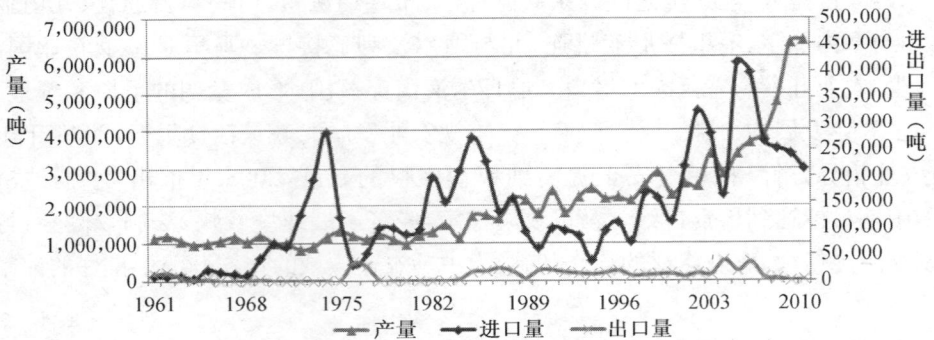

图 4 - 1　马里粮食产量与进出口量变化

　　图 4 - 2 显示了马里粮食自给率的动态变化,各年份均高于 80%,说明马里粮食的自我供给能力较高。

　　2. 人口增长与粮食生产动态变化分析(历年人口、粮食产量、人均粮食产量)

　　表 4 - 2 显示,从 1994—2010 年以来,马里的总人口处在不断增加之中,但 1994—2001 年间人口增加率较高,2005—2007 年间有所下降后又上升,而农业人口也处在缓慢增加之中;但是农业人口占总人口的比例却处在不断下降之中,由 1994—1996 年间的 83% 下降到了 2010 年的 75%。谷物总产量处在不断增加的状态中,人均谷物产量及人均农业人口谷物产量也处在不断增加之中,说明马里的农业生产情况正慢慢好转,生产效率逐渐提高。

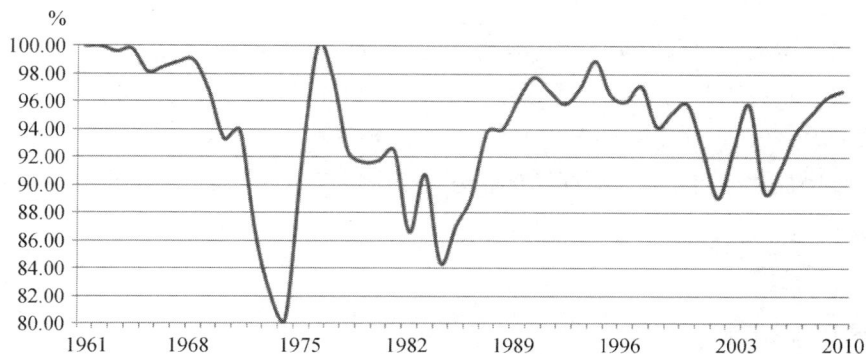

图 4-2 马里粮食自给率变化

表 4-2 马里人口与谷物产量

年　份	1994—1996	1999—2001	2005	2007	2009	2010
总人口（千人）	9549	10529	13177	12409	14910	15370
农业人口（千人）	7925	8494	10276	10769	11267	11516
农业人口比例	83%	81%	78%	87%	76%	75%
谷物总产量（千吨）	2289	2596	3399	3886	6335	6418
人均谷物产量（吨/人）	0.239711	0.246557	0.257949	0.31316	0.424883	0.417585
人均农业人口谷物产量（吨/人）	0.288833	0.305628	0.330771	0.360851	0.562261	0.557335

数据来源：FAO 数据库。

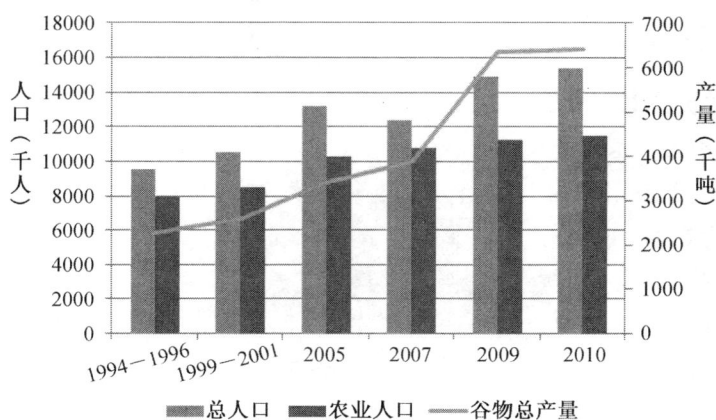

图 4-3 马里总人口、农业人口及谷物总产量变化

3. 粮食生产、消费结构、消费水平

马里消费的食品包含有谷物、淀粉类块茎、豆类、糖料作物、油料作物、蔬菜(表4-3)。其中,谷物是马里消费的最主要的食品,产量远高于其他作物,并从1994—1996年间的228.9万吨增长到2010年的641.8万吨。几乎所有作物产量基本上都处在逐年增加之中,说明马里的营养结构逐渐由单一转往丰富,饮食消费愈发健康。

表4-3 马里主要作物产量

种 类	1994—1996	1999—2001	2005	2007	2009	2010
谷物总产量(千吨)	2289	2596	3399	3886	6335	6418
淀粉类块茎产量(千吨)	74	161	314	579	472	415
豆类(千吨)	78	128	112	77	159	155
糖料作物(千吨)	280	297	326	388	386	391
油料作物(千吨)	106	113	186	172	176	181
蔬菜(千吨)	527	558	713	793	898	802

数据来源:FAO数据库。

图片4-1 马里唐联甘蔗地

二、农业资源潜力分析

1. 商品粮生产基地建设的优势条件

马里属于热带气候,由北向南分为热带沙漠、热带草原和热带雨林三种气候区域。全年分为热季(3—5月)、雨季(6—10月)和凉季(11月—次年2月)。按降雨量通常分为旱季和雨季。热季酷热干燥,最高气温可达50℃,凉季最低温度14℃,平常气温一般在23℃～36℃之间。雨季多阵雨,全年雨量多集中于7—9月。全国年均降雨量约700毫米,由南至北渐次递减,东南部锡加索地区达1300毫米,巴马科约1000毫米,北部撒哈拉地区则减至50毫米。

马里的自然地理和气候环境为农业发展创造了有利条件,适宜种植的农作物主要是小米、高粱、玉米、水稻、小麦、木薯、红薯、棉花、花生、大豆、芒果、香蕉、木瓜等以及各种蔬菜;畜牧业饲养牛、羊、驴、马、骆驼等。

图片 4-2 马里农田

图片 4-3 马里自然风光

（1）可耕地资源

马里是一个农牧业国家，土地资源丰富，历史上有"西非粮仓"之称。2009 年全国土地总面积为 12201.9 万公顷，其中农业面积为 4110.1 万公顷，约占国土总面积的 1/3。其中可耕地面积为 636.1 万公顷，而仍有近 80％的可耕地资源尚未开发使用，土地资源潜力巨大。

（2）农业自然资源——热量（自然、太阳辐射）和水资源

马里的年均降雨量并不是很高，在北纬 17°～15°间的热带干草原（萨赫勒）气候区，一年之中可能有 2～4 个月中有雨，雨量 150～600 毫米。昼夜温差特别大，凉季的最低气温往往很低。萨赫勒带终年高温，日照充足，日照时数从南到北递增，年平均日照时数可达 2600～3600 小时。自然条件比较适宜于畜牧业的发展。种植业仅适宜种植耐旱的粟和高粱等粮食作物，处于次要地位。

表 4-4 2009 年马里农业土地资源状况

土地面积 （千公顷）	农业面积 （千公顷）	耕地和 永久性作物 （千公顷）	耕地 （千公顷）	永久性作物 （千公顷）	永久性草地 和牧场 （千公顷）	森林面积 （千公顷）
122019	41101	6461	6361	100	34640	12569

数据来源：FAO 数据库。

在北纬 15°以南自热带干草原往南的广阔地区是热带稀树草原区（苏丹草原），面积占马里全国面积的 25％。该地区北部年降雨量为 600～800 毫米，南半部则为 800～1200 毫米。可耕地和草场广阔，为农牧业提供了良好条件，是马里主要的农业区，自然条件有利于种植各种农作物，以粟和高粱为主。花生和棉花为主要经济作物。河谷一带有稻田。畜牧业占重要地位，以游牧业和半游牧业为主，放牧牛、山羊、绵羊。

但马里有较为丰富的地表水供给。马里的河道网基本上是由非洲的两条大

河——尼日尔河和塞内加尔河组成的。流经马里境内的尼日尔河长度为 1780 公里，塞内加尔河流经马里的长度为 669 公里，可灌溉土地面积 1800 万公顷，约占全国总面积的 15％。大多数地区人们都是以部分调节径流的办法利用尼日尔河水实行洪水灌溉的。现有灌溉设施可灌溉 15 万公顷土地，这些水浇地种植的主要是水稻，但已经开发和灌溉的面积只有三分之一。

（3）农村劳动力

2010 年马里农村人口总量占全国人口的 64.1％，其中农村人口约为 986 万，参加农业生产的人口高达 1151.6 万，其中大部分从事农牧业生产，少部分从事捕鱼和林业活动。参加经济活动的总人口为 406.9 万，而参加农业经济生产的人口仅 304.9 万，其中男性 191.6 万人，女性 113.3 万人，说明马里拥有丰富的劳动力资源。

表 4-5　2010 年马里农业劳动力资源状况　　　　　　　　单位：千人

农村人口	城镇人口	参加农业生产人口	参与经济活动人口	参加农业经济活动人口	参加农业经济活动男性人口	参加农业经济活动女性人口
9859	5511	11516	4069	3049	1916	1133

数据来源：FAO 数据库。

尽管发展农业生产的综合条件较好，但由于农业投入少、技术落后等原因，马里迄今仍基本处于"靠天吃饭"的状态，产量不高，而且大量的土地有待开发和耕种。

2．约束性因素

（1）气候干旱

马里是一个干燥之国，由于降雨量小、气温高、干燥的东北风盛行，因而相对湿度很低。干燥的气候条件制约了许多作物的生长。马里可分为五大自然区：北方荒漠区，热带干草原区，热带稀树草原区，尼日尔河内三角洲区和热带草原林地区。[①]

北方荒漠区：面积大约占国土的一半，年降雨量不足 50 毫米，缺乏连绵不断的土被，植物极其稀疏，人烟极为稀少。陶德尼是唯一的经济活动中心。半荒漠带的植物也非常贫乏，只有稀少而散生的耐旱禾本科植物和带刺灌木。只有个别的地区才放牧有骆驼和山羊。

荒漠带：马里有一半的国土都是灌木和禾草—灌木荒漠，植被极度贫乏。生长在这种地方的主要是旱生灌木和半灌木以及耐旱禾草。在荒漠中，很多植物只有依靠快速生长才能生存，但最多也不过活几个星期。生长着这种短命植物的广大地面可充短期牧场使用，当地称之为"阿舍布"。

---

① （苏）Г·Ф·拉钦科，等. 马里共和国[M]. 刘优，等译. 北京：商务印书馆，1981：13；曾尊固. 非洲农业地理[M]. 北京：商务印书馆，1984：267-320。

热带干草原区(萨赫勒区):大约占全国面积的15%,是荒漠和典型热带稀树草原(苏丹草原)之间的过渡性地带。北部植物很稀疏,往南300～600毫米年等雨线之间的地区,有一些时令性河流,雨季河水奔流,沿河两岸成为水草丰美的牧场。总体看,草场质量一般很差,载畜量低,以游牧和半游牧为主,牛、羊为主要牲畜,骆驼次之。畜牧业是当地居民的主要生活来源和财富。种植业规模较小,地位次要。种什么作物则取决于低洼地和河漫滩中雨季积水的多少,以粟和高粱为主。本地区的主要问题就是供水问题,1967—1974年这个地区发生了大旱灾,草原牲畜死亡过半。

热带稀树草原区(苏丹草原区):北部是旱作区,收成很不稳定,产量随雨量的多少而大增大减;不时发生旱灾,旱灾过后往往陷入饥荒。自然条件适宜发展畜牧业,但农民以耕作为业。一到干季,北方半荒漠地区和热带干草原地区的牧民便驱赶畜群来此放牧。

(2) 农业物资(农业设备等)

马里农业落后,农业物质资本积累较少,但已经拥有一部分农业机械设备,如拖拉机、碾米机、发电机、水泵、运输汽车等。这些农业机械都是进口的,由马里首都巴马科的一些公司进口农机,再销往各大中城市和乡村。多数农民买不起拖拉机,产稻区的部分农户有碾米机。从表4-6来看,马里的单位千公顷拖拉机与脱粒机数量一直排在最后,且从1994—2006年以来,农机的使用情况并没有提高,反而降低了,1994—1996年间每千公顷耕地的拖拉机和脱粒机使用量分别为0.7辆和0.2辆,而到2006年每千公顷的拖拉机和脱粒机使用量分别为0.6辆和0.1辆,远低于世界平均值;农机的缺乏严重制约了马里农业的发展。

表4-6 世界各国每千公顷可使用拖拉机与脱粒机数量　　　　　单位:辆

国家 (地区)	拖拉机					脱粒机				
	1994— 1996	1999— 2001	2004	2005	2006	1994— 1996	1999— 2001	2004	2005	2006
美国	25	26.7	27.3	27.6	27.9	2.9	2.7	2.3	2.4	2.4
中国	5.6	6.6	8.6	10.4	11.2	0.7	1.8	3	2.9	3.1
法国	71.6	68.7	65.3	63.5	62.6	6.3	5.2	4.5	4.3	4.3
马里	0.7	0.6	0.6	0.6	0.6	0.2	0.1	0.2	0.1	0.1
南非	8.4	4.9	4.3	4.3	4.3	0.9	0.8	0.7	0.7	0.7
刚果(金)	0.4	0.4	0.4	0.4	0.4	—	—	—	—	—
世界	18.7	19.3	20	20.2	20.2	2.9	2.9	2.9	2.9	2.9

资料来源:FAO数据库。

三、粮食生产的关键问题分析

1. 农业生产力水平低下及其原因

表4-7对比了世界各国单位人口的谷物产量,表4-8则对比了各国单位面积谷物产量。表4-7显示,2010年马里的单位人口谷物产量为417.6 kg/人,在非洲国家内部相对较高,且高于世界平均水平356.4 kg/人,但是与美国、法国等发达国家相比则远远落后,农业生产力水平一般。

表4-7 2010年各国(地区)单位人口谷物产量

国家 (地区)	美国	中国	法国	马里	南非	刚果 (金)	刚果 (布)	加蓬	非洲	世界
总人口 (千人)	310384	1372148	62787	15370	50133	65966	4043	1505	1022237	6895888
总产量 (千吨)	401670	497734	68285	6418	15117	1528	25	41	156352	2457662
谷物单产 (kg/人)	1294.1	362.7	1087.6	417.6	293.2	23.1	6.2	27.1	153.0	356.4

表4-8 世界各国(地区)谷物单产水平

国家(地区)	单位面积产量(万吨/公顷)					
	1994—1996	1999—2001	2005	2007	2009	2010
南非	2.19	2.47	3.31	2.79	4.39	4.15
刚果(金)	0.78	0.79	0.77	0.77	0.77	0.77
刚果(布)	0.76	0.76	0.76	0.78	0.80	0.79
加蓬	1.85	1.54	1.44	1.67	2.39	1.78
马里	0.89	1.06	1.09	1.10	1.27	1.72
美国	5.14	5.83	6.45	6.70	7.24	6.99
中国	4.69	4.84	5.23	5.32	5.46	5.52
法国	6.70	7.08	6.98	6.55	7.46	6.99
非洲	1.21	1.28	1.34	1.36	1.53	1.50
世界	2.84	3.10	3.28	3.38	3.51	3.57

2. 农业生产工具

马里的耕作业发展水平总体比较低。人工灌溉仍然对于马里干旱地区作业的稳定具有重大意义。浇灌主要以"尼日尔河开发管理局"的大片土地为主(40200公顷),然后依次为尼日尔河中游谷地、巴尼尔河谷地、湖泊地区、加奥地区、尼日尔河上游谷地以及南部地带。采用大牲畜耕地和农业技术运用的进展都十分缓慢。在2006 年,全国每千公顷土地上可使用的拖拉机和脱粒机均不足一辆,农业生产工具的稀缺严重影响了马里农业的发展。

3. 农业科技及其推广

马里农村基本设施建设很差,绝大多数农村交通不便,公路和村道是土路;饮用水设备条件差;水稻产区有水利设施、渠坝、人工灌溉堤坝,有的年久失修;种粮区农机化程度低,在很大程度上仍靠传统耕种,靠天吃饭;牧区设施简陋。马里农民受教育程度低,大多数是小学文化,还有一部分农民未接受过教育,这为农业科技的推广再次增加了一个障碍。

4. 农业资金

马里的经济发展较为落后,是世界上最贫穷的国家之一,需要大量的私人和外国投资,马里每年接受的外国援助协议金额为 5 亿美元左右,其中相当一部分被用于农业开发和农村建设。但是,目前的资金援助还远远不足以使马里的农业基础设施和技术装备彻底翻新,资金的匮乏仍然是制约农业发展的一项关键因素。

5. 作物品种

马里的食用作物有小米、高粱、大米、饿稻、薯蓣、甘薯、木薯、甘蔗、茶叶、西红柿;经济作物包含花生、棉花、烟叶、洋麻等。食用作物中,粮食作物生产占据首位,其中单一种植的面积占总播种面积的三分之二,如加上混合播种(小米—玉米—豆类)的面积,则超过总播种面积的 85%。小米和高粱是马里主要的传统粮食作物,是马里居民的基本食物。每年可产 35 万～40 万吨小米和 40 万～45 万吨高粱,不过商品性产量却少得可怜,仅为 2 万～4 万吨,在歉收年间几乎为零。玉米在南方种植,9 月份成熟,此时正值小米和高粱吃完而下一茬作物又没有收割的时候,玉米几乎全部的收获量都就地消费。饿稻是一种对土地要求不高的粮食作物,种植在离村子很远的贫瘠土壤之中,产量不超过 20000 吨。

四、商品粮基地战略目标与重点小区域选择

1. 战略目标定位——满足国内粮食供应,增加粮食出口

马里政府重视农业,很早就制定了粮食发展战略,建立了农业发展银行和粮食自给基金,运用价格、信贷、税收等手段调动农民的生产积极性。20 世纪 80 年代初,马里实行粮食市场调整计划,允许粮食自由买卖。时任马里总统的穆萨·特拉奥雷在视察库利科罗大区时发表讲话,一再强调优先发展农业,实现粮食自给,号召农民开展多种经营、造林绿化、保护生态平衡,反对放火烧荒造成沙漠化。

2007 年 6 月,杜尔先生再次当选总统。他发表了《经济社会发展计划》,规划了马里经济社会发展的蓝图。马里政府十分重视农业发展,尤其是粮食生产,2006 年

出台的《农业指导方针》把粮食安全提高到粮食主权范围的高度。2008 年 4 月,马里政府又推出了"种植水稻倡议",中期目标达到粮食自给。

新时期马里政府农业方面的重心仍然应该在粮食安全,从良种选择、农业技术人才的培养与引进、粮食生产配套设施的逐步完善及粮食价格的稳定机制等各方面努力实现国内粮食自给,同时增加粮食出口的战略目标。

2. 战略重点

谷物是马里消费的最重要的食品,远高于其他作物的消费量。其中,小米、稻米、高粱、玉米等占据谷物作物的重要比例。这些传统型食品基本仅供当地消费,而作为商品性粮食拉动经济上涨的产量少之又少。因此,在农业发展的新时期,马里政府应将战略重心放在提高如小米、稻米、玉米、高粱等主要食品的单产上,在保证国内粮食自给的基础上提高商品性粮食的产量,增加经济来源,为农业发展提供经济基础,形成一个良性循环。

3. 区域选择

马里有两块区域十分适合农作物耕种,分别是尼日尔河内三角洲地区及热带草原林地区,如果充分加以利用,将对马里的农业生产作出巨大贡献。尼日尔河内三角洲面积不大,但自然条件却非常独特,包括热带干草原地区和热带稀树草原地区各一部分,北部年降雨量为 200 毫米,南部雨量为 700 毫米。在尼日尔河涨水时期,整个三角洲地区汪洋一片,满是肥沃的冲积土,为稻米、小米、高粱的生长提供了良好的条件;而热带草原地区位于马里最南部,仅占全国面积的 6%,是马里最湿润的部分,年降雨量达 1200~1500 毫米。植物种类多,植被稠密。气候条件十分有利于粮食作物如高粱、稻米、玉米等的生长。

五、粮食安全战略对策与运作保障机制

1. 开荒造田

马里目前仍然有 80% 左右的可耕地资源没有利用,土地资源开发潜力巨大。为了实现粮食主权的目标,马里政府必须充分利用可耕地资源,扩大种植面积,对村庄周围的土地和种粮区的大片土地实行分配政策,而对于大量的未开垦荒地、偏远的土地则允许开荒种地,从而提高粮食产量。

2. 兴修水利,扩大灌溉

发展灌溉农业是增加马里粮食作物单产的一项重要措施。马里政府可以利用尼日尔河内三角洲地区的涨水时期兴修水利,扩大灌溉面积,充分合理地利用水资源,保证农田的稳定高产。

3. 培养农业技术人才和管理人才

马里教育程度低也是造成农业生产力低下的一个重要原因。在大力发展新型

农业经济、增加农资投入时,也应对农业技术人才与管理人才予以高度重视。一方面,提高国内教育的普及程度,增加对教育业的资助;另一方面,大力引进农业技术人才,从培育与管理层面上拉动农业生产的升级。

4. 增加农业投资

尽管马里发展农业生产的自然条件较好,但由于其农业投入少、技术落后、机械化程度低等原因,迄今仍基本处于"靠天吃饭"、"刀耕火种"的状态,粮食产量不高。农业物质资本积累较少,但拥有少部分农业机械设备,如拖拉机、碾米机、发电机、水泵、运输汽车等。多数农民买不起拖拉机,产稻区的部分农户有碾米机。为了改变这种局面,马里政府必须增加在农业生产方面的投资,大力购进农业机械设备,促进农业生产的机械化转型。同时,马里政府也应该推广良种和良苗的使用,增加化肥等肥料的使用,提高种子的成活率与粮食生产的效率。

5. 实施粮食价格保证政策

市场必须充分保障人民所需的粮食和各种食品供应,在关系人民第一生活必需品——粮食和食品的供应方面,不允许有投机性的价格上涨。2002—2003年的科特迪瓦危机给马里的经济造成了巨大损失,对粮食和食品的供应造成了不利影响,但由于措施得力,马里整个国家的食品供应仍能正常进行,保证了人民的需求,并使食品的消费价格维持在合理的水平上。

六、中马合作——商品粮基地的建设模式

1. 中国农业产业化经营模式,移植非洲可行性(中国农业经验)

同为发展中国家,农业在马里及中国的经济中都占有重要的地位,且中国的农业发展正在转向高效的产业化经营道路上,因而在农业发展模式上,中国可以成为一个良好的范例。

中国的农业产业化是经济体制深化改革和市场农业发展的产物。众所周知,始于20世纪70年代末的农村家庭联产承包责任制的推行,改变了农村经济体制的总格局,极大地调动了农民的生产积极性,产生了巨大的经济绩效和社会震撼力。但是,到了80年代中后期,随着改革开放后国内社会化大生产的迅速发展和市场经济体制的急骤发育,农业进一步发展的深层次矛盾日益凸现,严重制约着农业和农村经济的进一步发展。矛盾集中表现为:(1)农业基础仍很薄弱,比较利益低下,农业生产发展动力不足;(2)分散的小农户经营规模不经济,它在发展农村经济和提高农民收入方面的局限性已越来越明显;(3)传统计划经济体制下,农业产业被分割,农业实际只剩下产中环节,能够增值的加工和销售环节归让工商部门,实行多部门"条条"管理,中间环节多,交易成本高,为追求部门利益最大化,甚至利用其垄断地位损害农民利益,妨碍国民经济统一市场的形成,成为市场农业发展的体制障碍。这样,

80 年代后期和 90 年代初以来,一些地方以农业产业一体化作为解决农业深层矛盾的现实突破口,产生了改革农村经济的新的产业组织方式、资源配置方式、农业产业经营方式和农业管理体制。[①]

　　农业产业化经营高于或优于单项的改革与发展举措之处,是在稳定农民家庭经营的基础上,以市场为导向,在龙头企业等有效载体的带动下,组织引导小农户联合进入大市场,依托农业一体化经营方式,用现代工业提供的技术装备农业,用现代生物科学技术改造农业,用现代经营理念和组织方式管理农业,将农产品加工业和部分种养业集中化、企业化、规模化,实施全程标准化运营,创造较高的综合生产力,促进农村全面发展,逐步实现农业现代化。这样,自然而然地、有机地将稳定(家庭承包经营)、改革(经营方式和管理体制)和发展(市场经济和现代化农业)融于一个历史进程。农业产业化经营不仅是当代中国农村改革与发展的伟大创举,而且是有中国特色的农业现代化道路和经营制度的整体创新。[②]

　　从马里的现状来看,其农业生产发展动力明显不足,且小农经济为主的耕种方式难以形成规模,产量低、利润低,散户的经济实力难以达到采用良种、施用化肥、购买农机及使用先进农业技术的水平,这样便形成恶性循环。而中国农业的产业化发展模式为马里的农业发展提供了范例,通过产业一体化的方式改革农村经济组织形式、资源配置方式、农业经营方式及管理体制将成为马里农业转型、实现高效农业的一条良好出路。

　　2. 农业技术示范中心

　　为了帮助马里更好更快地掌握现代化农业技术及良种良苗的培育方式,中国政府应当在马里建立农业示范中心,给当地农民提供学习与参照,同时向他们普及农业科技知识,只有将知识与技能传授给他们,才能从根本上解决马里的粮食短缺问题。2006 年中非合作论坛北京峰会后,应马里政府要求,中国政府于 2008 年 12 月派出了由农产品加工、玉米和水稻种植专家组成的高级农业专家组赴马里工作。经过实地调研后,专家组与马里农业研究部门合作,在巴马科附近的巴金内达灌溉区进行了杂交玉米、水稻小范围试验性种植。试验田由我国专家免费提供种子、化肥、农药,并适时进行播种、移栽、施肥等各阶段管理技术指导。从目前长势测算,单位产量均可达 8～9 吨左右,有望比去年单产翻一番。试验的成果说明,中国杂交水稻适合马里的气候和土壤条件,中马两国在共同研究和发展马里杂交水稻方面有着美好的合作前景。[③]

---

①　刘葆金. 中国农业产业化理论探析[J]. 南京农业大学学报,1999,22(4):93-96.
②　牛若峰. 中国农业产业化经营的发展特点与方向[J]. 中国农村经济,2002(5).
③　资料来源:http://www.fjsen.com/g/2009-10/16/content_1222554.htm.

3. 农业综合开发区

马里目前仍然保持着小农为主的农业运营模式，而小农的需求往往被忽略，缺乏农机、农药、化肥、良种等物资，导致大量土地开发潜力不足，粮食产量低下。如果能选取自然条件优越的大块土地，建设农业综合开发区，形成规模化的播种、耕作、生产及供应，将在很大程度上推动马里农业的发展。建设农业综合开发区，一方面有利于招商引资，吸纳资金与科技人才，为购置现代化农耕器械、农药、化肥、良种等打下坚实的基础，促使马里的传统型农业更加快速地与现代化农业接轨；同时规模化的生产可以大大提高生产效率，有利的生产条件可以保证农田的高产稳产，能较为稳定地提供充足的商品粮，为人民生活提供保障。农业综合开发区由于其面积大、自然条件好、耕作方式先进等优点，可以种植多种作物，包括粮食作物与经济作物，在确保经济收入的同时有足够余粮。

4. 南南合作

中国—马里"南南合作"项目的开展为马里的农业发展提供了有效途径。中马南南合作项目第一次工作会议暨试验示范项目研讨会于 2011 年 8 月 8 日在马里首都巴马科召开。参加会议的有马里农业部和 FAO 驻马代表处官员、中方专家组全体成员，以及 Sotuba、Koulikoro、Mopti 等项目农业研究所、农业局、渔业局的负责人和有关合作伙伴。会上，中方专家详细介绍了拟开展灌溉水稻种子扩繁、水稻品种对比试验及示范、玉米品种选育、玉米高产栽培技术示范、中国杂交小米高产栽培试验示范、高粱高产栽培试验示范、罗非鱼繁殖及养殖示范基地建设、稻田养鱼试验示范及推广、蔬菜栽培技术示范及推广等项目的准备情况，马方对此给予了积极评价，与会代表就下一步项目实施的具体安排进行了富有成效的研讨，达成了广泛共识。FAO 驻马副代表 Mr. Keita 对中方专家组在条件有限的情况下主动开展工作并取得良好成效予以了充分的肯定，并表示要积极协调、支持和配合，促进项目尽快付诸实施。此次会议标志着中马"南南合作"项目已进入实质性的工作阶段。[①]

（张默逸　陈　雅　姜忠尽）

第二节　土地资源永续利用研究

马里共和国位于非洲西部撒哈拉沙漠南缘，是一个内陆国，经济以农牧业为主，粮食不能自给，工业基础薄弱，是联合国公布的世界最不发达国家之一。尼日尔河、塞内加尔河流域有着适宜农林牧渔生产的土地和水资源，尽管发展农业生产的自然

---

① 资料来源：http://blog.jxwmw.cn/u/24900/archives/2011/88412.html.

条件较好,但由于农业投入少、技术落后等原因,迄今仍基本处于"靠天吃饭"的状态,产量不高,但马里拥有大量的土地有待开发和耕种,后备资源丰富。针对这些问题,需通过农田整治、水资源综合利用、加快农业技术推广、增加海外合作和投资等方法策略,保障马里土地资源的高效、永续利用。

一、农业在国家民生中的战略地位

图4-4 1967—2007年马里农业 GDP 比例变化图
资料来源:世界银行,www.worldbank.org。

1. 农业 GDP 在 GDP 中的比重

农业、畜牧业以及黄金是马里的支柱产业,历史上,因长期的殖民统治和掠夺,马里经济基础十分薄弱,操之过急的发展计划和激进的社会变革导致严重的经济和财政困难,是联合国公布的世界最不发达国家之一,工业也难以发展起来。[①] 20 世纪 80 年代以前,马里农业 GDP 占整个国民生产总值的 50% 以上。自上世纪 80 年代末实行经济结构调整计划和紧缩的经济政策,先后同"世行"和"国际货币基金"签署了 1992—1995 年经济结构调整计划以及 1996—1998 年、1999—2002 年强化结调

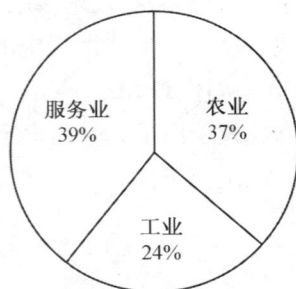

图4-5 2007 年马里三产结构图
资料来源:世界银行,www.worldbank.org。

计划,宏观经济环境改善,经济恢复增长,到 2007 年,农业占 GDP 比例为 37%,年增长率超过 10%,三产结构如图 4-5。

---

① 搜搜百科,http://baike.soso.com/v43272.htm。

2. 农业人口、农业劳动力比重

马里农村人口总量占全国人口的64.1%,2010 年,农村劳动力总量约为 305 万,其中大部分从事农牧业生产,少部分从事捕鱼和林业活动。

3. 农产品出口在出口中的地位

马里是西非经济货币联盟成员国,与其他成员国一起协调贸易和海关政策,以建立共同市场,对外实行统一关税,实行贸易自由化政策,基本上没有设置贸易壁垒,现同 100 多个国家和地区有贸易关系。[①]

由于马里工业落后,农产品在出口创汇中占有主要地位,马里出口的农产品主要包括植物纤维、植物油、谷物和油料作物等,植物纤维又以棉花为主,占全部出口额的 91.17%。2000 年以来,每年出口棉花达到 6 万吨至 26 万吨,出口值 0.7 亿美元至 2.7 亿美元;其次是畜产品,2000 年出口牛 27.9 万头、羊 45 万只,2007 年出口牛降至 8.8 万头,2008 年又升至 22.5 万头,2009 年羊的出口数量为 20 万只;再次是油料作物花生油、花生仁、棉籽和棉籽饼。

表 4 - 9　马里主要农产品出口量与出口值　　单位:百吨,百万美元

产品	2004 年	2005 年	2006 年	2007 年	2008 年	2009 年	2010 年
	量/值	量/值	量/值	量/值	量/值	量/值	量/值
棉纤维	2068/285	2588/265	2281/252	1515/198	1417/204	584/73	572/96
牛(千头)	230/81	31/11	84/43	88/58	225/80	150/80	100/55
羊(千只)	160/11.7	284/22.7	92/5.7	210/18.0	345/30.7	200/18	200/18
花生油	64/6.1	45/4.5	86/9.0	80/8.8	35/4.4	20/2.5	22/3.1
山羊(千只)	36/2.7	30/1.8	32/2.8	35/3.1	2.4/2.7	2.4/2.7	2.45/2.9
棉籽饼	261/6.3	15/0.8	5.7/0.2	1.5/0.1	6.9/0.13	7.0/0.14	7.2/0.15
棉籽	120/2.9	252/1.6	259/3.7	336/3.8	—	—	—
花生仁	18/1.4	21/1.1	60/1.2	64/1.3	34/1.3	30/1.0	30/2.4
小米、面粉	133/1.8	68/0.8	377/8.3	29/0.3	1/0.02	0.7/0.01	2.8/0.05

资料来源:FAO 数据库。

二、农用地生产潜力分析

1. 农用地条件

(1)地形

马里地形平整,起伏不大。整个西部、中部和北部几乎全是平均海拔 200～300

① 马里政策法规,http://www.africawindows.com/bbs/thread-4341-1-1.html.

米的平原,面积占国土 90% 以上。西部有塞内加尔河穿越,南部和中部有尼日尔河流过,北部则是石漠、沙砾漠和砾漠以及沙漠。

平原地区的西、南、东三面围绕着邦布山、唐巴乌拉陡崖和曼丁哥山等山地,海拔约在 500~800 米,属富塔—贾隆山地的支脉。平原上有的地方兀立着蚀余山,它们是由不易侵蚀的古老岩层构成的。东南部是克美杜古群山,包括米纳山、邦贾加拉陡崖和海拔 1155 米的境内最高峰洪博里山地。东部是班迪亚拉高原,东北部是撒哈拉阿哈加尔山脉延伸出来的阿特腊尔—伊福拉斯高原,由于受内部谷沟的侵蚀,山势缓和且破碎,它的平台状山峰平均高度不过 500~800 米,但个别的花岗岩山峰高度可达 1000 米以上。

马里境内基本上是古生界岩层,即所谓撒哈拉地台。它的南侧是更古老的前寒武系岩层。马里地质构造的最大单元是北部的陶德尼陆向斜,东部是号称"苏丹峡"的地堑和马里—尼日尔凹地。平原是地面经历了准平原作用而形成的,远古的构造运动的痕迹已经非常模糊了。现代的地形基本上都是侵蚀的产物,未被侵蚀的岩层则高耸于其他岩层之上。[①]

(2) 土壤

马里的土壤分布具有广阔的地带性,这种地带性与气候带、植被带大体吻合。土壤具有原始性质,腐殖层很薄,土壤中富含铁化合物,所以呈红色。

Ⅰ 荒漠土

在广大的荒漠区,有些地方甚至根本没有土壤可言,表层或者完全是岩石,或者是沙子。仅在有水源的地方才生长一些草类,有点略含腐殖质的土壤。地下水、底土和土壤中的盐分累积过程明显,各种盐类硬壳分布很广泛。

Ⅱ 浅红褐土壤和红褐土

分布在广阔的荒漠地区和典型的热带稀树草原中。这种地区湿润期很短,干旱期长达八至十个月。土壤形成过程都在湿润季节进行,同时也发生土层的铁铝化,土层中的氧化铁、氧化铝和氧化锰都在增加。干旱期氢氧化铁进行脱水过程,这样土壤就越来越红了。热带干草原地区分布着红褐沙土和沙壤土,适宜种植花生、小米和高粱。在低洼地中,土壤以黏土和壤土为主,很适于利用雨水和洪水种稻。在桑桑丁到邦巴之间的尼日尔河河谷地带发育着草甸红褐土,这种土壤是冲积土,每年被洪水淹灌一次,所以含淤泥很多,是马里最肥沃的土壤,也是最适于耕作的土壤。

Ⅲ 红壤和砖红壤

分布在湿度条件变化无常的高草稀树草原地区。这里六个月内雨量在 1000~1500 毫米之间,有机物质很丰富,但大部分有机质矿化度很高,因此腐殖质含量不

---

① 对外经济贸易大学国际经济研究院. 马里农业投资环境报告[R]. 2009.

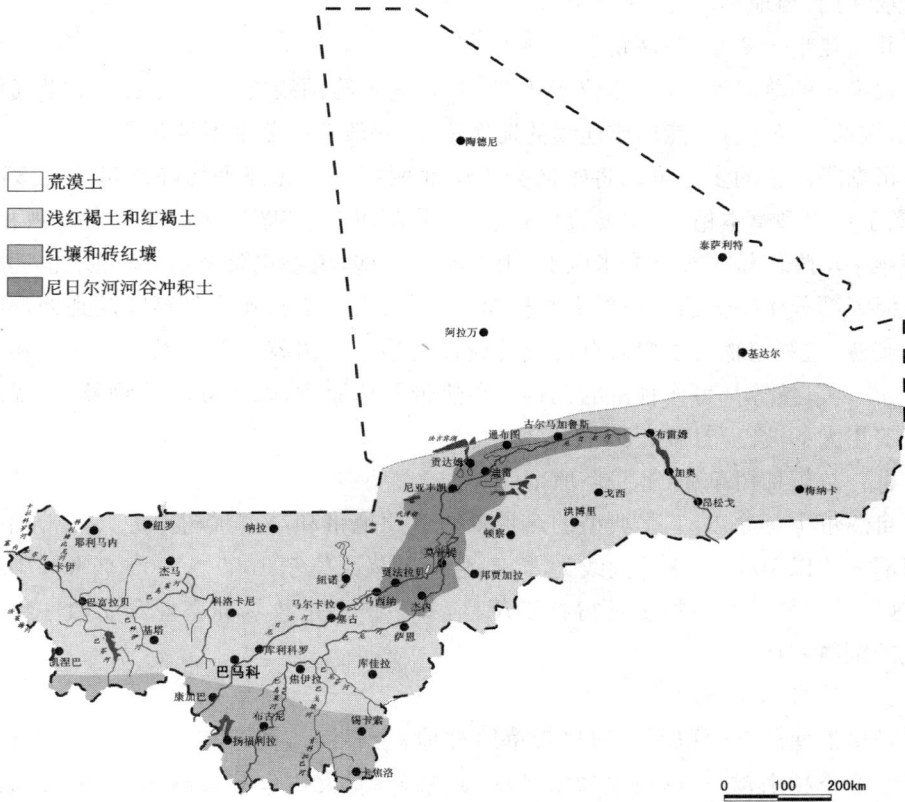

图 4-6 马里土壤类型分布图

资料来源:(苏)Г·Φ·拉钦科,等. 马里共和国[M]. 刘优,等译. 北京:商务印书馆,1981.

高,仅在 2%～3%。由于薄砖红壤侵蚀严重,有的地方的硬结层已经裸露于地表,当地称这种贫瘠的硬盖为"博瓦尔"。

马里的土壤资源距合理利用还差得很远。在干季放火烧荒,一些地区放牧过度,另一些地区的草场休牧期又很短,结果导致土壤退化,牧场肥力恢复过程受到破坏。大部分地区发展耕作业都需要人工灌溉。

(3)植被

马里是一个以荒漠和热带草原为主的国家,并且随雨量的多少,从一个地带逐渐过渡到另一地带。植被带严格按纬度呈地带性分布。

Ⅰ 荒漠带

马里有一半的国土都是灌木和禾草—灌木荒漠,植被极度贫乏。生长在这种地方的主要是旱生灌木和半灌木以及耐旱禾草。在荒漠中,很多植物只有依靠快速生长才能生存,但最多也不过活几个星期。生长着这种短命植物的广大地面,可充短期牧场使用,当地称之为"阿舍布"。[①]

II　热带干草原(萨赫勒带)

荒漠化的草原地带,大体位于 150~600 毫米等雨线之间的地区。由于气候干燥,植被稀疏、丛生,不能形成连续的地面覆盖,一般总覆盖率不足 30%。

根据降雨量的多寡可以将本区分为南北两部分。北部平均降雨量不足 350 毫米,属于草原型草本植被,主要牧草有黍属、莎草属、三芒草属等耐旱的禾本科植物。南部年平均降雨量在 350 毫米以上,由于湿度大些,植物也就密些,刺灌木也逐渐增多。但大部分植物仍然不外乎禾本科如三芒草、坎坎草和须芒草等以及到处都能生长的刺槐,这些植物可以提供有价值的胶性物质——树胶。禾草以及羊蹄甲和刺槐的叶、花、荚、枝等都可作牲畜的饲料。在热带干草原中,除了矮小植物外,还稀疏地生长着粗大的波巴布树以及矮生棕榈树。

III　热带稀树草原(苏丹草原)

自热带干草原以南,是典型的热带稀树草原地带和高草稀树草原。热带稀树草原南部大体以 1000 毫米等雨线为界,高草稀树草原位于 1000~1500 毫米等雨线之间,这里禾本科草类植物生长得特别茂盛,其中很多是牧场养畜业和游牧—牧场养畜业的饲料基地。

IV　热带草原林地

马里最南部有面积不大的热带草原林地,沿着河流两旁有走廊林。自北而南,随着湿润季越来越长,草被也越来越密,越来越高,大树也越来越多,其中分布最广的是木棉树、卡里特油果树、塞内加尔加雅楝、ponbe 棕榈、内雷树、铁刀木树、各种无花果等,最南端生长着油棕树。

这些植物都有广泛的经济利用价值。木棉树的纤维可以做褥垫芯和枕头芯、救生圈,还能做隔音材料,木材可以用来制造火柴,火柴是马里传统的出口品。卡里特油果树是马里的代表性植物之一,每个果核的含油率达 45%~55%;卡里特树还是上等的建筑材料和燃料,卡里特油可以用来制人造黄油、蜡烛和肥皂,也能作化妆品、药品和照明用。ponbe 棕榈材质坚硬,纤维丰富,既耐腐蚀、又抗白蚁的破坏,可以用于建筑材料,在尼日尔河岸多用作木桩和码头。

人类的经济活动使自然景观发生了很大变化。在热带稀树草原地区,落后而掠夺式的开垦和放牧造成了严重的环境压力,木本层和灌木层植被越来越少,土壤、气候、河流情况都受到恶劣影响,荒漠化日益严重。

2. 水资源潜力分析

(1)地表水

---

① (苏)Г・Ф・拉钦科,等. 马里共和国[M]. 刘优,等译. 北京:商务印书馆,1981:10.

马里的河道网基本上是由非洲的两条大河——尼日尔河和塞内加尔河组成的。这两条河流的流域很大部分都在马里境内。

Ⅰ　尼日尔河

尼日尔河在马里境内的长度约有 1600 公里，上游切过结晶岩地块，向东北奔流，这一段河谷狭窄，多险滩、急流。中游从巴马科和库利科罗中间的索图巴险滩起，流贯在稍有起伏的平原上，河床加宽到 1～2 公里，在莫普提附近与巴尼河汇合，巴尼河由巴乌莱河、巴戈埃河和巴尼芬河三条河汇流而成，是尼日尔河在马里境内最大的支流。从通布图起，尼日尔河奔向正东，到托萨埃险滩附近急转东南，从这里起就是尼日尔河的下游段。从马西纳到通布图有很多水量大的分流、汊流、湖泊、岛屿，构成了尼日尔河内三角洲，而这个内三角洲在河水泛滥时又连成一片大湖。内三角洲分为从桑桑丁到贾法拉贝的"死三角洲"和从贾法拉贝到通布图的"活三角洲"。

尼日尔河上、中、下游各河段的自然环境差异较大，因而各河段表现出不同的水文特征。上游处于热带多雨地区，年雨量超过 1000 毫米，支流众多，水量丰富。尼日尔河主要依靠上游段的雨水补给，每年只有一次洪水，洪峰出现在 6—9 月的夏季，洪水季节的水位可上涨 5～9 米。中游河段支流稀少，蒸发强烈，湖沼区滞蓄大量河水，水量逐渐减少。水量的季节差很大，时令性明显，在巴马科高峰洪水流量可达每秒 8000～10000 立方米，而塞古以下地区雨季（6—10 月）洪峰期平均流量为每秒 6000 立方米，干季（11 月—翌年 5 月）平均流量降为每秒 40 立方米，几乎断流。塞古以下的河段和内三角洲河水漫延特别厉害，淹灌的面积大约可达 400 万公顷。

大多数地区的人们都是以部分调节径流的办法利用尼日尔河水实行洪水灌溉。现有灌溉设施可灌溉 15 万公顷土地，这些水浇地种植的主要是水稻，但已经开发和灌溉的面积只有三分之一。

Ⅱ　塞内加尔河

塞内加尔河是由巴芬河和巴科伊河及其支流在巴富拉贝附近汇合而成的。塞内加尔河上游有很多急流和瀑布。卡伊附近有两个风景秀丽的瀑布，即费卢瀑布和圭纳瀑布。卡伊以下急流的数量和规模都较小，但低水位时期航行仍有困难。自卡伊以下不远，与科林比内河汇合；再往下，又有卡拉科罗河携其时令性支流来汇合。它的上游左支流法莱梅河构成了马里和塞内加尔的国界线。塞内加尔河从巴芬河源头到入海处长约 1700 公里，大部分在马里境内。

由于有些河段下切过深，河岸很高，河谷很窄，所以塞内加尔河沿岸很少有地方实行洪水灌溉，而是利用这条河的河水进行抽水灌溉。塞内加尔河的整治工程和河水的综合利用涉及多个国家，目前马里、毛里塔尼亚和塞内加尔三国正在考虑进行区域合作。

（2）地下水

马里没有地表径流的国土约占一半，在这种地方，地下水是唯一的供水来源。

在从事迁徙农业的地区,每个村庄都有一口或几口井。在利用井水的牧区和半牧区,有些地方水井显著不足,牲畜饮水处不敷应用,牧场资源也因此得不到合理的利用。干旱严重限制了马里农牧业的正常发展,因此,利用地下水更显得极其迫切。

3. 土地生产潜力与分析

马里的自然地理和气候环境为农业发展创造了有利条件,适宜种植的农作物主要是小米、高粱、玉米、水稻、小麦、木薯、红薯、棉花、花生、大豆以及芒果、香蕉、木瓜等水果和各种蔬菜;畜牧业饲养牛、羊、驴、马、骆驼等;马里同时还是西非第三产鱼大国,所产上尉鱼、马里鲶鱼肉味鲜美,驰名国内外。

(1)作物生产状况

马里粮食作物种植以谷物为主,播种面积占到91.7%,豆类和薯类次之,且比例都很小。

表 4-10   2003—2010 年马里农产品产值 单位:万美元

产品农作物	2003	2004	2005	2006	2007	2008	2009	2010
小米	13896.6	16619.2	22114.2	23117.2	23819.5	25655.1	25228.7	24919.0
稻米	19850.9	15296.0	25508.8	26815.5	25555.0	55127.0	61723.6	64321.1
高粱	8830.2	8101.1	14696.4	14146.7	16187.2	22475.1	34544.7	19330.2
玉米	4243.3	5339.0	12530.7	11767.2	10666.1	11795.4	26024.6	19883.8
皮花生	7538.5	7920.3	6766.8	8133.8	12870.2	15278.2	17210.2	14186.6

资料来源:FAO,本节作者根据 FAO 统计整理。

据 FAO 统计,2003—2010 年间,马里年产小米 81 万吨至 137 万吨,稻米 93 万吨至 231 万吨,高粱 72 万吨至 126 万吨,玉米 36 万吨至 140 万吨,皮花生 16 万吨至 31 万吨左右。

表 4-11   2003—2010 年马里农产品产量 单位:吨

产品农作物	2003	2004	2005	2006	2007	2008	2009	2010
小米	815000	974676	1157810	1128770	1175110	1413910	1390410	1373340
稻米	931925	718086	945823	1053240	1082380	1624250	1950810	2308230
高粱	723850	664083	629127	769681	900791	1027200	1465620	1256810
玉米	365174	459463	634464	706737	689918	695073	1476990	1403580
皮花生	156000	163900	279503	265549	324187	325000	300624	314458

资料来源:FAO,本节作者根据 FAO 统计整理。

马里的主要经济作物是棉花和花生。棉花及其副产品占国家经济作物出口量

近 50%,加工后的皮棉 97% 供出口。马里棉花产量在 1995 年前为 30 万吨左右,
1996 年超过 40 万吨,1998 年后年产 53.9 万吨以上。20 世纪 90 年代,马里的花生
产量在 13 万吨至 18 万吨之间徘徊。[①]

据马里官方统计,2001—2004 年,马里棉花种植面积在 42 万公顷至 53 万公顷
之间,棉花产量在 44 万吨至 62 万吨之间。

经济作物还有甘蔗、茶叶、烟叶、芝麻和黄麻纤维等。马里对茶叶需求量较大,
茶场生产的茶叶不能满足市场需求,每年进口约 6000 吨,其中 3500 吨在本国消费,
其余转口到周边国家。2001—2002 年,我国在马公司从国内进口茶叶过多,造成积
压,价格大跌,利润下降。

（2）草场载蓄能力

马里地处撒哈拉沙漠边缘地区,有辽阔的草原牧地和广大的无萃萃蝇地带,具
有发展畜牧业的优越的自然条件。畜牧业在马里国民经济中占重要地位,是第二大
出口产业,产值占国内生产总值的 20% 左右,主要畜牧品种有牛、羊、驴、马、骆驼等,
牧场面积约 3000 万公顷,主要牧区分布在萨赫勒草原、北苏冈丹草场、尼日尔河三角
洲及河谷。马里是西非牲畜存栏数最高的国家,畜牧业以饲养牛羊为主。

（3）森林采伐量

马里是世界上森林最少的国家之一,全国森林面积仅 110 万公顷,覆盖率不到
1%。森林多集中在马里南部、西部和尼日尔河上河谷地区。木材产量不大,主要用
于烧木炭用材、家具及建材。

4. 粮食供应与人口压力分析

表 4-12　马里粮食产量及自给率　　　　单位:吨,%

年份	产量	进口量	出口量	自给率
1961	1106550	8514	12882	100
1965	991700	21898	3710	98.20
1970	991241	71171	48	93.31
1975	1306628	119775	0	91.60
1980	967911	86778	40	91.78
1985	1724909	273148	17460	87.09
1990	1771419	60500	20000	97.76
1995	2188965	94382	15000	96.50

① 马里国家的概况[OL]福步外贸论坛,2008-5-30. http://bbs.fobshanghai.com/thread-1163420-1-1.html.

续　表

年份	产量	进口量	出口量	自给率
2000	2309968	113766	12800	95.81
2005	3398727	416979	18677	89.54
2009	6334621	263026	206	96.32
2010	6418274	213702	1513	96.80

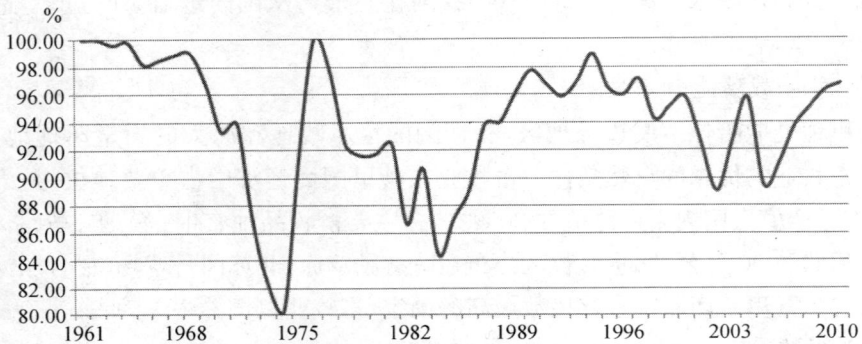

图 4-7　马里历年粮食自给率

　　马里的粮食产量自上世纪 90 年代以来一直处于增长的趋势,同时,马里的人口自然增长率也一直位于世界前列,1990 年人口为 867 万人,到 2009 年达到了 1491 万人,因此粮食的进口量也一直处于增长中,粮食应对人口增长的压力,基本可以自给。根据联合国粮农组织预测的数据,未来二十年,马里的人口将要往上翻一番,在粮食缺口日渐增大的情况下,需要采取更加先进的农业生产方式、更加合理的资源分配利用形式来提升马里的土地人口承载力,以养活快速增加的人口。

三、农用地资源开发利用特点

1. 土地利用结构特点及潜力

　　马里经济以农牧业为主,土地和水资源丰富,素有"西非粮仓"之称。尼日尔河及塞内加尔河流经马境的长度分别为 1780 公里和 669 公里,可灌溉土地 1800 万公顷,约占全国总面积的 15%。2007 年,马里全国粮食耕种面积 352.8 万公顷,占可耕地面积的 20%。农村人口占总人口的 68%,有着大量的农村劳动力。尽管马里发展农业生产的自然条件较好,但由于其农业投入少、技术落后、机械化程度低等原因,迄今仍基本处于"靠天吃饭"、"刀耕火种"的状态,粮食产量不高,而且大量的土地有待开发和耕种,具有很高的农业投资潜力。2009 年,马里耕地面积 646 万公顷,垦殖率为 5.29%,草地和牧场资源丰富。

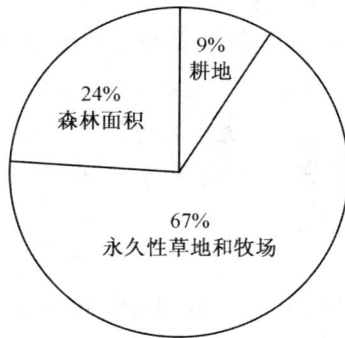

图 4 - 8　2009 年马里农用地结构图

2．土地利用组织形式

马里农村土地实行分田到户的政策,主要指村庄周围的土地和种粮区的大片土地实行分配政策,而大量未开垦的荒地、偏远的土地允许开荒种地。

3．土地经营方式与生产方式

马里的土地属国家所有,农民仅有土地的使用权,不存在土地的买卖关系。自由经济是马里农业生产的特点。农业主要为个体经营,以户为单位,从事自给型的小农经济生产。也有一些规模较大的国营农场,其中最大的是尼日尔局农场。它位于尼日尔河三角洲,可垦面积达 96 万公顷,是马里重要的农业基地。此外,还有雇工和外资等农业经营形式。

四、农用地潜力的主要制约性因素

1．资源的合理开发利用问题

最近 20 年,在马里政府领导下,“尼日尔河开发办公室”作为马里水利工程的主要开发者,在扩大灌溉面积、整修灌溉渠网、推广种植多样化等方面做了大量工作。

2．农业物质技术装备条件

由于马里农业的生产水平较低,农业设施落后,灌溉面积仅为 19.5 万公顷,只占农用地的 9.4%,90% 以上的耕地得不到灌溉。同时,由于种植技术水平低下,无论采用大牲畜耕地或运用农业技术,进展都十分缓慢。已经拥有的一部分农业机械设备,如拖拉机、碾米机、发电机、水泵、运输汽车等都是进口的,由马里首都巴马科的一些公司进口农机,再销往各大中城市和乡村。其中相当一部分农机是从我国进口的。但多数马里农民买不起拖拉机,产稻区只有部分农户有碾米机。

3．农畜产品加工条件及其运输流通条件

马里政府对农产品不实行统购统销政策,而是农民自产自销,粮食加工厂也自购自销。大中城市的粮食购销中心按市价购销;政府对大宗农业经济作物如棉花鼓励出口,并不亲自组织收购和出口销售。

马里国内市场发育不充分、不完全。农产品市场主要靠集市交易和城乡分散的门市交易。大中城市有为数不多的农产品购销中心,但规模不大。棉花市场发育较成熟,有棉花主产区、管理组织、收购机构和棉花加工厂,但棉花市场主要受法国人的操控。由于马里是内陆国家,对外交通十分不便,因此马里国内运输主要靠公路,进出口物资则需要经邻国转运。

4. 自然灾害

马里北部为热带沙漠气候,干旱炎热,中、南部为热带草原气候,因此高温和干旱是马里的主要气象灾害。2004 年马里曾经发生蝗虫灾害,随之又发生旱灾,引起粮食供应不足。据《非洲青年》杂志报道,一年中玉米和大米价格增长了 65%,政府已将 21000 吨,即三分之一的安全库存粮食分配给了老百姓。同时,疟疾为当地的生物灾害,严重影响到社会和经济的发展。

五、农用地资源永续利用战略与对策

1. 土地永续利用战略

(1)因地制宜,优化土地利用结构

对不同地形、气候的区域进行土地利用规划,做到因地制宜,合理进行农业资源综合开发。调整粮食作物和经济作物的配比,兼顾粮食生产和经济发展,发展水稻、玉米、小米、高粱生产基地。

(2)适度开发,防止掠夺式开发

因尚未发现煤炭和油气资源,树木成了马里人日常生活中最主要的燃料,全国有 80% 的人以薪柴为燃料,居民对木炭需求量越来越大,非法砍伐现象严重。在农业资源开发的过程中,政府需要号召农民开展多种经营、造林绿化、保护生态平衡、反对放火烧荒。

(3)生态环境开发与保护

保护森林和植被,改善环境质量,教育农民同沙漠化、林火和烧荒作长期的斗争。以生态功能区为重点,强化草地、湿地、森林和生物多样性保护,推进沙化土地和水土流失治理,加强土地整治和地质灾害防治,加快传统农牧业生态转型,科学合理有序地开发矿产资源和水能资源。

2. 战略对策

进行土地利用的集约化、区域化、专门化安排与生态环境保护,大力整地治水,改革耕作制度,提高复种指数,改良品种。在灌溉渠周围,扩大水稻种植面积。在牧区,提倡家畜商业化,加强草场的建设与保护。在尼日尔河流域及其他水面,强调发展渔业生产。

合理解决乡村能源供应问题,开发可再生能源。把各种太阳能设备运用到农民的劳动和生活中去,建立为居民和牲畜供水的"太阳能"水泵、服务于灌溉系统的太阳能机组、广泛普及使用太阳能的炉灶。

有效吸引外资,加强农业工程建设。马里政府鼓励私人和外国投资,鼓励投资发展的领域中把农副产品的生产和加工摆在首要地位。

(马 奔 陈 雅 姜忠尽)

第三节 畜牧业发展潜力研究

一、畜牧业在国民经济中的地位

1. 畜牧业在国民经济中的地位

马里共和国是传统的农牧业国家。农业自始至终在国民经济中占据重要地位。20世纪70年代末,马里的农业产值占国民生产总值的50%以上。虽然近些年,由于经济结构的优化与调整,农业产值占国民生产总值的比重有所下降,低至36.3%,但不可否认,农牧业仍在马里经济中起着至关重要的作用。

在马里,畜牧业被认为是推动经济可持续增长和创造就业、增加收入与外汇的主要力量。它在第一产业中占据重要位置。不少于85%的马里农民投身于这项产业之中,尤其是在那些最贫穷的地方。同时,这一产业成为超过30%的人口的主要收入来源。畜牧业是马里整个生产系统的决定性组成部分,因为当今在88%的农场中,少于10个人的占43%。与土地不同的是,牲畜分布是相当集中的,这是因为聚集了多于20个人的农场是非常少的(14%),但却集中了马里53%的牲畜。43%的农场拥有大概10~20人。

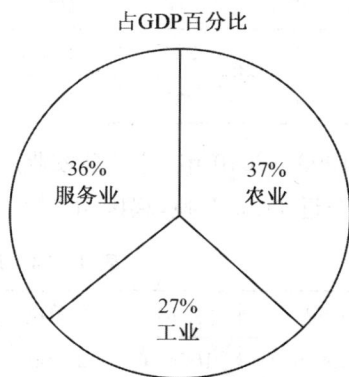

占GDP百分比

图4-9 2009年马里产业结构图

在2007年,马里第一产业的增长率为2.5%,相对2006年的4.3%有所下降。第一产业在国民生产总值中占33.8%,为国民经济增长贡献了0.8%。这一增长主要得益于自给农业和畜牧业。根据统计数据显示,畜牧业大概占国民生产总值中第一产业的26%,国民生产总值的9%,成为仅次于金子和棉花的马里第三大出口资源。最新研究得出结论(环境保护部,农发基金,2006年;经合组织,法国,农村中心达喀尔,2007 年;环境保护部,世界银行,2009 年),畜牧业在国民经济核算中的重要性估计不足,并达到了高于这个价值的成绩(分别为国民生产总值的 12%和 19%)。畜牧业的经济价值在于其相关产品,在于它能够满足人们的消费需求,更在于能通过增加就业岗位和提高生产者或其他行业参与者的收入来减少贫穷,尤其是对于那些最贫困的人而言。

表 4-13 1999—2010 年马里畜产品产值   单位:百万美元

肉奶品	牛肉	绵羊肉	山羊肉	鸡肉	牛奶	绵羊奶	山羊奶
1999 年	162	35	37	71	39	24	40
2000 年	95	62	50	62	37	21	36
2001 年	112	85	49	56	37	22	36
2002 年	153	91	66	70	51	22	41
2003 年	201	124	81	87	63	28	70
2004 年	176	140	93	99	133	36	99
2005 年	245	134	94	103	139	38	124
2006 年	260	108	151	142	146	41	147
2007 年	267	151	213	142	183	90	239
2008 年	328	166	279	192	236	119	293
2009 年	324	165	340	209	250	151	333
2010 年	337	170	353	206	254	155	345

1999—2010 年,马里畜牧业产量牛肉由 10.5 万吨增至 14.4 万吨,羊肉由 6.4 万吨增至近 11.6 万吨,鸡肉由 2.9 万吨增至 4 万吨。

表 4-14 1999—2010 年马里畜产品产量   单位:吨

产品	牛肉	绵羊肉	山羊肉	鸡肉	牛奶	山羊奶	绵羊奶
1999 年	105449	27500	37080	29408	198083	195600	93000
2000 年	111930	28125	38500	29175	203558	195900	96000
2001 年	113139	30795	42293	27175	209781	196080	105000
2002 年	116467	31874	43671	32480	216801	205860	108000
2003 年	123591	35233	48145	33600	224726	227040	117000
2004 年	126750	37246	50547	34800	233632	238320	124500
2005 年	126750	39746	50603	36000	243653	238590	126000

产品	牛肉	羊肉	山羊肉	鸡肉	牛奶	羊奶	绵羊奶
2006 年	105885	37666	52671	37120	254891	193339	123597
2007 年	112320	40077	56601	33990	269035	203007	133061
2008 年	129142	40535	62609	39440	283955	315000	142500
2009 年	136305	44511	65756	40600	299709	330500	153000
2010 年	143676	46444	69061	40600	308700	347000	160000

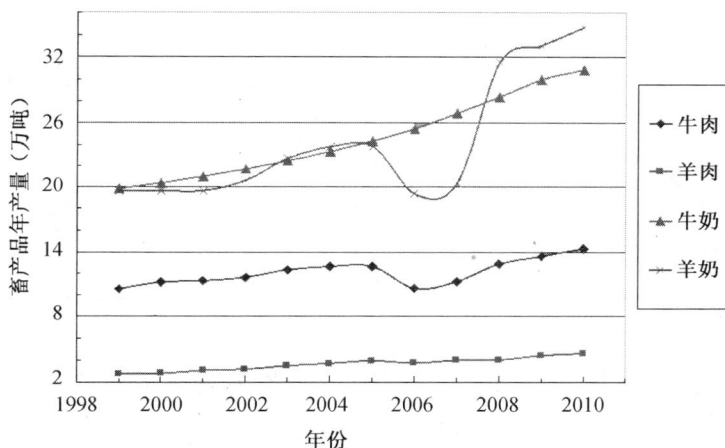

图 4-10 1999—2010 年马里畜产品产量曲线图

资料来源:FAO。

2. 畜产品的供应、需求及消费

(1) 牲畜/肉的供应、需求及消费

动物的销售量反映了牲畜的需求量,而销售量又因国家畜牧和渔业部的技术服务而得到提高,这一技术服务是和农业市场观察所紧密合作的。马里全国范围内的动物交易活动在 60 个市场里进行。动物产品的消费水平依赖于多种因素,如饮食习惯、消费者的购买能力、牲畜供应和需求的季节性变化、气候的突发状况和经济困难。由于近期国际水平下的食品价格飙升,发展中国家受到了强烈的影响,我国也不例外。暂且不论马里的潜力如何,国家实力主要通过牲畜和肉类价格的周期性上升来证明。居间商人的存在和动物的现金购买不仅加剧了牲畜市场的投机,也使得屠户和肉类批发商的财政状况变得不稳定,并且削弱了消费者的购买力,牲畜的需求量变化在表 4-15 中呈现。

表 4 - 15　2006—2009 年马里主要牲畜需求量的变化　　　　　　单位:头

种　类		2006 年	2007 年	2008 年	2009 年	总数
牛	存栏	1362557	1449955	1274786	1273241	5360539
	出栏	908040	1165035	1023142	962101	3855384
	%	67	80	80	76	72
绵羊/山羊	存栏	3558556	4340029	4481488	4193487	16573560
	出栏	1766052	2370080	2225827	2322299	8684258
	%	50	55	50	55	52
驴	存栏	46119	42763	47766	50562	187210
	出栏	23639	52556	22310	19947	98452
	%	51	76	47	39	53
骆驼	存栏	17024	11346	19816	32210	80396
	出栏	11124	8670	12143	20491	52698
	%	51	51	47	39	53

资料来源:国家生产及动物产业局(DNPIA)年度报告。

在 1986 至 2006 年间,马里全国范围内肉类消费总数从 107268 吨上升至 192019 吨。牛仍然是屠宰的主要牲畜,但在红肉总量中所占的份额正在下降,从 1986 年的 54%跌至 2006 年的 48%。马里牛肉消费比例下降是因为牛的出口数量增加,同时小型反刍类动物的消费逐渐升高,尤其是北方的骆驼。近些年来,城市化的扩大,对乡村主要食品供应来源的发展产生了积极的影响,使得家禽类的消费也同样进入了考虑的范围之内。

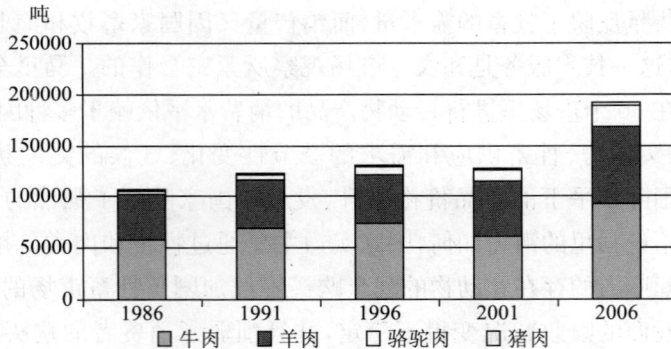

图 4 - 11　1986—2006 年马里肉类消费量

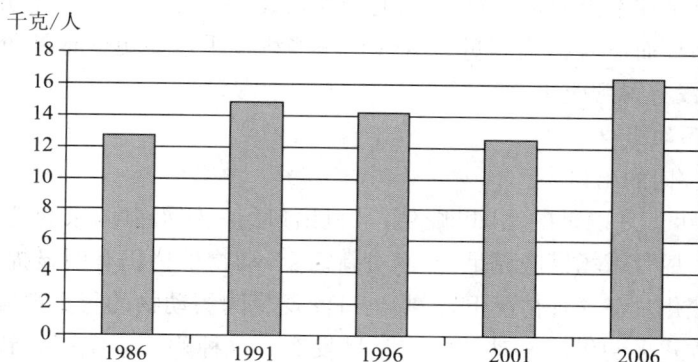

图 4-12　1986—2006 年马里肉类人均消费量

资料来源：FAO。

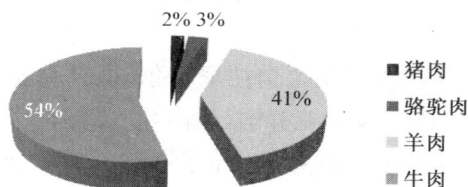

图 4-13　1986 年马里肉类消费结构

资料来源：FAO。

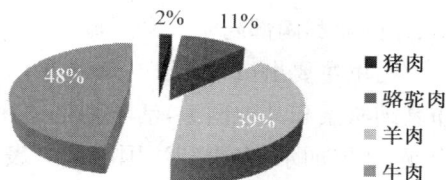

图 4-14　2006 年马里肉类消费结构

资料来源：FAO。

2006 年人均年红肉消费量为 16.5 千克，自 1986 年起，这种消费趋势逐渐增强。但在 2001 年创下最低点（人均年消费量 12.4 千克），这也是与同年重出口牛的数量有关。

（2）奶和乳制品的供应、需求及消费

在缺乏有组织性的奶市场的情况下，通过已交付和已出售的奶的数量来量化奶的供应与需求量并不是一件容易的事情。奶的交付量如果仅从全国范围内的几家采集点抑或是根据实际中少量奶的交易量来相比商品化的交易量，这些都不能准确地评估当前的状况。因此，我们很多时候认为理论上可生产的奶的数量就是需求的数量。

2009 年，马里全国可食用奶量达到 554817000 升（国家畜牧和渔业部，国家生产及动物产业局，2009 年）。在此基础上，2009 年马里人均消费奶量达到 39 升。考虑到进口的奶类，人均年奶类消费总量将达到 30~40 升每年。然而，地区差异性十分巨大。游牧地区人均年消费奶量大概是 30 升，而国家南部地区则为 5~6 升，国家其余地区为 10 升左右。此外，根据最新研究报告指出，巴马科地区 50% 的城市人口人均年消费 25~100 公斤的奶，塞谷地区 40% 的城市人口人均年消费大概 39 公斤的奶。上述的奶的生产量基本与事实上人均奶消费量持平。马里的奶类没有出口，所有生产出的奶都在本国消费。同时,没有断奶的小牛犊也会消耗一部分奶量。奶的消费仅仅是估计而没有精确测量。尽管有一些科技手段能更好地评价现实的消费情况,但是却没有得到应用。

3. 畜产品的出口

(1) 牲畜/肉的出口

继1994年1月以来的法郎①贬值,马里出口给一些沿海国家的牲畜/肉的数量大幅度增加。尽管市场供应充足,但面对新需求,动物价格仍有明显提高。此外,交易模式出现变化。在这种情况下,一些出口商现金购买动物的行为严重干扰了那些习惯以贷款方式采购供屠宰动物的肉类批发商。这种购买系统还导致肉类消费量的减少。

按照惯例,马里一般向海滨国家提供牲畜(牛、骆驼和小型反刍类动物)。经尼日尔到尼日利亚,经布基纳法索到加纳、象牙海岸,经象牙海岸到利比里亚、塞内加尔、几内亚和南部阿尔及利亚城市。

马里主要出口牛、绵羊,其次是山羊和骆驼。活牛主要销往尼日尔、尼日利亚、布基纳法索和其他国家,活羊则是销往几内亚、阿尔及利亚等国,牛肉和羊肉出口几内亚、塞内加尔、多哥和法国等国。表4-16和图4-15主要显示了2003—2009年活畜的出口状况。

表4-16 2003—2009年马里活畜的出口变化   单位:头

种类 \ 年份	2003	2004	2005	2006	2007	2008	2009
牛	93011	115831	58 945	140368	148490	142796	144412
绵羊/山羊	165279	235617	243117	177949	285723	352781	512255
骆驼	3533	7384	306	2865	1949	3333	2925
猪	—	—	—	—	915	661	313
家禽	18082	412902	294985	13714	3587	4518	6075

(2) 奶和乳制品的出口

有关马里奶和乳制品出口的数据是不太可用的。显而易见的是,到目前为止,奶和乳制品的出口对于生产者而言仍然是一份未开发的处女地。目前,国家的重点是更好地控制当地的生产,使其增值以满足国内的消费需求,并且提高小生产者的收入,减少奶和乳制品的进口。

---

① 这里的"法郎"指的是非洲金融共同体法郎(FCFA)。

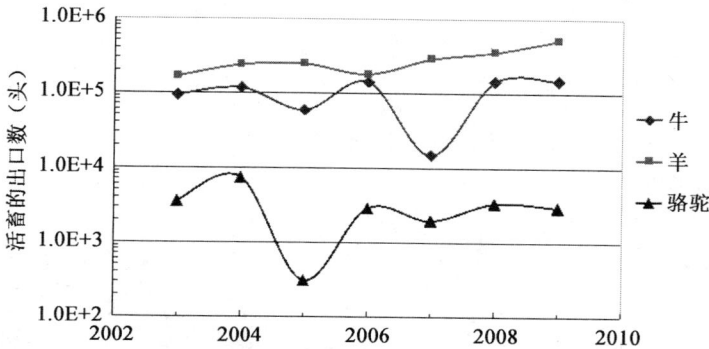

图 4 - 15　2003—2009 年马里活畜的出口变化曲线图

资料来源:FAO。

二、畜牧业发展的条件

1. 草地条件

马里地形平整,起伏不大。整个西部、中部和北部几乎全是平均海拔 $200\sim300$ 米的平原,面积占国土 90％以上。西部有塞内加尔河穿越,南部和中部有尼日尔河流过。北部则是石漠、沙砾漠和砾漠以及沙漠。

根据粮农组织(FAO)的调查,马里的农业土地面积从 2000 年的 3867.4 万公顷增加到 2007 年的 3961.9 万公顷。其中耕地和永久性作物面积占的比例较小,2005 年为 484 万公顷,占国土面积的 3.9％;森林面积下降到 1257.15 万公顷,占国土面积的 10.14％;内陆水面保持在 200 万公顷,占国土面积的 1.61％。农用土地中,耕地和永久性作物面积占 12.26％,永久性草场和牧场面积增加到 3463.9 万公顷,占国土面积的 27.93％。由于草场全部为可任意放牧、不加管理的天然牧场,开发利用效率低,其潜在载畜量平均只有 0.8 头(牛)/公顷,目前实际载畜量约为 0.5 头(牛)/公顷。

表 4 - 17　2005—2009 年马里农业土地资源状况　　　　单位:千公顷

年份 类别	2005	2006	2007	2008	2009
土地面积	122019	122019	122019	122019	122019
农业面积	40342	40416	40574	40501	41101
耕地和永久性作物	5703	5777	5908	5861	6461
耕地	5603	5677	5808	5761	6361
永久性作物	100	100	100	100	100
永久性草场和牧地	34639	34639	34639	34640	34640
森林面积	12885	12806	12727	12648	12569

数据来源:FAO。

荒漠区:植被极其贫乏

荒漠草原

禾草—灌木草原

乔木—灌木草原

稀树草原

稀树草原林地

内三角洲

国家公园、森林保护区

0　100　200km

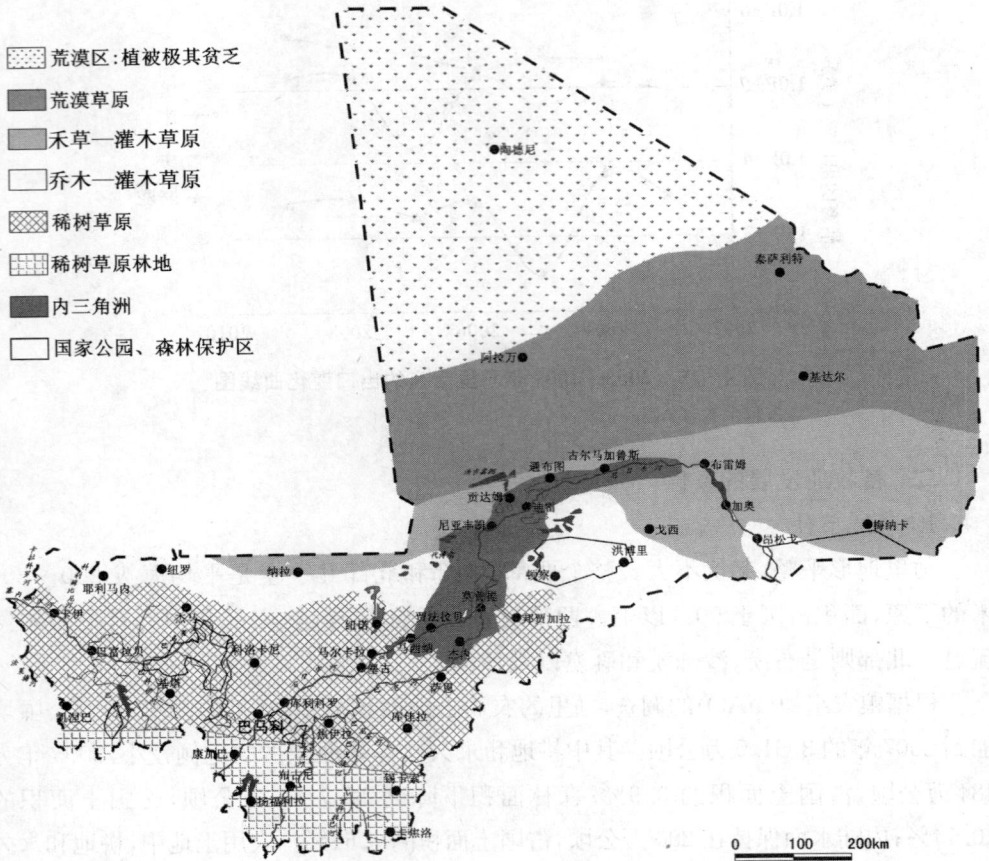

图 4 - 16　马里植被分布图

资料来源:(苏)Γ·Φ·拉钦科,等.马里共和国[M].刘优,等译.北京:商务印书馆,1981.

流经马里境内的尼日尔河(1780 公里)、塞内加尔河(669 公里)可灌溉土地 1800万公顷,约占全国总面积的 15%,全国已耕地面积约 350 万公顷,占可耕地面积的20%。由于基础设施落后,马里总灌溉面积未曾增加,为 23.6 万公顷,比例很低。

马里位处非洲西部撒哈拉沙漠南缘。国家北部为热带沙漠气候,中、南部为热带草原气候,是一个以荒漠和热带草原为主的国家。这就表明了气候条件影响下的水草资源将决定牧民的畜牧方式。于是,了解一下马里的植被分布是十分有必要的。

• 荒漠带:马里有一半的国土都是灌木和禾草—灌木荒漠,植被极度贫乏。生长在这种地方的主要是旱生灌木和半灌木以及耐旱禾草。在荒漠中,很多植物只有依靠快速生长才能生存,生长着这种短命植物的广大地面,可充短期牧场使用,当地称为"阿舍布"。

• 热带干草原(萨赫勒带):根据降雨量的多少可将本区分为南、北两部分。北部平均降雨量不足 350 毫米,属于草原型草本植被,主要牧草有黍属、莎草属、三芒草属等耐旱的禾本科植物。南部年平均降雨量在 350 毫米以上,大部分植物仍然不外乎禾本科如三芒草、坎坎草和须芒草以及到处都能生长的刺槐。禾草以及羊蹄甲和刺槐的叶、花、荚、枝都可用作牲畜的饲料。

• 热带稀树草原(苏丹草原):自热带干草原以南,是典型的热带稀树草原地带和高草稀树草原。这里的禾本科草类植物生长得特别茂盛,其中很多是牧场养畜业和游牧—牧场养畜业的饲料基地。

• 热带草原林地:马里最南部有面积不大的热带草原林地,沿着河流两旁有走廊林。自北而南,随着湿润季越来越长,草被也越来越密、越来越高,大树也越来越多,其中分布最广的是木棉树、卡里特油果树、内雷树和各种无花果等。

热带草原给牲畜提供了良好的天然牧场,但由于降水的地区性和季节性差别很大,严重限制着植被的生长。雨季时水草丰美,牲畜膘肥体壮;旱季时牧草枯萎,牲畜失去了口粮,开始掉膘至死亡,乳牛产奶量直接下降。

2. 水资源条件

(1) 降雨量与季节性规律

马里几乎全部位于热带,小部分位于亚热带内,因此全年的气温都很高。全年分为三个季节:3—5 月为热季,6—10 月为雨季,11 月—翌年 2 月为凉季。年平均气温在28~29℃之间,甚至最冷的 1 月平均气温也不低于 20℃。马里又是一个干燥之国,由于降雨量小,气温高,干燥的东北风盛行,相对湿度自然很低。年平均相对湿度在北半部不超过 25%~35%,最湿润的南方也不超过 60%。2—4 月湿度最小,6—9 月湿度最大。

马里降雨的地区分布也很不均匀。雨季多阵雨,全年雨量多集中于 7—9 月。全国年均降雨量约 700 毫米,由南至北渐次递减,最南端的年降雨量可达 1500 毫米以上,而北部的荒漠里,有些年一场雨也不下。东南部锡加索地区年降雨量达 1300 毫米,巴马科约 1000 毫米,北部撒哈拉地区则减至 50 毫米。而且雨量的多少,年份之间也有很大出入。

(2) 地表水(河、湖)

马里的河道网基本上是由非洲的两条大河——尼日尔河和塞内加尔河组成的。这两条河流的流域很大部分都在马里境内。

Ⅰ 尼日尔河

尼日尔河在马里境内的长度约有 1600 公里,上游切过结晶岩地块,向东北奔流,这一段河谷狭窄,多险滩、急流。中游从巴马科和库利科罗中间的索图巴险滩起,流贯在稍有起伏的平原上,河床加宽到 1~2 公里,在莫普提附近与巴尼河相汇,巴尼河由巴乌莱河、巴戈埃河和巴尼芬河三条河汇流而成,是尼日尔河在马里境内最大的

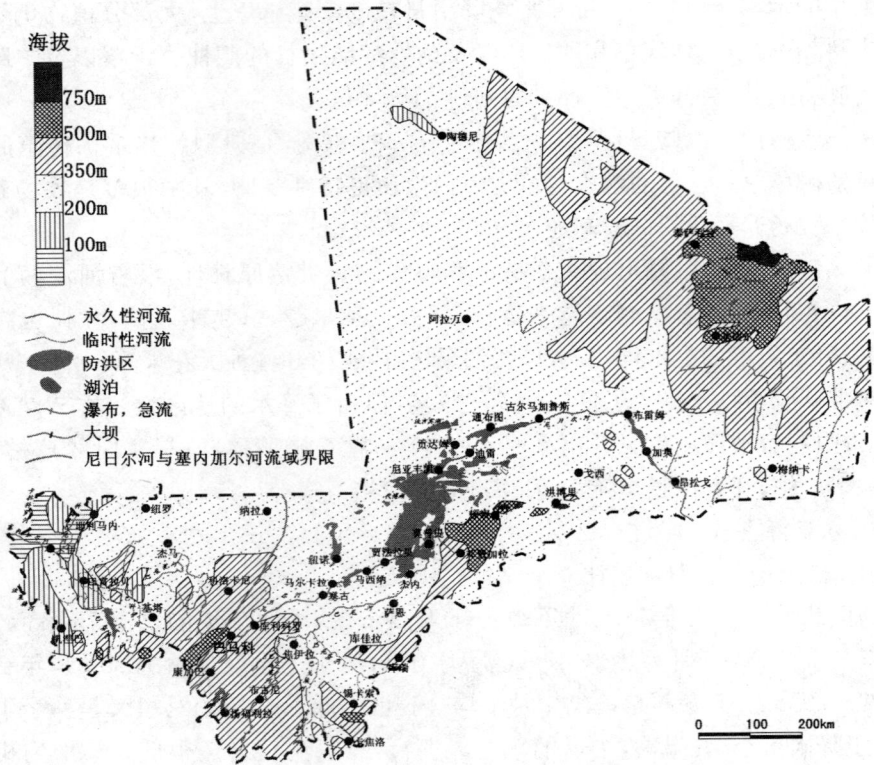

图 4 - 17　马里地形与水系图

资料来源:(苏)Γ·Φ·拉钦科,等著.马里共和国[M].刘优,等译.北京:商务印书馆,1981.

支流。从通布图起,尼日尔河奔向正东,到托萨埃险滩附近急转东南,从这里起就是尼日尔河的下游段。从马西纳到通布图有很多水量大的分流、汊流、湖泊、岛屿,构成了尼日尔河内三角洲。而这个内三角洲,在河水泛滥时又连成一片大湖。内三角洲分为从桑桑丁到贾法拉贝的"死三角洲"和从贾法拉贝到通布图的"活三角洲"。

　　尼日尔河上、中、下游各河段的自然环境差异较大,因而各河段表现出不同的水文特征。上游处于热带多雨地区,年降雨量超过 1000 毫米,支流众多,水量丰富。尼日尔河主要依靠上游段的雨水补给,每年只有一次洪水,洪峰出现在 6—9 月的夏季,洪水季节的水位可上涨 5～9 米。中游河段支流稀少,蒸发强烈,湖沼区滞蓄大量河水,水量逐渐减少。水量的季节差很大,时令性明显,在巴马科高峰洪水流量可达每秒 8000～10000 立方米,而塞古以下地区雨季(6—10 月)洪峰期平均流量每秒 6000 立方米,干季(11 月—翌年 5 月)平均流量降为每秒 40 立方米,几乎断流。塞古以下的河段和内三角洲河水漫延特别厉害,淹灌的面积大约可达 400 万公顷。

Ⅱ 塞内加尔河

塞内加尔河是由巴芬河和巴科伊河及其支流在巴富拉贝附近汇合而成的。塞内加尔河上游有很多急流和瀑布。卡伊附近有两个风景秀丽的瀑布,即费卢瀑布和圭纳瀑布。卡伊以下急流的数量和规模都较小,但低水位时期航行仍有困难。自卡伊以下不远,有科林比内河汇入;再往下,又有卡拉科罗河携其时令性支流汇入。它的上游左支流法莱梅河构成马里和塞内加尔的国界线。塞内加尔河从巴芬河源头到入海处长约 1700 公里,大部分在马里境内。

由于有些河段下切过深,河岸很高,河谷很窄,所以塞内加尔河沿岸很少有地方实行洪水灌溉,而是利用这条河的河水进行抽水灌溉。塞内加尔河的整治工程和河水的综合利用涉及多个国家,目前马里、毛里塔尼亚和塞内加尔三国正在考虑进行区域合作。

(3)地下水

马里没有地表径流的国土约占一半,在这种地方,地下水是唯一的供水来源。在从事迁徙农业的地区,每个村庄都有一口或几口井。在利用井水的牧区和半牧区,有些地方水井数量显著不足,牲畜饮水处不敷应用,牧场资源也因此得不到合理的利用。干旱严重限制了马里农牧业的正常发展,因此,利用地下水更显得极其迫切。

在北部地区,几乎所有的畜群都掌握在摩尔人、图阿雷格人和颇耳人手中。畜群的牧场随着季节从北往南往返移动。雨季的时候,牲畜散布在北方的草原地带,雨季后又集中赶到河塘的两岸,在持续八个月的旱季时则迁移到南方。雨季一开始,它们又回到自己北方的故乡。没有定居居民的广阔草原、高质量的牧草和熟练的牧民,这些有利条件使畜群大量繁殖起来。饲养牲畜是为了增加牲畜头数,并不是为了增加奶或肉的产量。牲畜头数愈多,牧主的社会名望就愈大。在马里中部地区,定居牧民正在增多,放牧只限于短距离范围内,在旱季时就寻找那些地势比较低,因而也比较潮湿的地方。这里的牧主是定居的颇耳人,他们一部分人生活在索宁凯人、班巴拉人和马林凯人的村子里,或者本身就是农民,他们饲养牲畜只不过是作为他们农业劳动之外的一种副业。

3. 人口与民族

(1)人口及城乡人口分布

根据 1998 年的全国人口普查,马里总人口为 981 万人,通过 2009 年第四次全国人口普查,马里的全国人口已上升至 1450 万人,其中男性为 720 万人(占总人口的 49.6%),女性为 730 万人(占总人口的 50.4%)。

根据 2004—2005 年的农业人口普查显示,马里农业人口为 8912459 人(相当于全部人口的 78%),其中 75% 是农牧民,10% 是纯

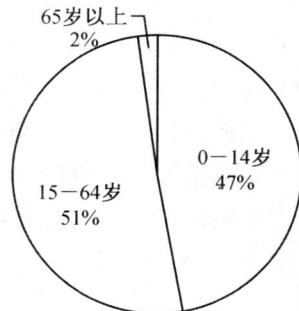

图 4‑18 **2011 年马里人口年龄构成图**

177

粹的牧民,9%是纯粹的农民。这些农业人口分布在805194个农场的1374215户家庭之中。这些农场平均占有4.7公顷的土地。与此同时,87%的农场都至少拥有一头牲畜。2007年,马里人口的约73%居住在农村地区,27%住在城市(相对于2005年的25%)。尽管大多数人口都生活在农村,但干旱年之后的自然增长和大量外流导致了自1976年以来的城市人口的迅速增长。

2011年,马里国内15岁以下的人口占总人口的47%。2000年以来的人口增长率约为3%,平均每名妇女生育的婴儿数为6.7个。2007年,马里人均寿命仅为48岁,尽管比其他非洲国家要高,但远低于世界平均寿命水平。

(2)民族因素

民族是牲畜饲养方式的另一个决定性因素。由于各族人民所处的自然环境不同,他们在饲养牲畜的过程中积累了利用各类草原的丰富经验,并形成了各具特点的饲养方式。[①] 例如,西非马里的富拉尼人以养牛著称,他们从14世纪开始从塞内加尔河流域向外扩展,有些向南进入富塔贾隆高原,有些则向东扩展至乔斯高原和巴门达高原。除部分定居外,相当大的一部分富拉尼人仍过着游牧、半游牧的生活。

三、牲畜组成及其饲养方式

1. 牲畜的组成

(1)牲畜的种类

马里畜牧业中肉类和奶类部门所用的牛大部分属于瘤牛,有摩尔牛、图阿雷格牛、阿尔扎克牛和富拉尼牛。而无瘤牛主要是恩达马牛和西非短角牛。

绵羊方面,有马西纳的毛用羊、摩尔羊、图阿雷格羊、富拉尼羊和南方的毛用绵羊。山羊主要是一些萨赫勒羊和富塔贾隆羊。这几种山羊与摩尔、图阿雷格等品种的不同在于,它们的产肉产奶量不高,但是它们能很好地适应畜牧中的艰难环境。

同样地,比如说恩达马牛分布在10°N以南,这些地方多属热带雨林和高草稀树草原区,萃萃蝇猖獗,只有抵抗力强的无瘤牛才能适应。从北方来到南方的牲畜繁衍下去,通过杂交,增加了南方牲畜不具备的抗寒力和适应力,最好的例子是恩达马牛。产奶量的突破和杂交牛(奶—肉)的实现等现实表明,与进口品种的杂交计划首先在国家的研究所内进行,之后将走出研究所,并直接与饲养员的水平、实现的方式相联系。今天,有关部门尝试通过人工授精的方法来改良当地牲畜品种的基因。

---

① 姜忠尽.非洲农业图志[M].南京:南京大学出版,2012.

骆驼是一种耐炎热、耐干燥,以有刺灌木的枝叶为食的牲畜。它们最能适应荒漠、半荒漠的炎热干旱条件。骆驼不仅能够提供肉、奶、毛、皮,更重要的是它们能够搬运货物和输送人员,素有"沙漠之舟"的称号。因此,骆驼在牧民生活中占据重要地位。非洲骆驼都是单驼峰的。

除了骆驼能够作为役畜和驮畜之外,马、驴、骡也具备同样的功能。但在马里乃至非洲的牲畜中,马、驴、骡的数量相对来说少得多。因为非洲气候炎热,兽疫发病和感染率高,马不易存活。但是非洲驴不但数量比马多,分布也比马广。它们耐劳抗病,适合贫瘠的放牧条件和饲料条件。2008 年的数据统计显示,马里的驴的数量占非洲总数的大约 9.5%。由于牧民平时食用的肉食来自于牛、羊、骆驼,再加上宗教的原因,因此在马里猪这一牲畜的比例较小。

(2) 牲畜的数量

截至 2009 年 12 月 21 日,马里的牲畜数量为:8896300 头牛,11300200 只绵羊,15735600 只山羊,478000 匹马,861800 头驴,904400 头骆驼,74200 只猪和 33950000 只家禽。在马里过往十年里,牲畜数量的变化如表 4 - 18 所示。

表 4 - 18　2000—2009 年马里牲畜数量的变化　　　　单位:头,只

年份	牛	绵羊	山羊	马	驴	骆驼	猪
2000	6619751	6937371	9847916	181520	695250	525252	66642
2001	6818343	7284240	10340312	200017	710476	590856	67375
2002	7022894	7648452	10857327	220399	726035	664654	68116
2003	7233580	8030874	11400194	242858	741936	747670	68866
2004	7450588	8432418	11970203	267605	758184	841054	69623
2005	7532000	8408000	12000000	265000	919000	674000	69000
2006	7904329	9296741	13197149	324922	791756	1064269	71163
2007	8141459	9761578	13593063	357414	807591	852260	71875
2008	8385703	10249657	14272716	393834	825277	869305	72666
2009	8896392	11300247	15735670	478187	861820	904425	74272

2. 牲畜的分布

简单来说,马里的各类牲畜区域分布有如下重点:牛分布在巴马科、莫普提和加奥,绵羊和山羊分布在加奥、莫普提和塞古,驴分布在加奥、莫普提和巴马科,马分布在巴马科、塞古和莫普提,骆驼分布在加奥,猪和家禽分布在塞古和巴马科。具体的分布状况,可以参照以下图表。

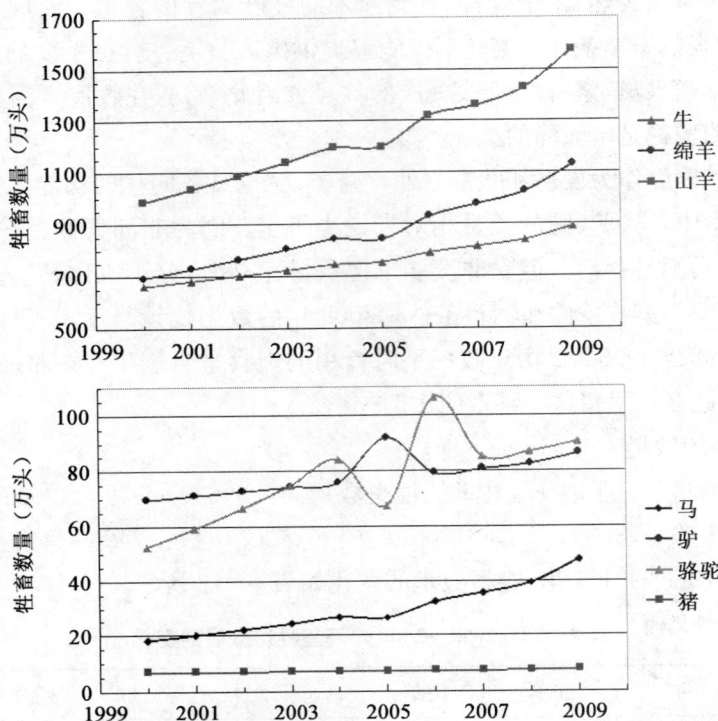

图4-19 2000—2009年马里牲畜数量的变化曲线图

资料来源：国家生产及动物产业局报告（DNPIA 2005—2009）和规划统计部报告（CPS 2000—2004）。

表4-19 2009年马里牲畜地区分布

地区		卡伊	库利科罗	锡卡索	塞古	莫普提	通布图	加奥	基达尔	巴马科	2009年总数
牛	头	947465	1276631	1418085	1003514	2490990	900315	766869	63164	29358	8896392
	%	10.65	14.35	15.94	11.28	28	10.12	8.62	0.71	0.33	100
绵羊	头	1308569	943571	838479	986512	2083766	1430611	2298470	1367330	42941	11300247
	%	11.58	8.35	7.42	8.73	18.44	12.66	20.34	12.1	0.38	100
山羊	头	1324944	1669555	1003935	1562552	3003940	2372939	3041705	1729350	26751	15735670
	%	8.42	10.61	6.38	9.93	19.09	15.08	19.33	10.99	0.17	100
马	头	154310	81722	1913	79475	32277	101233	20466	6360	431	478187
	%	32.27	17.09	0.4	16.62	6.75	21.17	4.28	1.33	0.09	100
驴	头	76099	97042	67567	80838	125912	167452	155990	90320	603	861820
	%	8.83	11.26	7.84	9.38	14.61	19.43	18.1	10.48	0.07	100
骆驼	头	2532	9406	0	724	14833	188482	210008	478441	0	904425
	%	0.28	1.04	—	0.08	1.64	20.84	23.22	52.9	—	100

地区		卡伊	库利科罗	锡卡索	塞古	莫普提	通布图	加奥	基达尔	巴马科	2009 年总数
猪	头	238	31194	9966	29197	3633	0	0	0	44	74272
	%	0.32	42	13.42	39.31	4.89	—	—	—	0.06	100
家禽	头	6051500	8057000	9107000	3430000	2551500	269000	238000	108500	5187000	35000000
	%	17.29	23.02	26.02	9.8	7.29	0.77	0.68	0.31	14.82	100

资料来源：国家生产及动物产业局报告（DNPIA 2009）。

3. 牲畜的饲养方式

众所周知，马里的大部分国土被用作牧场，畜牧业在萨赫勒地区和萨瓦那地区盛行。牧民中一部分是定居的，一部分是游牧、半游牧的。

· 游牧：这是一种粗放的饲养方式，是一种规律性的迁移放牧方式，虽然牧民的迁移范围与游牧路线很难精确划定，但都有相对固定的范围、专场点和重点。按照气候对水草条件的影响程度将游牧划分为：季节性游牧和非季节性游牧。富拉尼人、摩尔人、图阿雷格人等主要采用季节性游牧。[①]

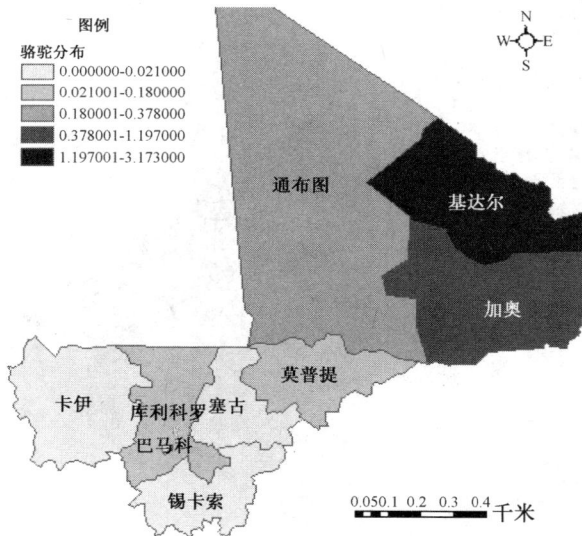

图 4-20　马里各地区骆驼分布

① 姜忠尽.非洲农业图志[M].南京：南京大学出版社，2012.

图例
马里各地区
绵羊分布
☐ 1.066000-1.165000
☐ 1.165001-1.509000
☐ 1.509001-1607000
☐ 1.607001-2.867000
■ 2.367001-9.069000

N
W ✦ E
S

通布图   基达尔

加奥

莫普提

卡伊   库利科罗 塞古
        巴马科

锡卡索

0.050.1 0.2 0.3 0.4 千米

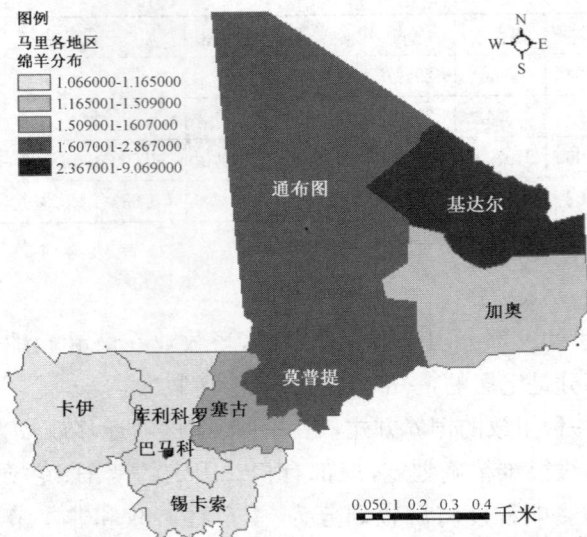

图 4-21 马里各地区绵羊分布

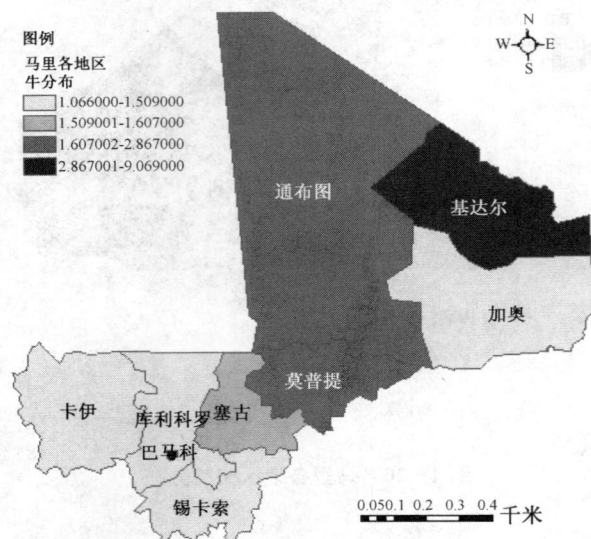

图例
马里各地区
牛分布
☐ 1.066000-1.509000
☐ 1.509001-1.607000
■ 1.607002-2.867000
■ 2.867001-9.069000

N
W ✦ E
S

通布图   基达尔

加奥

莫普提

卡伊   库利科罗 塞古
        巴马科

锡卡索

0.050.1 0.2 0.3 0.4 千米

图 4-22 马里各地区牛分布

图例
马里各地区
山羊分布
□ 1.025000-2.580000
▨ 1.580001-1.867000
▨ 1.567001-2.646000
▨ 2.646001-5.799000
■ 5.799001-4.766000

通布图

基达尔

加奥

莫普提

卡伊

库利科罗塞古

巴马科

锡卡索

0.05 0.1 0.2 0.3 0.4 千米

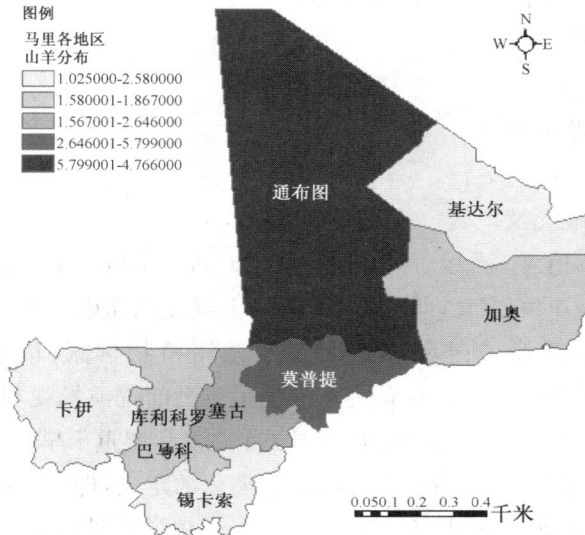

图 4-23　马里各地区山羊分布

• 半游牧：半游牧和游牧都属于粗放的饲养方式，两者有所区别。半游牧民有半固定的住所，从事少量种植业又从事放牧业（其中老人、妇女、儿童从事农作，青壮男主要负责放牧），等粮食作物收获后再继续迁移，其牧场就是各种草地、休闲地和留茬地，游牧距离较短。富拉尼人就采用半游牧的方式。

• 定居放牧：定居放牧指的是在村舍占有的土地上有固定场所的牧民或农民，在从事种植业的同时还从事畜牧业的一种饲养方式。牧民不再仅仅依靠天然草场，而是在自己的土地上种植牧草，将用不完的牧草存储起来备旱季喂养牲畜。

图片 4-4　富拉尼族　　　　　　图片 4-5　图阿雷格族

马里的牧民约为 50 万人，他们多半过着游牧生活，只有极少数人从事耕作业。

其中萨拉科莱特、塞努福、图阿雷格、桑海、班巴拉和马林克等族居住于尼日尔河冲积平原,从事传统耕作业。

四、畜牧业面临的问题

1. 草场退化与荒漠化

(1) 荒漠化的概念及现状

1949 年法国植物学家、生态学家 A. Aubreville 首次提出"荒漠化(Désertification)"一词的定义,即"在人为造成土壤侵蚀而破坏土地的情况下,使生产性土地最终变成荒漠的过程"。[①] 1969 年法国植物学家、草场学家 H. N. Le Houerou 对这一概念作出修改,他认为荒漠化是典型的荒漠景观和荒漠地貌向干旱区四周的扩展。[②] 1994 年所通过的《联合国关于在发生严重干旱和/或荒漠化的国家特别是在非洲防治荒漠化的公约》最终确定荒漠化的定义,即"荒漠化是指包括气候变化和人类活动在内的种种因素造成的干旱(arid)、半干旱(semi-arid)和亚湿润干旱(dry subhumid)地区的土地退化"。同时,人们口中经常提到的荒漠化和沙漠化,实质上是两个不同而又相似的概念,荒漠化的概念范围更加广,而沙漠,即沙质荒漠,是荒漠类型中面积最广的一种类型。

今时今日,荒漠化问题已经被列在全球环境问题的首位。尽管联合国和许多国家的政府、企业、非政府组织与个人做了大量工作,在某些地区也取得了一些进展,但总的趋势是,处于干旱半干旱地区的第三世界国家土地退化还在继续,荒漠状况进一步恶化,而且是越穷的地方荒漠化越严重,荒漠化越严重的地区导致人们更穷困。[③] 以下,我们将以非洲尤其是西非地区为例,进行一些浅析。

(2) 荒漠化的原因

前文已经提及,马里的畜牧业主要盛行在萨赫勒地区和萨瓦那地区。而萨赫勒地带又是世界最严重的荒漠化地区。20 世纪 60 年代末,这个地区的严重干旱和荒漠化问题引起了全球对荒漠化问题的重视。那么,引起一个地区荒漠化的原因主要有哪些呢?经过研究,我们发现造成荒漠化的原因主要包括自然因素和人为因素这两个方面。

自然因素方面,气候不仅是造成荒漠化的潜在条件,还可能直接造成荒漠化。"有不少科学工作者坚持认为,萨赫勒地带的荒漠化与气候变化有密切关系,气候变化是这里荒漠化的原因。不能否定,在地质史上,由于气候变化,该地带曾不止一次

---

① 张煜星. 荒漠化、沙漠化、风沙化和沙化概念之我见[J]. 科学术语研究,2000,2(4).

② 同上.

③ 叶谦. 荒漠化:问题与出路的思考[J]. 世界环境,2006.

发生过荒漠化,例如据研究,在更新世时,这里不断发生气候干湿状况的波动或交替变化,气候变干时,该地带就会发生荒漠化。"①例如,持续的大旱导致草场面积不断缩小,沙漠化加速,草场承载能力下降。这一现象在西非热带干草原草场尤为严重。因为热带草原雨季的长短及雨季来的迟缓受到副热带高压的严重影响,若副热带高压很强且持续很久,则雨季来得早,北涝南旱;反之则雨季来得晚些,南涝北旱。大旱打破了牧民传统南北移牧的规律,牲畜的饥饿期频繁出现,牧草在未生长之前就被牲畜啃光,长期下来,草场植被破坏严重,加速了沙漠化,承载能力下降。

　　人为因素方面,过度放牧、滥施耕作、过度樵采和烧荒的机制更是加速了荒漠化的形成。以萨赫勒地带为例,这一地带除了局部地区和最南部边缘地区外,基本上是牧业地区。近些年来,由于社会的变革和现代医学的进步,人类死亡率下降。1980至2000年间,萨赫勒的人口每年增加2.8%,直接导致粮食及各种物品需求的增加。粮食的短缺引起耕地面积变大,农牧开始争地。非洲虽然土地面积广阔,但适宜种植作物的肥沃良地很少,再加上经济技术落后,单位面积的粮食产量很低,饥饿问题仍十分严重。为了临时解决饥饿问题,不少地区实施扩大耕地面积的计划,耕地的不断扩大侵占了较好的牧场,把一部分牲畜挤向其他草场,造成草场载畜量倍增,出现了过牧和草场退化。同时,因为交通条件的改善,农产品能够运到更远的市场去出售,人们对于畜产品的需求增强。供求关系的变化影响了这一地区的牧民,使他们通过养殖更多的牲畜来赚取利润,这也加剧了过度放牧的现象,贫瘠的土地被牲畜来回踩踏,未能及时生长的牧草也被牲畜啃食消耗,于是愈来愈多的土地变成了荒漠。此外,为了得到稳定的税收,当地政府要求牧民留在原地放牧,人和牲畜不愿舍近求远,往往无控制地向水井附近集中,大量采集地下水,造成水井周围草场严重的人畜压力,水井布局密度和草场承载力不相适应。最后,广泛存在的烧荒也促使了荒漠化的形成。牧民在干季开始时烧荒,目的在于清除枯草,防治病虫害,以便使新生幼苗在雨季时顺利生长,但烧荒使植被和地面枯枝落叶全部被烧光,使土壤失去腐殖质来源,还使土壤腐殖质大大减少,并使土地暴露,被风蚀和水蚀。烧荒不慎时,常会引起大面积的火灾,其后果更为严重。

　　(3)荒漠化的防治

　　前文也提到,联合国和许多国家的政府、企业、非政府组织及个人在防治荒漠化这一问题上面已经做了大量工作。最有力的证明就是,早在1977年,联合国就在肯尼亚内罗毕召开以防治沙漠化为主题的会议,有95个国家的代表及国际组织参加,会议为实现治沙目的通过了26项建议及6项决议。此后,联合国防治沙漠化会议又在多个国家举行。1994年6月7日,《联合国防治荒漠化公约》在巴黎通过并于1996

---

① 丁登山.从萨赫勒地带的荒漠化看世界荒漠化的原因[J].大自然探索,1996(1).

年12月正式生效。公约的核心目标是由各国政府共同制定国家级、次区域级和区域级行动方案,并与捐助方、地方社区和非政府组织合作,以对抗应对荒漠化的挑战。2005年5月2日至11日,《公约》履行审查委员会第三次会议在德国波恩举行,审查了非洲国家的履约情况。

除了要将荒漠化问题和目前全球气候变化结合起来,明确发达国家对发展中国家的荒漠化问题的责任,要求其在技术上给予支持、基金上给予补偿,还应将政府政策和市场机制结合起来,发展那些能够高效利用于干旱半干旱地区有限资源的产业,采用高新技术提高产品价值,而且要改变以往那种单纯依赖外来技术的治理方法,更多地从当地传统方法中吸取经验。著名荒漠化治理专家刘恕先生就曾指出:"干旱、半干旱地区历来是人类生存、发展的栖息地,是人类和人类文明的发祥地……历史上如此,今天、未来都将如此……在严酷的环境下,人们生存发展要解决的不是消除干旱,它作为一个自然规律是固有的,是周而复始的……我们应把力量尽量用在如何与干旱和谐相处,消除干旱条件下可能带来的灾难,把灾难减少到最低。"[1]

简言之,荒漠化防治不是穷一时之力可以解决的问题,它要求各国在共同协作的基础上,根据现有的人力、物力资源和科学技术条件,商讨并推行有效的防治措施。这是一项长期且巨大的工程。我们最终的目标是要在以后的可持续发展中,达到人与自然、动物与自然的和谐相处。

2. 水草资源的合理开发利用

前文有关草场退化与荒漠化的问题已探讨过畜牧业发展中水草资源的利用现状和问题,那么对于牲畜生长过程中所需水、草资源的合理开发利用,畜牧业发展当地是否采取了具体的行之有效的措施呢? 答案是肯定的。首先,改善牲畜饮水。在缺少水源的地方打了一百多眼井,使牲畜都能饮到清洁的水。其次,改良牧草、禁止烧荒。饲草的可利用性和质量取决于水和氮、磷的来源,当水源充足时,饲草的蛋白质和氮的含量高而纤维素少,适口性好,有利于牲畜的生长。在巴马科附近的索屠巴已经建立了一个牧草研究站,试验新品种牧草。通过输入草种、树种,对草原进行合理的管理。

3. 牲畜疾病

动物的健康,既是制约马里畜牧业发展的因素之一,也影响着小生产者的畜牧业发展。近些年,这一方面问题的解决主要得益于成立至今的政府的重视和提供的相应服务。国家和私人的服务保证了动物健康保护。兽医服务涵盖了整个国家,并建立了许多动物卫生基本设施(9个区域部门,55个区和181个兽医站、接种站)(国

---

① 叶谦. 荒漠化:问题与出路的思考[J]. 世界环境,2006.

家兽医服务局,国家畜牧和渔业部,2009 年)。国家兽医服务局有 541 名工作人员,其中 75 名是兽医,233 名是高级技术人员,135 名是畜牧专家。

（1）动物易得的主要疾病

如果说牛瘟已经从马里流行病列表中消失,那么如今肆虐横行的一些疾病则包括:牛传染性胸膜肺炎、牛和绵羊巴氏杆菌病、黑胫、炭疽、口蹄疫、牛块状皮肤病和纽斯卡尔病。这些疾病每年都会造成畜牧业方面的重要损失,并同样阻碍了马里的牲畜/肉进入某些市场(国家兽医服务局,国家畜牧和渔业部,2009 年)。2008 至 2009 年牲畜疾病状况如下表所示。

表 4－20　2008—2009 年马里已记录牲畜发病情况　　单位:个,头

疾病	发病案例	传染数量	生病数量	死亡数量	屠宰数量
牛肺疫	6	734	150	51	68
黑胫	1	350	24	4	2
牛巴氏杆菌	3	236	36	10	9
绵羊巴氏杆菌	2	1900	245	105	27
口蹄疫	18	33893	5676	16	0
牛块状皮肤病	10	9 283	387	11	22
炭疽	2	2501	8	23	1
狂犬病	2	2	2	0	2
纽斯卡尔病	10	5015	2184	1531	69
鸡痘	3	7628	159	2	0

（2）动物健康问题的控制及动物健康服务的成果

——动物健康问题的控制

马里的动物健康问题的控制措施包括以下几个方面:

• 兽医法律法规
• 健康监测与保护
• 牲畜检查和公共卫生
• 监测与评估,调查,教育与培训
• 实施项目和动物健康计划

在以任务为根据的情况下,马里国家兽医服务局每年都会重新阅读规章制度和决议,来跟进法律草案的建立和法令实施。在次区域一体化范围内,马里的兽医服务致力于国家规章制度和西非经货联盟 2007 年第七号文件的统一。这份文件有关西非经货联盟(UEMOA)内的动植物健康和食品安全问题。同时,世界动物卫生组

织(OIE)、食品法典委员会(CAC)和世界贸易组织(WTO)的相关规章制度的应用也被考虑在内。在健康监测与保护方面,这些措施主要以流行病监测、动物健康保护、私人手术医师的监督和控制为主。

——动物健康服务的成果

2006 年,世界动物卫生组织和马里兽医局联合发布了一份有关马里兽医服务成果的评估报告,名字叫做 PVS(Performance, Vision et Stratégie),即成果、前景与战略:兽医服务管理的一项工具。马里兽医服务成果的这项评估报告被出资人和世界动物卫生组织的所有成员国认作是兽医服务评估的一项参考,以及一些领域为了发展而请求国内和(或)国际资源帮助的一种鉴定标准。它是评定一国的兽医服务是否与国际条例接轨的方法,根据世界动物卫生组织的陆生动物卫生法典中第 1.3.3 章和第 1.3.4 章的内容可以评估一国的兽医服务质量。

4. 畜产品加工工业基础和交通运输条件

这个因素同样也是发展畜牧业不可忽视的条件之一,它不仅影响饲养方式从粗放向集约转变,还影响牲畜的产品化和商业化。马里政府对农产品不实行统购统销政策,而是农民自产自销,粮食加工厂也自购自销。牧民饲养牲畜的区域大多数比较偏远,远离消费中心,而畜产品的加工由于技术和人力的原因,往往处于消费中心而不是牧区。目前,马里许多地区缺乏现代化的畜产品加工、保存、冷藏和运输等技术,不仅限制了水草资源的合理运用,也给畜产品的加工和运输增添了不少障碍。因此,国家为了更好地发展畜产品加工工业和交通运输,改善了牲畜传统贸易路线的服务设施,如畜栏、牧草、供水和宿营地等。

(徐姗姗　姜忠尽)

参考书目

[1] (德)恩诺·博伊歇尔特.马里[M].上海外国语学院《马里》翻译小组,译.上海:上海人民出版社,1976.

[2] (苏)拉钦科,等著.马里共和国[M].刘伉,赵璜,娄学萃,等译.北京:商务印书馆,1981.

[3] 农业部对外经济合作中心.马里农业国别研究报告[R].2009.

[4] 姜忠尽,主编.非洲农业图志[M].南京:南京大学出版社,2012.

[5] 姜忠尽.非洲传统的牲畜饲养方式与草原的合理开发利用问题[J].西亚非洲,1986(3).

[6] 对外经济贸易大学国际经济研究院,农业部对外经济合作中心.马里农业投资环境报告[R].2009.

[7] 张煜星.荒漠化、沙漠化、风沙化和沙化概念之我见[J].科学术语研究,2000,2(4).

[8] 叶谦.荒漠化:问题与出路的思考[J].世界环境,2006.

[9] 丁登山.从萨赫勒地带的荒漠化看世界荒漠化的原因[J].大自然探索,1996(1).

[10] Consultant:TOURE MODIBO《REVUE DU SECTEUR ELEVAGE AVEC UN AC-

CENT PARTICULIER SUR LE DEVELOPPEMENT DES SOUS SECTEURS LAIT ET BE-TAIL-VIANDE EN FAVEUR DES PETITS PRODUCTEURS EN AFRIQUE DE L'QUEST：CAS DU MALI RAPPORT FINAL》Juillet 2010.

[11] Andrew B. Smith. Pastoralism in Africa—Origins and Development Ecology[M]. London：Hurst & Company，1992.

第四节　传统文化

马里共和国是西非地区的文明古国,中古时代加纳、马里、桑海三大帝国的核心地区。在马里的民歌和民间传说中,至今还流传着它昔日耀眼的辉煌。无论是被世人誉为"尼日尔河谷的宝石"的杰内古城、神秘独特的多贡文化,还是色泽鲜艳的传统礼服"布布",都体现了马里深厚的文化积淀。在经济全球化的今天,人类文明的多样性也应得到充分尊重和承认。了解和探析丰富灿烂的马里传统文化,对我们进一步了解马里乃至整个非洲黑人文化具有重要意义。

目前,在广大马里农村,村社结构仍在不同程度上得以保留。以单个大家庭或由若干个大家庭聚居的村庄为单位组成了地方自治体或共同体。在马里中部及南部的邦巴拉和马林凯等民族中,普遍存在大家族制,有的村落有几十人、甚至上百人的大家庭。家庭之间以血缘为纽带紧密联系,以家族的形式保证成员的生活供给、人身安全不受外界侵犯。家长掌握家庭的最高权力,一般不参加劳动,专门管理家庭的劳动收获、口粮分配、租税交纳、经费开支、婚丧嫁娶等事务。①各村社在不同程度上体现出黑非洲农村公社的基本特征:成员以血缘与地缘关系相结合;主要生产资料归村社集体所有与个体使用相结合;大家庭是社会的基本细胞,是生产和分配的基层单位;村社内部有一个原始民主的管理体系;自给自足的自然经济居于统治地位。②与此同时,氏族社会的印迹依旧存在,如马林凯人的家庭属于父系血统、父权社会,其家族的传代、继承关系通过男人的血缘进行,父亲对子女拥有绝对权威,而母亲则没有任何权力。③随着社会的发展,血缘关系的削弱、地缘关系的加强是相对原始氏族社会的一大进步。

非洲在从奴隶社会向封建社会过渡时,大大小小的酋长土邦和酋长制度在氏族制度的基础上逐渐形成。作为非洲的重要政治制度,酋长制在撒哈拉沙漠以南的非洲广大地区比较普遍,尤其在广大偏远、落后地区盛行,对人民的政治、经济和社会

① 张忠祥. 列国志(马里)[M]. 北京:社会科学文献出版社,2006:24.
② 徐济明. 试论黑非洲的村社制度[J]. 西亚非洲(双月刊),1992(3):53-55.
③ 宁骚. 非洲黑人文化[M]. 杭州:浙江人民出版社,1993:124.

生活等各方面都有巨大影响。随着社会的进步,酋长制也发生了引人注目的变化。在马里,农村土地归国家所有,以酋长控制土地为特征的封建土地所有制已经开始解体,酋长制陷入了衰落和解体状态,酋长和政府之间是一种相互合作的新型关系。一些大酋长除办农场、牧场和种植园外,还开工厂、设商店、搞运输,与外资联合经营企业,名为酋长,实为企业家,不少人已发财致富,成为新兴的百万富翁。土王和酋长虽已被剥夺其"天然统治者"的政治地位和经济特权,但影响犹存。在马里的乡村社会中,酋长的主要职责是主持宗教祭祀,管理内部事务,调解成员之间、氏族之间和部落之间的纠纷等,他们熟悉本族的历史、法规以及各种习俗和禁忌。

马里是个多民族的国家,共有 23 个部族。其中,人口在 10 万人以上的有:班巴拉(Bambara)、颇耳(Peul)、塞努(Senoufo)、萨拉考列(Sarakole)、桑海(Songhai)、马林凯(Malinke)、图阿雷格(Touareg)、多贡(Dogon)、博博(Bobo)、阿拉伯(Arabe)、迪亚瓦拉(Diawara)。①马里各族人民的宗教信仰主要有三种,即传统宗教、伊斯兰教和基督教。传统宗教是马里固有的、有悠久历史和广泛社会基础的宗教,而伊斯兰教和基督教是外来的宗教,在马里都经历了一个本地化、与传统宗教相互影响和渗透的过程。在马里,信仰伊斯兰教的居民占全国人口的 80%,基督教占 2%,传统宗教占 18%。②根据马里 1960 年 9 月宪法及 1961 年 1 月宪法修正案规定,马里共和国为世俗国家,不分宗教,各民族在法律上一律平等。政府规定,宗教组织的建立、传播和集会等必须预先得到内务部的同意。政府还允许普通学校的学生在教学计划之外的时间接受一定的宗教教育。对伊斯兰教,政府颁布了允许两种婚姻制度并存的婚姻法,即多妻制和一夫一妻制并行,在一定程度上保留了伊斯兰精神。而对于基督教,政府允许西方传教士进入马里。③

宗教信仰包含人们对日常需求的态度和满足这些需求的方式。"非洲人把这些宗教礼仪看作最高保证,可保证其生存的基本需求和形成其社会秩序的基本关系——土地、牛、雨水、身体健康、家庭、氏族、国家等。这些神秘的准则反映了生存要素的普遍意义。"此外,宗教提供着社会本身所不能提供的约束力,提供着"靠世俗的约束力所不能维持的道德和法律规范"。④宗教的礼仪、习俗已经渗透到马里社会生活的各个方面,从居民的个人行为、生育文化、青春期文化到婚姻、丧葬、节日文化,无不体现出其巨大影响力。宗教作为一种强有力的文化力量,构成了马里各地居民共同体形成的心理基础和精神纽带,对于维护马里各族社会稳定、强化社会凝

① http://ml. mofcom. gov. cn/aarticle/ddgk/zwminzu/200303/20030300076790. html
② Lain Frame, Katharine Murison. Africa South of the Sahara [M]. Routledge, 2005:713.
③ 宗教研究中心,编. 世界宗教总览[M]. 北京:东方出版社,1996:467.
④ (英)帕林德,著. 非洲传统宗教[M]. 张治强,译. 北京:商务印书馆,2004:25.

聚力和向心力、保持文化延续性具有重要作用。在其传统宗教的种种形式中包含的黑人传统音乐、舞蹈、造型艺术等丰富内容,更是马里传统文化的珍贵遗产和精神财富。

在马里,班巴拉、马林凯、图阿雷格、颇耳、迪亚瓦拉、桑海等民族民众大部分是虔诚的伊斯兰教徒,几乎村村、镇镇都建有清真寺。至今,马里城乡各地穆斯林都经常参加宗教活动,农民中的穆斯林每日向东方膜拜,膜拜之前要洗手洗脸。除经常性的宗教活动外,伊斯兰教每年还有固定的节日和一个月的斋期。穆斯林的婚礼、小孩取名、死人洗身和送葬等也都按宗教仪式进行。在非洲各个传统社会里,在社会生产力水平普遍比较低下的情况下,直接起源于自然崇拜、图腾崇拜、祖先崇拜、部落神崇拜的祭典,以及至今仍与这些祭拜活动保持直接联系的节日庆典都程度不等地带有宗教性①,马里也不例外。

马里的传统宗教是非洲土生土长的宗教,是非洲传统文化内核的一部分,它孕生于非洲自然人文环境中,具有悠久的历史和广泛的社会基础。至今仍有不少马里人保持着传统的宗教观念,特别集中在多美人、博博人、班巴拉人中。在马里的北部沙漠和半沙漠地区,著名的游牧民族图阿雷格人中的成年男子个个戴面罩(面罩用长 4 米的黑色或白色宽条布缠绕而成)。他们用面罩把整个头部包裹得严严实实,只露出眼部的一条缝,即使在用餐时也不揭开。这个习俗可以追溯到 11 世纪,戴面罩不是为了抵挡大风沙,而是代表一种信仰,为了防备一切鬼怪幽灵的袭扰。马里的黑人妇女把黑色看成是吉祥的、最美的颜色。因此,她们有用染料将手、足和牙龈染成黑色的习俗。② 马里东北部加奥地区的桑治族信仰荷莱教,崇拜丁纳神。而在南部和东南部的塞努福、博索、多贡、班巴拉等族居住地区,当地居民流行多神崇拜,设有供奉多神神灵(其实是各种自然力的化身)的神堂。班巴拉人信仰一个叫"奔巴"的主神,它是大地的化身,教人种地、从事手工劳动。在多贡人的众多神祇中,有一个叫"阿马"的神,即水神;而多贡人信仰的"勒拜"神则是太阳与火的化身。此外,祖先崇拜也很流行。③例如,班巴拉人在专门的宗教组织"科莫"的领导下进行祖先崇拜活动。"科莫"任命的长老有权决定村社里的重大问题,包括组织祭祀祖先的活动。每逢宗教节日,长老主持祭祖仪式。主要宗教仪式有"科莫年庆"(这时要跳有音乐节奏的假面舞)和"开创仪式"等。④ 与传统宗教相应的组织在这些宗教活动中发挥了重要作用。

① 宁骚.非洲黑人文化[M].杭州:浙江人民出版社,1993:139.

② 张忠祥.列国志(马里)[M].北京:社会科学文献出版社,2006:23-24.

③ 宗教研究中心,编.世界宗教总览[M].北京:东方出版社,1996:467;张忠祥.列国志(马里)[M].北京:社会科学文献出版社,2006:19.

④ 张忠祥.列国志(马里)[M]:北京:社会科学文献出版社,2006:19-20.

作为凝固的艺术,马里传统民居承载了丰富的传统信息和历史文化内涵,有鲜明的区域性、文化性、历史性和民族性。它以其传统的形式迎合了居民自在的天性,并为之提供了相应的物质环境。19世纪的法国殖民文化和马里北部地区占统治地位的阿拉伯文化,对马里的文化和建筑风格都有深刻影响,特别是在平民住宅方面。在马里可以看到三种建造形式:最主要的是土制建筑,材料为土坯的黏土建造形式分布于国内各个地区;石头建造的形式可在中部和西部地区看到;稻草和动物皮建造的形式出现在游牧民族,集中在北部。而水泥建筑则在殖民者到来之后才出现。①

马里的传统民居形式风格多样,不同地区和民族各具特点。住宅形式以家族和民族为主。同一地区的住宅风格大体一致,通过建筑形式及其屋顶构架能够辨认出这些不同类型的乡村居住环境。马里农村的房屋极为简单,以圆形或方形土墙茅草房屋为主,一般没有木制门窗装置。由于聚族而居,到处可以看到用土砖砌成的一个个小圆屋所围成的院落。每个小屋约一人高,有的墙用树枝木棍编成,无门无窗,仅留出入口和通风洞,用草盖顶,类似蒙古包。房屋的朝向以坐北朝南为主,大多没有对称轴线。富拉尼族和图阿雷格族聚集地区的房屋多为圆形,因为圆形代表太阳和月亮。摩尔人大多营帐而居,多贡族则在山区悬崖陡壁旁侧,以石块垒砌房屋。在通布图地区,除了圆形土墙茅草房屋外,有的居民还建造平顶方形和长方形土屋或带有晒台的泥坯楼房而居。总的说来,马里农村住宅内部条件比较简陋,家具较少,居民多就地铺草或羊皮而卧。②

饮食习俗也是马里传统文化的重要组成部分,具有鲜明的民族特色。马里人民一般用右手取食,吃饭时一家人就地围坐,以盘子做餐具。爱吃牛肉、羊肉、鸡肉、蛋类、鱼等肉类以及胡萝卜、土豆、卷心菜、西红柿等蔬菜;爱用盐、葱、姜等调料;喜饮啤酒、可可、咖啡和绿茶,偏爱水果中的西瓜、芒果、香蕉、椰子等。城市居民以大米为主食,农村居民以御谷、高粱为主食,另外还有食白蚁和烤全驼的习俗。③饮食习俗的形成、发展和传承,在马里人民的生活中具有特殊意义,与马里的经济生产、民族文化密切相关。

一方面,马里的饮食民俗受其自身社会生产力发展程度和农业生产力布局制约。马里的农业经营方式主要有五种,除了国家经营、租赁经营、雇工经营、外资经营外,全国90%左右的农户为个体农民,从事个体经营。广大农民在大家族制度下,利用村庄附近的土地自行耕种,由于技术力量薄弱,无力经营水利设施,马里农民大多使用简单的生产工具,采用传统的生产方式。各地农民使用的生产工具普遍是短

① 伊萨,戴俭,陈喆.马里传统民居建筑[A]//中国名村名镇保护与旅游发展高峰论坛论文集[C].2007.
② 张忠祥.列国志(马里)[M].北京:社会科学文献出版社,2006:21.
③ 张忠祥.列国志(马里)[M].北京:社会科学文献出版社,2006:20,21.

柄锄和砍刀,耕作方式一般是浅耕散播,不施肥不锄草,不进行田间管理,主要种植粟类、高粱、玉米和棉花、花生等。

另一方面,马里的饮食民俗对其自然地理条件有很强的选择性和适应性。作为传统的农牧业国,马里农业在国民经济中始终占有重要地位,发展潜力巨大。农牧业人口占全国人口的 70%,主要农作物有粟米、高粱、稻谷、玉米、棉花、花生、甘蔗、薯类、蔬菜、水果等。粟类和高粱占粮食作物播种面积的 80% 左右,产量的 3/4 以上。鱼作为马里居民的主要食品之一,也是主要出口商品之一。渔业在马里国民经济中占有重要地位,马里渔民约有 26 万人,占农村人口的 3.6%,其中尼日尔河三角洲地区有 1/3 以上居民从事捕捞业。渔业产值约占国民生产总值的 4.2%。马里的主要牲畜有牛、羊、驴、马、骆驼等。马里牧畜存栏数居西非各国之首,畜产品出口几乎遍及西非地区所有国家,并向欧洲出口。①

此外,马里人民的饮食习俗还在一定程度上影响了国家和农户对农业生产的选择。例如,马里以前不产茶,但有喝茶的习惯。正是由于马里人民对茶叶的喜好,1962 年在中国茶叶技术人员的帮助下,开始在南部锡卡索大区试种茶树,1972 年建起了面积 100 公顷的法拉果茶叶农场及年产 100 吨珍眉的绿茶加工厂。②茶树种植在马里从无到有的过程,充分体现了其饮食民俗对农业生产的影响力。

总的看来,马里传统文化集中体现了非洲黑人传统文化的以下特征:

首先,独立性与封闭性。马里地处西非中部,除最北端外,全境均属热带,北部为撒哈拉大沙漠,南部为稠密森林。其文化是在赤道热带大陆这种独特生态环境下、在与欧亚大陆各文化保持微弱联系的半封闭状态下发展起来的,近代又经历了法国侵略者的殖民和统治。"呈现出明显区别于欧亚大陆各种文化的个性特点,是一种独具历史形态与个性特征的文化。"③马里人自身的价值观念和精神思维特征,构成了他们存在于世界、把握世界的独特方式。另外,"由于部落文化把人们的眼界局限于某一地域、某一部落的狭窄范围之内,它往往通过宗教、神话传说等方式强调本部落的神圣性,强化成员对共同体的认同和情感,强调对部落组织的效忠。部落与外界没有常规性的联系,没有经济、文化和人际的广泛交往。"④这种封闭性限制了马里乡村部落与外界的沟通和理解,加深了不同部落间的隔阂。

其次,口传性与部族性。传统的黑非洲文化是一种口传文化,在传播和继承的方式上以口传或口述为主,鲜有文字文化,具有整体性、集体性,且有很强的经验性、

---

①　张忠祥.列国志(马里)[M].北京:社会科学文献出版社,2006:107-119.

②　林更生.马里共和国茶文化[J].农林考古,2008(2).

③　肖宪.中国学者对非洲黑人文化史的新认识——刘鸿武新著《黑非洲文化研究》述评[J].西亚非洲(双月刊),1999(3):73.

④　李保平.论黑非洲传统文化的基本特征[J].北京大学学报(哲学与社会科学版),1993(6):100.

生动性和示范性,但同时也具有一定的变异性和短暂性。[①]马里传统社会的道德伦理规范、政治法律制度、政治经济思想、社会分工原则、宗教信仰、艺术形式等,都浑然一体并一代代口耳相传。在马里帝国时代,大臣朝见国王或国王召见大臣,都不是国王与大臣直接对话,而是通过民间说唱师"格里奥"在中间传话,其方式是说唱。全非洲最恢宏的口述史诗,要数讲述马里帝国开国史的《松迪亚塔》。后人根据部落长老的吟唱,足足用了 8 万字将这部史诗记录下来。这部长诗记录和歌颂了马里帝国开创者松迪亚塔的丰功伟绩,讲述者往往插入自己的议论,让故事更加跌宕起伏、动人心魄。此外,由于自然条件、历史条件和社会文化等多种因素,在马里的广大农村,部落文化并未受到大的冲击,原生的和次生的部落形态仍是马里农村社会常见的社会组织结构。部落共同体的稳定性转化为某种相对固定的文化心理结构,形成传统文化的成分之一。

再者,异质性与地域差异性。在马里乡村各地区、各部族间,就文化个性、文化传统来说,差异、异质是本质性的。由于种族和民族集团所具备的生物体质特征,由于不同的地理和生态环境,也由于不同的历史演进轨迹,以及与外部世界的不同联系等,使得事实上形成了若干不尽相同的传统文化类型区,各地各民族的建筑风格、农业文明、文化生活、服饰和手工艺品等都有极大差异。马里独特的多贡文化、多样的造型艺术、丰富的歌舞形式就是其很好的体现。

总之,在马里的乡村社会结构和伦理道德中,在其宗教信仰和节日庆典中,在其民居建造和饮食民俗中,无不体现出黑人传统文化的影响和印迹。尽管马里是联合国公布的世界上最不发达国家之一,加速其经济发展和现代化转型尤为必要,然而传统和文化特性是马里文明的重要组成部分,必须加以保护和尊重。在马里现代化转型进程中,应当重视黑人传统文化,取其精华,去其糟粕。确认自己的文化特征,不仅是维护民族尊严的重要条件,而且对动员一切力量来发展自己的国家具有极其重要的意义。

(游晓航　刘成富)

---

① 李保平.论黑非洲传统文化的基本特征[J].北京大学学报(哲学与社会科学版),1993(6):104-106.

第五章

刚果(布)、加蓬

第一节　刚果(布)土地利用与粮食安全研究

一、农业在国家民生中的战略地位

1. 农业 GDP 在 GDP 中的比重

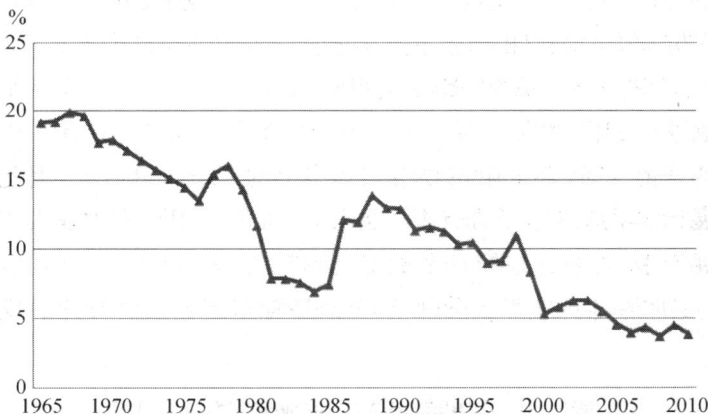

图 5-1　刚果(布)农业 GDP 比例变化图

资料来源:世界银行,www. worldbank. org。

　　就土地面积、人口数量和经济规模而言,刚果(布)只是一个经济小国。殖民时期刚果(布)经济主要依靠木材和经济作物种植,现在北方地区随处可见的大面积抛荒地就是当年种植咖啡和可可的地方。独立以后,在社会主义国有化的改造过程中,殖民地经济体制被废除,国有经济体系并没有相应合理地建立起来。随着石油产业的快速发展,农业在刚果(布)的国民生产中的比重,从 1965 年以来从未超过20%,除了在 20 世纪 80 年代有一个回弹之外,呈逐年下降趋势。2005 年之后,农业GDP 始终徘徊在 5%以下。由于 1995 年的内战,导致全国满目疮痍,城市处处弹痕,市场凋零,乡村一片萧条,土地荒芜,社会发展处于倒退状态。而本身落后的农业,在国民经济中扮演着次要的角色,受到了雪上加霜的打击,粮食不能自给。2010 年,全国国民生产总值为 177 亿美元,其中农业 GDP 比重下降到 3.7%。2008 年刚果(布)政府出台了 2008—2012 粮食安全计划,鼓励发展农业和扩大国内粮食生产,为此专门设立农业发展扶助基金,并出台了农业投入品进口免税和减半征收流转增值税的措施。

2. 农业人口、农业劳动力比重

独立时,刚果(布)全国有 80% 的人口从事农业,到上个世纪 80 年代末降至 43%,90 年代末再降至 36%,有约 100 万人。绝大多数农民一直用刀耕火种的落后方式从事耕作,一般一个农户家庭的每个劳动力平均耕种 0.5 公顷的土地,主要的生产工具是短柄锄和砍刀。20 世纪 80 年代以来,萨苏政府实行了经济调整政策,把农业放在优先发展的地位,政府采取了一些鼓励措施,农业发展有所好转。根据 FAO统计,刚果(布)农村人口约 150 万人。农业生产以个体传统生产为主,个体农民耕种的土地占已耕地面积的 68%,国营和外资合营农场占 28%,私营农场占 2.45%。

同时,农村留不住青年人,这 153.6 万农村人口以老人、妇女、儿童占大多数,有家有口的农村劳动力的负担相当繁重。参加农业生产的人口仅有 60 万人,而其中女性劳动力占到了 59.6%。联合国粮农组织曾经斥资 200 万美元,以帮助刚果(布)农村妇女开展庭院经济作物的种植。但大部分资金都花费在建立有关机构和购买车辆等非直接的开销方面,真正用在农村妇女头上的资金十分有限,因此该项援助农村妇女的发展计划的收效也十分有限。目前,非洲发展银行和中非发展银行正推行小额信贷发展计划,其中就有针对农村妇女和青年发展的项目。但是,信贷额度很小,而农村发展的基础设施又十分缺乏,无论是青年还是妇女对此的反应都不是十分热烈。

表 5-1　2010 年刚果(布)农业劳动力资源情况

农村人口(千人)	城镇人口(千人)	参加经济活动总人口(千人)	参加农业生产人口(千人)	参加农业生产男性人口(千人)	参加农业生产女性人口(千人)
1536	2507	1693	599	242	357

资料来源:世界银行。

3. 农产品国际贸易

因此,刚果(布)经济严重依赖对外贸易。经济以石油为转移,刚果(布)的石油以出口为主。刚果(布)的第二大出口商品木材,每年超过 120 万立方米,也主要是销售给国际市场。石油收入占出口总收入的 94%,木材约占 4%。对于农产品,主要出口商品是糖、可可和咖啡等经济作物;同时,由于工业基础薄弱,农业生产落后,粮食不能自给，每年需要大量进口食品（主要是粮食和肉类），来维持市场的供应。每年的进口用汇中 2/3 用于食品进口。

表 5-2　2004—2010 年刚果（布）对外贸易额　　　　　单位：亿美元

年份	2004 年	2005 年	2006 年	2007 年	2008 年	2009 年	2010 年
出口	17.8	25.6	60.3	55.25	35.5	50.09	74.9
进口	7.7	20.7	11.5	16.66	19.55	16.99	31.9
总额	25.5	46.3	71.8	71.91	55.05	67.08	106.8
差额	10.1	4.9	48.8	38.59	15.95	33.1	43

1987 年以来，由于刚果（布）石油产量逐年提高，对外贸易连年顺差。现在刚果（布）实行多边自由开放的贸易政策，鼓励国有、私营、合资三种经济形式并存，国家只垄断大米及部分生活用品的进口和销售。主要进口国家是法国、巴西、日本、美国、德国及欧亚经济共同体成员国。主要出口国家是法国、美国、意大利、比利时等。刚果（布）2008 年和 2009 年两年的石油原油出口额占总出口额的 90% 以上，2009 年进口贸易占前十位的进口商品是：成品油、机械设备、金属及制品、粮食（包括食品）、各种车辆、仪器仪表、药品、塑料制品、水泥、纺织服装和家具。

二、农用地生产潜力分析

1. 土地条件

（1）地形①

刚果（布）地形复杂多样，中南部为高原，西北部是山地，东北部属刚果大盆地的一部分，西南多低山、丘陵和谷地，沿海为平原。中南部高原在构造上是非洲古地块的一部分，大部分已被夷为平地，平均海拔大概为 600～800 米，高原是刚果河、奎卢河和奥戈韦河三个水系的分水岭。中南部高原地区以生产油棕、林木等为主，部分地势平坦、水源充足的地区可以生产水稻、花生、甘蔗、烟草等作物。西北部山地是加蓬凯莱山地的东延，海拔从东部的 500 米上升到西部的 1000 米。该山地主要是花岗岩组成的块体，受河流的切割，破碎支离，多峰峦和宽谷，因此该地区的农业以林、果为主。自刚果（布）的西北部山地向东南，进入了广阔的刚果盆地。刚果盆地由于地势相对平坦，水系密集，适合油棕、橡胶、林木等植物的生长，刚果河及其支流具有丰富的鱼类资源，渔业生产较发达。刚果（布）西南部的内陆，是一个山谷相间的低山丘陵谷地区。谷地的外围，平原层层叠起，组成一系列阶梯状平台，它们是冲击的

---

① 沈汝生.刚果人民共和国[J].非洲地理资料（内部资料），1979(19)：3-5.

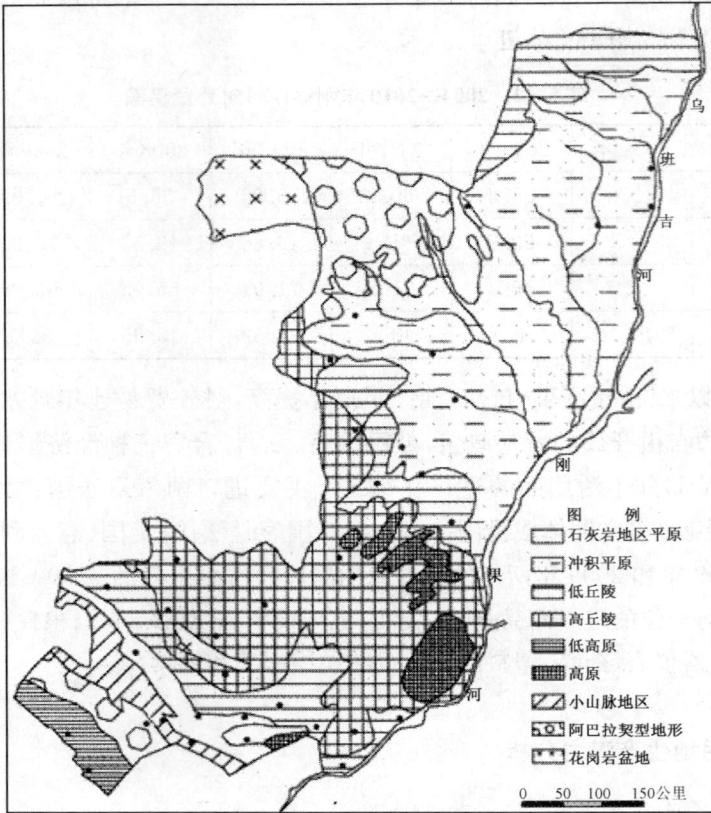

图 5 - 2　刚果(布)地形地貌图

资料来源:(法)P. 韦内提,著. 刚果(布)地理[M]. 北京:商务印书馆,1976:28.

河谷台地,农作物十分茂盛。刚果(布)西南沿海是一个狭长的平原,从西北向东南,长约 140 公里,宽仅 65 公里,平均海拔不到 200 米。平原表面为现代沉积物所覆盖,外缘受风和潮汐的影响,形成一系列沙丘,南部多长满红树林的沼泽。

(2) 土壤[①]

刚果(布)的岩石长期以来不断演化,这种演化使很厚的一层岩石风化成为土壤,土壤是否适合从事农作主要取决于它的特性。该国的土壤类型主要包括两种。

Ⅰ　铁铝土

根据特点和性质的不同,铁铝土可以分为典型的铁铝土、淋溶铁铝土和弱铁铝土三种类型。

典型的铁铝土。典型的铁铝土发育在森林植被下,主要存在于前寒武纪地层

---

① 　(法)P. 韦内提,著. 刚果(布)地理[M]. 北京:商务印书馆,1976:52 - 54.

上。铁铝土颜色相当深,表层为8～10厘米厚的腐殖质层,表层以下是一层几米厚的铁和黏土的沉淀层,随之为风化层,该层厚度较大,慢慢地过渡到基岩。在这种土壤上耕作必须十分注意,因为腐殖质流失得很快,同时土壤的物理结构也会发生深刻的变化。然而,在桑加地区粒玄岩露头上发育的土壤性质有所不同,粒玄岩的分解作用达到土壤的深层,土壤呈红色或紫色,有机质含量适中,有良好的农业潜力,适合种植香蕉、可可、木薯等作物。

淋溶铁铝土。这种土壤在刚果（布）占有很大的面积,该种土壤的渗透性很强,但是矿物质极为缺乏,土壤中的铁和铝被"淋溶",即被下渗的水带到土壤深处,在土壤的任何层次都没有明显的沉积现象。依地形部位或植被性质不同,这种土壤还有很大的差异性。在森林或小树林里,土壤呈深灰色或深褐色,有机质含量相当高。但是,土壤里有机质的分解作用并非都是很好的,盐基代换率非常高,使土壤具有一定肥力,这正适合那些对肥力要求较高的作物生长;在热带草原上,土壤的交换能力很差,土层带黑色,物理结构不太稳定,从而导致无法进行机械耕作;在封闭洼地中,有机化合物的迁移通过与沙粒的胶结作用,在土壤中形成一个真正的铁盘层,因而出现一些常年或时令性的池塘,而且这也是局部水成土的成土因素。除了高原地区之外,各地的土壤都受到强烈淋溶,有时铁质会聚积在坡麓,农耕的可能性大为降低;只有采用较特殊的技术措施,如库库亚人采用的埋青和施草木灰等,农业利用率才有可能提高。

弱铁铝土。这类土壤主要分布在布拉柴维尔至马永贝山区的刚果（布）西南部。它们一般包括三个特征层:上层的厚度从几厘米到几米,呈现黄色,矿物质丰富,物理结构相当好,而且持水力很强;中层是一个厚度变化很大的淀积层,这一层是由铁盘破碎形成的大小砾石所组成的,小颗粒比例较小;在上述两层接触的地方,几乎总是存在一个粗大卵石或小圆石的夹层,这些石块多半是来自当地;最后一层为下层,颜色为褐黄色,比第一层的颜色深,它通过一个风化层慢慢地过渡到母岩。这些土壤相当肥沃,可供开垦,适合种植水稻、玉米、木薯、咖啡、烟草等农作物。

Ⅱ　水成土

在发生季节性泛滥的所有地区都能见到这种土壤,主要存在于地表或深处。这种土壤黏性大,并且有一层厚的腐殖质层,该层可一直发育成为泥炭层。水成土层尽管缺乏某些成分（特别是钙）,但其化学性质较好。然而,这种土壤结构致密,如果不采取措施完成改土和排水的工程,农业利用会受到极大的限制。长期出露水面的土壤富于黏性,并且经常出现铁质的残余。在经济作物方面,该种土壤比较适合种植油棕树,但必须供给矿物质肥料。总的来说,刚果（布）的土壤并不是很肥沃,但有些土壤还是存在利用的可能性。

2. 热量条件①

刚果(布)位于整块非洲大陆西面的热带地区,年平均气温在 22～28℃之间,月平均温度几乎都不低于 20℃,整体上温度较高。南部属热带草原气候,年温度相差较大,中部、北部为热带雨林气候,气温高,年温度相差较小。

刚果(布)南部属热带草原气候,全年分为干、雨两季。在 5 月和 6 月之间,刚果(布)的平均温度迅速下降,较其他月份其平均温度可下降 2.5～3℃;6—7 月达到最低,月平均气温降至 21～22℃;从 10 月开始,月平均气温开始上升,达到 26～27℃,并持续到次年 2 月;3—4 月份月平均气温达到最高。

刚果(布)中部和北部属于热带雨林气候,常年高温,气温变化小,终年潮湿,相对湿度大。这种气温条件相对有利于作物生长,中部地区适合种植木薯、烟草等作物;北部地区适合硬质林木生产,如乌木、檀木等,也有利于可可、木薯、油棕、橡胶、香蕉等生产。

北部的利夸拉区、桑加区和中部的盆地区气温年际变化很小,月平均气温在 22～24℃之间,月平均气温年变化在 2℃以内,适合硬质林木生长。中南部的高原区、普尔区、尼阿里区和奎卢区等地,受大西洋季风影响,气温年际差异相对较大,月平均气温在 22～28℃之间,月平均气温年变化在 3～5℃内,适合种植甘蔗、水稻、玉米、花生等作物。

3. 水分条件

(1)降雨量②

刚果(布)年雨量的分布,深受纬度和地形的影响。北部的年降雨量平均在 1500 毫米以上,西部山地高达 2000 毫米,为全国雨量最多的地区,适合种植木薯等作物;而在利夸拉区、桑加区、刚果盆地和高原区等地区年降雨量在 1600～2000 毫米之间,在这些地区,北部雨量较为充足的山区适宜硬质林木生长,主要适合棕榈生长,中南部地势平坦地区适合各类作物生长;南部在 1200 毫米上下,主要是受季风气候的影响,干季较长。刚果河沿岸谷地位于盆地中部,降雨量减少到 1000～1200 毫米;而西南沿海地区的降雨量仅 1000 毫米,是全国雨量最少的地区,但寒流也带来较高的相对湿度,总体而言该地区不适合作物生长。

刚果(布)雨量的季节分布存在差异,北半部比较均匀,3—5 月和 9—11 月有两个特大雨季,形成两大降雨高峰,其他各月也经常有雨,降雨量年变化较小。南半部由于距赤道较远,干雨两季差别较为明显,当年 11 月至次年 4 月是雨季,只有一个高峰,出现在 12 月至次年 1 月间;5—9 月是明显的干季,而且持续的时间愈往南愈长,

---

① (法)P. 韦内提,著. 刚果(布)地理[M]. 北京:商务印书馆,1976:30 - 33.
② 沈汝生. 刚果人民共和国[J]. 非洲地理资料(内部资料),1979(19):5 - 6.

降雨量年变化较大,适合桉树等林木生长。

刚果（布）的降雨量特性是急而骤,多属对流性雷阵雨,雨过天晴,年平均雨日在90～130 天之间。

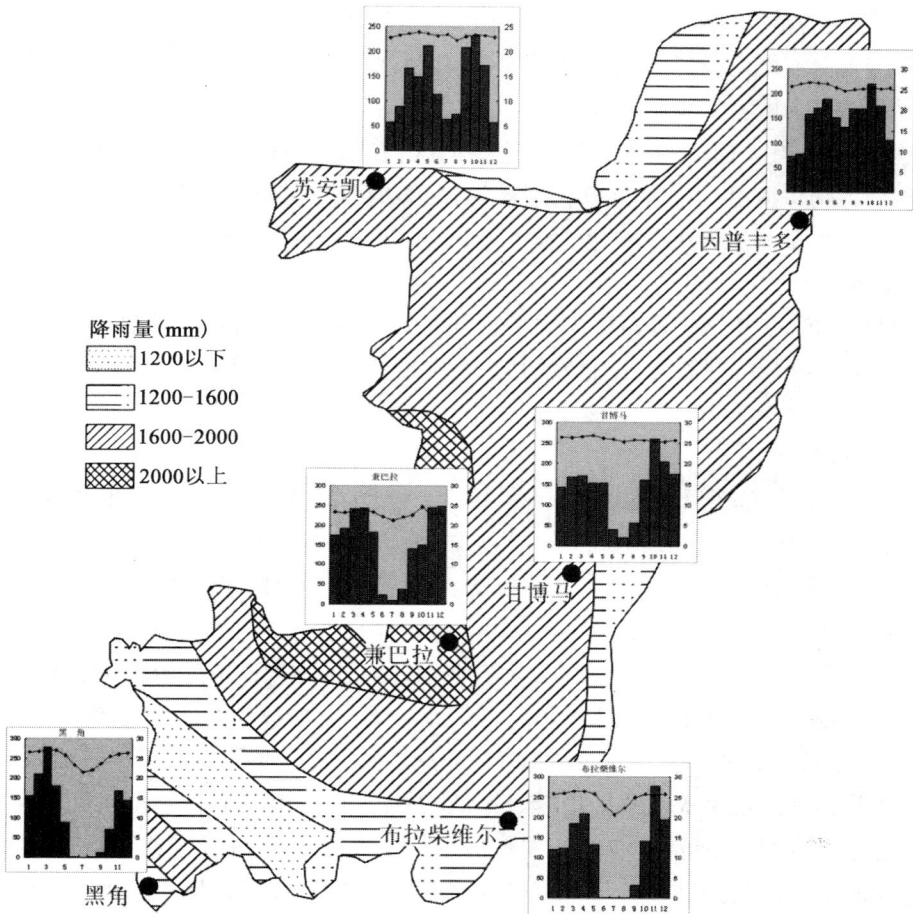

图 5 - 3　刚果（布）年降雨量分布图

资料来源:沈汝生.刚果人民共和国[J].非洲地理资料(内部资料),1979(19):6-7.

（2）地表水[①]

刚果（布）是一个多河流的国家,全境大小河流不下 100 条,其中有三分之二以上属于刚果河水系。刚果河干流的中段,有 600 公里流经东部的国界,它的最大支流乌班吉河构成刚果（布）东部国界的北段,长度亦达 500 余公里。刚果河的其他重要支

---

① 沈汝生.刚果人民共和国[J].非洲地理资料(内部资料),1979(19):5.

流还包括桑加河、利夸拉河、阿里马河、恩凯尼河等,它们的分支较多,往往纵横交错,组成稠密的水网。刚果河水系中各河的主要水文特点是比降小、河阔水深、流量大、流速缓、含沙量少、汛期长及季节变化小。刚果河下游富有灌溉、航行之利,上游蕴藏有大量水力,具有开发利用的优越条件。刚果(布)西南部水系中,以奎卢河—尼阿里河最为重要,干流长、支流多。该河上游流经丘陵、山地和峡谷,水力资源丰富;下游水深流缓,更有经济地理位置十分有利,最宜于灌溉、通航、发电等综合利用的优势,已成为国家开发的重点。

刚果盆地有大面积的河湖沼泽,这些地区往往是渔业资源丰富的地方,特别是乌班吉河、刚果河沿岸以及斯坦利湖最为发达,有很好的开发潜力。刚果河部分中部、西南部水系河流可用作农业灌溉。

4. 生物条件①

刚果(布)境内分布着两种主要的植被类型:森林和热带稀树草原,分别占总面积的60%和40%,并且植被十分明显地呈大片状分布,同一种景观可延续几百公里。

(1) 森林

森林主要分布在三大地区:马永贝山脉、夏于山地和北部森林。几乎整个马永贝山脉都覆盖着森林,然而其东缘相当明显地开始演替为热带稀树草原。大面积的森林广泛分布于西部的黏-砂质地层上,并且沿着洛埃梅河左岸和农比河流域远远地向海滨方向扩展。

马永贝山地森林分布在花岗-片麻岩地带,但在山地周围的丘陵地带也有。更往外去,森林变得零零碎碎,并且越是人口稠密的地区,森林越是大大减少。东面,森林分布到巴泰凯地区的丘陵脚下就没有了,只是沿河有一些走廊林带。

刚果(布)北部森林面积最大,有120万公顷。遍布于整个利夸拉河流域和桑加河流域,并沿着刚果河及其右岸各支流所形成的潮湿地带向西南分两路延伸,向西直至凯莱,向东直至阿里马河下游。刚果北部森林类型繁多。从森林到草原之间有一个过渡地区,在这个过渡地区,林中空地越来越大而且数目也越来越多,特别是在利夸拉—莫萨卡和曼比利之间。

刚果(布)森林资源丰富,乌木、红木、黑檀木、桃花心木是名贵树种,油棕、酒棕、橡胶具有重要意义。

(2) 热带稀树草原

刚果(布)热带稀树草原分为湿润草原、稀树草原和干草原三种类型。在常年水淹或排水不畅的地区,湿润带草本植物群系占着重要的地位。湿润带群中以水生大

---

① (法)P. 韦内提,著. 刚果(布)地理[M].北京:商务印书馆,1976:41-51.

草地为主,其中纸莎草主要分布在刚果（布）的西南部,这种植物占据了马永贝的前几列山岗和卢迪马之间广大的沼泽地带。其中沼泽草原主要分布在利夸拉—莫萨卡流域鲁赛堡以南一带,以及奔季以下的阿里马河流域。

热带稀树草原:在布拉柴维尔以北的热带稀树草原,草本层的高度很少超过 1.5 米;在尼阿里河谷地,草本层高度通常达到 2 米,至少在页岩-灰岩土地上是如此。在沿海地区渗透性好的元古统地层上,也存在巴泰凯高原上生长的那种植物。该地区草本层低而稀疏,地表覆盖度小。有些地区由于商品农业的开发,造成人为的稀树草原化,如居民大规模种植花生、烟草等作物,引起巴栋多高原河库库亚高原的丛林消失,出现热带稀树草原。干草原面积很小,仅见于局部地区。

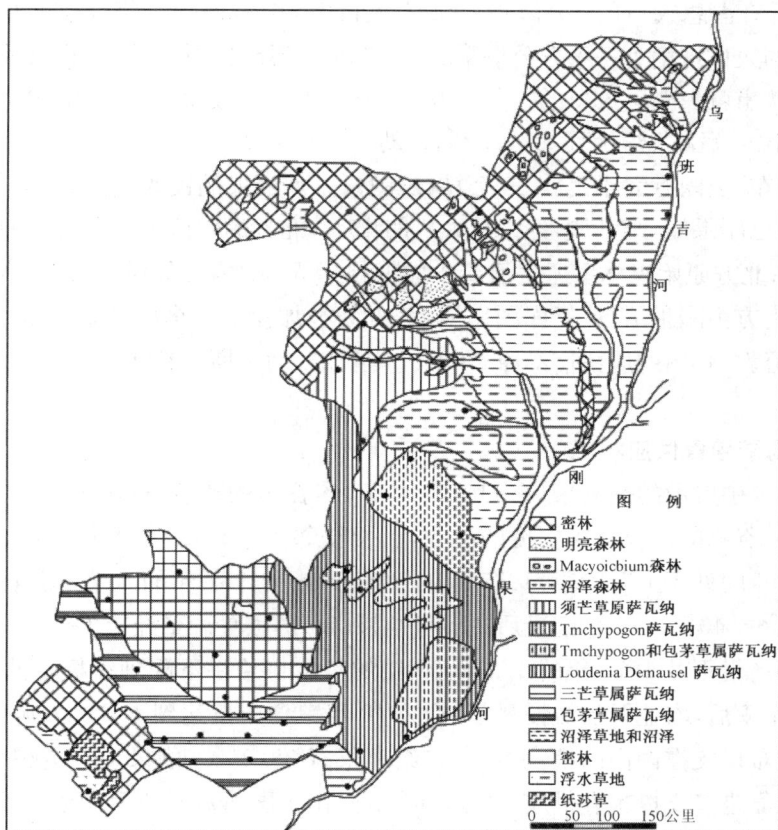

图 5-4　刚果（布）植被类型图

资料来源:(法)P. 韦内提,著. 刚果（布）地理[M]. 北京:商务印书馆,1976:46.

5. 劳动力资源

刚果（布）的人均预期寿命为 54.2 岁,从人口的年龄结构来看,2010 年刚果（布）

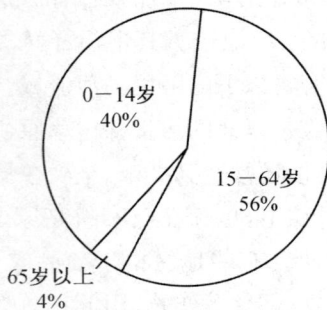

图 5 - 5 2010 年刚果(布)人口年龄构成图

0—14 岁人口占总人口的 40%,15—64 岁人口占 56%,是一个年轻化的社会结构。刚果(布)的人口密度为每平方公里平均 11.3 人,三分之二集中在城市,仅布拉柴维尔和黑角两市就占全国人口的 55%,其中妇女占人口总数 52%。人口的年均增长率为 2.8%,出生率 4.4%,死亡率 1.6%,婴幼儿死亡率 8.2%。

刚果(布)全国有大小民族 56 个,属班图语系。最大的民族是南方的刚果族,包括拉利族、巴刚果族、维利族,约占总人口的 45%;北方的姆博希族占 16%;中部太凯族占 20%;北方原始森林里还生活着少数俾格米人。刚果(布)的官方语言为法语,民族语言南方为刚果语、莫努库图巴语,北方为林加拉语。全国 50% 的居民信奉天主教和基督教,48% 的居民信奉原始宗教,其余 2% 为伊斯兰教徒。

三、刚果粮食供应状况

表 5-3 中展示的是刚果(布)1961—2010 年谷物的产量、进出口量及谷物自给率的变化。谷物的产量有小幅度的波动,且相比邻国刚果(金),产量较小。从 1961 年到 1975 年间处于上升阶段,1975 年的 20650 吨是 1961 年的 4 倍,而自给率也能保持在 25%～40%。20 世纪最后 20 年,刚果(布)的粮食产量经历了一个大的滑坡,到 2000 年产量不及 1975 年的 1/2,2000 年的粮食自给率下降到了极低的 4% 的水平。内战结束后,农业开始缓慢复苏,到 2010 年粮食产量达到了 24950 吨的历史新高,但仍然难以支撑国内的粮食需求,自给率仅有 38.3%。刚果(布)的粮食基本没有出口,依靠进口支撑粮食供应。2000 年以前,由于国内对农业生产的不重视,以及内战和一些政治原因,刚果(布)粮食进口量一直呈现高速增长趋势,在 2000 年达到了 21.8 万吨,之后随着农业的逐步恢复,进口量稍微有减少。可见刚果(布)的谷物严重不能自给,需要从各个方面对其进行农业援助,缓解国内粮食不足。

表5-3 刚果（布）谷物产量、进出口量及自给率　　单位：吨

年份	1961	1965	1970	1975	1980	1985	1990	1995	2000	2005	2010
产量	5000	10000	8000	20650	11713	16048	6014	11849	9953	21297	24950
进口量	12871	17488	24938	35709	88236	95622	78872	130638	218283	122098	40344
出口量	0	0	0	15	154	0	0	78	46	10775	202
自给率	27.978%	36.380%	24.288%	36.650%	11.737%	14.371%	7.085%	8.320%	4.362%	16.059%	38.330%

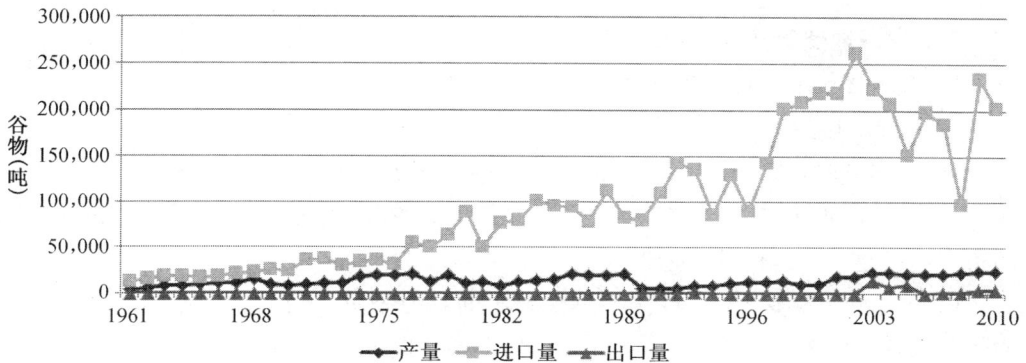

图5-6 刚果（布）谷物产量及进出口量变化

同时，从产量上来看，除了木薯和块茎作物一直保持较高的产出之外，其他粮食作物的产量都相对较低。2007年，木薯产量达到912543吨。玉米、大米、小麦、花生、土豆的产出很小，造成了刚果（布）粮食结构的单一性。主要粮食作物有木薯、玉米、稻谷、土豆、花生、香蕉等，经济作物有甘蔗、可可、咖啡、油棕、烟草等，畜产品有牛、羊、猪、鸡等。

表5-4 1996—2007年刚果（布）农产品产量　　单位：吨

年份	玉米	土豆	木薯	花生
1996年	8013	2966	762828	17120
1997年	8892	8892	767568	17750
1998年	9781	9781	700843	19525
1999年	10026	3448	718364	20013
2000年	10026	3448	672800	18000
2001年	8815	4334	739227	20500
2002年	9736	3593	786538	21074

续　表

年份	玉米	土豆	木薯	花生
2004 年	8967	3751	877776	21917
2005 年	9364	4012	887654	22034
2006 年	10056	4207	901452	22654
2007 年	10125	4563	912543	25463

四、农用地资源开发利用特点

1. 土地利用结构特点及潜力

（1）农用地结构

刚果（布）境内森林密布，目前森林覆盖率仍达国土面积的 60% 左右，自然赋予丰富，在某种程度上制约了农业的发展。刚果（布）农业出现很晚，境内发现的最早的历史遗存是 4 万年前的人造器物。

由于气候炎热多雨，刚果（布）拥有天然的农业发展条件，加上又具有山地、平原、河谷、盆地等多种地形，又为多样化的生态农业提供了可能。

刚果（布）农业耕作形式同样呈二元结构状态，少量的现代农业和大部分的原始耕作方式并存。少量的现代农业经营企业拥有一定数量的种子、化肥、农药和农业机械，而几乎大部分的原始耕作农户则以刀耕火种的方式维持生计而已。农业用地面积 1056 万公顷，相当于国土面积的 25% 以上，而耕地面积 56 万公顷，可耕地实际使用率（用于农作物种植的）仅为 2%。就农业地理分布而言，北方地区基本上是原生态未开发状态，中部高原地区沿城市边缘和 2 号公路附近为半开发地区和抛荒地区，而以布拉柴维尔以南至黑角的南方地区大部分是已开发农业地区。在当前出现世界性粮食危机的情况下，应该说刚果（布）拥有广阔的农业发展前景。

表 5-5　2009 年刚果（布）农业土地资源情况　　　　　　　　　　　单位：千公顷

土地面积	农业面积	耕地和永久性作物	耕地	永久性作物	永久性草地和牧场	森林面积
34150	10560	560	500	60	10000	22420

数据来源：FAO 数据库。

（2）粮食作物、经济作物用地结构

刚果（布）的农业仍处于落后的状态，农业生产方式仍以个体农民传统生产方式为主，个体农民耕种的土地占已耕地的 68.49%，国营和外资合营的农场占 28%，私营农场占 2.45%。由于刚果（布）的牧业和渔业都不发达，因此所谓农业，也就是种植业，集中在南方普尔、尼阿里和布昂扎三个地区。刚果（布）的主要粮食作物有木薯、马铃薯、甜薯、玉米和水稻等，以薯类为大宗，特别是木薯适应性强，全国大部分地区均有种植，用木薯加工制成的"富富粉"是城乡居民的基本食品。甜薯、马铃薯的分布也较为普遍，其中以丘陵和山地分布较多。巴太凯高原主产玉米、小米等。沿海平原、尼阿里谷地和桑加河流域种植水稻，产量不大。刚果（布）粮食、肉类、蔬菜等均不能自给，目前进口食品支出高达 1200 亿非郎。

经济作物在刚果农业中占重要的地位，主要有甘蔗、花生、油棕、烟草、可可、咖啡和香蕉等，其中以甘蔗、花生、油棕最重要。经济作物既有种植园或国营农场经营，又有个体农民分散的种植。甘蔗主要分布在奎卢河—尼阿里河上游各地，独立后政府在此建立了规模巨大的甘蔗种植园，所产甘蔗主要用于国内制糖。花生主要产地在奎卢河中上游的沙壤土地区。油棕分野生和培育的两种，整个刚果（布）都有野生油棕林，但采集困难；东北部桑加河流域两者皆有；西南沿海地区多人工栽培的油棕，油棕仁可榨油。可可和咖啡从 1890 年开始引进，在沿海种植，1930 年后大面积种植，独立后可可在桑加河流域，咖啡集中在奎卢河上游地区种植，20 世纪 70 年代产量最高，以后年产量维持在 2000 吨左右。香蕉遍布各地，烟草集中在阿里马河流域。棉花、柠檬、柑橘和剑麻多种植于奎卢河—尼阿里河流域。蔬菜多种植在河谷地带和城市周围地区。经济作物存在不少问题，首先是多年生作物的老化且多病虫害，许多树种亟待更新；其次是与粮争地的矛盾日渐突出，尤其是烟草等产区也是刚果（布）主要的产粮区，为解决粮食日益不足的问题，不得不缩小经济作物的种植面积；再次是经济作物管理费时，日感劳动力的不足。面对这一情况，刚果（布）政府通过作物更新、扩大种植园面积、推广农业新技术等措施，促使经济作物进一步发展。

2. 土地利用组织形式

刚果（布）土地获得困难，对于农业合作社、农民协会、经济利益组织以及个人现代农场主而言，城市周围和其他一些地区的农用土地获得十分困难。由于农村青年大多流向城市、青年对务农不感兴趣，农村劳动力日益老化。关于农业合作生产方式的法律法规已经十分老旧过时，一些还是 20 世纪 40 年代的法律条文。2003 年为止的有关法律当中对农业生产合作社等没有制定相应规定。经营农业的企业和农场主太少，不可能促进刚果（布）农业的发展。

3. 畜牧业

（1）畜牧业

由于整个农业发展处于比较低的水平，而且受萃萃蝇的危害，刚果（布）畜牧业十分落后，牧业和渔业同样处于自给自足、随产随销的状态，主要饲养牛、羊、猪、鸡等。刚果（布）目前同样没有准确的畜牧业生产统计，但据权威人士分析，目前的存栏数比发展态势较好的上个世纪 90 年代初更少。

畜牧业在刚果(布)是薄弱环节,所提供的畜产品和禽蛋至今远不能满足人民需要,其中肉类只能满足人民消费需求的一半。刚果(布)畜牧业落后,一方面归因于历史上居民没有饲养牲畜的习惯,第二次世界大战后,才有第一个畜牧站和两家法国私人公司从事畜牧业。另一方面则受自然条件的限制,刚果(布)的萃萃蝇危害严重,畜群因此大量死亡,在引进抗昏睡病的畜种以后,情况才有所好转。此外,天然牧场的缺乏也影响畜牧业的发展。北部热带丛林区牲畜放牧困难,中南部巴太凯高原旱季水源不足,地下水位低,打井效益不高,牲畜饮水困难,同时这里土壤侵蚀严重,植被稀少,载畜量低。只有西南部地区水草丰茂,有利于畜牧业的发展,建有国营牧场。

表 5-6 2004—2006 年刚果(布)畜牧业存栏量

年份	2004 年	2005 年	2006 年
山羊(只)	294200	295000	295000
牛(头)	110000	115000	115000
猪(头)	46300	46500	46000
绵羊(只)	98000	99000	99000
马(匹)	65	65	65
鸡(千只)	2300	2400	2400

数据来源:FAO 数据库。

(2) 林业

在非洲,刚果(布)是仅次于加蓬的木材生产国,森林资源是刚果(布)第二大自然资源,出口仅次于石油。刚果(布)森林资源十分丰富,素有"绿色金子"之称,林地面积约 2000 万公顷,占全国面积的 58%,可采伐的木材约 5500 万立方米,茂密的热带森林中树种繁多,有 1000 多个木材品种,可供出口的有 40 多种,其中属于名贵木材,在国际上享有盛誉的是奥库梅木(Aucoumea)、红木(rldola)、桃花心木(Terminaliasuperba)、黑檀木等。据说刚果(布)对森林资源采伐的控制相对严格,2007—2008年度木材采伐量 208 万立方米。在刚果(布)目前尚未发现有中资企业进驻开发棕榈油资源,但巴西、意大利、韩国等国家正在筹划开发当地的棕榈油资源。

刚果(布)全国主要的林区有三个:① 马永贝林区,位于大西洋沿岸,面积 120 万公顷,可采伐的木材约 285 万立方米。因为位于沿海、运输条件好,是较早进行采伐的地区,现已接近枯竭。② 夏露林区,位于南部的尼阿里地区,面积约 300 万公顷,可采伐的木材约 700 万立方米。由于靠近刚果—大西洋铁路,运输方便,大部分森林已被开采。该区是刚果(布)的主要木材区,产量约占全国木材总产量的 70%。③ 北部地区,主要在桑加地区,面积约为 1300 万公顷,可采伐的木材达 4000 余万立方米。

由于交通不便，运输困难，并且有大片林区处在沼泽地带，不易采伐，因此该区的木材采伐量在全国总产量中占的比例很小，但是木材生产的潜力很大。

五、农村发展的主要制约性因素

1. 经济环境层面

刚果（布）农业经济的二元结构，对发展现代农业，特别是大规模的粮食种植业十分不利。而习惯于基本原始耕作方法的当地农业劳动力生产率十分低下，很难适应现代农业的精细和高效率要求。对农业耕作文明没有文化传承的状况并不是短期内依靠什么速成教育可以根本地改变的。

最为关键的或许是缺少资金。现代农业生产的投资需要大量的资金，且是长线投资，很难在短期内收回成本和获得经济效益。

如果不考虑投资规模、劳动生产率等成本因素和市场销售渠道等经济原因，像刚果（布）这样的农业资源和条件比较适合于开展诸如以大棚为主的高效农业种植。所谓不利的条件和有利的条件一样多，而且几乎是难以克服的。

2. 农业资源、技术和政策层面

刚果（布）拥有发展农业的自然条件，比如大量未耕种的可耕地、充沛的雨量和光照、密布的水网等。但刚果（布）发展农业面临诸多实际困难，发展余地十分有限。

刚果（布）的地质构造不利于农业。东北是原始森林，中部和西南地区以沙地为主，缺少黏性，无法保持水分。其次刚果（布）气候基本上一年只分雨季和旱季。旱季五个月，罕见降水，没有相当程度的灌溉设备等基础设施的地方就不能有效耕种。雨季降雨频繁猛烈，幼苗禁不起冲击。而且可以夸张地说：旱季种不了什么东西，而雨季又长不了什么东西。农业基础设施落后，机械化程度很低，同时缺少农业科技技术，既没有足够的农业技术人员，也没有相应的农业科技设备、种子、农药等。其实这些又都是资金问题。

农村发展落后。刚果（布）实行九年制义务教育，曾经号称没有文盲，现在看来，即使在当时这个说法也是夸大其词的。所谓的农村小学，据说是一间空房子，最好一点的有几条板凳和一块黑板，一律没有课桌。目前，中国政府援助非洲举措项下，正在布拉柴维尔近郊建设 3 所乡村小学。刚方有关方面官员看了图纸后，认为已经超过了他们恩古瓦比大学的校舍的水平。刚果（布）在 60 年代仿照苏联建立的公费医疗体制，至今没有完全废除。但只有几家医院，医生和设备都十分简陋，农村基本没有医院和医生。刚果（布）是疟疾高发区，儿童死亡率在中部非洲地区是最高的，平均超过 5%，农村更甚。

（马　奔）

第二节　加蓬森林资源综合开发利用方向研究

　　加蓬共和国位于非洲中部北纬 2°和南纬 3°之间,赤道横贯国境中部。西濒大西洋,海岸线长 800 公里,北与喀麦隆接壤,西北与赤道几内亚接壤,东南与刚果(布)接壤。国土面积 26.7667 万平方公里,首都利伯维尔。加蓬国旗中绿、黄、蓝三色分别代表森林、阳光和海洋,居于三色之首的绿色显示了森林在加蓬举足轻重的地位。

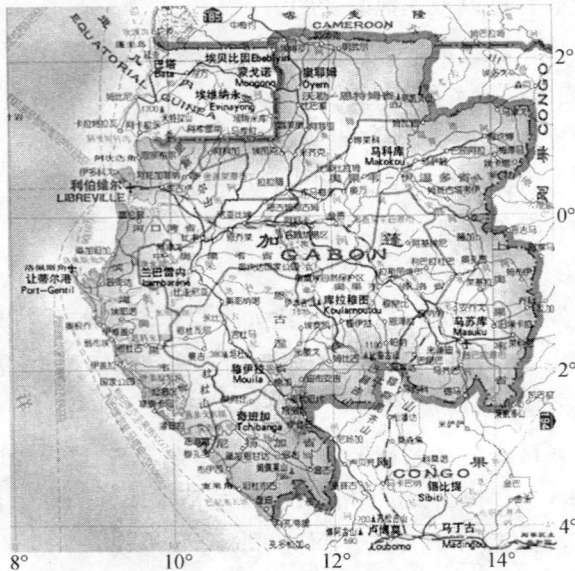

图 5-7　加蓬地图

　　加蓬自然条件得天独厚,除矿产资源外,森林资源极为丰富。加蓬热带雨林是仅次于亚马逊热带雨林的刚果盆地热带雨林的一部分,其生态系统以极大的生物多样性而闻名。据联合国粮农组织统计,2000 年加蓬的森林面积为 2200 万公顷,森林覆盖率为 85.37%。林木总蓄积量达 48.8 亿立方米,可作为商品材利用的蓄积量在 15 亿立方米以上。[1] 原木储藏量约为 4 亿立方米,位居非洲第三位。[2] 因而,加蓬获得"绿金之国"的美誉,也是世界第二"绿肺",非洲的"大氧吧"。

　　加蓬是非洲各国中木材出口历史最久的国家,早在 1903 年森林的采伐和加工就是主要的工业部门。在加蓬国民经济中,林业占有重要地位,是仅次于石油之后的

---

①　姜忠尽,主编.非洲农业图志[M].南京:南京大学出版社,2012.
②　丁沪闽.非洲主要林业国家木材资源概况[J].河北农业科学,2010(02).

第二大支柱产业,是加蓬的主要经济部门。

一、林业资源评价

1. 地形与河流

从土地结构来看,加蓬大致可划分为3个自然地理分区:沿海冲积平原(范围在离海岸20~300公里之间),内部高原和山地,海拔500~800 m,东部、南部主要是稀树大草原,多沙丘、潟湖和沼泽。主要山地有:北部的克黎斯达山地,南部的古姆那—布阿里和夏伊吕山地,东南部的比罗固山地。伊本吉山是最高山峰,海拔1575米。加蓬是一个多河流的国家,境内最大河流为奥果韦河,全长1200公里,自东向西流经全境,注入大西洋,流域面积达22万平方公里,占国土面积82%以上。其他河流有科莫河、朗波—恩科米河和尼昂加河,均由东向西流入大西洋。

2. 森林资源评价

(1) 主要树种

加蓬森林主要属热带雨林类型,各类树木达800余种,特别是奥库梅木在一般热带雨林中少见,但在加蓬最为集中。因此,开发最多的是奥库梅(Okoumé),又称加蓬榄或黑檀木,储量达1.3亿立方米,占林木总量的四分之一,产量和出口量居世界之首。其次是奥齐戈(Ozigo),又称蜡烛木。其余树种统称"杂木(bois divers)",主要有以下10种:非洲紫檀(Padouk),又称红花梨;古夷苏木(Kevazingo),又称巴花;非洲山榄(Moabi);非洲阿勃木(Agba),又称红檀香木;巴蒂(Bilinga);绿柄桑(Iroko);红铁木(Azobe);巴伊亚红木(Bahia),又称玫瑰木;小斑马木(Beli);两蕊苏木(Movingui)。① 这些树种占杂木出口量的70%。加蓬可开发树种约400多种,但目前仅有80种树种得到开采和利用。

表5-7　加蓬主要热带木材一览表

名称	商品材名称	科属	主要特性	主要用途
奥克橄榄 Aucoumeaklaineana	Okoume	橄榄科 Burseraceae	大乔木,心浅红褐-白色,材轻,强度弱,光泽强,结构均匀,干燥快,无开裂和翘曲,加工容易,耐腐性能良好	主要用于生产装饰单板、胶合板、家具、包装箱、盒、木模等
中非蜡烛木 Daoryodesbuettneri	Ozigo	橄榄科 Burseraceae	大乔木,主干直圆,浅黄褐色、灰白色,具光泽,结构细匀,重量中,干缩甚大,强度中至高,略有变形,开裂较严重,不耐腐	造船、车辆、家具、室内装修、地板、包装箱、板条箱、胶合板等

① *Gabon：Plus d'exportations du bois*(加蓬:禁止出口原木)[OL]. http://africa-info. org/index. php? option=com_content&view=article&id=946:gabon-plus-dexportations-du-bois&catid=34:economie&Itemid=64.

名称	商品材名称	科属	主要特性	主要用途
厚瓣乌木 Diospyros crassiflora	Ebene	柿树科 Ebenaceae	大乔木,干形好,木材散孔材,心材近黑色或浅黑色,边材红褐色;木材光泽强;无特殊气味,结构甚细、均匀,木材甚重,干缩甚大,强度高;木材干燥速度中等,性能良好,几无开裂和变形	高级家具、乐器、雕刻工艺品、剑柄等
两蕊苏木 Distemonanthus benthamianus	Ayan, Movingui	豆科 Leguminosae	大乔木,主干直圆,有脆心材发生;木材散孔材;心材黄色至黄褐色,边材草黄色,木材具光泽,无特殊气味,结构细匀,重量及干缩中等,强度高;木材干燥略慢,几无开裂和变形,略耐腐,加工容易,切面光滑,胶黏性能好,具有一定抗硫酸性能	装饰单板、家具、室内外装修、造船、化工用木桶等
古夷苏木 Guibourtia spp.	Bubinga Waka	豆科 Leguminosae	大乔木,主干直圆,心材红褐色或粉红褐色,具紫色条纹,边材乳白色;木材具光泽,无特殊气味,结构细匀,木材重,干缩甚大,强度高;木材耐腐,加工不难,切面光滑	上等家具、装饰板材
葱叶状铁木豆 Swartzia fistuloides	Dina, Pao rosa	豆科 Leguminosae	大乔木,木材散孔材,心材紫红褐色,具深浅相间条纹,边材黄白色;木材具光泽;无特殊气味,结构细,略均匀,木材甚重,干缩大,强度高,很耐腐,加工较困难,表面光滑	高级家具、细木工、装饰单板、乐器、雕刻等
卡雅楝 Khaya ivorensis	Acajou, African mahogany	楝科 Meliaceae	大乔木,木材散孔材,心材金黄色,边材乳白色至浅黄色;木材具光泽,无特殊气味,结构细匀,木材轻,干缩大,强度中;易开裂和变形,加工容易,切面光滑	刨切装饰单板,用于家具、细木工、车厢等表面装饰板,也可生产家具、乐器及室内装修等
毛洛沃楝 Lovoa trichilioides	African walnut, Dibetou	楝科 Meliaceae	大乔木,树干通直,木材散孔材;心材金黄褐色,边材浅黄色;木材光泽强,无特殊气味,结构细匀,木材轻,干缩中,强度中;木材干燥速度中等,几无开裂和变形,加工容易	家具、细木工、室内装修、食品包装,尤其适宜刨切装饰单板、作胶合板面板
大绿柄桑 Chlorophora excelsa	Iroko	桑科 Moraceae	大乔木,树干通直,木材散孔材;心材黄褐色至暗褐色,边材黄白色;木材略有光泽,无特殊气味,结构均匀,重量及干缩中,强度中至高;木材干燥速度中,略有开裂和变形,很耐腐,加工较容易	上等家具、细木工、室内外装修地板、造船、化工用木桶、刨切装饰单板等

名称	商品材名称	科属	主要特性	主要用途
翼红铁木 Lophira alata	Azobe, Ekki	金莲木科 Ochnaceae	大乔木,树干通直;木材散孔材;心材暗红至紫褐色,边材粉色;木材具光泽,无特殊气味,结构均匀;木材甚重,干缩甚大,强度高;木材干燥困难,易发生开裂和变形,是非洲已知木材中最耐腐的一种;木材加工困难	桥墩、码头桩木、枕木、载重地板、卡车车底板等
犹氏黄胆木 Nauclea diderrichii	Bilinga, Opepe	茜草科 Rubiaceae	大乔木,木材散孔材;心材黄至橘黄色,边材浅黄白色;木材具光泽,无特殊气味,结构细均匀,重量中,干缩甚大,强度中至高;木材干燥慢,略变形,开裂较严重;木材耐腐,抗蚁性强	枕木、造船、建筑、车辆、地板、刨切装饰单板等
猴子果 Tieghemella	Makore, Douka	山榄科 Sapotaceae	大乔木,主干圆形,木材散孔材;心材浅红至暗红褐色,边材白至浅粉色;木材光泽强,无特殊气味,结构细、略均匀,重量中,干缩甚大,强度高;木材干燥慢,几无开裂和变形,很耐腐,加工不难	家具、细木工、造船、室内装修、胶合板、雕刻等

资料来源:侯元兆,等. 热带林学[M].北京:中国林业出版社,2002.

（2）森林地区分布

根据加蓬的地理和自然气候条件,其森林大致可分为四大类[1]:

a. 热带常绿雨林。这类森林分布在加蓬的北部,特别是几内亚湾沿岸,那里有茂密的热带雨林,树种丰富,树冠相接,构成巨型的帷幕。主要树种有加蓬榄、艳榄仁树、中非蜡烛树、非洲紫檀、安哥拉密花树、桑巴桃花心木及翼红铁木等。加蓬的热带雨林与热带稀树草原林交错依存。

b. 常绿林、半落叶林。这类森林主要分布在加蓬的东部,是常绿和半落叶林的中间型,它与常绿林的基本区别是没有加蓬榄。

c. 热带草原林。这类森林分布在加蓬的南部,通常与热带草原林、稀树草原林互相交错,而以稀树草原林为主,树木稀疏,生产力很低。

d. 红树林。这类森林分布在加蓬北部沿海几内亚湾海岸低湿地带。加蓬北部沿海地带有三大片潮水河,周围都是红树林,面积约有 12.5 万平方米,其分布在与赤

---

① 于海兵. 加蓬林业[OL]. 中国林业网,http://www.forestry.gov.cn/portal/main/map/sjly/sjly88.html.

道几内亚相连的加蓬湾、蒙塔港和木尼河湾。仅加蓬湾就有 8 万平方米,其中被水淹的至少有 2 万平方米。

沿海地区的原始森林早已砍伐殆尽,那里分布着次生林带。次生林带中的林木材质一般没有原始森林中的林木材质坚硬,但其生长快。次生林带中主要树种有加蓬榄、阳伞树、奥多罗、奥卡拉、木棉和油棕树等。

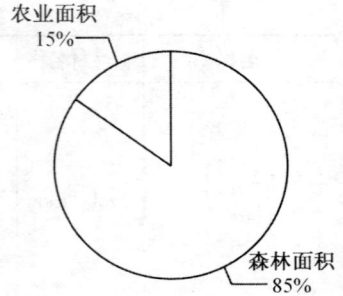

图 5-8　加蓬土地利用类型

二、林业生产

1. 加蓬的林业状况

林业在加蓬国民经济中占有重要地位,1995 年原木产量 217 万立方米,木材产值占国内生产总值的 3.3%,木材和其他林产品出口在加蓬出口总额中居第 2 位,占出口总值的 35%。林业是加蓬财政收入的重要来源之一,其税收贡献逐年增加:根据加蓬财政部的统计数字,林业各类税收(面积税、采伐税等)由 2003 年的 25.3 亿西非法郎增加到了 2007 年的 129.3 亿西非法郎,也就是说 4 年当中猛增了 5 倍。林业也是创造就业岗位最多的行业,2005 年,林业从业人员占加蓬总劳动人口的 22%。[①]

2. 采伐区和主要采伐树种

加蓬大规模采伐林木,已有一百多年的历史。加蓬政府对森林开采实行发放固定数量许可证的方法进行控制。允许开采的森林面积约 800 万公顷,目前约 400 万公顷的森林处于开采状态。森林出让的期限分 10 年、15 年或 20 年不等。采伐区主要分为三个区域:一类区约 350 万公顷,主要位于沿海地区,由当地公司开采。由于这一区域离港口近,并可以通过河流放木运抵港口,因而开采费用很低,而且不需要基础设施的投资。二类区约 1000 万公顷,位于恩古涅省(Ngounié)、尼扬加省(Nyanga)、中奥果韦省(Moyen-Ogooué)和奥果韦-伊温多省(Ogooué-Ivindo)四省区内。三类区约 650 万公顷,位于国家的中部地区博韦(Boué)、拉斯图维尔(BOUE-Lastourville)、弗朗斯维尔(Franceville)地区。[②]

采伐树种涉及树木约有 60 种,其中两奥木材(奥库梅和奥齐戈)占绝大多数,约占 75%~80% 的产量。其余树种木材产量不大,其中较多的是桃花心木、乌木和胡桃木。

---

① 姜忠尽,主编. 非洲农业图志[M]. 南京:南京大学出版社,2012.

② 加蓬林业资源[OL]. 非洲之窗. http://www.africawindows.com/html/feizhouzixun/guoqingbaike/20070815/10817.shtml.

3. 木材加工能力和主要林产品

长期以来，加蓬的木材加工率较低，当地木材加工厂设备陈旧，可加工品种单一，以粗加工为主。为此，加蓬政府一直致力于提高木业工业化程度，提高木材加工能力。

加蓬的木材加工业主要分三类：（1）锯材厂，约有30家，主要分布在首都和让蒂尔港。这些工厂的设备不先进，只能做一些简单的加工。锯材产量较为稳定，一般维持在30000立方米左右，出口量极少，不超过1000立方米。（2）旋切厂，主要加工奥库梅，生产贴面和胶合板，其产量约55000立方米，80％用于出口。（3）家具生产厂。这类厂家大部分水平较低，产量有限，主要是生产一些简单的家具和承揽装修工程。[①]

近几年来，森林开发企业与木材加工企业趋于合并，并形成较大的联合企业，木材加工能力有了很大提升。目前加蓬已经有不同规模的各类木材加工企业近70家，各类企业包括锯木厂、枕木厂、单板厂、胶合板厂、纸浆厂、家具厂、木炭厂、电线杆厂等[②]，可以对采伐原木总量的45％进行加工（2002年只能加工7％）。根据2006年加蓬木材加工行业主要领域分布图（图5－9）[③]，可以看到在木材加工业中锯材加工（Sciage）比例为49.07％，贴面加工（Placage）占29.26％，胶合板加工（Contreplaqué）占18.97％，旋切加工（Tranchage）占2.70％。在这些加工企业中，80％以上都是外国企业，加蓬企业只有20％左右，且规模较小、设备简陋、人员技术素质不高，加工业分布不均匀。

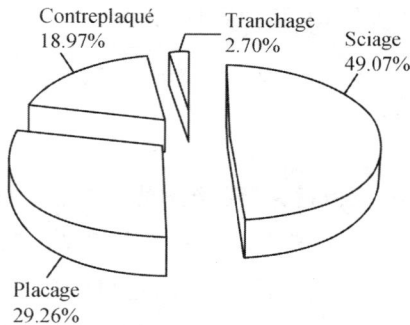

图5－9 2006年加蓬木材加工行业主要领域分布图
Sciage：锯材加工 Placage：贴面加工 Contreplaqué：胶合板加工 Tranchage：旋切加工
数据来源：加蓬水利森林总局（DGEF：la Direction Générale des Eaux et Forêts）（2007）。

① 加蓬林业资源［OL］. 非洲之窗. http://www.africawindows.com/html/feizhouzixun/guoqingbaike/20070815/10817.shtml.
② 陈宗德，姚桂梅，主编. 非洲各国农业概况［M］. 北京：中国财政经济出版社，2000：282.
③ Freddy Meka M'allogho. *Evaluation de l'impact de l'application des mesures conservatoires et leurs incidences sur l'exploitation des forêts au Gabon*（加蓬森林开发保护措施实施的影响和结果）［M］. Ecole Nationale des Eaux et Forêts-Ingénieur forestier spécialite en SIG et BD, 2007.

木材加工业产品主要包括锯材、胶合板、薄木板、单板、枕木、纸浆、纸张等。木材品种主要是奥库梅木,其木质轻而软硬适中,木料纹路清晰,气味芳香,适合制造胶合板、薄木板、镶嵌木材等,在工业上用途较广。其次是奥齐戈,适用于胶合板、家具构件、地板、木箱、细木工制品等,可作为奥库梅的替代品。此外还有具备较高的装饰价值的红花梨木,适用于豪华家具、地板、乐器、雕刻的巴花,适合于细木工、单板、胶合板的非洲山榄等。

4. 林副产品

根据一项针对加蓬首都利伯维尔市场上的林副产品的调查结果①,加蓬非木质林副产品主要是涉及对林木的根茎、枝叶、果实、种子、汁液的开发利用,其价值主要体现在食用(蔬菜、香辛料、酒类等)、药用(草药)、薪材、家具等方面。

加蓬人将木薯的嫩叶用于烹饪,而买麻藤属植物(Gnetum africanum)是当地市场上的重要蔬菜,颇受欢迎。人们也使用林木种子和树皮作为香辛料,例如番荔枝科假肉豆蔻属(Monodora myristica)植物就可作为调料以及传统草药。棕榈树汁可制成畅销的棕榈酒。在药用方面,由于很大一部分加蓬人难以承担购买进口药品的费用,因此他们倾向于使用林木的枝叶等作为草药。锯材工场的木材加工废边料、木屑等是市场上薪材的主要来源,最多见的是奥库梅木,其次是红木瓣木。另外,一些林木的叶片如蕉叶,可被用作包装,包裹木薯制成的食物。林木的枝干、藤条在手工业中大量使用,用作编织篮筐,及其他家具用品。

三、主要林产品出口流向

1. 出口品种

出口产品包括原木、锯材、板材、纸浆、纸产品。"出口原木,进口成品"是非洲木材出口的主要特征。一方面因为工业发达的资本主义国家为限制非洲木材加工工业的发展和木材制品的出口,采取各种手段,对进口的非洲原木免征关税,而对进口锯材、刨花板、胶合板则征税较高;另一方面则因非洲本地木材加工工业薄弱。但加蓬政府2009年采取措施限制原木出口后,原木出口的比重明显下降。

出口品种方面,加蓬奥库梅木出口量最大,其次是蜡烛木。国际热带木材技术协会(ATIBT)2009年数据显示,奥库梅木材出口量为69万立方米,占了42.2%的市场份额。其他品种主要有圆盘豆、非洲花梨木、开瓦辛高木、红铁木、格木、小斑马

---

① Paulin Yembi. Enquête Préliminaire Sur Les Produits Forestiers Non Ligneux Présents Sur Les Marchés De Libreville (Gabon)(利伯维尔市场的林副产品调查报告)[R/OL]. http://www. fao. org/docrep/x2161f/x2161f26. htm.

木等。①

2. 出口流向

加蓬原木大部分销往亚洲和欧洲。直到 20 世纪 90 年代中期，欧洲（主要有西班牙、德国、意大利、比利时、希腊、葡萄牙等）和地中海国家（主要是土耳其和摩洛哥）是加蓬木材的主要出口市场，其中法国是最大的进口国。然而，1993 年以后形势发生了变化，传统的欧洲市场逐步让位于亚洲市场，中国也取代了法国的地位。1992年，加蓬原木的出口市场 62% 在欧洲，亚洲只有 12%；1995 年，亚洲市场超过 40%；1996 年，亚洲市场增至 51%；而到 2009 年，亚洲市场已占 88.5% 以上。②

加蓬原木向中国出口量逐年增加。2005 年，加蓬原木向中国出口总量增加到 79万立方米，占其出口总量的 50% 左右，出口欧洲的原木下降到 54 万立方米，比例也下降到 34%。2006 年，加蓬原木出口总量为 177 万立方米，其中向中国的出口已增加到 106 万立方米，占其出口总量的 60%。向欧洲出口的比例进一步下降到 25%。2008 年，加蓬原木出口总量为 165 万立方米，向中国出口达 110 万立方米，占总量的57%。2009 年，加蓬原木出口总量为 163 万立方米，向中国出口达到 119 万立方米，占 70% 左右。③下表显示了 1997 年至 2006 年期间，加蓬木材生产、出口、本地消费量。

表 5 - 8　1997—2006 年加蓬木材生产、出口、本地消费量　　单位：千立方米

年份	1997	1998	1999	2000	2001	2002	2003	2004	2005	2006
原木产量	2775	2164	2402	3300	4216	3615	3563	3500	3200	3100
出口量	2671	1764	2328	3173	2314	1928	1928	1928	1586	1769
本地消费	105	400	74	127	1902	1687	1635	1572	1614	2028

数据来源：加蓬水利森林总局（DGEF：la Direction Générale des Eaux et Forêts）（2007）。④

四、森林资源的开发与保护

1. 森林资源开发过程中的生态环境问题

非洲大陆的森林资源退化严重，根据 FAO 发表的《2000 年世界森林资源评估报

---

① 程实. 加蓬原木出口开始稳定［J］. 国际木业，2011（2）.

② Présentation des pays II-Gabon，Cadre politique，social et économique（国家简介（二）——加蓬，政治、社会、经济）［OL］. Forests Monitor. http://www. forestsmonitor. org/en/reports/549968/549987.

③ 商务部. 加蓬原木向中国出口量逐年增加［N/OL］. 中国经济网，2008 - 01 - 25. http://www. ce. cn/cy-sc/main/jtfzspsy/shwll/200801/22/t20080122_14322152. shtml.

④ Freddy Meka M'allogho. Evaluation de l'impact de l'application des mesures conservatoires et leurs incidences sur l'exploitation des forêts au Gabon（加蓬森林开发保护措施实施的影响和结果）［M］. Ecole Nationale des Eaux et Forêts-Ingénieur forestier spécialite en SIG et BD，2007.

告》,1990—2000 年全球年均毁林面积为 939.1 万公顷,年均毁林率为 0.22%,而非洲每年毁林 526.2 万公顷,年均毁林率高达 0.78%[①],远高于世界平均水平,当前加蓬的年毁林率约为 0.5%[②]。森林资源的消减引发了众多的环境和生态危机,合理开发利用及保护森林资源是一项相当艰巨的任务。

从国情来看,加蓬人口密度相对较低(1998 年为每平方公里 5 人[③]),总人口的 2/3 左右为城市人口,1/3 左右生活在首都利伯维尔;石油和采矿业发达;直接依赖于森林生活的人口比例相对较低,农业发展没有给森林带来巨大压力,加之本身原始森林幅员辽阔,因此与非洲其他国家相比,加蓬森林与环境破坏程度总体上较轻。

加蓬森林与生态环境方面存在的主要问题是:(一) 由于木材加工工业薄弱,林木采伐量高,影响森林的自然再生能力。交通方便的林区受到掠夺式的开发,许多珍贵树种即将采伐殆尽。加蓬的沿海平原及可以通航的河流两岸,特别是奥果韦河下游等交通方便地区森林资源已经耗竭或趋向耗竭。[④] 尽管加蓬对森林的开发是有所选择的,但也难以实现可持续发展。例如素有"加蓬一宝"之称的奥库梅,虽然成材快、成材率高,但砍伐数量增长仍然影响其数量上的再生,并且导致林木质量的下降,影响其出口木材的品质。(二) 森林开发加剧非法狩猎,动物数量减少,生物多样性遭到破坏。(三) 森林开发直接或间接引起环境问题:土地侵蚀与环境污染。一方面,用于处理林木的化学产品污染土地;另一方面,燃烧未被利用的原木加大了空气中尘埃颗粒的含量。[⑤]

2. 从原木出口转向木材深加工

2009 年,阿里·邦戈·奥丁巴总统上任后,尤其重视加蓬生态系统的可持续发展,提出"绿色加蓬"和"工业加蓬"的发展计划。加蓬政府决定改变以往单一的原木出口模式,重点扶持发展木材加工行业,并作出了禁止原木出口的重要决定:"为创造更多必要财富、着重减少青年和妇女的失业并出口高附加值成品和半成品,加蓬政府决定从 2010 年 1 月起禁止原木出口。"[⑥]此举对于当地经营的法资、中资和本地的木材企业带来了较大影响,但充分表明了加蓬政府掌控出口贸易主导权,引导本国的原木出口贸易向木材深加工行业进军的决心。

① 周秀慧,张重阳.非洲森林资源与中非林业合作[C]//中国非洲问题研究会.新时期中非关系发展与前景,2006:294.

② *Gabon:Panorama*(加蓬概览),http://www.globalforestwatch.org/french/gabon/index.htm.

③ 陈宗德,姚桂梅,主编.非洲各国农业概况[M].北京:中国财政经济出版社,2000:268.

④ 姜忠尽,主编.非洲农业图志[M].南京:南京大学出版社,2012.

⑤ Présentation des pays II-Gabon,Cadre politique,social et économique(国家简介(二)——加蓬,政治、社会、经济)[OL].Forests Monitor.http://www.forestsmonitor.org/en/reports/549968/549987.

⑥ 中国木业网信息发布中心.加蓬调整原木出口政策促中国非洲木企加速整合[N/OL].中国木业网,2009-12-7.http://www.wood365.cn/news/newsInfo_47183.html.

与之相适应，加蓬《森林法》规定凡新颁发给外国公司的"森林租借权"，必须以同时建立木材加工企业为条件。这就是说任何今后想在加蓬从事森林开发的企业，必须先建设自己的木材加工厂。另外政府也实行诸多政策鼓励木材深加工，如加工产品出口免征关税，用于加工厂的生产设备在进口关税上享有优惠，等等。总体来看，加蓬木材加工率已从 1999 年的 7％上升到 2002 年的 20％、2007 年的 30％，根据政府制定的目标，2012 年加工率可达到 75％，2025 年达到 95％。

3. 政府政策与措施

加蓬政府对森林开发与生态环境问题历来比较重视，设有较完善的林业管理体制。加蓬有关林业的主管部门是国家水利森林部，下设林业局，负责林业调查、森林保护、植树造林、森林经营和森林采运工作。

加蓬政府将森林开发与保护并举，注重保护森林资源，维护生物多样性。1946 年加蓬建立了洛佩（Lope）自然保护区，成为非洲最早建立的保护区之一。该保护区生物多样性丰富，其中分国家公园、狩猎保护区和综合性保护区。1987 年加蓬启动"沿海热带草原森林经营计划"，这项计划得到法国的资助与指导，目的是应用现代造林技术改良加蓬榄天然林，提高林分生长量和质量，实现森林可持续经营。2000 年，加蓬政府邀请世界自然基金会（WWF）对加蓬边远地区进行考察，以帮助该国政府建立国家公园系统。2002 年，时任加蓬总统奥马尔·班戈·奥迪巴指定约 11％的国土面积作为国家公园的一部分（共有 13 个国家公园），占地超过 1 万平方英里，是世界上最大的自然公园之一，也使加蓬成为了未来重点生态旅游目的地之一。[①]

加蓬政府也长期重视采育结合、植树造林。加蓬于 1935 年开始人工造林，1957 年起每年造林 500 公顷，60 年代初至 90 年代末期，人工造林约有 3 万公顷以上。目前，除了 2350 万公顷被树木覆盖的国土外，其余的土地也还将用于种植树木，也就是说，未来这个国家的森林覆盖率将超过现有的 85％。加蓬人工造林培育的树种较丰富，覆盖加蓬榄、美洲榄、桃花心木等十余个品种，其中加蓬榄人工试验林、纸浆用材林都卓有成效，并且在原始森林中，每公顷树木可开采的树木出材量只有 5～10 个立方，而通过人工造林，可以达到每公顷出材量 400 个立方。由于造林技术上的成功、管理体制的建立，加上国际组织的援助，加蓬人工造林已从粗放经营向集约化栽培的方向发展。[②]

为实现森林资源成为边开采边再生的可持续发展资源，加蓬政府还实施了一系

---

① 中国木业网信息发布中心. 加蓬调整原木出口政策促中国非洲木企加速整合[N/OL]. 中国木业网，2009 - 12 - 7. http://www. wood365. cn/news/newsInfo_47183. html.

② 于海兵. 加蓬林业[OL]. 中国林业网. http://www. forestry. gov. cn/portal/main/map/sjly/sjly88. html.

列有效途径,以促进森林资源更新及合理利用:(1)合理规划,制定政策,加蓬与日本国际合作署(JICA)合作,规划林业资源全国性资产总量表,根据对森林资源的盘存摸底,制定加蓬木材出口、加工政策;(2)合理开采,要求企业对自己的林地、工厂进行认证,即对林地边界进行划分,确定每年可采伐区块,使林地实现持续采伐;(3)开发新林区,制止掠夺性采伐,随着木材需求量的增加和现有采伐区资源枯竭,今后林业发展的重点应将逐步转向新林区的开发,将采伐基地由沿海向内陆推移;(4)扩大采伐树种、限制珍贵树种采伐,对于产量显著减少的赤非红树木(Afo)、猴子果(Douka)、毒籽山榄(Moabi)和蜡烛木(Ozigo)等树种采取颁布禁伐条令的保护措施。①

五、加蓬森林资源相关法令及中加林业合作问题

1. 加蓬森林资源相关法令

加蓬现行的森林资源相关法令是颁布于2001年12月31日的新《森林法》,共由298项条文构成,分为基本原则和资源可持续管理两大部分,主要涵盖四个方面:(1)林地长期整治和规划,旨在对森林资源实行有计划的长期持续的管理和合理开发;(2)提高森林开发的工业化程度,提高原木当地加工率,为本国国民增加就业机会,提高林业产品的附加值;(3)成立国家公园,强化对森林资源生态多样化的保护;(4)鼓励国民参与森林砍伐和经营。②

1982年的老《森林法》主要侧重于促进森林资源的商业开发和鼓励引进外资投入,新《森林法》则侧重创造就业机会,促进木材当地加工率,加强林地规划、生态多样性,实现可持续发展。新法对于森林开发后的整治,木材加工企业的设立、利益分配,当地村民的参与以及森林经济部的管理职能、税收等,均做了详细规定;对原始森林、国家级自然保护区、用于可持续开发的林区和城市周边林带等制定了长远开发和保护规划。例如为减少乱砍滥伐,法律规定林地租赁者必须对林地进行规划,主要包括森林资源调查、社会经济学及生物多样性评估,提交综合报告。只有制定林地规划并经认可的企业才可获得林地长期使用权,并享受减免林地税50%的优惠。③

2. 中加林业合作问题

加蓬是中国在非洲的第一大木材贸易国,我国原木进口第五大来源国。我国每

---

① 管宁. 加蓬禁伐4个重要树种木材[J]. 国际木业,2009(4).

② 加蓬新《森林法》简介[OL]. 中小企业贸易促进网,2006 - 5 - 11. http://www.smes-tp.com/Article_Show.asp? ArticleID=19314.

③ 赵章云. "绿金之国"有潜力[N/OL]. 人民日报,2004 - 9 - 9. http://www.envir.gov.cn/info/2004/9/99913.htm.

年从加蓬进口的原木都超过 100 万立方米，占中国从非洲进口原木量的 45%。一方面，由于中国木材市场的需求巨大，而传统供应市场的不稳定，中国对加蓬等非洲国家的热带木材的进口需求不断增加。另一方面，加蓬林业加工技术落后，整个加工行业基础薄弱，木材制品具有市场需求，也为中国在加蓬投资木材加工业提供了机遇。加蓬政府在贸易政策方面奉行自由开放的原则，外资企业享受一定投资优惠政策。

中国企业是加蓬木材加工业领域的新生力量。最近几年，中国木材加工出口企业响应加蓬政府关于林地整治规划、保证可持续开采、减少原木出口、增加就地加工、提高出口木材附加值、解决当地就业的号召，正在进入到大规模投资创业阶段。据初步统计，中国企业在加蓬森林行业的投资额已超过 1 亿美元，拥有林地 200 多万公顷，已建成和在建木材加工厂 10 家，雇佣加蓬员工 1500 多人。目前加蓬最大的森林资源开发项目是中国林业国际合作集团公司注册成立的合资企业华嘉木业股份有限公司，此外还有万鹏木业公司、加蓬爱龙责任有限公司、加蓬香江木业股份有限公司和华鹏木业等中国企业，经营森林采伐、设备出租、原木、锯材、木材制品的贸易和出口。加蓬林业部 5 月统计数据显示，加蓬已租赁的 1450 万公顷林地中，中资企业获租 250 万公顷，占 17%。加蓬 114 家林业加工厂中，中资企业有 21 家（中国内地 20 家，台湾 1 家），占 18%。加蓬木材加工企业资本分别来自亚洲（42 家）、非洲（40 家）、欧洲（32 家）。按国别统计，中资比例仅次于加蓬（26 家）和法国（23 家）。[①]

中加在林业开发领域的互利合作目前主要集中在进口木材、合作采伐森林、在当地建立木材加工厂，未来将在木业深加工方向开展更深入的合作。自加蓬政府 2009 年实行禁止原木出口政策以来，单靠采伐、出口原木的中国企业开始面临诸多问题：利润增长点改变，资金链受影响，原有设备闲置，减少采伐带来失业。这一政策体现了加蓬政府对未来林业发展的调控方向，发展木材二级加工和三级加工，进一步提高产品附加值的趋势。因此，中国企业未来的经营必须转型，应由采伐、出口原木转向到当地进行木材深加工，实现林业采伐、木材加工、出口服务的一条龙运作。中国木材企业必须以长远战略的眼光来看待中加合作，加快资源整合的速度，在当地建立起完善的产业链。

随着加蓬政府对林业发展日益重视，加蓬林业经济也正逐步走向正规化、国际化、标准化。加蓬林业与欧盟签署了"森林执法、施政和贸易"框架下的《自愿伙伴关系协议》。根据这一协议，从 2013 年起，在加蓬未取得 FSC（森林管理委员会）或 FLEGT（欧盟森林执法、施政和贸易）证书的木材，以及包括家具在内的木材产品，将

---

① 新华社. 中资企业开拓加蓬林业市场备受关注 面临优胜劣汰和标准考验[N/OL]. 中国舆情网，2012 - 5 - 30. http://www.xinhuapo.com/html/2012/nongye_0530/52363.html.

禁止在欧盟市场销售。① 为此,加蓬的中国林业企业必须了解加蓬法律法规和行业规范,研究和适应欧盟的标准,不断调整产业结构,以适应国际化的生产标准。对于存在的问题,例如中国市场需要的特殊规格木材出口等问题,应成立行业协会,代表中资企业同加蓬政府及同行业团体进行对话。另外,在森林资源及生态环境问题越来越受到全球关注的背景下,企业要在全球木材生产和贸易中生存下去,必须注重森林资源保护和可持续发展,以利于当地长远利益的方式进行双赢合作。

(张　莉　熊世英　姜忠尽)

参考文献

[1] 姜忠尽.非洲农业图志[M].南京:南京大学出版社,2012.

[2] 南京大学地理系非洲经济地理研究室编.非洲地理资料[J].总第10期.

[3] 周秀慧,张重阳.非洲森林资源与中非林业合作[C]//中国非洲问题研究会.新时期中非关系发展与前景.2006:287-316.

[4] 陈宗德,姚桂梅,主编.非洲各国农业概况[M].北京:中国财政经济出版社,2000:267-294.

[5] 丁沪闽.非洲主要林业国家木材资源概况[J].河北农业科学,2010(2).

[6] 程实.加蓬原木出口开始稳定[J].国际木业,2011(2).

[7] 管宁.加蓬禁伐4个重要树种木材[J].国际木业,2009(4).

[8] FAO林业年鉴[M/OL].联合国粮食及农业组织.http://www.fao.org/corp/statistics/zh.

[9] Freddy MEKA M'ALLOGHO. Evaluation de l'impact de l'application des mesures conservatoires et leurs incidences sur l'exploitation des forêts au Gabon(加蓬森林开发保护措施实施的影响和结果)[M]. Ecole Nationale des Eaux et Forêts-Ingénieur forestier spécialite en SIG et BD,2007.

[10] GFW. Un premier regard sur l'exploitation forestière au Gabon(加蓬森林开发概览)[R/OL]. Washington DC,http://www.globalforestwatch.org/common/gabon/french/report.pdf.

[11] Présentation des pays II-Gabon,Cadre politique, social et économique[国家简介(二)——加蓬,政治、社会、经济][OL]. Forest Monitor. http://www.forestsmonitor.org/en/reports/549968/549987.

[12] Paulin Yembi. Enquête Préliminaire Sur Les Produits Forestiers Non Ligneux Présents Sur Les Marchés de Libreville(GABON)(利伯维尔市场的林副产品调查报告)[R/OL]. http://www.fao.org/docrep/x2161f/x2161f26.htm

[13] La Filière Bois(林木业)[EB/OL]. http://www.gabon-vert.com/le-pilier-gabon-vert/

---

① 耿雁冰.加蓬的每一根木材都需"身份证"[N/OL].21世纪网,2012-06-14.http://www.21cbh.com/HTML/2012-6-14/4NNTg3XzQ1NDE4NQ.html.

les-enjeux-par-secteur/la-filiere-bois.

［14］Gabon：Panorama(加蓬概览)［OL］. http：//www. globalforestwatch. org/french/gabon/index. htm.

［15］Gabon：Plus d'exportations du bois(加蓬：禁止出口原木)［OL］. http：//africa-info. org/index. php? option ＝ com _ content&view ＝ article&id ＝ 946：gabon-plus-dexportations-du-bois&catid＝34：economie&Itemid＝64.

［16］于海兵. 加蓬林业［N/OL］. 中国林业网. http：//www. forestry. gov. cn/portal/main/map/sjly/sjly88. html.

［17］加蓬林业资源［OL］. 非洲之窗. http：//www. africawindows. com/html/feizhouzixun/guoqingbaike/20070815/10817. shtml.

［18］加蓬新《森林法》简介［OL］. 中小企业贸易促进网，2006－5－11. http：//www. smes-tp. com/Article_Show. asp? ArticleID＝19314.

［19］加蓬原木向中国出口量逐年增加［N/OL］. 中国经济网，2008－01－25. http：//www. ce. cn/cysc/main/jtfzspsy/shwll/200801/22/t20080122_14322152. shtml.

［20］赵章云. "绿金之国"有潜力［N/OL］. 人民日报，2004－9－9，第七版. http：//www. envir. gov. cn/info/2004/9/99913. htm.

［21］刘芳. 中资企业开拓加蓬林业市场备受关注 面临优胜劣汰和标准考验［N/OL］. 中国舆情网，2012－05－30. http：//www. xinhuapo. com/html/2012/nongye_0530/52363. html.

［22］加蓬调整原木出口政策促中国非洲木企加速整合［N/OL］. 中国木业网，2009－12－7. http：//www. wood365. cn/news/newsInfo_47183. html.

［23］中国企业在加蓬采伐、加工、出口木材的有关情况［N/OL］. 中国木业网，2004－12－01. http：//www. wood365. cn/news/newsInfo_9175. html.

［24］耿雁冰. 加蓬的每一根木材都需"身份证"［N/OL］. 21世纪网，2012－06－14. http：//www. 21cbh. com/HTML/2012－6－14/4NNTg3XzQ1NDE4NQ. html.

第三节　加蓬农业与粮食安全

加蓬以农村人口低于城市人口的四分之一和低生产率的种植农业，基本上走向自给自足，却不能养活其全部的民众。不过，加蓬的农业部门拥有巨大潜力。

政府各部门通过计划、项目和方案所采取的大部分举措，至今在增加粮食生产和减贫方面没有取得预计的成果。国家对粮食依赖的演进情况仍然令人担忧，因而加重了粮食不安全和家庭的贫困程度。

除了沿海地区，加蓬是一个海拔中等的国家。普遍较高的地形构成了三个区域：沿海平原、高地丘陵、山地高原。主要山地有晶体山峰（在北方，高达800余米），马涌贝（Mayombé）山脉，柴璐（Chaillu）高原（在南方，这里有最高山峰），伊本吉

(Iboundji)山。伊本吉山的顶峰高达 1575 米,是加蓬最高峰。

在气候方面,加蓬有着炎热潮湿的赤道气候,特征是年均 25℃,湿度平均 80%,雨量充沛、降雨频繁。年降雨量在 1500~3000 毫米之间。气候周期围绕着不太明显的四季更替:7—9 月大旱季,1—2 月小旱季,10—12 月小雨季,3—6 月大雨季。

水系由众多的河流构成,可巡航里程约达 3000 公里,属于两大盆地:奥果韦(Ogooué)盆地和沿海盆地。主要河流奥果韦河长达 1200 公里,可巡航里程 800 公里,占国土上排水量的 75%,在让蒂尔港(Port Gentil)流入大西洋。加蓬的第二大河流恩延加(Nyanga)河,流入 2.25 万平方公里的潟湖盆地。

加蓬 85% 以上的国土上覆盖着热带森林,可开发利用的物种达 400 多种,拥有 18 万平方公里的林业储备。仅次石油之后,林木是加蓬第二经济资源。

加蓬分为 9 个省、47 个大区、152 个地区、52 个市镇、26 个市府、3304 个村庄及集合村。目前,加蓬经济以欠缺多样化和严重依赖外国为特征。

一、粮食安全的演进

30 年来,加蓬居民的热量摄取明显下降,尤其在中心城市。表 5 - 9 表明,居民食品从 1960 年开始趋降。1960—2003 年,人均木薯占有量从 685 公斤降至 142 公斤,香蕉从 616 公斤降至 128 公斤,芋头从 294 公斤降至 66 公斤,蔬菜从 21 公斤降至 4 公斤,水果从 128 公斤降至 27 公斤。

表 5 - 9 加蓬人均每年粮食、蔬菜、蔬果占有量   单位:公斤

产品 \ 年份	1960	1974	1993	2003
木薯	685	403	188	142
香蕉	616	362	170	128
芋头	294	173	81	66
薯蓣	178	104	49	36
花生	30	18		5
玉米	19	12	5	3
蔬菜	21	13	6	4
水果	128	93	35	27
合计	1971	1178	542	411

资料来源:加蓬农林和乡村发展政策(MAESADR)。

相反,粮食进口迅速增加,以满足粮食需求,尤其是城市人口的需求(占总人口

的 80% 以上）。主要粮食进口的人均支配水平,从 1974 年到 2001 年分别是:小麦由 36 公斤增至 43 公斤,大米由 6 公斤增至 37 公斤,面食由 4 公斤增至 15 公斤,牛肉由 4 公斤增至 15 公斤。因此,面包、大米、冷冻牛肉是主要消费食品。

表 5-10　加蓬粮食短缺情况

农作物	需求(吨)	生产(吨)	短缺(吨)
木薯	220000	77000	143000
芋头 红薯 薯蓣	50000	19000	31000
香蕉	150000	46500	103500
芭蕉	50000	10000	40000
花生(带壳及颗粒)	10371	3034	6637
Niébé	683	—	683
玉米(颗粒)	250000	3750	21250
大米	52131	—	52131
蔬菜	31109	13000	18109
合计	589294	172984	416310

资料来源:加蓬农林和乡村发展政策(MAESADR)。

2001 年,人均每天食品支配水平(全国生产和进口)估计为 2602 千卡,其中 60% 来自进口。然而,在加蓬,高昂的食品价格和很大比重的低收入家庭构成了消费食品的制约因素,因为对 95% 的家庭来说,吃饭仍然是他们的头等大事。

最后,加蓬的人均中等收入(每年 3160 美元以上)对大多数加蓬人来说,既没有反映出实质性的减贫和不公平的减少,也没有体现出粮食安全的改善。

二、农业行业的演进

加蓬农业对国内总产值的贡献率大幅度减少,从 1965 年的 16% 降至近几年的约 3%。许多结构性因素阻碍了该部门的发展:农村人口外流,农村人口老龄化,乡村道路状况差,农业经营能力弱以及战略选择优先建立农产品联合加工业。

这些农产品联合加工业表现为很难获益,它们在国内总产值中的比重从 1990 年的 2.2% 降至 1997 年的 1.4%,而同期食品生产每年人均减少 4.4%。况且,同期人口增长 2.5%,由此产生了粮食生产与居民对粮食需求的失衡,从而导致了进口食品的增加。

市民对食品习惯的迅速变化,虽然减少了对国内难以种植的农作物的依赖,却孕育了对食品的强势依赖,在 2000—2002 年间粮食进口额每年增长 9%。这就导致大量的外汇出境,从 1995 年的 705 亿西非法郎增至 2002 年的 1340 亿西非法郎,不包括饮料类。

1975 年,通过了以三方面为中心的农业发展战略,并由引导计划予以实施:创建农产品加工业单位;建立集中加工活动区(OZI);实现农业部农业管理部门发布的活动。仅转向出口农作物的农产品加工业单位,就占用了农业总投资的 90% 以上。

三、加蓬经济中的农业地位

农业在现代私人部门中占就业的第六位。然而,农业创造财富的贡献仍然被边缘化。这种低效率加重了国家对粮食的依赖(本国 60% 的粮食需求靠进口)。农业部门国内总产值的增长率,在从量和从价上于 1991 年开始下降。到 2001 年降为3.5%,2002 年降至 2.2%。农业部门在国家经济和社会中起着边缘化作用,其在国家财富中的比重,由 1965 年的 16% 降至 2003 年的 2.5%。

家庭农业已衰退,并且继续回归自足体系,因为人力和社会资本的投入薄弱,经济环境不太有利。加蓬国家没有创立依靠小农生产的足够有效的激励机制。80 年代的重大投资努力没有惠及家庭农业,他们只享受到总投资预算的 5%。

四、农业经营的类型

总体来讲,加蓬农业生产体系定义如下。

(1) 传统型经营:乡村农业行业大约有 7 万个经营户,农业劳动力不到 15 万人。妇女是从事农业最辛勤的劳动力。据估计,这类经营的面积达到 17 万公顷,即可耕地的 5%。户均可耕地面积(尽管各省大不一样)1 公顷,有 3~4 个劳动力。

这种经营体系建立在开荒和烧荒小块土地的基础上,连续耕种 2~3 年,接着休耕时间长达 15~20 年。

然而,由于人力资本增长的减弱(乡村人口老龄化,年轻人外流至中心城市),村庄周边的那些小块土地出现过度经营、减少甚至连续放弃休耕。这种日益常见的现象构成了家庭农业生产效益递减的因素之一。

除了日趋现代化的开荒(越来越多地使用动力锯),家庭经营小块土地的耕种活计主要由妇女承担,往往都是用陈旧过时的手工工具做的。农产品的畜力拉动或机械化运输基本不存在,而是靠人(往往是女人)肩扛背驮。

这种家庭农业经营体系以农作物生产为主(香蕉、木薯、芋头、薯蓣、红薯、玉米、花生、蔬菜),仅把最小部分用于出售。高收益作物,比如在上世纪 50 年代由殖民政府引进的咖啡与可可都已经衰退,只有几个省份如乌勒恩提姆省种植可可树,尽管可可树衰老了,而且可可加工技术力量薄弱,却仍然可以凑合着经营下去。

(2) 农产品加工业:自 70 年代开始,在国家的指引下,农产品加工作物如选择的油棕榈（AGROGABON－加蓬农业加工厂）、甘蔗（SUCAF－法国制糖厂）、橡胶树种植（HEVEGAB－加蓬橡胶树种植场）以及工业化养鸡（SIAEB 加蓬热带农业投资家禽场）、养牛场（SOGADEL－加蓬畜牧公司），都以集约化方式经营而得到发展，目的是为了使国民经济多样化。

尽管这样，由于财政投资过重和不当、国内市场狭小以及职员劳动力费用的负担，这些企业大多效益不好，被逐步进行清算。只有加蓬热带农业投资公司（SIAT）最近才恢复种植橡胶树和油棕榈树。

（3）城郊和乡村农业：城郊小型经营户主要由蔬菜种植户、小型畜牧户和多种农作物种植户组成，在 2001 年达 470 家，他们近 10 年来都有获益。大中心城市周边的农业发展得到加蓬发展援助协会（IGAD）的大力推动，尤其是支持利伯维尔、法兰西城和奥耶姆城附近的小型经营者项目所激励的。这些小农户对市民的农产品供给贡献（菜篮子为主）增多，尤其是对上述城市，现在的贡献率约占 10%。

更新近的农村中等（1 公顷以上）经营户（畜牧、香蕉、木薯、果树），基于现代种植技术之上，得到了农业部各机构（PSSA，IGAD，ONADER）的直接扶持。

五、主要农产品

粮食作物：加蓬的农作物生产主要是由传统乡村农业保障的。目前，其产量约为 46 万吨。木薯和香蕉是两种主食产品与基本食品。除了海岸奥果韦省以香蕉种植占绝对优势，其余各省都种植了木薯。全国年产木薯约为 22.7 万吨，香蕉年产量为 17.5 万吨。芋头、红薯、薯蓣都是消费最多的块茎，尽管后者消费范围小一些。这些植物的传统生产地区都在南方。芋头、红薯的年产量约为 5.9 万吨。

花生：花生年产量约为 7800 吨，在加蓬以花生米或加工成的菜糊状食物也是消费量较大的食品。花生主要含有淀粉，改善了居民的营养质量。Le Niébé 在 20 世纪 80 年代被引入加蓬，尤其是南部。尽管种植和消费不多，但其颗粒含有丰富的植物蛋白（22%～24%），加强其生产，将改善各家庭食品营养质量。

玉米：在加蓬全国各地种植的玉米也进入了加蓬人基础食品的组成成分之中，由乡村群体以玉米粉和粥的形式消费，玉米也往往被加工成玉米面，在大城市中以面团状的形态用于消费。

水稻：这是加蓬消费最多的粮食，全国大多数家庭日常消费食品，尤其在城市和市郊的家庭更是如此。反常的是，水稻在加蓬不再种植了。水稻在殖民时期被引入过加蓬，殖民时期以后又由中国和日本的合作项目引入，但水稻种植曾经中断了几十年。

蔬菜作物：当前该作物的发展经历了一种兴盛景象，产量有了增加，尤其是通过城郊农业经营体系而得到发展。

如上所述,城郊农业发展,继而蔬菜生产的发展,都是由 IGAD 的支持项目大力推动的。这个支持项目在大城市周边的影响是重大的,大城市周边蔬菜园面积达 1120 公顷,利伯维尔周边的蔬菜年产量达 6730 吨,让蒂尔港周边的产量达 447 吨。

果树种植:水果,尤其柑橘类生产尽管存在着,并且在某些省份相对较多,却很难评价,因为这类产品的统计数据很少。

油棕榈行业:主要由 SIAT 公司种植,它接手了加蓬农产品加工公司的股份。目前的种植面积约为 7500 公顷,年产 45760 吨棕榈串果、6100 吨粗炼棕榈油。

甘蔗种植:主要在上奥果韦省种植,由 SIAT 经营约 6000 公顷,其中 4100 公顷是用来种植的。产糖量持续增加,2001 年为 2.1 万吨,现在约为 2.3 万吨,满足国内99％的需求。

橡胶树种植:也由 SIAT 公司经营,在乌勒省有两片橡胶园,总面积约 1000 公顷。近年橡胶产量骤降,从 2001 年的 5900 吨到目前的 1300 吨。

表 5－11　2005 年加蓬居民的粮食需求和缺口　　　　　单位:吨

农产品	需求	生产	短缺	自给率
木薯	325190	227000	98190	70％
香蕉	236314	175000	61314	74％
芋头 红薯 薯蓣	83129	59000	24129	71％
玉米	25095	7500	17595	30％
花生	10371	7800	2571	75％
蔬菜	31109	5520	25589	18％
水果	51849	33600	18249	65％
土豆	27701	0	27701	0
大米	52131	0	52131	0
糖及衍生品	23332	23000	332	99％
奶及奶产品	23725	0	23725	0
油及油脂	55998	12000	43998	21％
小麦及衍生品	72590	0	72590	0
牛肉	34315	633	33682	2％
猪肉	27452	2534	24918	9％
家禽肉	48040	3105	44935	6％
水产品	41178	30402	10776	74％

资料来源:加蓬农林和乡村发展政策(MAESADR),利伯维尔,2005 年 5 月。

阅读表 5－11，我们看到，加蓬农产品自给率较高的是木薯（70％），香蕉（74％），芋头、薯蓣和红薯（71％），花生（75％），水果（65％）和水产品（74％）。与之相反的是，加蓬自给率低到完全不能自给的有需求的其他产品是：玉米（30％），油及油脂（21％），蔬菜（18％），猪肉（9％），牛肉（2％），家禽肉（6％），土豆（0），大米（0），小麦及衍生品（0），奶及奶产品（0）。

表 5－12　加蓬粮食及食品进口　　　　　　　　　　　　单位：吨，欧元

产品	2000 年		2001 年		2002 年		2003 年		2004 年	
	Q	V	Q	V	Q	V	Q	V	Q	V
大米	34505	15957	63911	14385	88823	21914	14045	8338	44208	25510
鸡肉	13399	15812	17539	21904	—	10313	8647	12686	22452	21169
小麦	45317	7590	69097	12614	63720	11617	34300	7195	72482	18297
预制食品	6623	10095	6547	10378	4659	8848	5122	9928	7203	12356
棕榈油	5128	3113	5665	4255	3419 *	3566	6439	7267	10074	11305
烟叶							248	2436	1124	10097
去骨牛肉	7198	8159	6047	7019	1798	2000	3940	5087	6634	8859
牛奶	1989	4121	2083	4877	2028	4188	1791	3534	2854	8173
葡萄酒	9105	6851	10929	8167	8548	7199	3781	4565	7103	6715
凝固奶	5641	5904	4729	5675	3727	4792	2101	2937	4110	6337
儿童食品	988	3166	1016	3304	996	3575	544	2107	1504	6062
大麦芽	11000	6238	9685	5332	11253	6513	10059	2936	8180	5486
火鸡肉	3366	4440	3206	4234	1986	2704	1687	2436	5083	4937
酒精饮料	2659	3510	3140	3877	3245	4017	1518	2379	3590	4347
制成烟	790	6930	771	7031	261	3407	173	2335	339	4095
屠宰品			3459	2455			4029	3582	3263	3978
香烟			147	2384	143	2549	92	1634	184 *	3309
大麦啤酒	5096	3349	4759	3292	4262	3447	2576	2373	3216	3213
猪肉	4304	3314	2969	2493	2743	2062			2971	3026
番茄酱			3639	2148			2119	1771	3277	2858
玉米面					3696	1969				
面食品	1620	2143	1613	2283	1256	2076				
麦淇淋	2303	2269			2054	2232				

资料来源：FAOSTAT，粮食总结 2006。

在利伯维尔,进口产品消费情况为 95％的家庭消费面包,75％的家庭消费大米,51％的家庭消费牛肉。所以,人体基本热量的贡献,55％来自谷物,28％来自块茎和块根,16％来自卡耐特产品,1％来自蔬菜。

对 95％的城市家庭来说,养家糊口仍是头等大事,尤其是那些大家庭(占总数的55％)和低收入家庭(占总数的 45％),食品支出占月预算的 60％。

一般来说,家庭内人均粮食每日支配量很低。鉴于基本热量需求,人均卡路里需求量在 1994 年为 2159 千卡,满足 86％的肌体需求。今天,随着粮食价格的飞涨,估计 60％的加蓬人每天摄入的卡路里不到 2000 千卡。

加蓬消费者对进口食品的依赖水平是很高的:构成日常热量的基础中,66％的卡路里和 73％的蛋白需要进口。这种情况使得市民应对国际市场时处于弱势。

人口的快速增长,国民生产的下降,不断增加的进口,都急切需要政府和援助伙伴的支持,以便控制这种粮食不安全的局面。

六、产品的销售

产品销售渠道的薄弱甚至缺乏,也是农业发展的主要制约因素,尤其是对传统农业来说更是如此。

这种制约隐藏着公路基础设施的毁坏状态,特别是连接生产区域和大消费点如大区首府、省府及大城市之间的道路。它还导致权力下放的经济基础设施(市场、储藏库等)的缺乏。

因此,销售成本尤其是产品运输成本很高,不能激励商人投资该方面的活动。乡村道路的糟糕状况导致了有巨大农业潜力的大片区域的封闭。

七、农业信贷

边缘化的小生产者信贷路径的缺乏是一个重要的问题。加蓬没有实施全国性农村信贷机构和分支机构。现存的几家商业银行都安设在省府城市,其农业融资非常有限,原因是多方面的,其中主要原因是:

• 信贷需要担保,小农生产者一般不具备担保条件,这是法律信誉问题,甚至需要不动产凭证。对此,还有其组织的薄弱。

• 地理上远离城市,乡村的封闭,基础设施的不足,以及人口的稀少,都阻碍了经济活动的发展,并引起金融服务部门交易成本的增加。

• 农业活动的风险大,以及关联农产品储存、销售方面的经济风险大。

• 加蓬生产者组织(OP)层面上,需要大量融资(流动资金、设备、培训、销售),还有关联活动的季节性制约。这些融资的风险程度是很高的。

加蓬生产者组织排除了传统的金融体系而自行投资,转向不定型的部门和小额信贷机构（EMF）。后者在其多样化中,应该实质性地贡献于乡村活动领域的投资。但在加蓬,与就地验证的乡村融资需求的广度和多样性相比,这种贡献远远不够。

小额贷款方面的经验在发展规划框架内启动,最有象征意义的是:建立了支持加蓬农民协会（APG/FIDA）方案的框架内的金融服务协会（ASF）,加蓬发展援助协会（IGAD）的信贷体制。其他机构（ONG -非政府组织）也在信贷和小额信贷中投资,如 CROWN、AGASS、COPEC,但他们的发展很有限。还要指出,加蓬支持小额信贷项目（加蓬政府和联合国发展署）在 Nyanga 省进行,并将普及别的省份。

大多数加蓬信贷机构都很年轻,拥有自筹资金或者稳定的长期充足的资源。这就制约了他们放贷、进行再投资和担保以及增加其营业额。

国内组织一般是有许多空白的,这就导致了应对小额金融部门条件的困难。财会、管理工具也不够,内部监控机制也不健全。

为数不少的信贷机构做了眼前的引导,而没有制订战略发展计划和中期发展计划。被选出的人员能力弱,从事配套服务困难。

八、农业部门的制约

加蓬乡村农业发展遇到三个重大薄弱环节的制约。

社会与人力资本薄弱:（1）乡村人口稀少和各地区的不均衡;（2）不够发达的社会资本,乡村农民群体缺乏信息,严重依赖国家和城市的金融转移,使他们不能营造私人倡议的自我发展环境。

经济环境薄弱:（1）公路网发展薄弱并且不断毁坏,使得主要生产地区和城市市场之间的运费增加;（2）销售问题,收集农产品困难,缺乏甚至没有经济基础设施,尤其在农村周边无设施（道路、市场、储藏库等）,私人中介的金融覆盖面狭小（收货者、商人、运输商）,多在乡村区域从事活动,还有生产者的无组织性,构成了农产品销售的重大障碍;（3）进口产品的激烈竞争（喀麦隆、南非等的产品）。

生产能力薄弱:（1）农村劳动力有限、素质差、价格高,主要是妇女和老人,每户3～4 个,从 80 年代开始 24—29 岁的男性劳动力减少了 60%;（2）传统生产方式缺乏集约化（高质量的农业资料和现代设备投入少）。

面对这种形式,农牧渔业及乡村发展部（MAEPDR）这个第一当事人及其各个技术部门的任务是保障农业与乡村发展政策的实施和跟踪。该部在加蓬九省分别派出了技术服务部门,组成了农牧渔业和乡村发展部各个部门的专家组。

总体来看,支持农业的公共机构遇到诸多困难,尤其是预算方面的困难,严重妨碍了其运转和就地的行动。加蓬给予这些机构的预算不足,不能保障他们的正常活动和与乡村农民的有力配合。在多数农民群体中,尤其是小生产者,在信息和技术配套方面都很孤立无援。

加蓬国家乡村发展学校（ENDR）于 2007 年复校，职责主要是进行农业教育和研究，其使命是培养三年制的 BAC 文凭的农业技术员。

农牧渔业部下设的几个研究中心由政府组建，以支持农业部门，它们是：植物引进采用与繁殖中心（CIAM）、农林业研究院（IRAF）。由于缺乏资金（国家补贴减少），这些教学研究机构存在运转不灵的问题。

九、技术金融伙伴

伙伴是赠资者和技术伙伴、国际与本地区的组织机构，以及为粮食安全行动提供技术和金融支持的机构或组织。

这就涉及双边和多边伙伴，如中非国家经济共同体（CEEAF）、中非经济货币共同体（CEMAC）、非洲发展新经济伙伴（NEPAD）、世界银行、国际货币基金组织（FMI）、国际农业发展基金（FIDA）、欧盟（UE）、日本国际合作署（JICA）、法国发展署（AFD），以及与中国、埃及、巴西、摩洛哥等国的合作。

此外，在制定并实施粮食安全和营养行动的项目方面，加蓬政府享受联合国各机构（FAO 粮农组织，HCR 难民署，OMS 世界卫生组织，UNDP 开发计划署，UNESCO 教科文组织，UNFPA 人口基金，UNICEF 儿童基金）的技术支持。

十、国家计划的政策框架形势

加蓬政府意识到石油生产在其经济中呈下降趋势的脆弱性，在世界银行和联合国开发计划署的支持下，制定了《增长与减贫战略文件》（DSCRP）。

该文件于 2006 年 1 月经部长会议通过，基于四个支撑点上：（1）促进强力的持续的经济增长并惠及穷人；（2）改善基础设施；（3）改善对居民的基本服务；（4）改善政府的治理。

农业被视为经济增长和国家经济多样化的引擎。尽管农业过去衰败了，但是，农业仍然是强有力的就业库和为减贫做实质性贡献的部门。农业中长期战略就是建立在这个公设之上的。到 2015 年，根据上述战略文件，农业的多种家庭经营仍将是农业生产的主要组织形式。

根据上述战略文件，为了应对人口增长特别是城市和市郊人口增长的挑战，以及粮食安全的挑战，农业发展方针主要在三个方面：① 促进家庭农业经营；② 扶持中小农业企业；③ 由粗放的生产体系向集约多样性持续发展的体系过渡。

发展和土地整治法规（LDAT）：其主要目标是落实《增长与减贫战略文件》在农业方面的精神，改变国家经济专门依靠石油的局面，变成多样化、自由化的经济，以便改变贫穷面貌。通过这个法律，复兴农业成了政府新的优先任务，以便丰富经济多样性。作为方针，LDAT 构成了农业各部门参考和协调的法律框架。对于农业，

LDAT 围绕政府的使命,力争实现粮食自给自足和出口多样化,同时促进农民增加收入的活动,并通过下列战略方针,促使国土上的人口恢复平衡:① 提高生产率;② 为增加收入和互通有无,使农村经营内部活动多样化;③ 发展供给和销售渠道;④ 公正地开拓公共服务渠道,改善农村居民的生活条件。

农林业及乡村发展政策(PDAPR):涉及农业各方面的长期部门经济发展政策,并融汇了有关农业发展的各个部门间的问题。该政策归于 LDAT 法规和《增长与减贫战略文件》的减贫行动框架之内。地方农业生产的价值开发和多样化,通过农民组织的结构化和农业部门的发展,构成了该政策的核心内容。

加蓬共和国农业投资法:新近颁布的农业投资法,其目标是确定农业林业和乡村发展的总规定、总原则,通过这些规定和原则,国家试图促进援助投资政策的实施。通过颁布该法规,明确了援助投资旨在保障农林业经营者和农村的投资法律安全,通过建立乡村专门金融机构,给予经营者信贷便利,使其获得支持投资的资金和免税优惠。

实施和引导农业部门的新方针,要求正在实行的核实计划和加强机构的措施落实到位,并按期进行,尤其是如下措施:

• 强化全国农业和乡村发展委员会(CNDAR),以便加强协调角色和在农业发展战略引导中的业主地位。

• 重组和巩固农林牧渔业部及其分散部门,尤其是在支持农业与乡村生产者技术方面。

• 加强国家农业和乡村发展基金(FNDAR)在融资、农业研究中的地位,以及加强农业新政策框架内的优先投资项目的实施。

• 在相关农业和乡村发展的各个部级机构层次上,跟踪结构改革项目。

• 加强农业部门投资项目(PISA)实施。

农业发展战略目标是:(1) 在激励机制经济的环境中振兴生产;(2) 在制定和实施农业发展政策方面,各个伙伴要负起责任并参与进去;(3) 恢复农产品加工业的活动,以利村民,并创办中小农业企业。

要达到上述目标,需要制定和实施如下相应的战略:① 通过加强研究服务、提供信息和普及农业,来强化传统农业粮食生产;② 扩大收益好的经营性作物,旨在使出口多样化;③ 促进现代家庭经营和中小农业企业的经营;④ 继续进行农业加工业企业的重组、私有化计划改革;⑤ 排除农业信贷制约障碍,发展就近的金融服务;⑥ 建立乡村市场和价格信息体系,改善农产品的销售;⑦ 建立或加强对小生产者提供质量可靠、价格可接受的农业资料;⑧ 人力资源的培训。

十一、从 2010 年起的投资前景

支持木薯的综合生产(费用:395 万美元)。总体目标是通过给受益者提供状况良好的植物种植器具,以及通过生产者田间学校(CEP)的培训,改善木薯种植。该计划覆盖艾斯杜埃(Estuaire)、恩固尼埃和上恩固尼埃几个省,每个省三个区。该计划由联合国粮农组织(中非分部)和加蓬农林牧渔业部联合实施。与农民农业协会的伙伴关系,所有现存的发展区内的计划,都将得到发展。这种支持将会得到双边的、多边的、加蓬政府在 PASS/PNSA 框架内正在实施和预定的举措的补充。这种支持涉及认证对花叶病有抵抗力的高产的木薯品种,引进、繁殖这些品种,向结合为经济利益团体的木薯生产者普及这些品种的健康插条,通过建立生产综合管理实用机制和生产者田间学校的防治,来提高当地农民的生产管理能力,预防病虫害的复发。

加强农业职业组织(OPA)的能力(费用:25 万美元)。该计划主要目标是协助农业和乡村发展部,准备一个加强农业职业组织能力的扶持计划,以及营造实施计划的条件。联合国粮农组织对该计划的支持是对加蓬实施国家粮食安全计划(PNSA)能力的直接贡献,而粮食安全计划依赖于乡村生活条件的发展和改善。该计划的目的是能够创造持续的积极参与的条件,农民职业组织在引导和管理其自我积极性上负起责任来,以复兴加蓬农业。该计划具体包括如下几个方面:① 政策与机制;② 农业职业组织的立法;③ 重审和普及有关农业职业组织的法规文件;④ 加强政府和非政府框架结构的能力;⑤ 加强提高收入行业的能力;⑥ 加强农业职业组织样板的国家能力;⑦ 加强农业职业组织本身的能力;⑧ 加强对农业职业组织提供信息体系的建设;⑨ 加强农业职业组织进入农业和乡村融资体系和机制的能力;⑩ 加强农业职业组织的农业产品经营和销售流程的能力。

建立种子实验室的研究(费用:15280 美元)。在 FAO 的支持下,该研究涉及:① 在设计和建立国家种子分析实验室方面提供标准鉴定;② 估算目前的人力资源能力,并加强培训,以保障实验室的运行。

国家农业和乡村发展计划(PNADR)。在 FIDA 的支持下,该项目于 2008 年在乌勒-恩提姆省付诸实施。FIDA 和加蓬政府签署了一项 570 万美元贷款和 30 万美元赠款的协议。项目由石油输出国组织(OPEC)基金共同资助。项目的目标仍然是实质性减贫,使年轻人对农业感兴趣,以发展农业,还要使小农户及其组织从种植基本生活产品如香蕉、木薯和花生发展到销售新产品,使其收入多元化。项目将包括 2.8 万个小农户,其中 1/2 是妇女、1/3 是青年。此外,由于在当地省份的动员,7 万人将间接从中受益。FIDA 鼓励在实施的新计划和本国其他计划尤其是粮食安全计划(PNSA)之间的合作。如果加蓬的木薯生产者学会有效地销售其产品,那么,他们的收入就会提高。

国家粮食安全计划(PNSA),总体目标是"确保和持续保持加蓬民众的粮食安

全,尤其是无歧视地保障城市和乡村贫困地区穷人的粮食安全"。该目标有助于实施千年发展目标的 1 号目标,以便根除贫困和饥饿,实现《增长和减贫战略》目标以及世界粮食峰会的目标。专门目标是:①"优先安排国家粮食供给,无歧视地保障家庭和任何个人有水喝、有足够的粮食吃"。这涉及妥善管理水系、土壤,改善生产体系,保护环境;引进适应性有效性的新技术,帮助增加收益好的行业的投资,增加植物、动物、水产品的生产;通过促进高效益活动和改善金融体系渠道,使生产体系多样化;在农村改善饮用水的获取渠道;提高和改善农业生产者的能力和本领。②"及时、时刻并在任何地方确保居民的食品和营养",包括增加加工、库存和销售的基础设施,提高和改善生产者的能力和本领,强化粮食安全信息体系。③"通过使用平衡的恰当的饮食机制,饮用干净水,吃无害粮食,以及进行营养教育,保障居民尤其是弱势群体生活,合理消费食品。"

恢复现存经营项目:通过伙伴关系(国家—领补助者,私人部门—经营者),逐步恢复种植可可、咖啡、橡胶、油棕榈。项目以国家基金资助,与销售紧密结合。

集约农业的增长:创建现代集约农业联合体,从中安置志愿者和有活力的青年。大多数个体经营单位将被整合,并由当地出资管理。生产将会达到国际标准,以便确保进入国际市场。

(作者:加蓬农业部长技术顾问 恩格纳·奥巴马
译者:对外经济贸易大学国际农业合作与发展研究中心 陈淑仁)

第六章

东非高原、埃塞俄比亚高原农业实地考察研究

第一节　坦桑尼亚农业地域差异的经济地理分析
——热带非洲农业地理的一例[①]

坦桑尼亚地处赤道南侧热带地区,介于南纬 0°59′～11°44′、东经 29°19′～40°30′之间,面积近 94 万平方公里,人口 2000 多万。全境属于东非高原的南半部分,起伏的地形使水热条件垂直差异明显打破了生物气候水平地带性的分布规律。境内热量资源丰富(全年各月平均温度在 16°以上)、雨量较多(全国 80％的地区年雨量在 600 毫米以上)、植物种子资源多达 3000～3500 种。但地广人稀(每平方公里仅 22 人),且人口分布极不均衡,在国土边缘分布相对集中,而广大内陆则人烟稀少;部族众多、分布集中,各自保持着传统的社会结构、文化和土地利用方式。殖民统治时期,大批欧洲移民强占境内的良田沃土,发挥了高度商品化的出口农业。坦桑尼亚农业地域差异就是在这种复杂的地理背景下形成的。

作者 1984 年在坦桑尼亚达累斯萨拉姆大学地理系访问进修期间,曾对坦桑尼亚主要农业地域类型进行了为期一个月的实地考察,遍及全境不同类型地区(考察路线见图 6-6)。这次考察旨在认识非洲热带高原农业的特点和地区差异、人和自然环境相互作用和结合的状况,探讨合理有效地开发利用不同类型的人力和土地资源、因地制宜地布局农业生产。虽然考察时间不长,但对热带非洲高原农业获得了较深刻的印象。

一、坦桑尼亚农业地域差异的自然基础

自然条件是农业生产的自然基础,是农业地域差异形成的前提。在热带高原山区,水热的地理差异,是农业地域分异,特别是垂直分异的主导因素。

---

① 本节原文发表于《热带地理》1988 年 3 月第 8 卷第 1 期。

降水对坦桑尼亚农业地域分异的影响表现在雨量的多寡、保证率和季节分配上。它不仅影响农业习惯，而且在一定程度上成为土地利用方向的制约因素。

坦桑尼亚雨量明显低于同纬度其他地区，全国 80% 的地区降水在 1000 毫米以下，仅在少数地区如桑给巴尔、维多利亚湖西岸的布科巴地区、东北高地带和南部高地带超过 1400 毫米。中央地带年雨量则在 600 毫米以下。

坦桑尼亚适宜于农牧业的五年四遇的年雨量限线是 750 毫米和 500 毫米。年雨量在 500 毫米以下的地区约占国土 16%，分布于中央地带，不宜种植，基本上为牧业带。年雨量在 750 毫米以上的地区占国土面积的 50% 以上，主要分布在国土的东西两部，适宜栽培热带作物如咖啡、茶和香蕉，是坦桑尼亚的主要种植业区和作物区。年雨量在 500～750 毫米的地区约占国土的 33%，主要分布于中央地带，是农牧业的过渡地带，种植业具有典型的自给性，牧业是重要的辅助手段。

坦桑尼亚农业深受雨量季节分配的制约。月雨量随季节变化而使南北有所不同，形成明显的旱季和雨季。北部靠近赤道，有两个雨季，利于多年生作物如咖啡、香蕉和茶树等生长。向南部过渡为单雨季。从南纬 3° 向沿海延伸至南纬 7° 的广大地区，每年经受 6 个月以上的旱季，除高地外，只宜种植耐旱的一年生粮食作物（玉米、小米、高粱）和块根作物（木薯、甘薯等）。

海拔高度与地貌类型是水热再分配和地域差异的主要自然因素，因而也是农业地域分异的关键因素。

坦桑尼亚全年温度变化不大，大部分地区年平均气温在 21℃～25℃，年较差一般不超过 6℃，日最低平均气温不低于 10℃。就热量而言，全年都可以从事农业。因此，只要雨量能满足需要，大部分地区可以一年两熟。但是，海拔高度强烈地影响着气温的变化，从而对作物生长的地域范围和分布上限产生重要的影响。气温随海拔高度的增加而降低（递减率为每百米 0.6℃）。大致在海拔 2500 米以上的地区，有时出现地面霜冻，4200 米以上冰雪覆盖。在可能出现霜冻的高地，热带作物的生长受到了严格限制，但可以栽培某些温带作物如小麦、除虫菊等。

与气温的垂直递减规律形成鲜明对照的是，雨量随海拔高度的升高而增加，达到一定的临界高度后，则反之。例如，乞力马扎罗山的南坡，到达 1524 米时，年雨量达 2500 毫米，再向高处，雨量则随海拔高度增加而递减，达到 4300 米以上时，年雨量减少至 250 毫米以下。实际上，水热条件随海拔高度的变化，因地而有所不同。这种水热条件的垂直差异限制了作物生长的海拔高度，因而成为作物分布垂直差异的自然基础（图 6-1）。

水热条件的结合对作物选择和组合有着重要的现实意义。从全国来看，水热结合最好的地区是沿海地带、维多利亚湖区和高地带。高地年平均气温虽低（10～16℃），但雨量丰沛（多在 1200 毫米以上），可以满足某些喜暖作物的生长，也可以栽培少数温带作物。例如,咖啡和除虫菊既不耐高温也不耐霜冻,所以高地就成了理想的栽培之地。

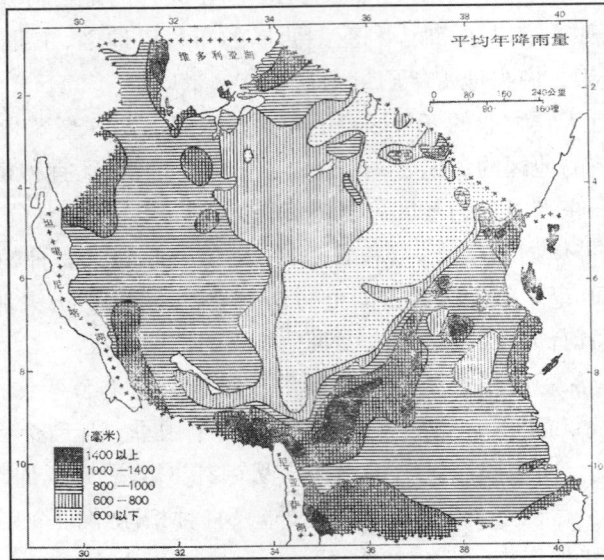

图6-1 坦桑尼亚平均年降雨量

资料来源:(英)莱恩·贝里,主编.坦桑尼亚图志[M].北京:商务印书馆,1975:49.

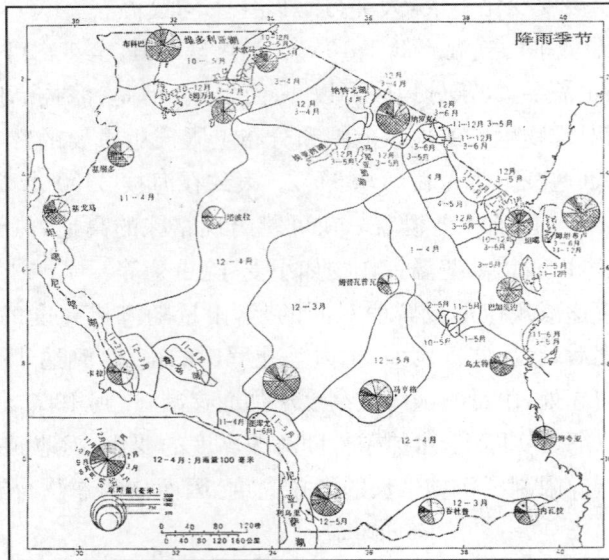

图6-2 坦桑尼亚降雨季节

资料来源:(英)莱恩·贝里,主编.坦桑尼亚图志[M].北京:商务印书馆,1975:448.

坦桑尼亚地形以高原、高地为主体,约占国土面积的80%以上。沿海平原狭窄,不足国土的15%。沿海平原土壤多为黏土和沙砾,气候温热,可以满足腰果、椰子、丁香、柑橘、芒果的生长需要。高原由东部低高原和西部高高原组成,高原面起伏平缓而单调,维多利亚湖区由于主导风向的影响,在布科巴雨量高达2000毫米,发展了罗伯斯塔种咖啡和香蕉;湖南的苏库马地区雨量不足1000毫米,适宜种植棉花。高地由东北带、南带、西带和中央带组成,海拔在1500米以上(图6-4)。复杂的高地地形使气候、植被、土壤有着明显的差异。总的来说,高地气候宜人、雨量丰足、土壤较为肥沃,且无萃萃蝇肆扰,为发展多种农业提供了良好的条件,特别适宜栽培阿拉伯种咖啡、茶、除虫菊、小麦、香蕉等。有些地区早已发展了大型种植园农业。

在高原山区,坡向、坡位和坡度直接影响水热条件的空间分配,从而影响土地利用的形式和作物布局。同一海拔高度的气候因坡向和盛行风向的不同而有别。例如,乞力马扎罗山南坡向风,雨量丰沛,在1100毫米以上,适宜阿拉伯种咖啡和香蕉的栽培,形成了良好的香蕉—咖啡农作制,而北坡雨量少,甚至在海拔2000米以上的地方雨量也不足750毫米,几乎没有开发利用。从坡位利用来看,上坡干冷,山顶有冰雪覆盖;坡中温暖湿润,宜于农作,已开发为出口作物带;下坡和山麓地带干热,为耐旱谷物牧业带。坡度不仅影响耕作,而且影响放牧。在水热结合较好的山区,人口稠密,土地压力较大,陡坡开垦较为普遍,往往在45°以上,仅较少地方有简易的梯田。

表6-1　坦桑尼亚主要作物生长的海拔高度和主要产区

作物 ＼ 项目	分布上限高度(米)	最适生长高度(米)	气温要求(℃)	年雨量要求(毫米)	土壤要求	主要产区
高粱	2400	900～1500		300～380(生长期)	肥沃	干旱半干旱地区
指状小米	2400	<900		900～1000		较干旱地区
玉米	2900	沿海至2400	8～26	400～500	肥沃(排水好)	广泛分布
香蕉	2400	>1500	温和	1200	湿润	沿海、高地带、布科巴地区
木薯		沿海至2100	温和	<750	轻质土	较干旱地区
甘薯	2400	<1800		<750	轻质土	广泛分布
马铃薯	2900	1200～2900	较冷		肥沃	南部高地
小麦			20℃左右	750～1400	肥沃壤土	高地带
咖啡(阿拉伯种)	2100	1200～1800	>25	800～1000	深厚、微酸	东北高地带

续　表

项目 作物	分布上限 高度(米)	最适生长 高度(米)	气温要求 (℃)	年雨量要求 (毫米)	土壤要求	主要产区
咖啡 (罗伯斯塔种)	1700	1100～1400		900～2000		布科巴地区
棉　花	1400	900～1300	<18	500(生长期)	沙质壤土、 黑土	苏库马地区
剑　麻	1800	<900		<1000	红壤	坦噶地区
腰　果	1200	沿海至750	高　温	750～900	沙质土	姆特瓦拉地区
丁　香		沿　海	持续高温	<1500	肥沃	桑给巴尔
茶	2400	1200～2200	温暖湿润	1250～1750	酸性 (排水好)	高地多雨区
椰　子		沿海至1100	湿　热	1250	沙质土	沿海、桑给巴 尔
除虫菊		1700～2800	<15	875～1250	肥沃壤土	高地带

注:本表主要根据 J. D. 阿克兰的《东非的作物》和 L. H. 布朗的《东非高地农业气候学研究》编制。
(Acland, J. D., East Africa Crop, Longman Group Limited, London, 1973; Brown, J. H., A study of the Agroclimatology of the Highlands of East Africa, 1973.)

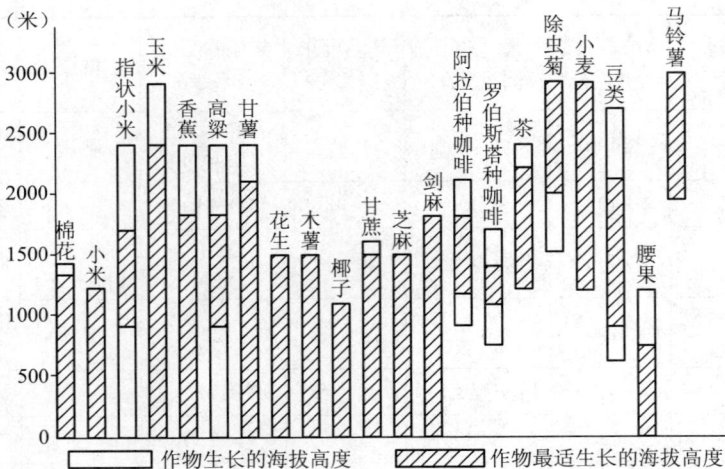

图 6-3　坦桑尼亚作物生长的海拔高度

资料来源:根据 Margan, W. T. W., East Africa, Longman Group Limited, London, 1973 编制。

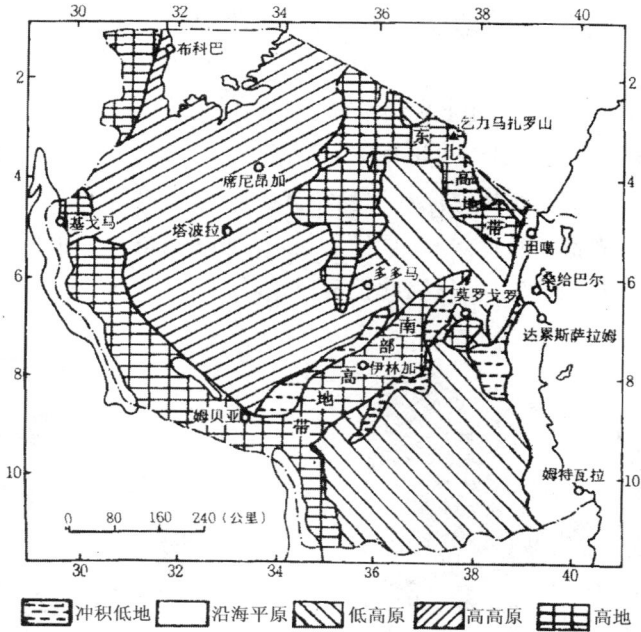

图 6 - 4　坦桑尼亚地形区

资料来源:(英)莱恩·贝里,主编.坦桑尼亚图志[M].北京:商务印书馆,1975:34.

图片 6 - 1　坦桑尼亚马尼亚拉湖大裂谷断崖

图片 6 - 2　坦桑尼亚马尼亚拉湖国家公园

图片 6 - 3　坦桑尼亚马尼亚拉湖

图片 6 - 4　坦桑尼亚鲁菲季河口

241

　　植物生态幻境是水热条件的直接反映,并制约着人类对土地资源开发利用的方式。

　　坦桑尼亚地处赤道南侧的热带,但因高原地形的影响,热带稀树草原景观取代了热带雨林,植被更为复杂,植物资源异常丰富,既有资源量大的牧草,又有多种可供食用的植物以及优质木材。热带稀树草原占国土面积的95%以上。按生态特征大致又可区分为疏林地、稀树草原和灌丛草原三类。同热带非洲其他地区的草原一样,天然牧草的营养价值较低,缺乏豆科草类,草地的载畜量也很低。牧业因主要依靠天然植物、很少补饲人工饲料,因此牲畜质量较低。

图片 6-5　坦桑尼亚西部高原热带稀树草原林地

图片 6-6　坦桑尼亚西部高原热带稀树草原猴面包树

图片 6-7　坦桑尼亚热带干草原1

图片 6-8　坦桑尼亚热带干草原2

图片 6-9　坦桑尼亚中央高原热带稀树草原林地

图片 6-10　坦桑尼亚西部高原林地烧荒

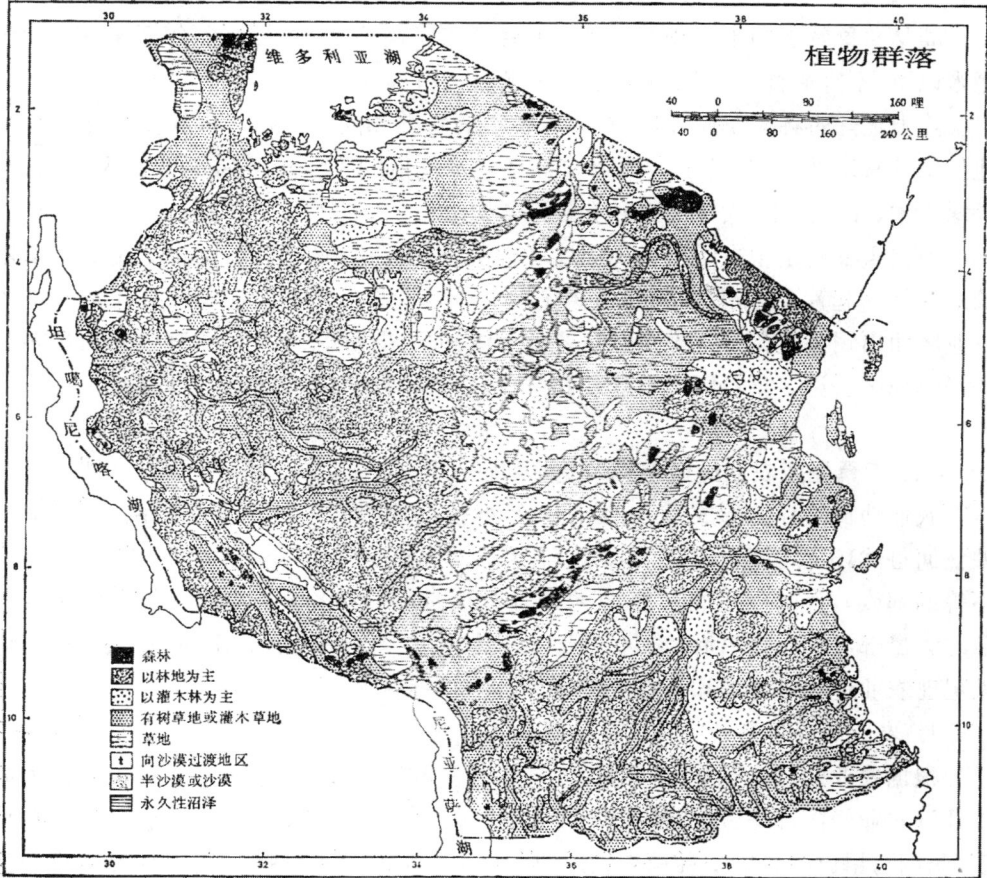

图 6-5 坦桑尼亚植被图

资料来源:(英)莱恩·贝里,主编.坦桑尼亚图志[M].北京:商务印书馆,1975:41.

疏林地约占国土面积的1/2,主要分布在西部高高原和南部低高原。其植被类型的树木细小、树冠郁密度低,地面覆盖草类。在广大的地区属旱区落叶疏林地,常共生有坦桑尼亚的主要经济木材安哥拉紫檀(Pterocarpus angolensis)。土壤多沙质淋溶土,自然肥力较低。旱季时,林地缺乏地表水。萃萃蝇是林地内人类经济活动的大敌,至今仍严格限制着土地资源的开发和牲畜(尤其是牛)的饲养,其开垦指数至今不超过3%,大量的宜耕宜牧地尚未开发利用。

稀树草原约占国土面积的25%,主要分布于维多利亚湖和沿海地带,植被以草本为主,也有一些矮树或灌木呈密集或分散分布,树冠覆盖不到50%。最常见的树木是抗火的风车子属和金合欢属,散生有高大的猴面包树。共生草类有苞茅(Hparrhenia)、狗尾草属(Setaria spp)和菅属(Theneda spp)。雨季时草原草高多在1~2

米,为牲畜提供了良好的牧场,是全国人口最集中的地区之一和重要的养牛区。

灌丛草原约占国土面积的 14%,主要分布于高原的干燥地区,年雨量多在 650 毫米以下,不宜耕种,是坦桑尼亚主要的游牧半游牧区。

除上述热带稀树草原外,还有面积狭小的森林和高山植物。森林多属低地和高地的干性常绿林,主要见于高地上。具有开发价值的主要经济树木有罗汉松属、乌森绿心木、非洲黑木、大绿柄桑和安哥拉紫檀。

值得重视的是中央干旱半干旱地区的荒漠化。在坦桑尼亚,雨量不足 800 毫米的地区易一起荒漠化,其面积约占国土的 1/3。严重的荒漠化主要发生在新开垦的农业区而出现荒漠化。这类土地主要见于维利压湖以南、气力马扎罗以北和多多马的局部地区。许多草场因严重超载和过牧,导致植物退化,甚至变成了不毛之地。

二、坦桑尼亚农业地域差异的基本特征

农业地域差异的形成是自然,社会经济核技术诸多条件相互作用的结果,他反映任何自然环境之间错综复杂的相互作用。坦桑尼亚部族众多(分离 110 多个大小不等的部族),各部族在自然资源的开发利用过程中,形成了各具特色的传统农牧业。大量部族移民在沿海地带和高地大规模地发展了高度商品化的现代农业,给坦桑尼亚农业地域差异增添了新的特征。

1. 农业经济形态的多样性和地域差异性明显

根据农业的社会职能、组织形式、技术水平和特点,坦桑尼亚农业可以概括为如下几种农业经济形态:原始的采集、狩猎和捕鱼;迁移农业;粗放的自给半自给型牲畜饲养业;粗放的自给型种植业;集约的小商品性种植业;种植园农业;大型牧场畜牧业。

上述农业经济形态,代表着坦桑尼亚农业发展的不同历史阶段和生产发展水平。它们在地域上的分布以分散性和相互交错为特征。其总的分布大势是:粗放的传统农牧业主要分散在交通不便的偏远地区,如干旱;半干旱地区和半发展的疏林地区;集约农牧业主要集中在交通沿线、沿海平原和高地。随着生产力水平的提高和资本主义因素的增长,其发展趋势是从粗放向集约、从自给性生产向商品化经济过渡,从而深化农业地域分异的演变,导致新的农业地域类型的形成。

上述七种农业经济形态中,原始的采集、渔猎和迁移农业已处于消失之中,采集和渔猎仅作为某些农牧民生计的补充手段而存在。现代化的商品性种植园和牧场多由国家经营,在农业中虽有重要地位,但不具广泛意义。最普遍的农业经济形态是粗放的自给型畜生饲养,粗放的自给型种植业和集约的小商品性种植业。

粗放的游牧、半游牧是坦桑尼亚主要的农业经济形态之一,广泛布于中央干旱半干旱地区,主要的牧民有马赛人、戈戈人等。采用这种牲畜饲养方式的牧民有着

与之相适应的社会结构。畜生归私人所有,游牧的方向、距离和范围,通常取决于水草的自然状况和季节行变化。奶、血、肉作为主食,狩猎、捕鱼和种植少量的玉米作为生计的补充。靠近山区的牧民,通常按照水草的垂直变化情况,进行有规律的上山和下山的季节性游牧。

粗放的种植业和集约的小商品性种植业,是坦桑尼亚分布最为广泛的农业经济形态,主要见于班图语系各族分布地区。班图人大部分是农民而不是牧民,生活来源的大部或全部依赖种植粮食作物或商品作物,分布在疏林地的班图人主要从事粗放的种植业,而分布于高地的班图人则以种植商品作物如咖啡、茶、除虫菊等为其主要经济活动。但有的班图人则不同,如分布在维多利亚湖南苏库地区的苏库马人,具有大量养牛的传统,进行着养牛与种植出口作物(棉花和粮食作物)相结合的混合农业,旱季时牲畜在水源附近的草地、休闲地和作物地上放牧。牛在家庭经济中占有重要地位,被视为"家庭银行"和新娘彩礼。

2. 出口作物的种植主要集中在自然条件优越、人口集中、交通便利的地区

1890 年殖民者入侵之前,坦桑尼亚全国以自给性的粮食生产和粗放的游牧为主,经济作物如咖啡、烟草、棉花等生产规模很小,仅供自给和就地出售。

随着殖民统治的建立,坦桑尼亚逐步形成以生产几种出口作物为主的单一经济,殖民统治的前半期是铁路修筑和商品作物剑麻、咖啡、棉花、丁香的大发展时期。1928 年之前,乌桑巴拉铁路(坦葛—莫希—阿鲁沙)和中央铁路(达累斯萨拉姆—他波拉—基格马和姆万扎)建成通车,为沿海地带的剑麻、东北高地的咖啡、维多利亚湖南苏库马地区的棉花大规模生产,提供了可靠的运输条件。1893 年引进剑麻,在坦葛试种成功,逐步发展成为种植园经济,本世纪 20 年代初期成为最重要的出口作物,形成坦葛—科罗圭和基洛莎—莫罗戈两大产区,分别分布在乌桑巴拉铁路和中央铁路沿线一带。咖啡于 19 世纪末引种于高地和布科巴,逐步形成高地、湖区咖啡产区。棉花于 20 世纪初从乌干达引种于苏库马地区,到 60 年代发展成为出口棉产区。茶树在独立后迅速而稳定地发展成为重要的出口作物,主要种植在高地上的多雨地区,如乌桑巴拉山区、南部高地上的图库尤、穆芬迪等地。第二次世界大战前腰果生产规模很小,战后沿海地带尤其是南部的姆特瓦拉地区已发展成为最重要的产区。出口作物种植的这种分布状况,是殖民政权推行单一出口作物经济政策的结果。

3. 作物的布局与组合具有明显的垂直差异

不同海拔高度的水热状况不同,因而作物分布的上、下限和最适分布高度与海拔高度有对应关系,其衡量标志是经济效益。作物的选择、发展的方向和规模以经济效益的大小为转移。在热带高原山区,在生物气候的水平地带性和垂直地带性的错综交互作用下,自然条件的地区差异十分复杂。这就造成作物布局和地域组合的多样性。不同海拔高度作物组合固然不同,但同一海拔高度也往往因局部地理条件

的差异而有所不同。

坦桑尼亚作物垂直分布的大势是,海拔愈高,需求热量少而水分多的作物愈占优势。具体说来,作物组合的垂直变化:

① 沿海地带(海拔 300 米以下)以剑麻、腰果、丁香、椰子、柑橘占优势,粮食作物中以玉米、高粱、木薯为主。

② 低高原(海拔 300—1000 米)以种植业为主。玉米、高粱、木薯和棉花为主要作物。

③ 高高原(海拔 1000—1500 米),水热条件结合较好的温润地区以香蕉、罗伯斯塔种咖啡、玉米、豆类、甘薯为主。在干旱地区,以玉米、小米、高粱、木薯、棉花为主要作物。

④ 高地(海拔 1500 米以上)为出口作物生产基地,多分布大型现代化种植园。作物组合中除供出口阿拉伯种咖啡、茶和除虫菊外,香蕉、小麦、玉米和豆类是主要粮食作物。

⑤ 轮作、间作、混种和休闲普遍而各地不尽相同。轮作的方式主要取决于土壤的类型、特性、肥力以及人们的生产经验和传统习惯。间作和混种仍然被广泛地实行着,当地居民认为,这一经营方式能充分利用光和水;能有效地利用土壤中的各种矿物质;水土保持作用比单一作物好;一种作物的废枝叶可作另一种作物的肥料;可以弥补某种作物失收所造成的损失。间作和混种的作物常因地形、水土条件、气候、栽培技术要求、居民的生活习惯和经济需要而有所不同。如东北高地带往往在香蕉地中间种作物或混种咖啡、在玉米地中间种作物或混种豆类,而南部高地则普遍在玉米地中间种或混种向日葵或豆类。休闲是当地居民用以恢复地力的主要手段。至今仍普遍实行着林地休闲、草地休闲和灌丛休闲。休息期的长短与土地资源和人口密度有着密切的关系,一般 3～10 年不等。

4. 已垦土地面积狭小,且主要集中在沿海平原、湖区、高地和交通线沿线

坦桑尼亚平均垦殖指数不到 8%,只有沿海地带的坦葛区、维多利亚湖区、乞力马扎罗区超过 10%,疏林地的塔波拉地区仅有 2%。广大的内陆垦地尚未充分利用。种植业以手工劳动为主,锄和砍刀是主要的农具,不可能进行大规模的开垦,刀耕种火种、很少进行田间管理和施肥,作物产量很低。例如,居民主要粮食作物玉米,每公顷平均只有 1.2 吨(折合每亩 80 公斤),最低的还不到 0.5 吨。

三、坦桑尼亚农业地域类型概述

农业地域类型,是指一定地域的自然、社会经济和技术因素综合影响下形成的农业地域生产形式。从理论上说,根据统计分析选定划类指标,是能科学地划分类型的。但坦桑尼亚缺乏划分类型的统计资料,难于定量分析,因此只能通过综合地

定性分析,并结合野外考察,对农业地域类型进行粗略的划分。定性分析依据主要考虑自然—社会经济条件的相对一致性和差异性、部族构成、农牧业生产特征的相对一致性和差异性。类型界限以行政区界为依据,这虽不够理想、严密,但基本上能反映不同宜于农业类型的客观状况,现将坦桑尼亚划分为六大类型(图 6 - 6)。

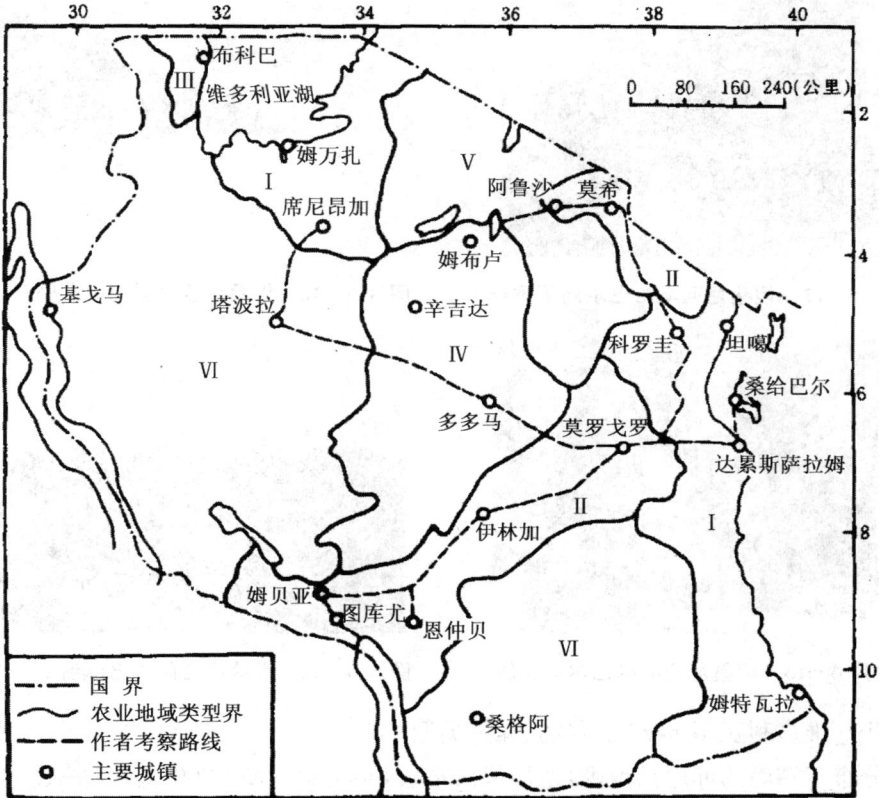

图 6 - 6　坦桑尼亚地域类型与作者考察路线图

Ⅰ　沿海热带出口作物类型

本类型包括沿海平原和桑给巴尔。沿海平原狭窄缺少发育良好的河口三角洲。年平均温度 21℃～27℃,年雨量 1000～1200 毫米。土壤为沙土,沙壤土和黏土。人口密度大,劳动力充足、经济发达、交通便利,对外经济往来密切,桑给巴尔雨量高达1500～2000 毫米,利于丁香、椰子生长。

沿海是剑麻、腰果、椰子、芒果、柑橘、香蕉等作物主产区,剑麻高度集中在北部的坦葛地区和中央铁路沿线。腰果生产在南部的姆特瓦拉地区。果木之间多混种玉米、木薯、香蕉等。桑给巴尔形成了丁香椰子型农业,椰林中主要混种香蕉和木薯。

本区严重依赖出口作物,深受世界市场价格波动的打击。剑麻、腰果、丁香生产衰退、植株衰老、产量下降,同时面临新产区的竞争,急待恢复和发展。从长远利益考虑,在进一步发挥资源优势的基础上,应逐步调整经济结构和作物布局,继续恢复和发展优势出口作物。开发海洋资源,优先发展海洋渔业,争取海产品出口。

图片 6-11 坦桑尼亚桑给巴尔岛丁香林

图片 6-12 坦桑尼亚桑给巴尔岛椰子林

图片 6-13 坦桑尼亚桑给巴尔岛民居

图片 6-14 坦桑尼亚桑给巴尔岛玉米地

Ⅱ 维多利亚湖区棉花、谷物、养牛类型

分布于湖南的苏库马地区,地形起伏平缓,年雨量 500～900 毫米,多肥沃黑土,植被为稀树草原,利于植棉和养牛,是全国最重要的产棉区(产量占全国的 90%)和主要的养牛区。粮食作物主要为玉米、小米、高粱、豆类、木薯、马铃薯等。

本区人畜密度大、分布集中,水土资源压力大。长期的烧荒和过度放牧导致土壤肥力下降和草场退化。棉花品种杂、病虫害严重、管理粗放、产量很低,需改进棉花栽培管理技术、选用良种和施肥以提高单产。从长远利益考虑,应进一步发挥养牛业的优势,改善草场供水和管理,选址良好的地方建立商品性养牛基地。

图片 6-15 坦桑尼亚西部高原高粱

图片 6-16　坦桑尼亚西部高原民宅

图片 6-17　坦桑尼亚西部高原农民排队取水

Ⅲ　高地集约商品性农业类型

本类型分布于人口集中、经济发达、交通便利的高地带和维多利亚湖西的布科巴地区。高地带雨量丰沛、水系发育、土壤肥沃，年平均气温 10℃～16℃，年雨量1200 毫米以上，布科巴雨量高达 2000 毫米。自然条件有利于咖啡和香蕉的栽培，形成了良好的咖啡—香蕉间作制。集约化和商品化程度远高于其他类型地区，是全国主要出口作物咖啡、茶、除虫菊的生产基地。

东北高地带人口压力大，陡坡开垦普遍而严重，乞力马扎罗山耕作上限已达海拔 2800 米。南部高地大量土地资源尚未开发。应实施水土整治规划，限制陡坡开垦，充分发挥水土资源优势，巩固和发展出口作物生产基地。

图片 6-18　坦桑尼亚北方高地香蕉混作咖啡

图片 6-19　坦桑尼亚南方高地山区小镇

图片 6-20　坦桑尼亚南方高地牛群

图片 6-21　坦桑尼亚南方高地陡坡开垦

图片 6 - 22　坦桑尼亚南方高地农贸市场

图片 6 - 23　坦桑尼亚南方高地茶园

Ⅳ　中央高原干旱半干旱地带农牧业类型

本类型广布多多马、辛吉达和姆布卢地区,气候干热,年平均温度 16℃～29℃,年雨量 500～800 毫米,12 月至次年 4 月为雨季,旱季长达 7 个月,植被以灌丛草地为主,土壤多为红壤。宜旱作和养牛,是全国主要的农牧交错带和重要的养牛区之一。耕地分散在牧地内,距离住房不远。小米和高粱为主要粮食作物,花生和烟草为经济作物。

农牧业主要的问题是:作物常因雨量不稳定而减产或失收;牧畜常因周期性干旱和东海岸热病遭受重大损失;人畜大量增加和过度利用,导致土壤肥力下降、植被退化和贫瘠、载畜力下降。开发地下水是稳定农牧业长远之计。选择适宜地区,加强水草管理和开发地下水以建立商品性养牛基地是可行的。

Ⅴ　马赛灌丛草原游牧半游牧类型

分布于中北部冠达的灌丛草原地区,年雨量 500～700 毫米,旱季长达半年以上,宜牧。居民主要为游牧民族马赛人,善于养牛和狩猎,以奶、血、肉为主食,采集、渔猎和种植少量玉米仅为生计的补充手段,水草条件的季节性变化,使得牧民不得不实行逐水草而居的游牧生活。

水草不足,加之反复烧荒和过牧,使植被和草地遭到破坏,载畜能力下降。每年 6—11 月旱季为牲畜饥饿期,往往造成牲畜严重掉膘和死亡。开辟水源、加强牧草管理、适当限制烧荒和逐步引导牧民定居,是保护水草资源和改善生态环境的良好对策。

图片 6 - 24　坦桑尼亚热带干草原马赛族游牧民

图片 6 - 25　坦桑尼亚热带干草原羊群

图片 6 - 26　坦桑尼亚多多马农民庆祝丰收节

Ⅵ　高原半开发种植业类型

本类型包括西部高高原和南部低高原。地形单调而平缓,年雨量 750～1250 毫米,11 月至次年 4 月为雨季。植被主要为疏林地。土壤多为淋积强氧化物土壤。人口稀少,交通不便、经济落后、土地资源潜力大。

耕地主要呈岛状分散在交通沿线和居民点周围。农民几乎完全依靠锄和砍刀从事粗放的种植业,玉米、小米、高粱、木薯、甘薯、豆类为主要自给性粮食作物。烟草、花生、棉花为经济作物。采蜜是居民一项重要的经济活动。

土地开垦率很低(2%)。刀耕火种、耕作粗放,生产力水平低下,萃萃蝇仍是水土资源开发主要自然障碍

为发挥土地资源优势,应有计划地清除萃萃蝇、改善交通并实施移民计划以逐步开发水土资源。例如,西南边区的乌菲铂高原可开发为商品性养牛基地。在已垦地区推行先进耕作技术,提高作物单产。

四、几点认识

① 坦桑尼亚具有巨大的自然资源开发潜力,应组织力量进行全国性的以水、土、热、植物为主的农业自然资源调查,做出全国性农业资源类型区划,并确定各类型区的优势农业资源作为土地开发利用的基础。

② 坦桑尼亚适宜种植和放牧的土地潜力较大,在全国 92% 的未垦土地中,约 1/2 主要用作放牧地,约 40% 的土地因萃萃蝇为害尚未开发。应系统地查明宜垦宜牧地的数量、分布质量、开发条件,选择适宜的地区建立大型商品性农牧场,为国家提供更多的农畜产品,并考虑选择条件优惠的地区实施移民计划。

③ 对全国 8% 已垦土地利用方式进行全面调查和综合评价,提出土地利用的合理方案、建立合理的土地利用结构。本着农村发展紧密联系自身社会和整个社会成员的物质(生产力)和精神(思想觉悟和文化水平)的成熟程度的精神,突出"乌贾马村"的调整意见。村址的选择和规模的确定,应与当地自然资源条件和环境的承受

力相适应。

④ 改进耕作技术、逐步取代刀耕火种；推广施肥、逐步取代休闲和烧荒；选育良种、调高单位面积产量。尽量做到作物"适地而作"、牲畜"适地而养"，达到社会、经济、生态三大效益的协调。

⑤ 查清现已利用的草场类型、分布、供水点的分布及其供水能力；畜群组成、放牧形式及其活动范围和规律等。在此基础上，确定草场的合理载畜量、合理畜群结构、合理经营方式。采取有效措施逐步引导牧民定居；改变单纯追求牲畜数量而忽视质量的传统观念，提高牲畜的产品率和商品率；开发水源和加强牧草管理，逐步恢复和提高草场的生产力和载畜力。

（姜忠尽）

参考文献

［1］Morgan. WTW East Africa［M］. London：Longman Group Limited，1973.

［2］Oconnor A. M. An Economic Geogrphy of East Africa［M］. London：African Int Hardback，1971.

［3］Maro P. S. Land：Our Basic Resource for Socio-economic Development［J］. Tanzania Notes and Records，1980(83)：31－38.

［4］Berry L. Tanzania in Maps［M］. London：University of London Press ltd，1971.

［5］Darkoh M. B. K. Desertification in Tanzania［J］. Geography，1982(67)：320－331.

［6］Acland J. D. East African crops［M］. London：longman group limited，1973.

［7］Brown J. H. and Cocheme J. A Study of the Agroclimatology of the Highlands of Eastern Africa［M］∥Secretariat of the Word Meteorological Organization［M］. Geneva，1973.

［8］Mackenzie. W. The Livestock Economy of Tanzania-a Study of Beef Industry［M］. Dar es Salaam：East African Literature Bueeau，1977.

第二节　肯尼亚农业地域类型的形成与划分[①]

肯尼亚位于东非高原东北部，横跨赤道，国土面积 587900 平方公里。由于高原地形打破了纬向地带性，肯尼亚不具有典型的赤道环境。与同纬度的西非相比，东非的自然生态环境更加复杂。这种复杂的自然环境为肯尼亚农业的多样性提供了有利的条件。

---

① 本节原文系在肯尼亚内罗毕大学地理系访问研究期间写成，承蒙该系 D·A·Obara 教授提供宝贵意见，谨此致谢。现译成中文。——作者

至今,农业仍然是肯尼亚经济活动的基础,约 80% 的人口从事农业。农业产值占国内生产总值的 24.7%,其出口值占出口总值的 65% 以上。[①] 由于地理条件的不同,农业的分布具有明显的区域差异。

为了科学地开发利用各种人地资源,认识和划分肯尼亚农业地域类型十分重要。为此,本节试图分析:

① 亚农业地域类型形成的主要地理因素;

② 地域类型形成、演变与分布的规律;

③ 划分肯尼亚农业地域类型,评价人与环境相互作用和结合的合理性和问题,以便充分发挥不同类型的优势。

一、影响肯尼亚农业地域类型形成的主导地理因素

在高原山区,地理环境特点是地带性因素和非地带性因素相互作用和结合的结果。自然条件在广度和深度上直接或间接地影响农业地域类型。鉴于多种自然因素对农业的综合影响,应着重研究影响肯尼亚农业区域差异的主导因素。毫无疑问,肯尼亚的地形和气候是主导自然因素,因为肯尼亚自然环境的区域差异主要取决于上述两大因素。但是,应指出的是,自然条件仅仅是农业地域分异的前提,其决定性的因素应是社会经济因素。

农业地域类型是一定地域内自然、社会经济和生产技术条件相互作用和结合的空间综合体,任何农业地域类型都综合反映了人和自然环境之间相互作用和结合的形式与特点。

1. 自然地理因素

(1) 水热条件的垂直变化

肯尼亚由于地跨赤道两侧,一般说来,气温不是作物生长和牲畜饲养的限制因素,只要雨量能满足需要,大部分地区都可以栽培作物。但是,地形和海拔高度强烈地影响着肯尼亚的气温和降水,从而对作物的选择和牲畜的饲养产生重要的影响。

气温与海拔高度密切相关,某些作物的生长限制于一定的海拔高度范围内。肯尼亚高地属于低温区域,极端温度限制了多种作物的生长和分布。海拔 2400 米以上的地区常出现地面霜冻,严格限制了许多热带作物的生长。

相反,雨量随海拔高度的增加而增加,达到一定的临界高度,雨量开始减少。例如,纳库鲁区雨量受海拔高度的强烈影响。海拔 1800～2400 米的地区,雨量为760～1279 毫米,适宜种植玉米、蔬菜及饲养奶牛和绵羊。海拔 1500～1800 米的裂谷底

---

① Obara,D. A. Constraints on smallholder horticultural production: A case study of Mwea Division, southern Kirinyaga District,Kenya. Institute of Geography of the University of Derne,Switzerland,1990.

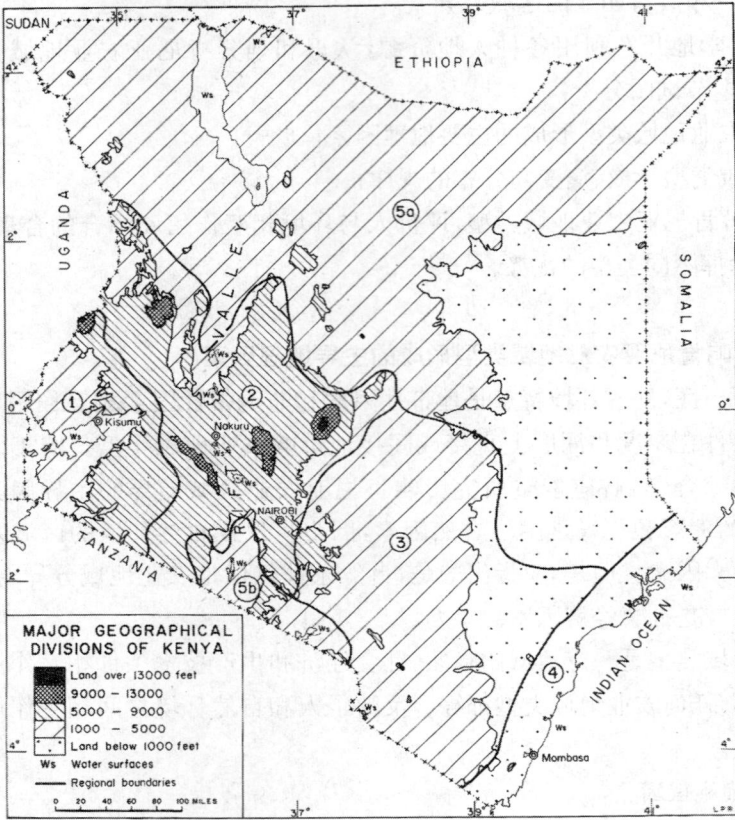

图6-7 肯尼亚地理区

资料来源：Ominde S H. Land and population movement in Kenya[M]. Heinemann Nairobi, 1969:17.

部,雨量在760毫米以下,适宜饲养肉牛和羊、种植玉米和小麦。

实际上,水热条件随海拔高度的变化因地而异。从农业角度看,同一海拔高度水热条件的地域差异对作物的选择更具重要意义。最好的实例是东、西裂谷地带的地区差异,西部裂谷地区条件优于东部裂谷,茶树生长明显优于东部。因为茶树适宜生长在海拔1500～2300米、雨量1250～2000毫米的地区。[①]

（2）地貌类型及其特征

肯尼亚的主要地貌类型一般可分为平原、高原和高地三类。各类型的特征和分

————

① Odingo, R. S. The Kenya Highlands-Land Use and Agriculture Development[M]. Dar es Salaam: East African Publishing House, 1971:117, 132.

布直接或间接地影响各地的水热条件。这种多样的自然环境为农业发展提供了多种选择。

在高地和高原地区,坡向、坡位、坡度都直接或间接影响水热条件,从而影响土地利用形式和作物分布。在同一海拔高度山区的不同地区,气候随坡向和盛行风向变化。例如,在肯尼亚山区,东坡和东北坡湿润,年雨量1320毫米,而西坡相对干旱,尼耶里区(Nyari)雨量只有737毫米。[1] 降雨的季节分配与农业活动之间有着直接的关系。例如,在南迪区(Nandi)的南部和中部地区雨量最少也有1500毫米,形成了茶树栽培带,而相对干旱的东部和东北部,雨量只有1200毫米,适宜种植玉米和向日葵。

耕种常见于坡度平缓的地区,陡坡因土壤瘠薄且易水土流失,不宜农作。但有些地区陡坡筑成梯田进行耕种。

(3)降水保证率和季节分配

降水对肯尼亚农业地域分异的影响主要表现在降水的保证率和降水的季节分配上。特别是降水的保证率在一定程度上是土地利用类型的决定性因素。

适宜种植业和畜牧业的雨量指标分别为762毫米和508毫米。肯尼亚72%的地区年雨量不足508毫米[2],这些地区只能发展畜牧业,因为气候条件限制了种植业的可能性。雨量和畜群组成一定程度上存在依存关系。肯尼亚北部沙漠和半沙漠地区,雨量在254毫米以下,只宜饲养骆驼和山羊。牛通常在雨量达到500毫米的地区才能饲养。

肯尼亚雨量超过762毫米的地区仅占国土面积的15%,包括肯尼亚高地、沿海地带、维多利亚湖周沿地区。这些地区最重要的农业是种植业和牧畜饲养业。

肯尼亚13%的地区雨量在580~762毫米之间,可视为农牧业用地的边缘地带或中间过渡带。种植业具有典型的自给性,牲畜饲养是生计的重要辅助手段。

根据土地潜力划分,肯尼亚80%的土地为干旱和半干旱地区,其中大部分适宜粗放的大牧场和畜牧。

农业不仅受雨量保证率的制约,而且也受季节分配的制约。降雨不仅表现出很强的季节变化,而且各地也有很大不同。肯尼亚显然具有三类雨量区[3]:西部(西部高地和维多利亚湖区),属于湿润区,无干季,雨量可保证香蕉、茶树和咖啡的生长;

---

① Ojamy,F. F. & Ogendo,R. B. Kenya-A Study in Physical and Human Geography[M]. Longman Kenya Limited,Nairobi,1988:67.

② Morgan,W. T. W. East Africa:its peoples and resources[M]. London:Oxford University Press,1972:109.

③ Ojamy,F. F. & Ogendo,R. B. Kenya-A Study in Physical and Human Geography[M]. Nairobi:Longman Kenya Limited,1988:55.

中部基本属于干旱区,有两个雨季,6 至 10 月间间隔 2~5 个月的干季;沿海地带只有一个雨季,最大雨量出现在 5 月,气候湿润,为热带水果生长提供优越的条件。

值得注意的是,干旱、沙漠化和冰雹。雨水稀少和不稳定,导致环境干旱,作物失收、饥荒甚至饥饿。肯尼亚北部曾出现过因雨量减少引起沙漠化的现象。干旱和沙漠化严重威胁农牧业经济活动。在肯尼亚西部海拔 1500~2750 米的地区,降水重要形式是冰雹,导致作物严重受害。

(4) 植被因素

肯尼亚的植被类型主要包括森林、草地、半荒漠、荒漠。森林面积很小,仅占国土面积的 7%[①],主要分布在海拔 1500 米以上的高地和沿海地带。半荒漠和荒漠仅见于肯尼亚北部的最干燥区,这儿雨量减少至 250 毫米以下。刺灌木和灌丛退化为散生的金合欢属低矮灌木和矮草,这类植被覆盖肯尼亚国土的 27%,只有半荒漠被游牧民用来放牧骆驼、山羊和绵羊。

草地是肯尼亚最重要的植被类型,占国土面积的 65%。包括矮树高草地、树丛草地、稀树草地和空旷草地。[②] 前两类草地可称为有树草地,后者称为灌丛草地。有树草地主要分布在肯尼亚高地维多利亚湖区和沿海地带。这类草地是肯尼亚人畜最集中的地区。肯尼亚高地是最重要的牧区,有些已被开发成最好的牧场。在海拔1000 米以下的低地大都为灌木地,这儿环境较为干旱,年雨量在 250~650 毫米,由于地势低和雨量不稳定,农业发展差而不稳定。居民大多从事游牧或半游牧业。

2. 社会经济因素

(1) 种族和部族构成

肯尼亚人口主要由四个种族集团组成,分别是班图族、尼罗族、尼罗—哈米特族和哈米特族。非洲人可分属于 42 个不同的部族,其中 8 个人口分别超过 100 万的部族是基奎亚(Kikwya)、卢亚(Luhya)、卢奥(Luo)、甘巴(Kamba)、卡兰吉(Kalenjin)、基希(Kissi)、梅鲁(Meru)和米吉坎达(Mijikenda)。最小的部族只有几百人。由于各部族生存的环境不同,形成了各自特有的生产和生活方式,积累了不同的资源利用和环境改造方面的经验。干旱地区只能养活低密度的游牧民,在自然条件较好、人口较密的地区,实施以种植业为主的混合农业,而环境条件较差的地区则以畜牧业为主。

班图语族是肯尼亚最重要的部族,主要分为三个地理族群:西部族群(渔民)、中部族群和沿海族群,约占非洲人的 65%,主要集中与分布在肯尼亚南半部,其中基奎

---

① Morgan, W. T. W. East Africa[M]. London:Longman Group Ltd,1973:64.

② Ojamy, F. F. & Ogendo, R. B. Kenya-A Study in Physical and Human Geography[M]. Nairobi:Longman Kenya Limited,1988:73-83.

亚、卢亚、甘巴、梅鲁和米吉坎达是肯尼亚最大的部族。他们在社会结构和土地利用制度上，已适应不同的自然环境和社会变革，大都是农民，以种植业为主，辅以牲畜饲养。

尼罗—哈米特人占非洲人的16%，分布在从肯尼亚西北向南延伸至中西部高地一带，包括裂谷带内的图尔卡纳（Turkana）、苏克（Suk）、伊特索（Itso）、南迪（Nandi）、基普希基斯（Kipsiqis）、埃尔格雅（Elgeye）、马克维特（Markwet）、萨包特（Sabaot）、马赛（Masai）、萨布鲁（Samburu）、图久（Tugeu）、思德罗博（Nderobo）、恩柬皮斯（Njemgs）等各部族。哈米特人占非洲人的4.5%，分布在肯尼亚东北部向南至沿海地带的干旱和半干旱地区，由加拉（Rondible-Galla）和索马里人组成，饲养牛、骆驼和羊，以游牧为生，很少农耕。[①]

值得注意的是，当一个部落进入不同的自然环境区域时，往往采取各自不同的生计方式。在较干旱的地区以牧业为主，而在比较宜人的地区则以农耕为主。这种不同地区经济活动的农牧业兼容性见于卢亚、甘巴、苏克部族。这导致土地利用类型的多样性。[②]

（2）农业资源开发利用的历史进程和政府决策

农业地域类型是一定历史时期的产物。它是在农业的演变过程中形成的，并随着不同社会经济因素和技术因素的发展演变相应地从一种老的类型逐步演变成新的类型。政府的政策在土地资源开发利用中直接起着重要作用。

在殖民主义入侵前，农业以自给性农牧业为主，商品农业生产有限，主要从事粮食生产。随着殖民政权的建立，农业部门发生了巨大而深刻的变化。英国殖民统治者实行一系列殖民经济政策，将肯尼亚经济拖入宗主国经济轨道作为其经济附庸，以满足殖民主义需求。在殖民统治早期，英国殖民政权鼓励本国人到肯尼亚定居，以便开发利用宜耕地和廉价劳动力发展大农业，生产出口作物咖啡、茶、剑麻等。第二次世界大战后，商品农业得以迅速发展。东部高地的金布（Kimbu）、希卡（Thika）、埃布（Embu）和梅鲁成为咖啡的主产地，而茶主要产于海拔1500米以上的高地。克瑞乔（Kericho）成为最大的产茶中心。肯尼亚高地同时也发展了奶牛、肉牛和其他畜产品的现代商品农业。

独立以后，肯尼亚政府收回了非洲人在前"白人高地（white highlands）"上对土地的使用权和所有权。但就肯尼亚农业地域类型的整体而言，至今未发生根本性的

---

①　Ritchard, J. M. A Geography of East Africa[M]. J. N. Dent & Sons Ltd, 1971: 48; Morgan, W. T. W. East Africa[M]. London: Longman Group Ltd, 1973: 34; Fedders, A. Peoples and Cultures of Kenya[M]. Nairobi: transafrica, 1988: 162 - 163.

②　Morgan, W. T. W. East Africa: its peoples and resources[M]. London: Oxford University Press, 1972: 37.

变化。一般说来,现有的农业地域类型是在英国殖民统治时期形成的。

（3）交通运输因素

交通运输是商品生产必不可少的条件,它不仅影响土地资源开发利用的速度和规模,而且也影响农业商品化的程度。特别是铁路是形成肯尼亚农业地域分异最主要的运输方式。商品农业的兴起和自给农业的衰落,大都出现在铁路沿线。在殖民统治早期,铁路是自然资源和经济资源开发利用最重要的运输方式。因此,殖民统治的前半期,是铁路建设的主要时期,商品农业咖啡、剑麻和大农场迅速发展。乌干达铁路的修筑和出口农业的布局反映出两者的密切关系。[①]

二、肯尼亚农业地域类型划分的依据

自然、社会经济和技术条件对农业地域分异具有重要影响,因此,各地区的土地利用方式、农业部门结构以及作物组合和畜群组成呈现出明显的地域性。

1. 农业生产条件的类似性和差异性

自然条件是农业生产的基本条件之一。自然条件的地区差异是影响农业地域分异和布局的基本因素之一。但应认识到,条件的多样性仅为农业的地区差异提供可能,把这种可能性变成客观现实的决定性因素则是社会经济条件和技术条件。因此,在农业地域类型的划分中不仅要考虑农业条件的类似性和差异性,还要考虑这些因素在地域上结合的特征。

2. 人口成分的组成和分布

肯尼亚农业深受各族人民固有的社会组织和结构、传统习惯和生计方式、传统技术,甚至宗教信仰的影响,种族和部落的不同对农业的类型和形式有着重要的影响。各部族在漫长的历史发展进程中,通过发展自给性的动植物和引进优良的作物和畜种逐步形成了各具特点的农业类型。属于少数民族的非洲人、欧洲人、印巴人、阿拉伯人等,对肯尼亚的土地利用方式,特别是大型商品农业不断地产生深刻的影响。

3. 农业部门结构的类似性和差异性

农业部门结构复杂,一般说来,农业由农、牧、林、渔部门组成,但其组织形式各地不同,具有明显的地域性。就部门本身来说,亦存在内部差异,例如,种植业有粮食作物和现金作物,畜牧业有牲畜饲养和牧场,林业有经济林和用材林,渔业有海洋渔业和淡水渔业。这些部门农业结构也有显著的地域差异性。因此在农业地域类型划分时,要特

---

① Ndulu, B. J. The Role of Transportation in Agricultural Production Decisions: Theory and Empirical Evidence in the Case of Tanzania, Economic Research Bureau of University of Dar as Salaam[J]. E. R. B. paper, 1980,80(7); Morgan, W. T. W. East Africa: its peoples and resources[M]. London: Oxford University Press, 1972:744.

别注意区域内代表性的农业部门,优势作物或畜种及其在地域上的组合和分布的特点,这在一定程度上反映了人与环境的最佳结合。在农业地域类型划分时一级型可根据大农业部门结构来划分,而亚类型可根据作物组合或畜群组成来确定。

4. 农牧业生产的专门化和集约化水平以及农畜产品的商品化程度

农业的专门化和商品化是在生产力水平较高、商品生产发达的条件下形成发展起来的。它是农业生产地域分工的重要标志之一。集约化主要反映了生产力水平特别是农业技术水平,和经营特点,包括各农业部门经营管理的方式和水平、牲畜的饲养方式、灌溉和水源保护、轮作、休闲和间种、施肥和机械化等。肯尼亚农业专门化是与英国殖民统治对土地资源的掠夺性开发分不开的。专门化主要限于大农场的主要出口作物和牲畜。大农场与自给性的小农业呈明显对比。

三、肯尼亚农业地域类型划分标准和划界

1. 农业地域类型划分标准

实际上,任何农业地域类型都是各不相同的区域综合体。在类型划分时,定性的差异可通过地理图因素分析来区分,而定量的差别可通过一定的指标来确定,在类型划分时,主要的困难之一是如何选择相关的统一标准。关于肯尼亚农业地域类型的等级,第一级可以根据农业部门的结构来划分,第二级可以根据作物组合和畜群组成来划分。

第一级类型划分标准——农业部门结构,包括土地利用结构和各部门(农、牧、林、渔)产值结构,农牧人口比重,人均牲畜数量。

第二级类型划分标准——优势作物(根据作物播种面积比重确定),优势牲畜(根据畜群组成确定)、淡水渔业和海洋渔业,经济林和用材林。

作为第一次尝试,肯尼亚农业地域类型可依下列因素为基础进行划分:雨量保证率、植被分布、部族分布和农业分区统计资料。

2. 农业地域类型划界

农业地域类型作图中所碰到的难题之一,是划分满意的分界线。任何类型都占有一定的空间,需要划分"界线"将彼此分开。但是,从一种类型逐渐过渡到另一种类型时没有明显的分界线,显然两者之间有一个过渡地带。有时,沿着自然特征如河流、山脉,或沿着文化边界如部落区域,划分出"边界线"。值得注意的是,人类的经济活动是在一定的行政区单位内进行的,统计数据通常是以行政区为单位统计的。因此在划界时行政区界被作为类型划界的依据。但是,客观上地域类型的边界通常与现行的行政区界不一致,因此,划界时参考自然边界、文化边界进行调整。在这种情况下,野外实地考察常被作为重要的方法。毫无疑问,定界在一定程度上具有任意性,因而被视作暂时的。

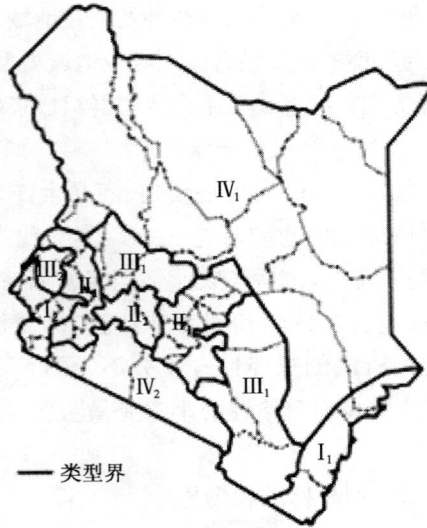

图 6 - 8 肯尼亚农业地域类型图

根据肯尼亚的行政区界,农业地域类型划分为 4 个一级类型和 8 个亚类型。

Ⅰ 沿海维多利亚湖区农渔型

Ⅰ₁ 沿海混合农业—热带水果—海洋渔业亚类型(Kwale,Kilifi,Lamu)

Ⅰ₂ 维多利亚湖东沿混合农业—淡水渔业亚类型(Busia,Siaya,Kisumu,Ra-chuonyo,Joma Bay,Suba,Migori)

Ⅱ 高地商品农业—林业类型

Ⅱ₁ 东、西部高地集约型谷类作物(玉米、小麦)—出口作物(茶、咖啡)——商品性养牛业(奶牛、肉牛)—针叶林亚类型(Nyambane,Meru,Thraka Nithi,Embu,Kirinyaga,Nyeri,Muranga,Kiambu,Thika,Machako,Nairbi,Fans Nroua,Uasin Gishu,Kercho,Kisii,Nyamira,Bomet)

Ⅱ₂ 裂谷带商品性混合农业(玉米、小麦、除虫菊—奶牛、肉牛)亚类型(Naku-ru,Nyandarua)

Ⅲ 高原混合农牧业型

Ⅲ₁ 半干旱高原自给性混合农业(玉米、高粱、小麦、豆类—牛、羊)亚类型(Ma-rakwet,Keiyo,Baringo,Koibatek,Laikipia,Mwingi,Mberz,Kitui,Makueni,Taita Tarvta)

Ⅲ₂ 西部高原混合农业(玉米、豆类、甘蔗—牛、羊)亚类型(Teso,Buugoma,Kakamega,Vihiga)

Ⅳ 半干旱粗放游牧业型

Ⅳ₁ 北部、东北部半干旱高原—骆驼—羊游牧业亚类型(Turkuna,Weat

Pokot,Marissa,Samburu,Moyale,Mandera,wajir,Garissa,Tana River)

Ⅳ₂　马赛人地区牛羊游牧业亚类型(Kajiado,Narok,Trams Mara,Kuria)

四、结论和建议

地域类型划分是否具有实用价值,关键在于对影响农业地域类型地理因素的认识程度。这一探索性的研究主要是一种尝试而非定论,因此,笔者希望本节能为肯尼亚地域类型的进一步研究提供参考。

应强调的是,多样的农业地域类型是在漫长的历史过程中形成的,因此,每种类型都有其相对重要的特征,但并不是一成不变的。农业地域类型发展趋势是,从传统类型向现代类型,从低一级类型向高一级类型的转型,是随着科技进步和资源的深度开发利用而进行的。因此,认识农业地域类型对于摸索如何进一步有效开发利用自然资源和人力资源具有重要的现实意义和科学意义。

笔者认为,为有效挖掘每一类型的农业资源潜力并发挥各类型的优势,进一步研究下列问题可能是有益的。

① 综合评价每一地域类型的自然环境、农业资源和人力资源的基础上,提出综合开发利用不同的农业资源优势开发战略,并制定出开发优势资源的长远方向和规模。换言之,根据当地条件建立资源型产业体系,使资源优势转换为经济优势。为保持人口、资源、环境和经济协调发展,每一类型都必须实施可持续发展战略。从生态环境保护角度考虑,重要的是通过发展生态农业和科技农业来实现人地协调发展。发展的最终目标是综合发展生态农业并建成其产业化基地,采取综合利用措施提高土地生产力和土地资源的人口承载力,从而促进经济发展并提高人民的生活水平。

② 农业现代的必由之路——农业产业化经营战略

肯尼亚的小农业约占农业总产值的75%,农民基本上实行传统的粗放农业。约93%的牲畜由小农和牧民饲养。小农业正面临大量生态和社会经济问题的挑战。[①]农业可持续发展战略的关键是,如何将传统的小农业转变为先进的现代农业。

➢ 传统生计方式与农业现代化之路

生计方式是人地互动形成的经济文化模式之一,包括农牧民的需求结构、资源利用技术和社会结构形式。特别在小农经济的国家,生计方式的改变和调整将影响可持续发展模式和农业现代化的途径。值得注意的是,一方面,居住在同一或类似

---

① Obara,D. A. Constraints on smallholder horticultural production:A case study of Mwea Division,southern Kirinyaga District,Kenya[M]. Institute of Geography of the University of Derne,Switzerland,1990;Ministry of Environment and Natural Resources. The Kenya National Environment Action Plan (NEAP)[R]. Nairobi,Kenya,1994.

的自然环境的不同部落,其土地利用方式不同;另一方面,占据着两种不同自然环境的同一部落,往往采取不同的生产、生活方式。例如,在经济活动中,一部落偏重畜牧业,而另一部落偏重种植业,因此,在制定每一类型发展战略时,应重视他们生计方式的不同,同时,还应采取措施促进传统技术和先进技术合理有效地结合。

➤ 农业产业化经营战略

在优势资源开发基础上形成的农业产业化区域,例如,农业生产区域专门化,在农业现代化进程中起着示范作用,能提高农产品的产量和质量。从农业管理和行政职能协调一致的角度看,应建立统一的农业生产——农产品加工——农产品市场体系。根据生产力布局区域化原则,主导农业部门应优先发展。农业产业化依赖主导型农业及其产品作为生存和发展的基础。为实现这一目标,应统一研究应用和推广,以便科研成果尽快转化为生产力。政府应对乡村工业给予支持和鼓励。农产品加工工业应通过各种集资方式独资或合资建立起来。市场体系包括统一的集中、运输和销售。市场是农业生产——农产品加工——农产品销售体系的龙头。通过农民自愿合作组成各种销售协会。在农业产业化过程中,从事农业的部分劳动力必然会转移到加工部门和服务业部门。这是农业现代化转型过程中劳动力市场的必然趋势。

➤ 采取多种农业技术提高土地生产力

缺水是肯尼亚农业的主要限制性因素,可通过温室大棚、滴灌系统、地膜提高土地生产力。具有储水池的滴灌系统比浇灌大大省水。地膜可大大提高作物产量。例如,中国的玉米生产,利用地膜产量可提高 50%,从每公顷 6 吨提高到 9 吨。

③ 小城镇与乡村可持续发展的相互依存关系——城乡一体化。

(姜忠尽)

参考文献

[1] Obara,D. A. Constraints on smallholder horticultural production:A case study of Mwea Division,southern Kirinyaga District,Kenya[M]. Switzerland:Institute of Geography of the University of Derne,1990.

[2] Odingo,R. S. The Kenya Highlands - Land Use and Agriculture Development[M]. Dar se Salaam:East African Publishing House,1971.

[3] Ojamy,F. F. & Ogendo,R. B. Kenya-A Study in Physical and Human Geography[M]. Nairobi:Longman Kenya Limited,1988.

[4] Morgan, W. T. W. East Africa:its peoples and resources[M]. London:Oxford University Press,1972.

[5] Morgan, W. T. W. East Africa[M]. London:Longman Group Ltd,1973.

[6] Ominde,S. H. Land & Population Movements in Kenya[M]. London:Heinemass Educa-

tional Books Ltd,1970.

　　[7] Ritchard,J. M. A Geography of East Africa[M]. J. N. Dent & Sons Ltd,1971.

　　[8] Fedders,A. Peoples and Cultures of Kenya,Trans Africa,Nairbi[M]. 1998.

　　[9] Ndulu,B. J. The Role of Transportation in Agricultural Production Decisions：Theory and Empirical Evidence in the Case of Tanzania[M]. Economic Research Bureau of University of Dar es Salaam,E. R. B. paper,1980：80.

　　[10] Ministry of Environment and Natural Resources. The Kenya National Environment Action Plan (NEAP)-Report[M]. Nairobi,Kenya,1994.

　　[11] Office of the Vice-president and Ministry of Planning and National Development：District Development Plan,1997—2001.

　　[12] Republic of Kenya. National Development Plan：1997‐2001.

第三节　埃塞俄比亚农业现代化战略转型模式探讨

　　埃塞俄比亚是位于非洲大陆东北部"非洲之角"的一个内陆高原国家,平均海拔2400 米,享有"非洲屋脊"之誉。全境面积 111.8 万平方公里,人口约 6000 万,是仅次于尼日利亚、埃及的非洲第三人口大国。富饶的高原为发展特色农牧业提供了得天独厚的资源环境条件,但长期的无节制的掠夺性开发,造成了资源、环境、人口与发展之间的严重失衡。粮食供应短缺已成为长期困扰该国的头等大事。解决人民的吃饭问题,也就成了历届政府追求的首要战略目标。

　　据笔者实地考察,我们认为在一个以传统小农业为经济主体的国家,要解决吃饭问题不是短期内所能实现的。解决吃饭问题的根本出路,在于如何从传统的小农业转型为先进的现代化农业,探索出符合国情的农业现代化战略转型模式,这也是本节探索的主要目标。

一、农业经济的优势地位

　　长期的君主统治、战乱、自然灾害,使一个历史悠久、资源丰富的高原人口大国至今仍然处于十分贫穷落后的状态。埃塞俄比亚当前农牧业生产水平低下,工业基础十分薄弱,基础设施落后。君主统治结束以来,各届政府发展经济、摆脱贫困,采取了一系列政治、经济改革措施,力图推进国民经济现代化,农业现代化的整体推进收益甚微,整个国民经济仍然处在小农经济的"围城"之中,经济发展远远不能满足迅速增长的人口生存需求。

　　从现阶段的经济结构和发展水平来看,以农业为主体的自给自足的自然经济仍

然占有突出的地位,其表现如下:

1. 农业经济尚处在向工业经济转型的过渡时期,传统经济与现代经济二元结构特征突出

埃塞俄比亚国民经济三大产业结构为 50:12:38,尚处在"一、三、二"序列;劳动力"三产"职业构成亦反映出同样的结构特征,为 72:12:16。全国 85% 以上的人口依赖传统的农牧业为生存基础。薄弱的工业部门中,80% 以上的是依赖农牧业提供原料的农畜产品加工业。同时,农畜产品也是重要的出口创汇来源,约占国家出口总值的 90%。这充分反映了农牧业在国民经济中所处的绝对优势地位。现代工业规模弱小,水平低下,传统手工在国计民生中仍有重要意义。整个工业水平尚处在工业化前期的起步阶段。这种二元经济结构特征同样反映在城乡经济社会的巨大差别上。规模小而水平不高的现代城市经济与广大的落后的传统农村经济仍有天壤之别。

2. 农业部门结构中,传统粗放的种植业和畜牧业占绝对优势地位,现代农业微不足道

埃塞俄比亚具有悠久的高原农牧业发展史,除逐水草而居的游牧业外,广大的农民普遍实施封闭型的自给自足的小农业生产,家庭依然是广大农村自然经济的生产主体单位,普遍实施粗放的农牧结合的混合农业。据 1997 年统计,农民中实施农牧结合的农户占 81%,单一从事农作物生产的农户占 16%,只有 3% 的农户从事牧畜饲养业。

3. 生产力水平低下,人民生活贫困

据非洲发展银行报告,1997 年埃塞俄比亚国内生产总值 113.27 亿美元,人均 188.5 美元,处于非洲国家后列,仅及非洲平均水平(703.4 美元)的 26.9%。农业生产力水平极端低下,谷物单产每公顷最高不超过 2000 公斤。人均谷物生产量只有 143 公斤,仅及联合国所规定的最低标准生产量的 66%。人均每日粮食消费热值不足 1800 大卡。失业率居高不下,1994 年曾高达 22%。乡村贫困化尤为严重,大多数人家是家徒四壁、一贫如洗,是联合国公布的世界上最不发达的 48 个贫困国家之一。

二、农业发展的优势条件与约束性因素

1. 优势条件

(1)农业生态环境地域分异和垂直分异明显

宜农、宜牧、宜果、宜林土地兼而有之,适种性广且适宜放牧牛羊。因此,土地资源比较宽裕,外延开发有较大潜力。据 1993 年的政府报告,全国 38% 的土地适宜耕种,13% 的土地可以耕种,其余 48% 的土地不宜耕种。从发展牧业条件看,全国 65% 的土地适宜放牧。

从土地资源的分布态势看,海拔 1500 米以上的高地气候朗爽,雨量充沛,土地肥

沃,无疟蚊为害,适宜作物生长和放牧牛羊。因此,高地是埃塞俄比亚开发历史最久的经济重心地带。海拔 1500 米以下的低地主要分布在国境的东部、南部、西北部和东北部边缘地带,多为干旱和半干旱地区,主要分布以游牧业为主的游牧民。

埃塞俄比亚虽地处热带,但高原地形打破了自然地带的纬向分布规律。气候在很大程度上取决于海拔高度,高差造成各地气候、植被复杂多样并具有垂直分布的规律,随海拔高度的升高,大致呈现出 5 个不同的气候带。海拔 500 米以下为热带沙漠的地带气候,日照强,蒸发量大,不宜农耕,仅在地下水出露的地方有绿洲农业,广大地区只能维持以养单峰骆驼为主的游牧业。500～1700 米为热带草原气候带,大多适宜放牧。1700～2500 米为高地气候带,干雨两季分明,适宜多种作物栽培,是全国最重要的农牧业地带,养牛业较发达。2500～3500 米为山地气候带,牧草生长良好,适宜放养牛羊,同时适宜高寒作物栽培。3500 米以上为高山气候,仅在 4000 米以下有少量耕作,以上则不宜农耕,至今尚未开发利用。

在高原复杂多样的气候条件下,发育了种类较多、肥力较好的土壤。全国最重要、遍及整个高原地带的土壤发育在火山岩尤其是玄武岩母质上的红褐色黏土,土地结构良好,有机质含量丰富,含磷量低,而氮、钾成分高,最适宜耕作,已广泛开发利用。发育于河流两岸的冲积土是最好的土壤,但分布面积小,不占重要的地位。

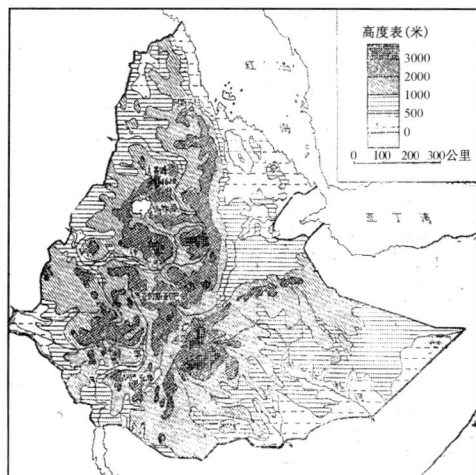

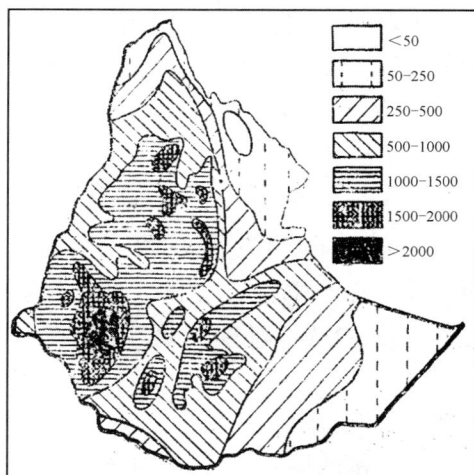

图 6-9　埃塞俄比亚和厄立特里亚地形图
资料来源:埃塞俄比亚,非洲地理资料,1978年,第 14、6 页。

图 6-10　埃塞俄比亚和厄立特里亚雨量分布图
资料来源:埃塞俄比亚,非洲地理资料,1978年,第 14、9 页。

(2) 人口众多,劳动力较充裕

人口增长速度、人口规模、人口的构成和人口分布均影响土地资源开发利用的规模和程度。埃塞俄比亚人口自然增长率近 3%,有些地区高达 4% 以上,是非洲人口增长速度最快的国家之一。女性结婚年龄多在 13~19 岁,平均出生率高达 45‰,有些地方高达 56‰。由于高出生率,人口年龄构成中 15 岁以下人口占非洲人口的近 45%,表明劳动力后备力量充足。埃塞俄比亚还是非洲人口密度较高的国家之一,平均每平方公里约 55 人,高出非洲平均人口密度一倍多,但人口分布很不平衡。全国 86% 以上的人口分布在广大的农村地区,城市人口较少。人口的垂直分布差异突出,且与生态环境密切相关。据 1994 年统计,高地面积约占总面积的 36.3%,而人口却集中了 88%。中央高地是全国人口最稠密的地区,也是土地资源开发程度最高的地区。低地面积占 63.7%,而人口仅占 12%,其中 1000 米以下地区面积占 21.5%,但由于环境条件恶劣,不利人类生存,人口稀少,仅占总人口 2.8%,只能维系游牧业。

(3) 部族众多,经济文化底蕴丰富,具有经管传统农牧业的丰富经验和技能

民族传统习俗与技能对土地资源开发利用方式与规模有着直接的重大影响。埃塞俄比亚民族族源复杂,但其中绝大多数属闪、含两大族长期血缘关系混杂而形成的一种过渡型种族。现有居民分属于 80 多个部族,他们创造了 3000 年的文明史和各自的经济文化,栽培了传播世界各地的优质咖啡,积累了养牛的丰富经验,成为非洲第一养牛大国。奥罗莫人、阿姆哈拉人、提格雷人、索马里人系全国最大的 4 个部族,人口合计占总人口 90% 以上。奥罗莫人是全国最大部族,约占全国总人口一半,主要务农,善牧或实施农牧结合的混合农业。阿姆哈拉人为全国第二大部族,约占总人口的 30%,主要分布在资源环境较好的中、西部高地,善农耕和饲养牧畜,经济相对发达。提格雷人约占全国总人口的 10%,大多居住在北部和东北部高地,善农耕,历史文化悠久。索马里人主要集中在东部干旱半干旱地区,大多数为游牧民,善养单峰骆驼。

2. 约束性因素

约束性因素可以分成难以改变的永久性约束因素,如坡地、水资源约束等,以及可以改善的暂时性约束因素,如水土流失、生态环境脆弱、农村劳动力素质差、科技人才缺乏、经济基础薄弱、资金匮乏等。

(1) 土壤退化,土质下降,作物严重减产,水土流失严重,生态环境脆弱,抗灾减灾能力低

土壤侵蚀是土壤退化的主要因素,侵蚀可造成土壤蓄水能力下降、营养物质流失、土层变薄,从而土地生产能力大大下降。据研究,高地约一半土地(2700 万公顷)受到一定的侵蚀,其中 25% 的农用地(约 1400 万公顷)受到严重侵蚀。高地另一半土壤本身所固有的侵蚀性质及可能被耕垦,存在潜在的侵蚀威胁。只有剩下的 1000 多万公顷土地不受严重侵蚀威胁。高地每年土壤侵蚀损失估计 19 亿吨,相当于每年每公顷土壤流失 35 吨。据研究,青尼罗河流域每年流失的最肥沃的表土高达 30 亿~40 亿立方米。阿瓦什河每年流失土壤 2000 万立方米。另据估计,土壤损失总

量的80％来自已耕种的土地,其土壤流失量约为每公顷每年100吨。值得注意的是,高地上的大部分作物种植在坡度超过18°的坡地上。在北贡德尔、南贡德尔、绍阿北部和东部、提格雷、沃洛地区、北沃累加地区、东部高地,土壤退化最为严重。

造成土壤侵蚀的主要自然因素是地形和降雨。海拔1500米以上的高地,70％的坡地坡度超过27°,其植被一旦被砍伐,很容易造成土壤侵蚀。加之高地上大部分降雨是暴雨或倾盆大雨,土壤冲刷流失严重,每年造成减产2％,相当于每年损失谷物12万吨。农民不得不依赖扩大种植面积来弥补。人口迅速增长和乡村贫困化,是造成环境质量下降、土壤退化的重要人为因素。人口迅速增长,导致对可耕地、薪柴、牧草需要量的增加,低下的生产力迫使农民不得不毁林开荒、乱砍滥伐、陡坡开垦、缩短土地休闲期、过度放牧,从而导致土地质量下降,沙漠化过程加速,农田收益每况愈下,草场载畜量下降。而大多数农民宁愿通过干季迁移、卖手艺、做生意等办法作为生计的补充,而不愿把时间和精力投入到得不到报酬的环境治理上,这就不可避免地使业已贫困的农民陷入恶性循环的生存环境危机之中。

(2)农民劳动力素质差,缺乏现代农业技术人员,农业生产方式落后,水平低下

传统的小农经济长期占压倒优势。至今仍有95％的耕地由小农耕种,农田地块小而分散,承袭落后的传统耕作方法,刀耕火种,多数不施肥、不用农药、不改良品种,生产水平极端低下,不少地方还处于自然经济状态,采用迁移种植并大量撂荒。据调查,平均每农户人口5.17人,占有农田1.09公顷,人地比率为4.74(相当于人均3.2亩)。耕种方法原始粗放,大都使用锄、镰刀、大砍刀、木犁。全国使用改良品种和灌溉的面积不足1％,施用农肥和农药的面积仅分别为32.7％和9.5％。施用肥料量每公顷只有29公斤(1996年)。谷物和豆类的单产每公顷分别只有1300公斤和900公斤,玉米最高单产每公顷也只有1900公斤。

提高农业生产力水平的关键是要拥有现代农业技术人才。农业技术人才缺乏是国家长期面临的问题。据1997年调查,全国现有大专以上的农业技术人才11180人,其中70％以上为大专水平,未来5年需增加12853人,但现有的各类农业大专院校由于师资短缺、教学科研设备严重不足,培养能力有限。目前各个高等院校的毕业生每年大约800人,且60％以上为大专毕业,需求缺口很大,因此需派大批的学生去外国留学。

(3)经营管理粗放,资料不足,品种退化,疾病流行,市场容量狭小,资金不足,缺乏长远的发展战略和对策,是畜牧业所面临的严重挑战

其中疫病肆虐和饲料短缺是两个最为严重的制约因素。牧畜主要的流行病有牛疫、睡眠病、口蹄疫、血吸虫病和大裂谷病。南部和西南部海拔2000米以下地区,是睡眠病的高发地区。牧畜疾病往往造成畜群的重大损失。除高死亡率外,还影响到出生率、增长率和役用率。据估计,牧畜疾病所造成的损失每年高达畜产品值的

30%～50%。由于缺乏资金和基础设施,兽医服务设施严重不足。牛役、胸膜炎和口蹄疫严重限制了活牛及其肉制品的出口。

在高地混合农业地区和低地游牧地区,牧畜最重要的饲料来源是天然牧草。据估计,大约90%的饲料依赖未经改良的天然牧场、放牧地、休闲地,而作物留茬地和农产品加工过的副产品仅分别占资料的7%和3%。作物留茬地和休闲地往往成为混合农业区牧畜资料的补充来源。全国各地没有储存饲料的习惯,特别是干季后期,饲草短缺,水源不足,牧畜严重掉膘。尤其是在干旱的低地地区,干季期间,畜群高度聚集于永久水源处放牧,牧畜密度大增,过牧严重,加之牧畜踩踏,草场严重退化。在高地,由于人口压力大而过垦,牧草资源每况愈下,载畜量下降。

由于现代交通运输费用较高,运输车辆季节性不稳定,加上传统赶畜上市的习惯,严重制约了牧畜市场的交易活动。赶畜上市,由于长途跋涉,沿途又无提供牧畜水草的停歇地,往往造成牧畜大掉膘,肉质下降,一般失重达25%～30%。据调查,除众多的牧畜交易点外,经农业部认可的牧畜交易中心约120处,其中小型56处、中型39处、大型25处。一般说来,这些交易中心占地有余,设施严重不足,大多数缺少基本的供水、供饲料、供休息、供检疫等设施。另外,屠宰设施条件差,牧畜副产品大多被浪费掉,利用率极为有限。如油脂,除供生产肥皂外,别无他用。骨、血、脂只在亚的斯亚贝巴被利用,其他地方骨、血、脂几乎全部浪费掉。肉、乳自产自销,唯皮张有大量出口。牧畜资源浪费极大,严重限制了畜产品率和商品率的提高。

（4）旱灾往往给农业以致命打击

全国60%的地区属于干旱区域缺水区。难以预料的干旱往往使全国数百万农民处于危难之中,也动摇了政权的稳定性。如前述,1972—1974年和1983年的干旱所导致的大规模荒灾,是引起帝国政权和门格斯图政权垮台不可忽视的因素。

三、农业现代化战略转型模式与对策

埃塞俄比亚在传统小农业基础上转变为现代化科学技术和现代化管理方法为基础的现代农业,绝非短期内可以实现的。因为无论从政治、经济、社会、文化诸多方面,还是从农业本身内在发展规律来看,农业现代化推进是一项综合性的农业系统工程,存在着诸多的约束性因素尚难克服,因此,在探讨农业现代化战略转型模式时,不能追求不切实际的高速度、高层次,应根据国情,即农业发展的条件和土地资源开发利用的实践,吸取国内外经验,探讨出适合国情的农业现代化转型模式与对策。树立下列主导思想,可能是有益的。

1. 农业现代化战略转型对策

（1）树立农业可持续发展战略思想,实现农业资源永久利用

埃塞俄比亚农业资源虽然丰富多样,但过速的人口膨胀对土地资源形成的压力

越来越大,加之生态环境、资源开发历史、民族传统、社会文化及其分布的地区不平衡等多种因素影响,为了生存,人们向周围环境进行掠夺性无节制索取资源的行为有增无减,导致有限的资源环境容量越来越小,且造成生态环境恶化日趋严重,致使人口膨胀与环境恶化处于恶性循环之中,这种恶性循环的结果,使埃塞俄比亚高原成为非洲乃世界上环境最为脆弱、抗灾能力最差的地区之一,每逢大旱年份,颗粒无收,数十万人民死于饥饿。控制人口增长,因地制宜适度开发,保护资源环境,维持生态平衡,应成为一项长期的基本国策和实现农业可持续发展的必由之路。在推进农业现代化过程中,坚持土地资源开发与治理并重探索人口、资源、环境、开发利用协调发展的农业可持续发展战略模式。面对环境十分脆弱和恶化的劣势,坚持以开发带治理、以治理促开发思想,逐步实现生态环境良性循环,为农业和全国经济可持续稳定发展提供可靠保证。

（2）立足地区条件,因地制宜

扬土地资源适宜性广、水资源潜力大、劳动力数量充足之长,补劳动力素质不高、水资源利用程度低之短;扬粮、畜之长,补林、果不足之短;坚持改善资源利用上的制约性因素,把潜在的优势逐步转化为现实优势,从综合开发利用的原则出发探索出因地制宜的农业结构,培植农业优势,形成特色农畜产品实施和生产基地,即形成专业化生产和区域化生产相互配合的格局。

（3）在大力培养农业科技人才,不断提高农村劳动力素质的基础上,坚持科教兴农

走不断提高农民素质和积极推广先进的现代集约农业之路,尽快改变农牧业普遍存在的粗放低效经营状况,逐步提高土地产出率、农业劳动生产率和农畜产品商品率。在广大的农村积极引导和尽力扶植农民发展商品农业和非农产业,逐步增强农民的自我积累能力和扩大再生产能力。积极培养农技人员,为不断强化他们的制造力和开拓力创造条件。

图片 6-27　青尼罗河源头塔纳湖

图片 6-28　青尼罗河源头提萨瀑布

图片 6‑29　埃塞俄比亚高原民宅

图片 6‑30　埃塞俄比亚高原农民

图片 6‑31　埃塞俄比亚高原民居草屋

图片 6‑32　埃塞俄比亚高原农田

2. 农业现代化战略转型模式选择

在进行埃塞俄比亚农业资源开发战略转型模式探讨时,必须认识到,任何区域经济社会的发展,不仅要依靠多种因素的综合作用,而且还必须有效地利用内部条件和外部环境,进行综合开发治理。为此,在考虑埃塞俄比亚农业现代化战略转型模式选择时,应探讨农业资源转换战略类型选择的依据、模式以及农业经济增长点。

(1) 资源转换战略选择的依据

从现代农业发展过程看,其发展模式基本上可划分为三种类型:资源转换型——依靠自身的农业资源优势,吸引资金和智力资源而形成现代化农业发展的基础;人力资源转换型——依靠自身劳动力充足的人力资源优势,开发农业资源而形成现代农业发展的基础;智力资源转换型——依靠自身智力资源优势,吸引资金和农业资源形成现代化农业发展的基础。在农业生产实践过程中,由于各国国情不同,上述三种模式又衍生出几种不同的过渡型的现代农业发展模式,如农业资源—人力资源转换型,农业资源—智力资源转换型,农业资源—人力资源—智力资源综合转换型等。

农业现代化战略转型模式的选择,由于不同国家、不同地区的农业资源、经济、社会条件千差万别,应从国情实际出发,采取因地制宜的战略转型模式。

(2) 埃塞俄比亚农业现代化战略转型模式的选择与对策

从整体上看,埃塞俄比亚农业资源比较丰富多样,劳动力比较充裕,过去的农业发展主要依赖于投入大量劳动力进行农业资源的开发,现在仍未超出传统的、初级的农业资源转换战略的范畴,其发展的局限性和弊端主要表现在:一家一户的小农业生产,处于自然经济状态,对农业资源的开发不可能有全面的、整体的、科学的认识和规划,因此对农业资源的开发往往是单向的、无序的、掠夺式的,而不是综合性的、因地制宜的适度开发;农业资源开发中忽视资源的合理利用和保护,掠夺性的开发利用造成土地资源的过度消耗、浪费与破坏;农业资源开发靠粗放劳动力、简单的生产工具和传统式的开发利用方式,即使农业生产长期处于低水平状态,抵抗自然灾害的应变能力差。

埃塞俄比亚结束君主制 25 年来,政府采取了多种措施来发展农业,近年发展较快,但从农业现代化进程来看,仍非常缓慢。究其原因,有多方面的因素,但其关键性的因素是生产手段落后,至今尚未探讨出适合国情的农业现代化转型模式。

实践证明,埃塞俄比亚过去为了农业增长,主要依赖消耗大量的土地资源和增加大量的农业劳动力的投入。随着经济自由化和私有化的深入展开,固守传统的农业发展模式已远远不能适应现代农业发展的需要,应采取对策逐步摒弃单纯的农业资源—人力资源转换战略模式,向因地制宜发展资源密集型、人力资源密集型、智力资源密集型转换,引导农民走上农业资源—人力资源—智力资源综合转换型的发展道路。在现阶段,在充分有效利用农业资源和人力资源优势的基础上,重视智力资源的开发,不断加大农业人才培养的力度,以适应现代农业发展的新要求。为推进这一综合型转型模式的实施,采取下列对策可能是有益的:

① 加大培养农业技术人才的投入。采取多种形式,推广农业技术普及教育,提高农民的文化水平和素质,树立现代农业观念,逐步采取先进农业技术,这是引进现代农业、改变落后的传统农业的根本性措施。

② 发展生态农业。以现有的农业技术力量如高等院校农业学科、农业研究机构为依托,组建教学—科研—生产—推广示范基地,使科研成果尽快转化为生产力。同时,在这一类型基地建立农畜产品加工业,改变过去单一的资源直接利用方式,把种植业、养殖业、加工业结合在一起,形成地域生产体系。这就意味着逐步运用生物工程技术的生态农业之路,实现资源、环境、人口协调发展和经济、社会、环境效益的统一,而不是西方式的"石油农业"的道路,使这一示范基地逐步成为区域现代化农业的增长点,带动周围区域传统农业向现代农业转型。

③ 调整农业结构,建立因地制宜的粮食—畜牧—林果三元结构农业生产地域体系。实施多种经营农业系统工程,在不同类型的农业地区建立起不同规模结构的粮食—牧畜—林果三元结构农业生产地域体系,在保证粮食供应的基础上,不断扩大牛、羊饲养规模和建立林果生产基地。逐步建立起传统农业技术与现代农业技术结

合的现代农业技术体系。实施三元结构农业是满足基本粮食供应和不断提高人民生活水平的有效途径。同时,解决吃饭问题的出路还在于转变传统的"粮食"观念,逐渐树立起现代食物观念,调整传统食物结构,不断增加肉、奶、蔬、果等多种食物消费量,替代部分粮食,达到食物多样化。这种食物结构的变化必然进一步促使农业结构不断地进行适应性的调整和向更高层面的推进。

(姜忠尽)

下篇　思考与探讨

第一章

中非合作粮食安全战略选择

—— 再论"非洲粮仓"战略[①]

中国由于工业化和城市化加速,耕地日益减少,后备耕地资源不足,粮食缺口严峻,建立"海外粮仓"势在必行。非洲耕地潜力巨大,粮食生产具有得天独厚的潜力优势,中非农业合作具有很强的互补性,并已打下了良好的基础。笔者曾于 2007 年 6 月 30 日在首届"走非洲,求发展"论坛上提出建立"非洲粮仓"的战略构想,是中国建立"海外粮仓"的首选之地。面对全球性粮食危机的挑战,作者重申中非农业合作共建"非洲粮仓"具有现实的和长远的战略性意义。

1983 年 4 月爆发的国际市场粮价猛涨,使世界粮食安全[②]面临严峻挑战,许多发展中国家,尤其是撒哈拉以南非洲深陷粮食危机之中,直接威胁着非洲的和平、稳定与发展,实现 2015 年脱贫人口减一半的"千年发展目标"十分渺茫。全球粮食危机直逼中国,中非合作携手共建"非洲粮仓"是迎战粮食危机的最佳战略选择。

第一节　非洲粮食安全形势严峻

一、非洲粮食危机重重,走出缺粮困境步履艰难

许多非洲国家粮食自给率在 20 世纪 60 年代初为 98%,70 年代末下降到 82%,80 年代再下降到 60%～70%,90 年代只有 50%左右。然而,许多非洲国家的粮食自给率已降到了 50%,粮食进口逐年增加。自 1980 年起,非洲成为农产品净进口洲。2003 年 23 个国家粮食短缺,进口粮食 3820 万吨。除玉米能基本满足地区需求外,45%小麦或 80%大米依赖进口。2006 年,撒哈拉以南非洲人均粮食产量只有 84 公

[①] 作者应邀在中国国际经济合作学会成立 25 周年庆祝大会暨中非农业合作论坛上的主题演讲稿,2008 年 10 月 23 日。

[②] 注:1983 年 4 月,FAO 总干事爱德华·萨乌马(Edouard·Saouma)提出"粮食安全"概念:确保所有人在任何时候既买得起又买得到他们所需的基本食品。——作者

斤,只及全球人均 339 公斤的 24.8%。

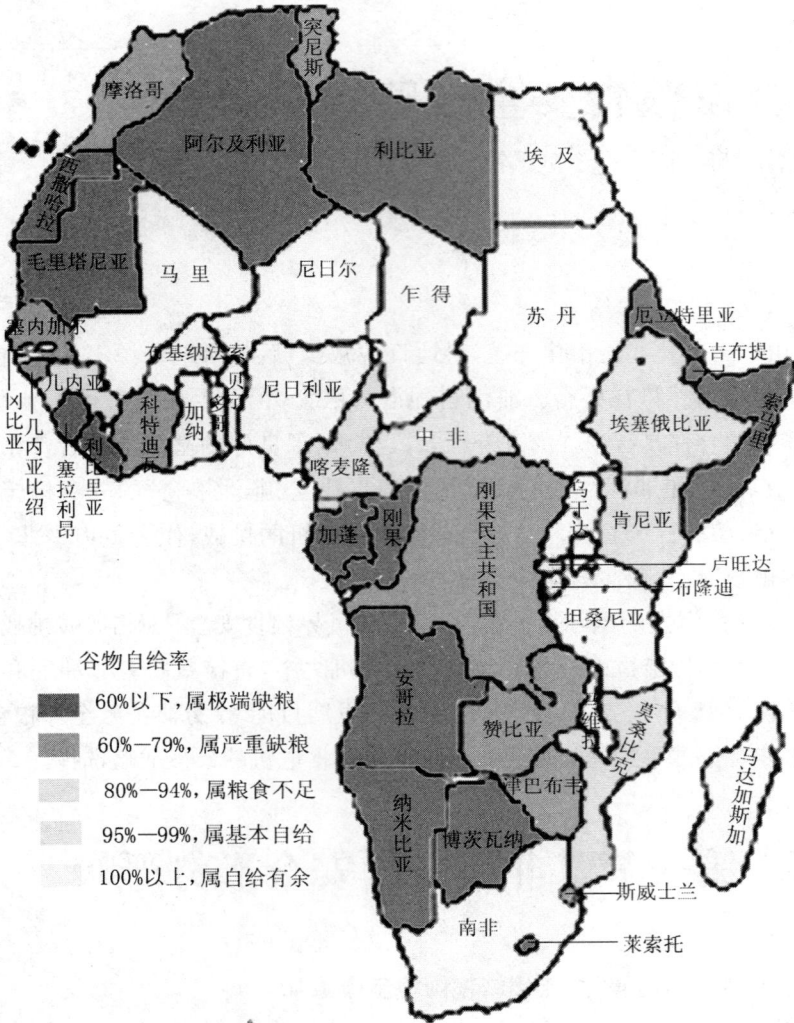

图 1 - 1　2001—2003 年非洲国家谷类自给率示意图

资料来源:FAOSTAT, FAO, http://. faostat. fao. org

表 1 - 1　2001—2003 年非洲国家谷类自给率一览表

粮食状况	谷物自给率 a	国　家
极端缺粮	$a < 60\%$	阿尔及利亚、安哥拉、博茨瓦纳、佛得角、科摩罗、刚果(布)、吉布提、加蓬、厄立特里亚、莱索托、利比里亚、毛里塔尼亚、利比亚、毛里求斯、纳米比亚、留尼汪、圣多美和普林西比、塞拉利昂、索马里、西撒哈拉

粮食状况	谷物自给率 a	国　　家
严重缺粮	$60\% \leqslant a \leqslant 79\%$	刚果(金)、科特迪瓦、几内亚比绍、津巴布韦、塞内加尔、斯威士兰、突尼斯、赞比亚、摩洛哥
粮食不足	$80\% \leqslant a \leqslant 94\%$	喀麦隆、埃塞俄比亚、冈比亚、几内亚、肯尼亚、莫桑比克
基本自给	$95\% \leqslant a \leqslant 99\%$	中非共和国
自给有余	$a \geqslant 100\%$	贝宁、布隆迪、乍得、埃及、加纳、马达加斯加、马拉维、马里、尼日尔、布基纳法索、尼日利亚、卢旺达、南非、苏丹、坦桑尼亚、多哥、乌干达

资料来源：FAO, FAOSTAT, http://www.faostat.fao.org。

这次世界粮食危机使贫苦的非洲人民雪上加霜。例如，极端缺粮的塞拉利昂，大米价格猛涨了三倍；严重缺粮的科特迪瓦、塞内加尔和粮食不足的喀麦隆，大米价格也涨了一倍；粮食自给有余的埃及，全国爆发了多起抗议食品涨价的罢工和示威活动，部分地区引起骚乱。资料显示，40 多个国家粮食不足，特别是撒哈拉以南非洲近 30 个国家，人均粮食供应低于最低需要量，其中马拉维、津巴布韦、莫桑比克等国，至少有 1200 万人严重缺粮，全洲约有两亿多人长期忍受饥饿，3700 万 5 岁以下儿童营养不良。[①]

二、非洲粮食自给率长期低下的原因分析

非洲缺粮日益严重，是自然、经济、社会等多种因素综合作用造成的。

1. 粮食缓慢的增长不能满足激增的人口需求，缺口越来越大

缓慢的粮食增长远不能满足快速增长的人口的需要，是造成非洲粮食危机最根本的原因之一。2007 年非洲人口达到 9.44 亿人，比 2004 年增加了 0.59 亿，若以 2006 年世界人均粮食消费量为 314 公斤计算，则需 1852.6 万吨粮食来满足新增人口的需求。但据粮农组织统计，2007 年粮食产量只比 2004 年增加了 452.55 万吨，也就是说，仅新增人口就存在一千多万吨的粮食缺口。另据人口调查局推断，到 2025 年非洲人口将达到 13.58 亿人，人口爆炸式的增长，使本已存在的饥荒雪上加霜。谁来养活快速增加的非洲人成为非洲国家必须应对的现实挑战。

2. 重工轻农，重经轻粮

轻视粮食作物生产，重视出口经济作物生产，是造成粮食短缺的重要原因之一。非洲国家独立之前被迫按照殖民主义者的需要去种植咖啡、油棕、剑麻、可可等商品

---

① 联合国环境规划署. 全球环境展望年鉴 2006[R/OL]. http://www.un.org.

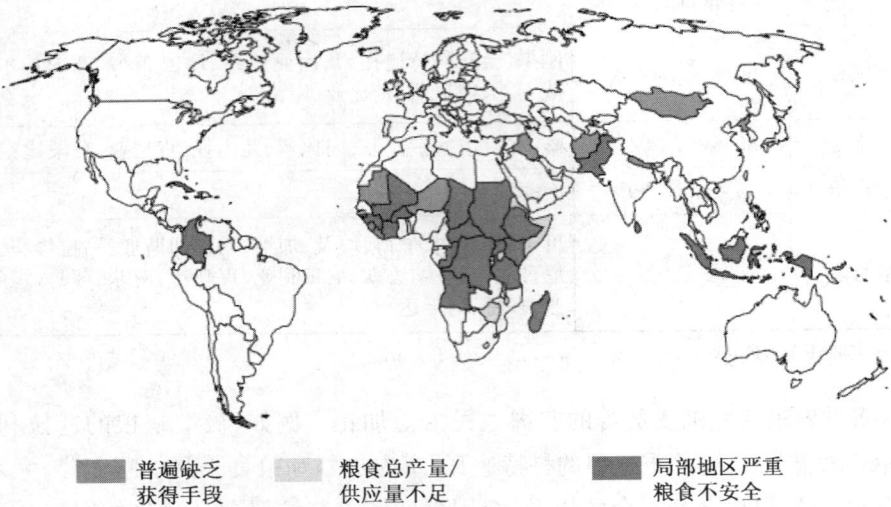

普遍缺乏 获得手段　　粮食总产量/ 供应量不足　　局部地区严重 粮食不安全

图 1-2　处于危机中需要外部援助的国家

资料来源:联合国粮农组织,2006 年粮食及农业状况。

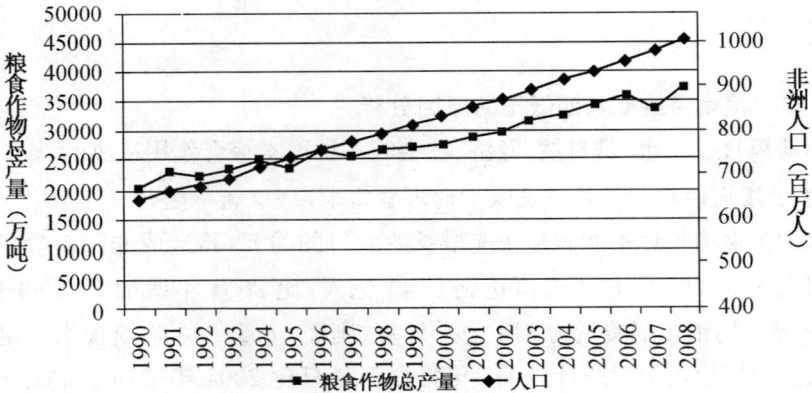

图 1-3　非洲粮食作物和人口数量增长趋势

资料来源:联合国粮农组织,http://www.faostat fao.org。

性极强的出口作物,以满足宗主国的需要。传统的农业生产结构遭到破坏,面向出口的经济作物得到畸形片面的发展,粮食种植面积大大压缩,使粮食生产的增长日趋缓慢,粮食自给率逐渐下降。独立以后,许多国家为了取得发展民族经济所需的外汇收入,依然继续发展以出口为目的的经济作物,忽视了粮食生产的发展。多数国家把最好的土地、大部分水利设施、资金、劳动力、肥料和农药等都投入经济作物生产。相反,生产粮食的土地则经营粗放,产量很低。另有一些国家,投入大量的资金、人力和物力用来片面发展采矿业,忽视农业,尤其是粮食作物生产,农业衰退,甚至从粮食出口国变成粮食进口国,导致从单一农产品经济转变为单一矿产经济。尼日利亚具有代表性,随着石油工业大发展,已从粮食出口国变为粮食进口国。

表 1-2　非洲营养不足发生率和实现"千年发展目标"及"世界粮食首脑会议目标"的进展

地区	总人口 (百万)	营养不足 人口(百万)	比例 (%)	与基线发生率之比: 千年发展目标 比率=0.5	与基线人数之比: 世界粮食首脑会议目标 比率=0.5
北非	144.4	6.1	4	1.0	1.1
中部非洲	82.0	45.2	55	1.5	2.0
东非	217.7	86.2	40	0.9	1.1
南部非洲	90.1	35.7	40	0.8	1.1
西非	230.3	36.4	16	0.7	1.0

资料来源:联合国粮农组织. 世界粮食不安全状况[R]. 2005:33。

3. 粮食生产布局与消费不相协调,加剧了粮食供求矛盾

从 20 世纪 60 年代初到 90 年代初的 30 年间,非洲城市人口的年均增长率为5%,是世界上最快的。据联合国非洲经济委员会预计,1990—2010 年间,非洲城市人口将从 2.01 亿增加到 4.68 亿,到 2025 年非洲将有一半人生活在城市。目前,非洲城市化水平接近 40%,到 2030 年估计将上升到 53%。非洲畸形城市化,是在人口爆炸的背景下,大量农村人口盲目拥入城市的结果,而不是经济社会发展的结果。这一趋势必然造成两种结果:一方面,农村大量的青壮年劳动力背井离乡,使农业生产的主力军不断减少,导致农村经济缺乏活力。同时艾滋病的肆虐也大大削弱了农业的再生产能力,有些土地无人耕种,甚至直接影响到作物布局结构的改变,使原来种植出口经济作物转向更多地种植粗放经营的玉米、高粱和薯类等。衰落的农村迫使越来越多的农村青年涌向城市谋生,造成恶性循环。另一方面,城市人口增加大大增大了城市居民的粮食供应压力,不得不大量进口粮食来满足需要。出口作物的减少使单一依赖出口作物换取外汇的国家购买粮食的能力每况愈下,加剧了业已存在的粮荒。

城市居民与农民的消费结构不同也是造成粮荒的原因之一。农民消费的主要粮食是玉米、高粱、薯类等杂粮,城市主要消费面粉和大米。农民为了解决自己的温饱问题,首选种植自己需要的粮食,很少生产小麦和稻谷,自给自足的小农经济无力向城市提供商品粮。这也就加剧了大多数非洲国家城市细粮供应不足的严重程度,不得不仰仗进口。

4. 全球气候变暖,造成厄尔尼诺现象不断加强,引起非洲许多国家气候反常

非洲大约每 4～7 年出现一次厄尔尼诺现象,对玉米生产影响最大。在南部非洲农作物减产 20%～50%。2007 年西非地区暴雨成灾,粮食严重大降,许多农民颗粒未收。东非地区持续干旱,作为人民主粮的玉米减产。面对全球粮价上涨,为稳定国内粮食供应形势,世界一些粮食主产国限制粮食出口,加剧了一些依赖粮食进口国家的粮食危机,粮价飙升。

第二节 世界粮食危机直逼中国,粮食安全隐患应引起高度重视

一、粮食供求矛盾显现,缺口增大

表 1-3 1996—2006 年中国粮食产量、消费量和安全系数变化比较[①]   单位:万吨

年份	1996	1997	1998	1999	2000	2001	2002	2003	2004	2005	2006
粮食总产量	50454	49417	51230	50839	46218	45264	45706	43070	46947	48400	49748
粮食消费量	45160	45435	46475	47235	47845	48180	48555	48800	49090	49500	50000
产消余缺	5294	3982	4755	3604	−1627	−2916	−2849	−5730	−2143	−1100	−252
粮食安全库存系数	42.1	51.7	56.9	62	56.5	54.7	49.4	36.7	31.3	33.2	—

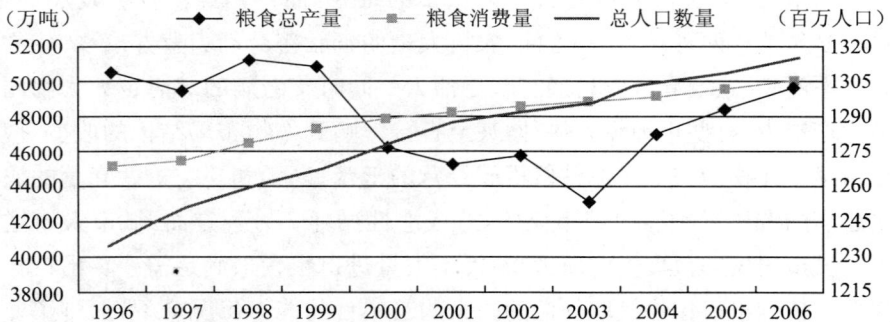

图 1-4 1996—2006 年中国总人口、粮食总产量和粮食消费量变化趋势图

20 世纪 90 年代,中国粮食产量基本能够自给,特别是 1996—1999 年,粮食总产

---

① 资料来源:中国粮食行业协会中国经济学会课题组,《关于我国粮食安全库存水平的量化调控指标研究和政策建议——国家粮食安全系列研究报告之三》,http://www.china-logisticsnet.com;国家统计局,《1996—2006 年中国国民经济和社会发展统计公报》;国家粮油信息中心。

量基本稳定在 5 亿吨左右,达到历史高峰,人均粮食占有量 400 公斤。但从 2000 年开始产不足需,出现粮食缺口。随着人口规模进一步扩大,城镇化带来的对粮食需求刚性增长持续,耕地数量和质量连年下降,而且粮食产量的增长速度始终跟不上,产销缺口不断扩大。从 2000 年到 2005 年,我国粮食已连续 6 年产不足需,主要靠挖库存和适当进口补足,近 6 年产销缺口累计达 16365 万吨。如果按照中国食物与营养咨询委员会提出的基本小康社会(2010 年)食物安全目标,即粮食总产量 54786 万吨、人均粮食占有量 391 公斤计算,2010 年中国总人口超载 6147 万人,粮食总缺口 2404 万吨。[①] 同时,人口增加对粮食需求量刚性增长的同时,随着城乡居民生活水平的提高,对粮食的消费需求也将持续增长,粮食缺口将进一步扩大,粮食安全问题将更加严重。预计 2025 年后,每年需进口粮食 0.65 亿至 1.1 亿吨,将出现严重的战略依赖。估计 10 年后粮食缺口将超过一亿吨,临近或超越 25% 的粮食战略高危线。

二、进口依存度持续上升,粮食安全任重道远

回顾中国粮食的进口情况:在 20 世纪 50 年代微不足道,60 年代开始了较大的粮食进口,至 80 年代初期达到了年均 1500 万吨左右,90 年代以来有所下降,但是仍然在 1000 万吨以上。[②] 早在几年前,中国已由粮食出口国转变成粮食净进口国。特别是自从 1998 年粮食总产量达到 5.1 亿吨以后开始大幅度下滑,2003 年降为 4.35 亿吨,产需缺口达到 300 万~400 万吨,并且逐年扩大。[③] 自 2004 年以来,我国一直处于粮食净进口状态,每年约净进口 2000 万吨。

表 1－4　1999—2005 年中国主要粮食进出口数量　　　　单位:千吨

年份	稻谷		小麦		玉米		总计		
	进口量	出口量	进口量	出口量	进口量	出口量	进口量	出口量	净出口
1999	1157.02	1378.97	2286.48	588.09	5579.19	4857.51	9022.69	6824.57	－2198.12
2000	1231.37	1756.63	2703.44	765.48	5617.83	11791.18	9552.64	14313.29	4760.65
2001	1544.69	4453.88	2488.92	1279.22	6078.37	6733.74	10111.98	12466.84	2354.86
2002	1445.05	3619.55	2404.57	1558.76	5775.49	12895.76	9625.11	18074.07	8448.96
2003	1565.55	3607.81	2318.97	3188.13	5774.73	17948.79	9659.25	24744.73	15085.48
2004	2408.89	5153.96	9065.69	1751.54	5586.35	2867.44	17060.93	9772.94	－7287.99
2005	1543.27	4571.04	5475.40	1200.24	5295.43	9085.76	12314.1	14857.04	2542.94

资料来源:FAO, FAOSTAT, http://www.faostat.fao.org.

① 周四军,谢腾云. 中国人口增长与粮食生产的协调研究[J]. 经济数学,2006(4):384.
② 谢秀娥,张瑞华. 世界粮食贸易环境与中国粮食进口战略[J]. 黑龙江对外经贸,2005(8):16.
③ 刘兴,张朝华. 中国当前粮食安全问题现状思考与相关对策[J]. 山东经济,2004(6):25.

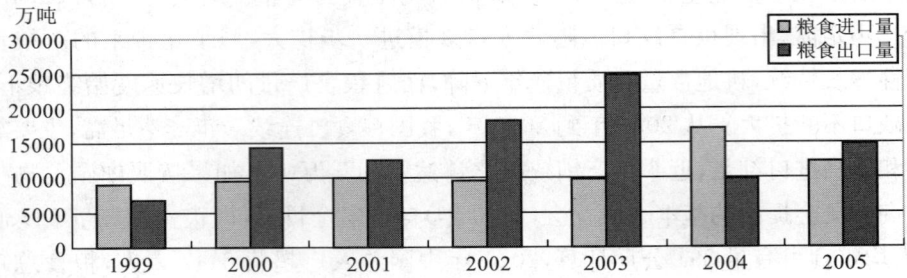

图 1 - 5   1999—2005 年中国粮食进出口情况

资料来源：FAO，FAOSTAT，http://www. faostat. fao. org。

随着粮食缺口不断扩大，粮食的进口依存度也持续上升。据预测，2010 年、2020 年和 2030 年中国粮食的产需缺口分别约为 1500 万吨、3500 万吨和 5000 万吨，进口依存度依次为 3％、5％和 8％。[1] 另据预测，2020 年前中国粮食产需缺口将迅速扩大，之后则出现较明显下降。2010 年、2020 年、2030 年中国原粮产需缺口分别为 0.83 亿吨、1.38 亿吨和 0.91 亿吨，进口依存度相应为 15.5％、22.6％和 12.9％。[2] 虽然粮食缺口趋势预测结果相差较大，但是与未来十几年的粮食缺口不断扩大却是不谋而合。

中国不能完全依赖进口。因为中国粮食自给率下降 1 个百分点就需要进口粮食 50 亿公斤，占世界粮食贸易总量的 2.5％。[3] 如果中国单纯依靠国外市场实现粮食安全，就会导致粮食贸易价格的大幅度上涨，不仅会影响进出口平衡，而且将对其余 30 多个粮食净进口的发展中国家构成威胁。所以，如果要构筑日益坚固的粮食安全大厦，开发利用国外土地资源，建立"海外粮仓"是势在必行的战略选择。

三、中国粮食安全隐患因素分析

1. 工业化和城市化进程加速，耕地日益减少

城市扩张的方式是以扩大城市土地面积的外延发展为主，为此不得不占用大量土地，甚至包括部分耕地。随着城市化率的增长和工矿业的大发展导致耕地面积的日渐减少，"吃饭"和"建设"的矛盾日益尖锐。城市化率达到 25％～75％是城市化的加速阶段，S 曲线[4]呈指数攀升，也是城市发展最快的时期。在这一阶段，城市人口飞速增长，产业、资金、技术和人口向城市集中，城市以向外围拓展为主，这必然侵占大

---

[1] 张广翠. 中国粮食安全的现状与前瞻[J]. 人口学刊,2005(3):39.

[2] 陈建波. 中国的粮食安全:回顾与前瞻[J]. 南京经济学院学报,2001(3).

[3] 吕新业. 中国粮食安全现状及发展战略[J]. 粮食科技与经济,2004(1):17.

[4] 在城市化整个发展过程中具有明显阶段性,以城市化率为 25％、59％、75％为拐点按 S 曲线分为四个阶段。——作者

量的耕地,势必造成耕地的减少。我国城镇化正处于快速发展阶段,2007 年底,我国城镇人口 5.94 亿人,城镇化水平 44.9%,比 1982 年的 21.1%增长了 23.8%。预计未来 10～15 年我国城镇化仍将保持年均 0.8～1 个百分点的增长速度。这将给稀缺的耕地资源造成更大的压力。

表 1-5　1996—2006 年中国城市化率与耕地面积变化

年份	1996	1997	1998	1999	2000	2001	2002	2003	2004	2005	2006
城市化率 (%)	30.48	31.91	33.35	34.78	36.22	37.66	39.09	40.53	41.76	42.99	43.9
耕地面积 (万公顷)	13004	12990	12964	12921	12824	12762	12593	12339	12244	12208	12180

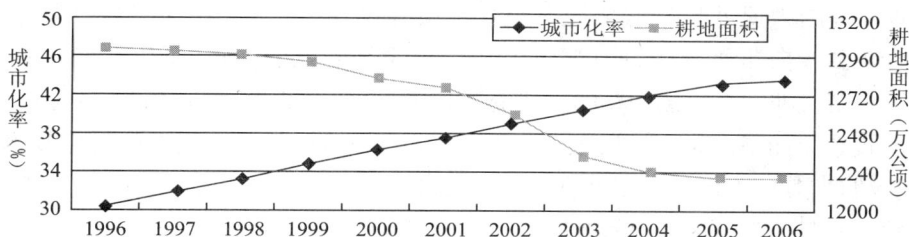

图 1-6　1996—2006 年中国城市化率与耕地面积变化

资料来源:国家统计局.1998—2006 年中国统计年鉴[M].北京:中国统计出版社,1998—2006。

据统计,1996—2005 年十年间我国城市化率从 30.48%升到 42.99%,而耕地面积相应减少了 976 万公顷。我国人均耕地只有 0.11 公顷,不足世界人均水平的 45%。[①] 不仅现有耕地面积减少,宜农荒地开垦潜力有限,耕地后备资源不足,提高垦殖指数潜力不大,如果这个时期不对耕地资源采取有效的保护措施,随着城市化水平的不断提高,耕地资源将进一步减少,进而影响农业生产,引发粮食危机的潜在威胁,应引起高度重视。

2. 人口急剧增长,粮食需求大增

第五次全国人口普查统计结果显示,我国总人口已达 12.95 亿,年平均增长率为 1.07%,到 2006 年人口增至 13.15 亿。从长远看,庞大的人口总量和较高的自然增长速率,不仅对我国的粮食安全构成威胁,还严重制约生产力的发展和经济发展战略目标的实现。

据预测,2030 年我国人口将达 15 亿人,按现人均粮食需求量,粮食产量需增长

---

① 关键. 21 世纪中国粮食安全的战略对策[J]. 理论探讨,2006(1):43.

0.5%~0.7%才能满足。我国耕地每年约减少0.7%,粮食面积每年下降6.5%,粮食单产由90年代的2.1%下降到现在的1.1%。2007年我国粮食进口相当于替代了2.7亿亩耕地。国家粮油信息中心:按照中国粮食口径计算,2005/2006年中国的粮食消费总量首次达到5亿吨水平,按13亿人口计算,人均粮食消费水平为773斤。15亿人口的粮食需求如何保障,是值得探索的。

第三节　建立"非洲粮仓"
——中非粮食安全战略选择

中非经贸关系最初的形式是中国单方面向非洲提供无偿援助,这种援助方式已被证明不是有效促进非洲经济、增加就业的最有效方式。如果中国把劳动密集型农业生产项目投向非洲,则有助于解决非洲人的温饱和就业问题,而且也扩大了中国的海外投资。非洲有中国需要的自然资源和市场,中国有适合非洲需要的先进农业技术和资金。如果在非洲投资粮食生产,用优质的粮食品种和先进的耕作技术,可望获得粮食丰产,不仅有助于非洲走出缺粮困境,而且可以成为我国的海外粮食储备基地。一旦非洲地区需求粮食援助,即可就近实施援助调拨。

一、"非洲粮仓"首位战略目标——解决非洲人民温饱问题

保障粮食安全,联合国粮农组织(FAO)提出的目标是积极增加粮食生产,既要考虑自力更生和自给自足的基本原则,又要考虑适当调剂与储备,稳定粮食供应和使贫困者获得粮食的机会,妥善解决粮食问题,保障粮食安全(粮食储备量占年需求量的17%~18%为最低安全系数)。[①] 我们认为提高非洲粮食安全系数要分两步走:第一步,解决人民温饱问题;第二步,提高粮食安全系数。前联合国秘书长安南说:"绝大多数非洲农民在小块土地上耕作,其产品不足以养家糊口,加上他们缺少交易实力、土地、财政支援和技术,麻烦就更大。"[②]可见,解决非洲人民的温饱问题,是非洲各国政府所面临的首要战略任务。

美国著名粮食问题专家戈林在2000年的非洲粮食研讨会上指出,非洲大陆1975—2000年挨饿人口增长了45%,达到1.75亿,而人均粮食产量在过去25年中却减少了12%,粮食进口则以每年7%的速度在不断增长。预计到2025年,非洲大

---

① 关于中贝农业合作新途径的探讨,2004中非合作论坛,http://www.fmprc.gov.cn.

② African Recovery,May 2003,10.

陆营养不良儿童的数量将达到 4000 万。[①] 面对如此严峻的缺粮形势，单靠国际粮食援助或资金援助不是长久之计。非洲人民如果要解决温饱问题，必须把这种"输血"方式转变成帮助本国"造血"，在援助国技术和资金的支持下，靠自己的努力，在自己的土地上收获粮食，解决温饱问题，进而提高国家的粮食安全系数。实际上，随着非洲国家粮食安全意识的增强，许多国家纷纷采取措施，努力提高本国大米、玉米等粮食作物的产量，以减少粮食进口。

二、"非洲粮仓"——中国"海外粮仓"的首选之地

建立"海外粮仓"是中国粮食安全的战略需求，"非洲粮仓"是中国"海外粮仓"的首选之地。

1. 中国粮食进口来源地高度集中于少数发达国家的格局必须实现战略性调整

中国粮食进口来源地高度集中于澳大利亚、加拿大、法国、美国、泰国 5 个国家。1995—2005 年中国从这 5 个国家的粮食进口量占当年粮食进口总量的 80% 以上，期间的 2000 年和 2001 年更是超过 95%。2005 年中国从澳大利亚和加拿大进口的粮食分别为 218.91 万吨和 215.69 万吨，占粮食进口总量的近 70%。从法国、美国和泰国分别进口 85.97 万吨、49.84 万吨和 47.94 万吨，占粮食进口总量的近 30%。可以看出，前四个发达国家合计进口量占比高达 90.8%。[②] 从具体品种来分析，进口大麦产品中 53.23% 来自澳大利亚，其余主要来自加拿大和法国。小麦产品则主要来自加拿大、澳大利亚和法国。这种高度集中少数发达国家的格局有着很大的潜在风险。从粮食安全战略考虑，必须逐渐摆脱粮食进口过度依赖少数发达国家、易受制于人的被动局面。粮食进口来源地必须实现战略性转移，建立"非洲粮仓"势在必行。

表 1-6　2005 年中国主要粮食品种进口来源地和出口市场

合　计（万吨）	进　口				出　口			
	大麦产品		小麦产品		玉米产品		大米产品	
	217.92		354.41		864.38		68.59	
各国所占比例（%）	澳大利亚	53.23	加拿大	40.97	韩　国	68.20	俄罗斯	17.39
	加拿大	32.35	澳大利亚	28.54	伊　朗	11.89	日　本	15.94
	法　国	13.62	法　国	15.88	日　本	9.69	韩　国	13.35
	日　本	0.76	美　国	14.04	马来西亚	5.54	利比里亚	13.32
	荷　兰	0.05	日　本	0.31	朝　鲜	3.13	尼日利亚	10.73

---

① 新华社. 非洲缺粮形势严峻[N/OL]. 中国网，2000-11-27. http://www. china. com. cn/chinese/200/Nov/12125. htm.

② 牛盾，等. 2006 中国农产品贸易发展报告[M]. 北京:中国农业出版社，2006:15.

资料来源:牛盾,等. 2006 中国农产品贸易发展报告[M]. 北京:中国农业出版社,2006:15。

2. "海外粮仓"的首选之地——非洲

把非洲建成我国稳定的海外粮食储备基地,是中国提高粮食安全系数的明智战略决策。

中国的粮食安全问题面临着严重挑战,受到国内外广泛的关注。因而,扩大中非粮食供应基地建设,不仅有助于满足非洲人民的粮食需求,也可为提高我国粮食安全提供保障。

过去二十几年,中国不断加强和巩固农业的基础地位,但人均农业资源不足,面临着资源和市场的双重约束。1998 年与 1978 年相比,粮食单产提高了 52.5%,但粮食生产成本却上涨了 4.2 倍。粮食缺口将越来越大,要保证中国的粮食安全不仅要提高粮食综合生产能力、加强国家粮食安全立法、完善国家粮食储备体系,还要放眼世界,到条件适宜、农业发展潜力较大的地区进行农业投资,建立"海外粮仓"。现在中国农业"走出去"的条件已基本具备,时机也已经成熟。

从世界各地农业水平和发展潜力来看,非洲和拉美是开发农业最为理想的地区。与中国相比,大多数非洲国家具备优越的水、土、热条件,拉美农业劳动力成本低,而且许多国家的垦殖指数很低,不超过 10%,投资农业发展潜力巨大。中非农业合作,在充分利用非洲的市场和资源解决他们的生存问题的同时,还有利于中国在更大范围内配置农业资源、优化农业经济结构、提高资源配置效率和农业整体效益。大力开拓非洲粮食市场,不仅有助于解决非洲缺粮的问题,还可以增强我国农业抵御海外市场风险的能力。因此,非洲是低成本发展农业生产的理想之地,也是建立中国"海外粮仓"的理想之地。

3. "非洲粮仓"——缓解中国土地压力,保持资源和环境可持续发展的有效途径

半个世纪多以来,中国的农业经济虽然取得举世瞩目的成就,但同时过度地耗用和损害了农业自然资源与生态环境,使农业经济发展到了难以为继的地步。20 世纪 50 年代,我国荒漠化面积以每年 1400 平方公里的速度增加,70—80 年代约为 2100 平方公里,90 年代以来则以每年 2460 平方公里的速度增加。[1] 长此下去,我们还将要丧失更多稀缺的耕地资源。建立"非洲粮仓",不仅可以加大我国农业结构的调整,部分退耕还林还草以扭转生态环境恶化的趋势,保护和休养农业资源,用节约出来的耕地生产价值更高的农产品,同时还可以节约我国的水资源。据统计,少生产 6000 万吨粮食可以节约 60 亿立方米的水。所以建立"海外粮仓"对水资源严重不

---

[1] 进口粮食利弊,http://www.cyinfo.gov.cn.

足的我国而言,也是一种很好的节水方式。

第四节　建立"非洲粮仓"的可行性与前景

一、非洲农业资源的优势条件

1. 水热条件优越,可耕地资源潜力巨大

非洲大陆地处南纬 35°和北纬 37°之间,75％左右的土地处于南北回归线以内,热带和亚热带气候占绝对优势,年平均温度在 20℃以上。只有南北两端和局部山区的年平均温度低于 20℃。非洲南部地区日照一般都比较丰富,全年平均日照时数为2400～3200 h,从东南沿海到西北内陆,日照时数逐渐增大,[①]十分适合发展种植业。绝大部分地区可一年两熟或三熟。

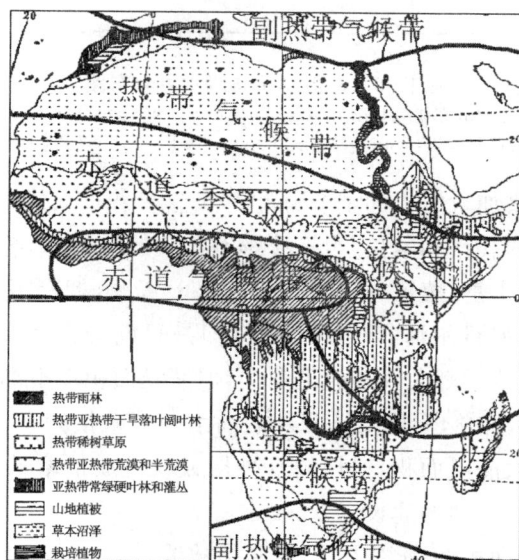

图 1－7　非洲气候带与植被类型
资料来源:苏世荣.非洲自然地理[M].北京:商务印书馆,1983:103,173.

农业生产的水分条件包括雨水、地下水。赤道地带、几内亚弯和马达加斯加岛东部雨量多、雨季长、干季不明显,年雨量在 2000～4000 毫米。赤道雨林带向南、北两侧过渡到热带稀树草原地带,雨量逐渐减少,雨季渐短,干季渐长。至北纬 15°和南纬 20°左右过渡到热带沙漠地带,雨量极为稀少,非洲大陆南北两端,属地中海型

---

① 非洲主要产棉区气候[N/OL].中国网.www.china.com.cn/chinese/zhuanti/mhsh/505186.htm.

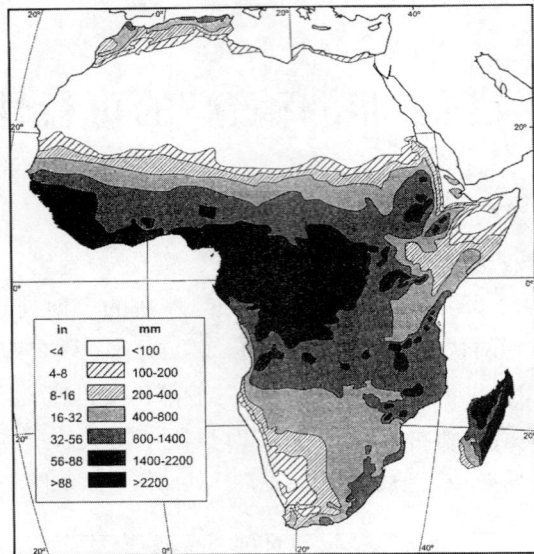

图 1-8 非洲年平均降水量分布图

资料来源：Roy Cole，Harm J. de Blij. Survey of Sub-saharan Africa：A Regional Geography[M]. Oxford：Oxford University Press，2007：18.

气候区，年雨量有所增加。雨水的季节分配对农业有着重大影响。尤其是干季持续期，直接影响农作物的栽培和生长，也直接影响牧草的生长、草场利用和人畜供水。

非洲地表水相当丰富，蕴藏着世界 2/5 的水力资源，拥有很多水量丰沛的河流，例如尼罗河、刚果河、尼日尔河、赞比西河等，但是目前开发程度十分有限。尼日尔河的入海流量和年径流量都大大超过尼罗河，但灌溉面积却不到尼罗河的 1/4；刚果河的水力资源占世界 17%，但目前已开发的尚不到蕴藏量的 10%。[①] 若能加大兴修水利工程的力度，扩大灌溉面积，耕地的复种指数就可成倍增长，对粮食增产发挥巨大效益，适于粮食生产基地的建设。

非洲可耕地占总面积 26% 以上，但垦殖指数低，约 6.4%，远低于世界 11% 的平均水平。[②] 在已垦土地中，仍有大量的休闲地和撂荒地，实际种植作物的面积只是其中一部分，并未被合理利用和充分发挥其生产潜力。此外，非洲拥有草场约 9 亿公顷，是现有耕地的 4 倍多，在农牧业协调发展的前提下，部分有灌溉条件的地方可以作为宜农荒地开垦。[③]

---

① 文云朝. 非洲农业资源开发利用[M]. 北京：中国财政经济出版社，2000(9)：40.
② 同①，第 63 页.
③ 非洲主要产棉区气候[N/OL]. 中国网. www.china.com.cn/chinese/zhuanti/mhsh/505186.htm.

2. 粮食单产提高潜力大

由于耕作技术粗放,不少地方仍然沿袭着刀耕火种的种植方式,也很少施肥,基本上"靠天吃饭",粮食单位产量低下。如津巴布韦玉米单产仅有 670.00 公斤/公顷,还不到中国的 14％。2003—2005 年,尼日尔谷物单产仅有 393.8 公斤/公顷,仅仅是世界平均水平的 12.1％。① 经验也证明,在非洲相同自然条件下,如果采用先进的耕作方法,可以成倍地增加粮食产量。中国企业到非洲开发农业,只要经营得法,产量一定有很大的上升空间,回报率之高也是可想而知的。

表 1－7 1990—2005 年部分非洲国家与中国玉米单位产量比较　　　单位:公斤/公顷

国家	2005 年	2003 年	2000 年	1995 年	1990 年
多哥	845.20	1149.70	1205.70	883.50	965.30
冈比亚	1044.70	1581.50	1426.80	1292.10	1204.10
坦桑尼亚	1645.70	1466.30	770.90	1413.23	1495.90
埃塞俄比亚	1714.40	1532.20	1620.30	1359.00	—
莫桑比克	1140.70	959.90	939.90	679.40	448.00
津巴布韦	666.70	670.00	1488.00	595.90	595.90
中国	3072.40	4815.90	3161.70	4995.70	4537.40

资料来源:FAO, FAOSTAT,http://www.faostat.fao.org。

3. 草场资源潜力和鱼类资源潜力具有明显的比较优势

发展牧业和渔业对逐步改变非洲人传统食物结构,缓解粮食消费压力具有长远的战略意义。

非洲草原辽阔,永久草地约占总面积的 27％,占世界草原面积的 1/4,但草场载畜量远低于世界平均水平。草场利用既不合理,也不充分,既有自然原因也有人为因素。热带草原一年只有干雨两季,水草资源的季节变化直接影响到牲畜饲养的方式和牲畜质量。雨季水草丰美,牲畜腰肥体壮;干季草木枯萎,水源干涸,牲畜严重掉膘。为适应水草的季节变化,牧民不得不遵循传袭下来的游牧和半游牧方式,争夺水草资源往往造成草场严重过牧和草场退化。加之牲畜品种繁杂,疫疾众多,造成畜产品率和商品率低下。合理开发利用水草资源是充分有效发挥资源潜力,提高畜牧业效益的关键。

非洲海域辽阔,尤其是大西洋沿岸近海水域鱼类资源丰富,内陆众多湖泊也为发展渔业提供了有利条件。许多民族以捕鱼为生。在粮食短缺的形势下,发展渔业

---

① 联合国粮农组织,http://www.faostat.fao.org。

成为补充食物蛋白的重要来源之一。但至今非洲捕捞方法落后(以独木舟、鱼叉、鱼钩、渔网为主),鱼类资源远未充分开发利用,有着巨大的开发潜力。

4. 农业劳动力充裕且廉价

非洲是一个年轻的大洲,2000年,非洲人口的年龄中数[1]为18.4岁,人口中43%是儿童和少年,60岁以上的老人只占5%,一半的人口都在18岁以下。[2] 据预测,到2025年非洲的年龄中数为21.3,届时会有更多的年轻劳动力或预备劳动力。非洲的劳动力不仅多而且廉价。赞比亚失业率高达80%,拖拉机工人的月收入只有30美元左右。[3] 充裕且廉价的劳动力是发展劳动密集型农业生产的有力保障,但关键是如何提高劳动力素养。

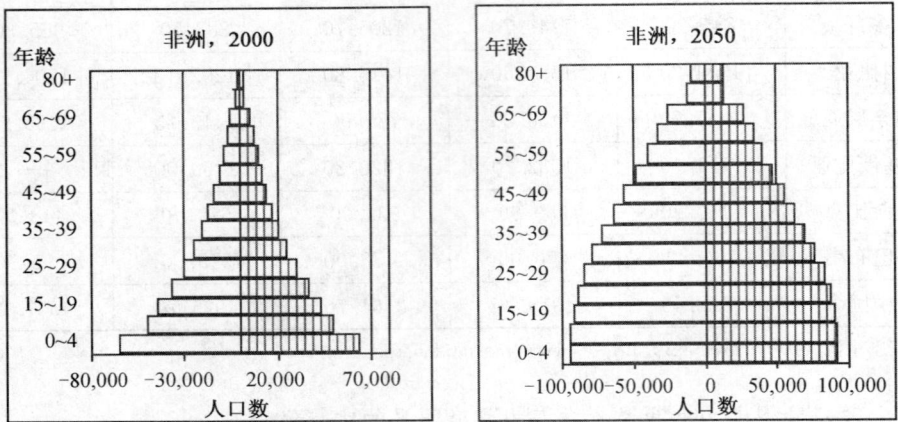

图1-9 2000年、2050年非洲人口年龄性别结构图
资料来源:游允中. 人口与老化[N/OL]. http://www.ccswf.org.tw。

5. 鼓励外资开发农业政策优惠

新世纪发展农业是非洲国家迫切的政治经济要求,把"三农"问题作为重点发展领域。为解决温饱问题,大多数非洲国家在中非交往中都首选农业经济技术合作项目,表现出对发展农业务实的积极性和强烈愿望。为了吸引外资进入农业领域,许多非洲国家还相继制定了优惠的土地租赁制度以及农业税收、进口农机具税收减免或退税等政策,这也是我们在非洲开发农业最为可能的政治保障和政策支持。

此外,由于缺少开发,非洲土地租售费用大多很低,与其他生产资料的投入相比,土地成本几乎低到可以忽略不计。例如,在距刚果(金)首都金沙萨50公里处租

---

① 年龄中岁指将全体人口按年龄大小排列,位于中点的那组人的年龄。年龄在这组人以上的人数和以下的人数相等。——作者
② 游允中. 人口与老化[N/OL]. http://www.ccswf.org.tw.
③ 华道. 在非洲的土地上收获[J]. 中国投资,2004:29.

1 公顷土地,年租金仅为 20 美元,购买仅为 100 美元。在埃塞俄比亚首都近郊申请一块很大面积的土地种粮食、蔬菜,养牲畜,土地租金更加便宜,政府还负责通水通电,减免各种税收。①

二、非洲农业资源开发的约束性因素

建立"非洲粮仓"除上述有利条件外,也面对不少困难和挑战,突出的约束因素有如下几个方面。

1. 土地荒漠化和土地贫瘠日显严重

土地荒漠化和土地贫瘠日显严重,严重制约农牧业的发展,造成土地生物量和经济生产潜力降低,草场载畜量大大下降。据统计,非洲约一半的土地荒漠化主要是过度放牧造成的。毁林开荒、过度樵采和不合理的农业经济活动,造成土地日益贫瘠化,构成了非洲粮食生产的又一严重威胁,是撒哈拉以南非洲大多数国家农作物严重减产和人均粮食生产下降的重要原因之一。近三年,约 85% 的可耕地每年损失养分 30 公斤/公顷,还有 40% 的土地失养程度超过 60 公斤/公顷,相当于损失 40 亿美元。非洲农村能源的短缺状况,在世界各洲中最为严重,其能源消费量的 80%～90% 取自薪柴、作物秸秆和牲畜粪便。农村大量利用生物质能的结果,使自然植被(主要是森林)受到日益严重的破坏,超越了自然更新的速度。据联合国环境署资料,非洲每年失去 400 万公顷森林,是世界平均水平的 2 倍,热带草原 250 多万公顷。侵蚀和化学、物理性质的破坏,使非洲 65% 的土地发生退化。在荒漠化环境中种植粮食作物,产量必然减低,往往造成提高土地产出率和永续利用的愿景化为泡影。

2. 自然灾害频繁

2000 年由于"爱丽娜"暴风经过印度洋,使海水温度异乎寻常地升高到 29℃,致使南部非洲连降大雨,水灾迫使至少 100 万莫桑比克人逃离家园。② 2006 年罕见的暴雨导致埃塞俄比亚、肯尼亚、索马里洪水泛滥。1982 年非洲遇上百年未见的旱灾浩劫。1982 年至 1984 年这两年中,蒙受严重旱灾的国家高达 34 个,波及 2 亿人。当时发生饥荒的国家有 21 个,最严重的是埃塞俄比亚,其饥民超过 700 万人。据联合国统计,仅仅在 1984 年 2 月至 11 月的 9 个月内,饿死逾 30 万人。在 1985 年第一场雨水降临之前,累积的死亡人数已高达 120 万人。联合国称,由该次旱灾引发的大饥荒为"人类近代史上最大的灾难"。③除了旱灾,蝗灾也让非洲农业步履维艰。2004 年,非洲发生了 15 年来最严重的蝗灾,例如,蝗灾对毛里塔尼亚农作物造成的影响最

---

①　李朵. 美丽富饶的非洲大地[J]. 环球视窗,2006(12):66.

②　环境新闻. 海水温度高,非洲闹水灾[J/OL]. 中国环境报,2000(3). http://www.envir.gov.cn.

③　旱魔肆虐非洲大陆,大饥荒死亡惨重[N/OL]. 人类大灾难,2004. http://www.chinapress.com.

为严重,联合国粮农组织估计,毛里塔尼亚损失了 50％的谷物收成。① 由于干旱和蝗灾,到 2005 年 8 月,撒哈拉以南非洲地区除南非一国能够生产足够的粮食外,其他国家共缺少 310 万吨粮食。② 旱灾严重制约非洲广大地区的农作物收成。

3. 农田基本设施落后

非洲农业基础设施落后,田间排灌设施陈旧老化,基本上"靠天吃饭"。非洲灌溉面积仅占耕地面积的 7％③,有些国家甚至还达不到 1％。灌溉农业的区域不仅面积小,而且分布也很不平衡,占非洲 15％耕地的北非灌溉农业较发达。2002 年,埃及、苏丹和摩洛哥的灌溉面积共占非洲农田总灌溉面积的 50.03％,而撒哈拉以南地区大多数国家灌溉面积不足 5％。④ 此外,国家对农业的投资直接用于农田基本建设的投入明显偏少,农田水利建设资金缺口越来越大。农业基础设施落后,农民依然是"靠天吃饭"。

4. 现代农业技术和管理人才缺乏

非洲大多数农村地区至今仍是以一家一户分散的小农经济为主体,95％以上的耕地由小农耕作,农田地块小而分散,承袭落后的传统耕作方法,锄和大砍刀是基本的农具。提高农业生产力水平的关键是要提高劳动力的知识技术水平,要拥有现代农业技术人才。但是非洲国家教育事业严重滞后,人口文化素质普遍低下,文盲率极高,个别国家如布基纳法索更是高达 80％以上。⑤ 现有的各类农业大专院校师资短缺、培养能力也很有限,例如埃塞俄比亚农业高等院校每年的毕业生不足需求的 7％⑥,致使现代农业技术人才缺乏是非洲国家长期面临的问题。人才不仅缺乏,还外流严重。国际移民组织最新统计,非洲国家每年有 2 万多名高素质人才前往欧美等发达国家谋职。农业管理人才十分有限,援建项目也大多不能自立经营。科学技术水平决定国家的发展程度,科技不发达和现代技术人才的严重短缺将是长期制约非洲未来发展的重要因素。

5. 政局环境总体趋缓,但地区性矛盾和冲突时有发生

长期以来,非洲国家内部和国家间存在着众多的矛盾和斗争,特别是部族矛盾、宗教矛盾、党派斗争、边界领土争端、资源争夺,等等。武装冲突常常使农民不能生产粮食。1970—1997 年间,撒哈拉以南非洲的冲突导致了近 520 亿美元的农业损失。⑦

---

① 非洲蝗灾对农作物的影响比预期要小[N/OL]. 联合国新闻,2004 - 11 - 5. http://www.un.org.

② 全球环境展望年鉴 2006. http://www.un.org.

③ 陆苗耕,黄舍骄,等. 同心若金——中非友好关系的辉煌历程[M]. 北京:世界知识出版社,2006:297.

④ 粮农组织数据库(2002),http://www.fao.org;粮农组织. 2005 年粮食与农业状况.

⑤ World Bank. The Road of African adjustment,reformation,accomplishment and future[M]. London:Oxford University,1994:38.

⑥ 非洲蝗灾对农作物的影响比预期要小[N/OL]. 联合国新闻,2004 - 11 - 15. http://www.un.org.

⑦ 联合国粮农组织. 世界粮食不安全状况 2002[R]. 2002:22.

近几年,非洲虽在总体上趋于稳定,在消除争端和制止冲突方面取得不少进展,但远未能从根本上解决问题,冲突和战火还不时发生。据统计,上世纪 90 年代至本世纪初,非洲有四分之三的国家在不同程度上卷入战乱,共夺去 800 多万人的生命,600 多万人沦为难民,许多儿童成为孤儿。① 非洲国家连续不断的战乱使本来就十分落后的非洲经济遭到严重破坏,给非洲大陆人民带来了巨大灾难。也正是由于政局环境不够稳定,战乱不断,投资风险较大,让非洲失去很多投资机会。

三、"非洲粮仓"——中非已具备必要的有利条件

1. 中非友好关系进入一个全新的历史时期

《从中国对非洲政策文件》的发表和"中非合作论坛"北京峰会的召开,把中非友好关系推进到一个全新的历史时期。自非洲国家独立以来,中国援非农业积累了丰富经验,为建立"非洲粮仓"打下了良好的基础。北京峰会通过的峰会宣言和北京行动计划,充分体现了双方互利互惠、共同发展的合作精神,为双方共同探索农业合作的新形式和新途径指明了方向。我国前总理温家宝于 2010 年 9 月 25 日在联合国千年发展目标高级别会议上宣布,中国将把援建发展中国家的农业技术中心的数量增加一倍。这不仅为中非合作共建"非洲粮仓"提供了新的契机和广阔的发展空间,同时也为"非洲粮仓"的建设提供了新的动力,机不可失,时不可待。

2. 多种形式的农业援非为进一步探索中非农业合作的新形式打下了良好的基础

在过去近 50 年里,中国实施了各种形式的援非计划,其中农业是援非的重点之一,进行了多种形式的农业合作,有成功的经验,也有失败的教训。在上世纪 80 年代中期之前,中国实施了纯国家农业援助项目,先后为 10 多个非洲国家援助了上百个农业项目,其中有些是较大型的农场。② 农场建设期间,成效显著,但项目一旦移交,中国专家撤走,农场往往陷入难以为继、不"输血"就活不下去的"鸡飞蛋打"局面。这主要是没有从农业发展的战略层面实施行之有效的计划、为其培养可接班的高级农业技术和农业管理人才和形成有效的农业可持续发展的运行机制造成的。

中国援非体制改革后,开始探索农业援助新形式,鼓励中国大型骨干企业开展合作资源开发型农业,利益同享,风险共担。中国农垦集团在非洲实施了多种合作开发农业项目,获得了成功的经验和良好的规模经济效益,通过开办农场种植粮食和其他经济作物以及发展畜牧业和渔业,带动农产品加工业的发展,达到中非资源互补、互惠互利的目的。在非洲,投资农业的回报基本上要高于中国本土,例如在赞

---

① 国际观察:非洲何时告别战乱[N/OL]. 新华网,2003 - 07 - 06. http://news. xinhuanet. com.
② 郑文聚. 21 世纪的中非农业合作[J]. 西亚非洲,2000(5):38 - 42.

比亚搞农业开发的投入产出比约为 20％到 30％。[1]

3. 中国已采取多种形式，为非洲培养农业技术人才，促进非洲人力资源开发

中国政府一向十分重视与非洲在人力资源开发领域的合作，并设立了"非洲人力资源开发基金"，为非洲国家培养各个专业领域的人才。2006 年时任主席胡锦涛在中非合作论坛北京峰会上提出，往后 3 年内中方将为非洲培训培养 15000 名各类人才，向非洲派遣 100 名高级农业技术专家，在非洲建立 10 个有特色的农业技术示范中心。采取"走出去"与"请进来"相结合的方法，为非洲多多培养农业技术人才和高层管理人才。我国农业已具有精耕细作的农耕技术、良种选育技术、农田水利技术，以及节水灌溉技术、土壤改良技术、生态农业技术等大批成熟适用的新兴农业技术，具备进入非洲农业资源开发市场所要求的技术水平和足够的能力。中国派遣高级技术专家到非洲建立技术示范中心、推广先进技术，正好弥补了非洲科技落后的不足，并且能为其培养农业技术和管理人才，促进非洲人力资源的开发，同时，也为共建"非洲粮仓"实现人力资源共享准备了条件。

第五节 建立"非洲粮仓"的战略对策和模式

一、指导思想和原则

1. 互利合作原则

中国与非洲国家在农业资源开发合作中各具不同优势，充分发挥双方的比较优势，互利合作是我们的基本目标和原则。非洲国家具有气候、土地资源相对优势和劳动力优势，而我国则具有科技优势和资金相对优势。我国企业与非洲国家共同开发非洲当地农业资源时，应侧重发挥我国的相对技术优势，帮助非洲国家把资源优势转变成能力发展的优势。在项目的具体实施中，我国只需派遣精干的项目经理、农技人员等，充分利用当地的劳动力资源优势。这样，既满足了对完成项目所需的大部分劳动力，又有助于解决当地就业问题，从而降低项目成本，提高效益，实现风险共担，利益共享。[2] 中非在各个领域的合作是优势互补、互利互惠的，有利于非洲国家实现经济发展，有利于共同发展。

2. 因地制宜原则

由于自然资源时空分布的不均匀性和严格的区域性，以及不同资源的不同特性，

① World Bank. The Road of African adjustment, reformation, accomplishment and future[M]. London: Oxford University, 1994:38.

② 安春英. 对合作开发非洲土地资源的思考[J]. 西亚非洲, 1999(5):64.

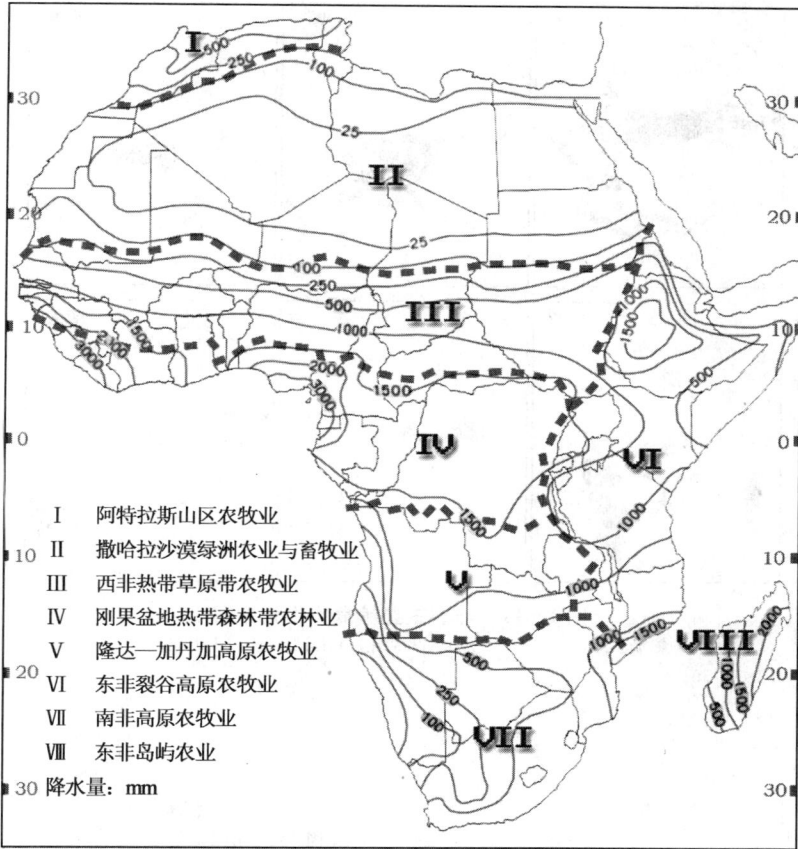

图 1-10　非洲农业地带分布图

资料来源:曾尊固,等.非洲农业地理[M].北京:商务印书馆,1984:190。

因此在自然资源合理利用中必须因地制宜、因时制宜。粮食作物受热量、水分等自然条件区域差异的影响,分布也有明显的地区差异。非洲自然环境具有比较典型的水平地带性和垂直差异性,水分条件和热量条件的变化尤为明显,所以水热的差异大体决定了粮食作物种类的选择和地带分布。麦类主要分布在北非地中海和沿岸亚热带地区,南非开普省和东部非洲海拔 1500 米以上的山地、高地;玉米、高粱、粟类主要在南部非洲的热带草原和半荒漠地区,而水稻主要在西非地区、埃及和马达加斯加的部分地区,充分显示了作物分布的地域性,作物布局必须坚持因地制宜原则。

3. 适度开发原则

非洲国家发展粮食生产时,应坚持适度开发、节约和有效利用土地资源的原则,防止盲目和过度开发,保证土地资源的永续利用,实现经济、社会和环境效益的统一。此外,在适度开发土地的同时,要积极推进集约用地,着重提高现有土地利用率

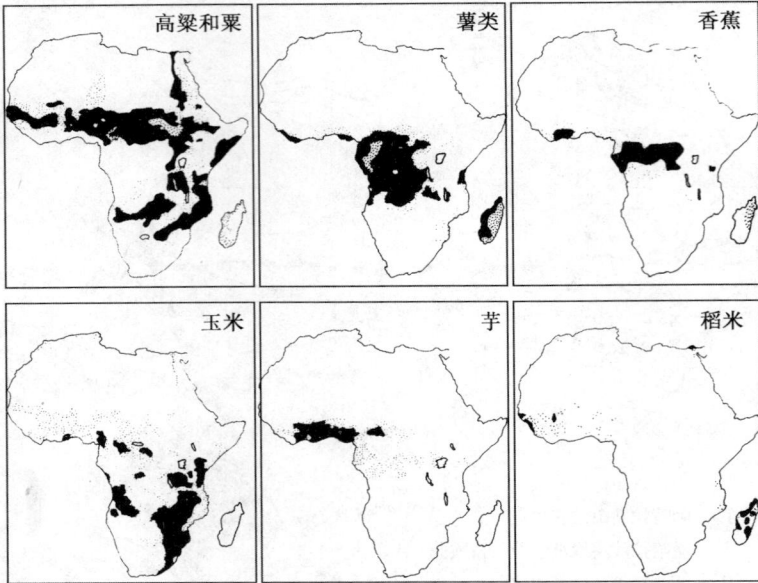

图 1-11 非洲主要粮食作物分布图

资料来源：A. T. Grove. Africa[M]. Oxford：Oxford University Press，1978：75。

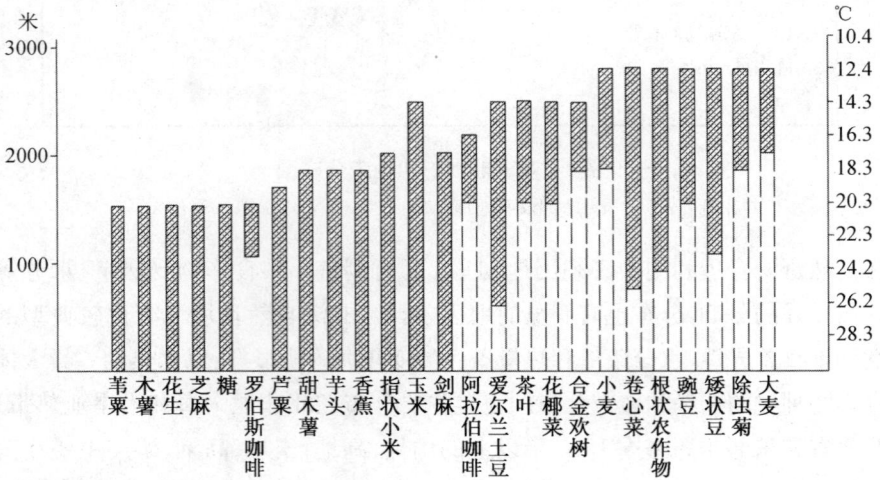

图 1-12 东非农作物生长高度及其气温条件

资料来源：W. T. W. Morgan. The role of temperate crops in the Kenya Highlands[M]. Acta Geographica，1968：273-278.

和产出率。提高土地产出不是指盲目增大农药化肥的使用量来提高土壤肥力，而是提高农业现代化和机械化水平，改善农田基础设施。实际上许多非洲国家虽然很支持开发有竞争能力的优势产业项目,但他们非常重视环境和生态保护,发展生态环境循环经济,在农业生产过程中完全不用或基本不用化肥、农药、生长调节剂和牲畜饲料添加剂,尽量采用豆科作物、作物秸秆、牲畜粪肥、有机废物和作物轮作、休闲来保持土壤肥力,对病虫害尽可能采用生物防治的方法,这些措施都能有效保护土地,保证土地的永续利用。

二、战略对策与模式

非洲国家众多,各国各地区自然条件差异很大,经济社会发展程度也有不同,农业地区千差万别,仅用一种模式、一个对策去指导农业,往往是脱离实际,违背事物发展的规律,事与愿违。应遵循前述各项原则,结合非洲各国各地区的实际情况,创造性地探索因地制宜的农业发展模式,促进传统农业向现代农业转型。前联合国秘书长安南的特别顾问杰夫瑞·萨切曾表示,若套用中国模式,农业科技是一个很好的起点。中国水利及水稻培育专家能帮助非洲将农业产量提高三倍。食品及农产品加工业也可以是一个良好的起点。[①]

1. 以教育援非项目为依托,建立产、学、研农业技术园模式

中国自实施教育援非项目以来,已先后建立了比较先进的生物、微生物、计算机、物理、化学、食品保鲜加工、材料、土木工程与测量等教学专业实验室,其中两项涉农项目肯尼亚埃格顿大学生物技术实验室和园艺生产技术合作中心以及科特迪瓦大学食品加工与保鲜中心都获得了成功,受到受援国的赞赏,以"中心"为依托基地,开展了教学——科研——示范活动,形成了中非教师联合培养研究生运行机制,成为行之有效的"智力援非"形式之一。但值得探讨的问题是至今我国的教育援非的目标定位尚限于"教、学、研"示范中心模式上,从目标定位评价,已获得成功,但问题是,项目移交后,如何实施有效的"后续行动"计划,使项目持续保持生命力,值得探索,如果中方不能继续给予师资、设备或资金上的支持,项目往往难以为继。

值得探讨的是如何以教育援非项目为依托实施"产、学、研"科技园区模式,将科研成果转化为生产力形成产业。"产、学、研"是一项多产业的系统工程,不是教育部门所能独立完成的,应鼓励企业集团对非洲投资进行项目选择时优先考虑以教育援非项目为依托,将科研成果尽快转化为生产力,创办产业,使"教、学、研"成果延伸到生产和销售领域,实现教育目标与经济目标的有机结合,使教育援非在实现为非洲国家培养人才的同时,又能增强其社会服务功能服从于经济发展的需要。

2. 农业技术示范中心模式

中国援建的农业技术示范中心,将重点开展种苗、种植、加工等示范基地建设,

① 非腾.专家称非洲经济发展可套用中国模式[J].亚非动态与研究,2006(10):39.

包括培训、科研基地、后勤保障、仓储等基本设施配套建设。示范中心把适合非洲的先进、实用和低成本农业技术在当地传授并推广,为非洲国家培养专家型的农业科技人才,提高土地产出率,带动农业发展,充分发挥其示范、辐射和带动作用,体现科研成果转化和科技产业发展的重要载体功能。在项目执行过程中,不仅要探讨生态农业循环经济模式,还要探索有机农业发展之路。但值得探讨的是,示范中心建成移交后,如何能持续运行下去。示范中心是我国技术经济援非的一种重要形式,从政治层面考察,中心建成移交宣告已完成其历史使命。根据以往的经验,如果没有科学可行性的后续行动计划,示范中心是难以为继的。

因为这一目标定位的示范中心只具"下蛋"的功能,没有"抱窝"的功能,专家撤走,难逃"鸡飞蛋打"的命运。

我们认为示范中心目标定位在"产、学、研"的农业技术经济园区模式上,走技术援非与合作开发相结合的道路,将政治、经济、社会效益结合起来,可能更为科学可行。园区有自己的原料生产基地,自己的加工中心,自己的现代物流中心,自己的科研培训中心,将生产、加工、配送、推广、科研、培训有机地结合起来,形成大型的现代农业地域生产体系。在其建设过程中,逐渐形成"造血"功能和抱窝功能,对区域经济的发展必将产生"增长极"效应,成为可持续发展的农业生产基地——非洲粮仓。为达此目的,首先中心选点要科学可行,占地规模宜大不宜小;其次,要积极寻求受援国农业院校和农业科技研究机构的合作;第三,要研究示范中心的职能结构、组织管理结构、用地空间布局结构;第四,鼓励我国大学毕业生志愿投身这一事业,同时也要鼓励我国已退休的老年志愿者发挥余热走上援非第一线。

3. 鼓励中国农民在非洲种地创业,移植中国式农业产业化经营模式

农业产业化经营模式移植非洲的实践者,是中国的农民。实践证明,农业产业化是通向现代农业的最佳途径。虽然中国的农业产业化尚处在传统农业向现代化农业转型过程之中,但广大的农民已积累了丰富的实践经验,这为鼓励中国农民走向非洲农村去移植和实践中国式的农业产业化模式创造了不可缺少的前提条件。中国的农业产业化经营,证明了农业不是单一的农业生产环节,而是包括农业的生产、加工、流通等各个环节在内的产业体系,必须树立农业系统工程的理念,指导非洲农业的发展,使其逐步从传统农业走上现代农业之路。广大的非洲农村地区至今仍处在一家一户"吃饭种田"、"靠天吃饭"的自给自足的小农经济状态,为温饱而劳作,远离农产品加工和销售各个环节,根本脱离了农业内在的产业关联规律,家庭农业经营与市场经济远不相适应。中国农民在农业产业化经营过程中,在保持家庭经营不变的前提下,已成功地探索出把农业生产引入市场,使传统农业发展到以市场为导向的农产品生产的新路子。因此,鼓励中国农民到非洲去种地创业,移植中国农业产业化模式,是值得探索的一条路子,大体可有三条探索之路。

第一,中国援非工程项目的职工,在项目完工后,身为农民工的职工有些已适应了当地的生存环境,可鼓励他们并提供一定的优惠条件,留在当地租田种地,或以股份制形式投资租赁土地开办小农场,雇当地农民,以种菜种粮为主供应市场。

第二,承包非洲国家工程项目的中国企业经过多年打拼,已奠定了一定的经济基础,利用企业资金,出资租赁当地土地开办小农场,雇佣国内农民为企业工资制合同工,实施企业管理模式,所产农产品主要供应企业职工,剩余农产品还可供应市场。

第三,在国内已有一定经济实力的农民或农业方面的专家,可自筹资金到非洲开办小农场。

中国农民到非洲开办小农场或租田种地,农业生产指向主要为市场的商品农业,创办小型龙头企业,探索适宜非洲农村的"农户＋龙头企业＋市场"的产业化经营,把当地的土地资源优势和劳动力资源优势转化为经济优势,改变传统的资源直接利用模式,逐步向原料的半制成品和制成品转化,实现资源就地转移增值。① 小农场吸纳当地农村劳动力,一定程度上缓解了农民流向城市谋生的压力潮流;小农场还可为非洲城市居民提供"菜篮子",发挥中国式的"菜篮子"工程效益。从长远来看,非洲应引进先进的农业技术和管理经验,将零散落后的家庭式自给性农业逐步转化为规模化、专门化农业,以提高粮食产量,并提高其商品率供应市场,尤其是城市居民消费市场,逐步摆脱严重依赖进口的局面,增强抵御世界粮食危机的能力。

4. 运行大农场经营模式,实现规模经济

非洲的大农场为数并不多,面积不大的小农场却长期占据压倒优势。但是现代化农业生产力的不断发展则要求土地连片和农场规模的扩大,因为家庭式的小农场不能满足生产发展的需要,难以采用现代化的技术设备和按先进的科学方法组织生产。大农场的经营模式可以改造小农经济的生产结构,加速集中,扩大农场规模,实行规模经营、提高质量、增加产量、降低成本。以农场为主体经营的现代农业规模较小,其生产指向主要是为城市居民提供商品粮,但远不能满足日益增长的城市人口的需求。世界各国的经验证明,解决温饱不依靠自己的力量是难以实现的,但单纯依靠自己的力量也是步履维艰的。自力更生为主,依靠有效的外援,才是解决非洲温饱问题,实现粮食安全的明智之举。

中国援非体制改革后,开始探索农业援助新形式,鼓励中国大型骨干企业开展合作资源开发型农业,利益同享,风险共担。中国农垦总公司在非洲实施合作开发农业项目,获得了成功的经验,也是取得规模经济的成功例子。其已在赞比亚、坦桑尼亚、加蓬、南非等九个国家创办了 11 个农牧业生产及加工项目,开发经营土地面积

---

① 安春英.对合作开发非洲土地资源的思考[J].西亚非洲,1999(5):65。

达 1.6 万公顷(图 1-13)。仅在赞比亚,中垦集团就拥有 3 个农场,面积近 7000 公顷。[①] 中垦集团通过开办农场、种植粮食和其他经济作物以及发展畜牧业,带动农产品加工业的发展,达到中非资源互补、互惠互利的目的。在非洲,投资农业的回报基本要高于中国本土,在赞比亚搞农业开发的投入产出比约为 20%~30%。中垦集团的实践证明,在非洲开办大农场不仅是发展现代化农业的要求,也是建立"非洲粮仓"可行的模式之一。

图 1-13 中垦集团在非企业分布图

资源来源:中垦集团在非洲,http://www.csfac.com。

三、建议

1. 筹建"非洲粮仓"专家督导小组

专家督导小组对"非洲粮仓"相关专题进行调查研究,并编制出《"非洲粮仓"发展战略规划(2009—2020)》。此规划应体现中非合作建立"非洲粮仓"的科学性、实用性、系统性、阶段性和长期性,明确战略目标、战略重点、战略布局和战略对策,以保证规划分阶段实施,同时对中非农业合作项目进行跟踪性督导和评估,并向主管

---

① 华道. 在非洲的土地上收获[J]. 中国投资,2004(07):28.

部门提出评估报告。

2. 援非农业科技成果转化中心

援非农业科技成果是中国专家在当地环境条件下经多年实践研究出来的成果，适宜在当地转化成生产力形成产业。"转化中心"的职能是积极推动农业科技成果产业化，通过各种渠道将科技成果尽快转让出去。

（姜忠尽　马　奔　罗小娟）

第二章

非洲粮食问题的时空演化研究

农业是非洲国民经济的支柱,对国民经济的贡献最大。具体表现为,非洲人口的 70％依赖农业生存,60％的劳动力在农业部门就业,20％的国民经济和出口外汇来源于农业。但非洲农业资源利用程度较低,实际农业生产能力较差,尤其是粮食作物生产水平相对较低。联合国粮农组织(FAO)数据显示,不少非洲国家的粮食自给率 20 世纪 60、70 年代还在 80％以上,而到 21 世纪初降到了 50％以下。除了玉米基本能满足地区需求外,非洲国家消费水稻的 80％和小麦的 45％都依赖进口,粮食短缺问题比较严重。[①] 部分国家已爆发了多次骚乱和局部战事,撒哈拉以南非洲饥饿人口数量增加了 2400 万。[②] 粮食问题日益加重,直接威胁着非洲大陆的和谐与安定。本章拟从时间与空间演化角度,分析非洲粮食问题演化的过程与区域差异,以期对解决非洲粮食问题有所裨益。

第一节　非洲粮食问题的时间演化

从粮食生产量、粮食消费量(主要指谷类粮食作物,包括小麦、玉米和稻谷等)及生产性粮食缺口量(限于数据因素暂不考虑进出口影响,其值为粮食消费量与生产量之差)三方面,对非洲粮食问题的发展进行研究。研究时段为 1994—2007 年,资料来源于联合国粮农组织 2007—2010 年的相关年鉴及其他官方组织资料。

一、非洲粮食生产量的时间演化

1994—2007 年非洲粮食生产量变化见图 2 - 1。观察非洲粮食生产量变化走势,大体可以分为两个阶段。

---

① 李淑芹,石金贵. 全球粮食危机与非洲农业发展[J]. 世界农业,2008(10):1 - 2.
② 陈宗德. 增强危机意识 加快农业发展——当前粮食危机给非洲的重要提示[J]. 西亚非洲,2009(1):12 -13.

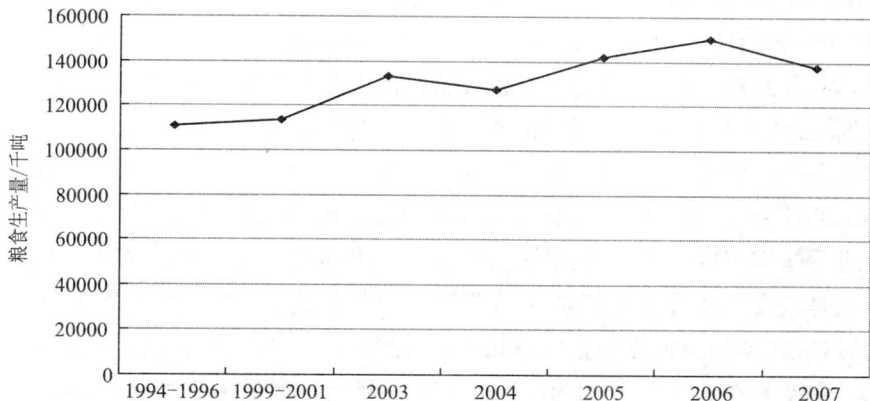

图 2-1 1994—2007 年非洲粮食生产量变化

注:相关数据中不包含塞舌尔、赤道几内亚、西撒哈拉、吉布提、留尼汪、圣赫勒拿、圣多美和普林西比。

资料来源:根据 FAO 2007—2010 年统计年鉴整理。

1. 平缓增长阶段

此阶段从 1994—2003 年,期间非洲粮食生产量从 11111.2 万吨上升到 13306 万吨,增长了 2194.8 万吨,年均涨幅为 1.98%,总体上呈现一种平缓增长趋势。

非洲国家独立以前,被迫按照殖民主义者的需要种植咖啡、油棕等商品性极强的出口经济作物,以满足殖民主义者的需要。独立以后,许多国家为了取得发展民族经济所需要的外汇收入,继续发展以出口为目的的经济作物。[①] 同时美国在世界市场上倾销剩余粮食,一度造成国际粮价很低,使得非洲许多国家认为种植粮食作物收益较低,不如以出口经济作物所得收入进口粮食。因此,多数非洲国家继续把最好的土地、大部分水利设施、资金、劳动力、肥料和农药等投入到经济作物上去,种植粮食作物的土地则经营粗放,甚至刀耕火种,粮食产量很低。到了 20 世纪 70、80年代,由于非洲遭受大旱以及世界市场上粮食由过剩转为短缺,粮价猛涨,非洲国家才日益认识到发展粮食生产、种植粮食作物的重要性,进而调整政策促进粮食生产[②];另一方面,从 20 世纪 70 年代开始,国际社会开始重视对非洲进行农业援助,将家庭粮食安全、健康卫生及教育放于首位,通过综合农村发展项目支持小农户的农业生产。这些措施在一定程度上促进了 90 年代以后粮食产量的增长,但并没有实现较大幅度的增长。

2. 波动增长阶段

此阶段从 2003—2007 年,整体来看,粮食生产量从 2003 年的 13306 万吨上升到

---

① 陆庭恩,艾周昌.非洲史教程[M].上海:华东师范大学出版社,1990:449-470.

② 张同铸.非洲经济社会发展战略问题研究[M].北京:人民出版社,1992:249-292.

2007 年的 13775 万吨,增长了 469 万吨,涨幅为 3.52%。但期间也有下降,如 2003—2004 年,下降了 62.2 万吨;2006—2007 年,下降了 1254.6 万吨,降幅为 8.35%,为一种波动增长。首先非洲粮食增长离不开自身的努力与改革。跨入 21 世纪的非洲,农业发展也迎来了很多机遇。总体上日趋稳定的政治局势为非洲农业发展提供了良好的内部环境,同时多数国家推行经济体制改革,提高对财政、货币汇率等方面的调控能力,为非洲整体农业的发展营造了较为稳定的经济环境。另外非洲一体化进程初露端倪,2001 年非洲联盟成立,在更高的层面上指导整个非洲的农业发展特别是粮食问题。这一切都为非洲粮食增产创造了有利条件。然而增长是不稳定的,造成波动的原因主要有以下几点:一是全球气候异常,非洲至少遭遇了两次较大的旱灾使其在 2003—2004 年、2006—2007 年粮食产量出现下降;二是虽然非洲整体局势稳定,但局部地区依然社会动荡,军事政变频发,如 2003 年就发生了包括科摩罗政变在内的 8 次军事政变[①],在一定程度上也加重了波动性。

二、非洲粮食消费量的时间演化

1994—2007 年非洲粮食消费量变化见图 2-2。非洲粮食消费量变化大体也可以分为两个阶段。

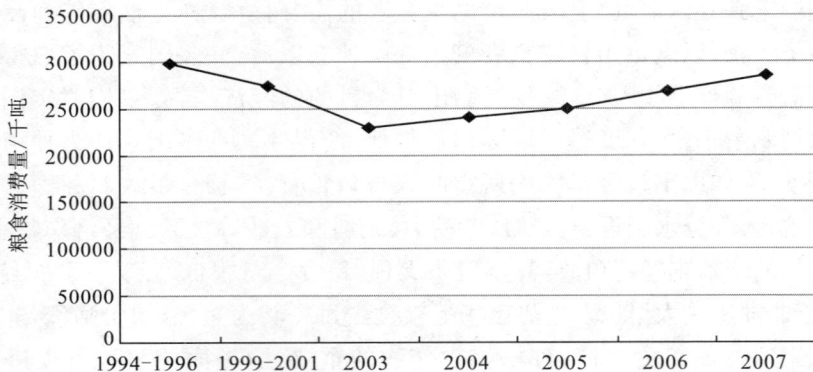

注:相关数据中不含塞舌尔、赤道几内亚、西撒哈拉、吉布提、留尼汪、圣赫勒拿、圣多美和普林西比。

资料来源:根据联合国粮农组织 2007—2010 年统计年鉴整理。

图 2-2 1994—2007 年非洲粮食消费量变化

1. 持续下降阶段

此阶段从 1994—2003 年,期间非洲粮食消费量从 29717 万吨减少到 2003 年的 22967.3 万吨,减少了 6749.7 万吨,降幅达到 22.71%。

---

① 王洪一. 解析非洲"政变年"[J]. 国际问题研究,2004(3):57-60.

粮食消费量的变化主要取决于人口数量与人均粮食消费量的变化。从人口数量来看,1994—2003 年,虽然非洲人口绝对数量在增长,从 7.24 亿增加到 2003 年的 8.74 亿(表 2-1),但其增速与年均增长率放缓(图 2-3)。

表 2-1　1994—2007 年非洲人口绝对数量　　　　　　　　　　单位:千人

年份	1994—1996	1999—2001	2003	2004	2005	2006	2007
人口绝对数	724147	817050	874382	898425	918998	940537	961661

资料来源:根据联合国粮农组织 2007—2010 年统计年鉴整理。

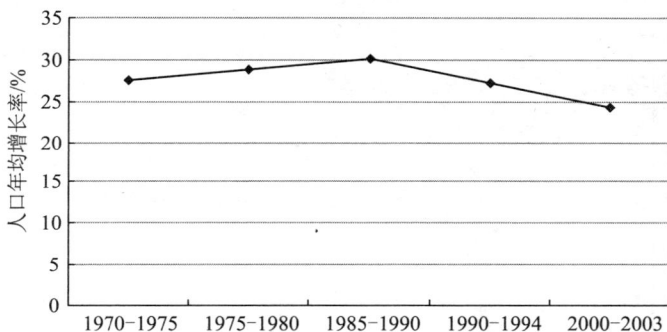

图 2-3　1970—2003 年非洲人口年均增长率

资料来源:联合国 1990 年及 2000—2003 年世界人口图表。

而从人均粮食消费量来看,1994—2003 年非洲人均粮食消费量从 410 千克骤降到 263 千克(表 2-2),降幅达到 35.85%,远远高于人口的增长幅度,造成这一期间粮食消费量的下降。

表 2-2　1994—2007 年非洲人均粮食消费量　　　　　　　　　单位:千克

年份	1994—1996	1999—2001	2003	2004	2005	2006	2007
人均粮食消费量	410	335	263	268	272	285	296

资料来源:根据联合国粮农组织 2007—2010 年统计年鉴整理。

2. 稳定上升阶段

此阶段从 2003—2007 年,期间非洲粮食消费量从 22967.3 万吨上升到 28494.4 万吨,增长了 5527.1 万吨,涨幅为 24.07%。由表 2-1、表 2-2 可知,造成该阶段粮食消费量增长的原因是人口数量及人均粮食消费量的双增加。据联合国人口计划署资料,2004—2007 年,非洲人口增长率达到 2.4%,高出世界平均水平 1.1 个百分点,对于人口基数巨大的非洲而言,这是一个巨大的人口增量,使得非洲人口数量由

2003 年的 8.74 亿增加到 2007 年的 9.62 亿左右。同时非洲人均粮食消费量从 263 千克增加到 296 千克。人口数量的爆炸式增长加上人均粮食消费量的增加,造成粮食消费量的快速增加。

三、非洲生产性粮食缺口量的时间演化

综合考虑 1994—2007 年非洲粮食生产量与消费量的关系,可以看出,非洲生产性粮食缺口量与粮食消费量的变化趋势基本一致(图 2-4),分为两个阶段。

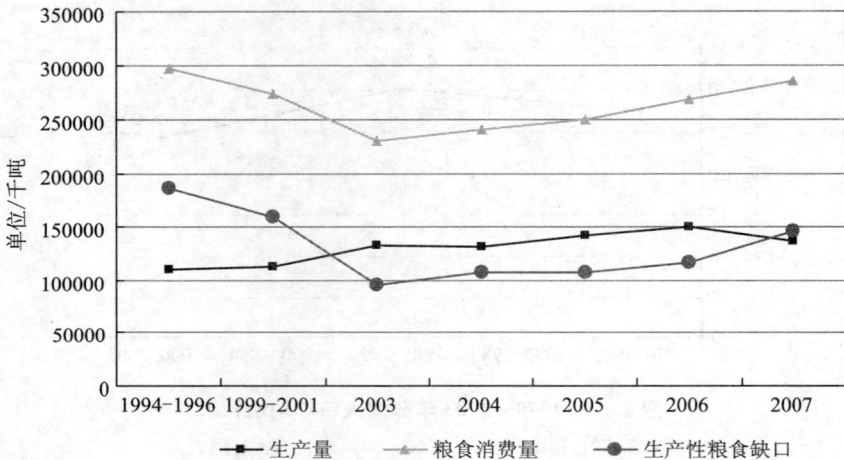

图 2-4 1994—2007 年非洲生产性粮食缺口量变化

注:1. 粮食主要指谷物作物,包括小麦、玉米和稻谷等;
2. 数据中不包含塞舌尔、赤道几内亚、西撒哈拉、吉布提、留尼汪、圣赫勒拿、圣多美和普林西比。
资料来源:根据 FAO 2007—2010 年统计年鉴整理。

1. 大幅下降阶段

1994—2003 年,非洲生产性粮食缺口量从 18605.8 万吨大幅下降到 9661.4 万吨,缺口量减少了 8944.4 万吨,降幅达到了 48.07%。

生产性粮食缺口量的减少主要是由于同期粮食消费量的降低与粮食生产量的提高。由图 2-4 可见,1994—2003 年,非洲粮食生产量处在平缓增长阶段,而同期粮食消费量则处于持续下降阶段,作为两者之差的生产性粮食缺口量必然呈大幅下降趋势。

2. 逐渐回升阶段

2003—2007 年,非洲生产性粮食缺口量从 9661.4 万吨逐渐回升到 14719.3 万吨,缺口量增加了 5057.9 万吨,年均增长率达到 10.47%。此阶段,非洲生产性粮食缺口量开始回升,特别是在 2006—2007 年,生产性粮食缺口量从 11804.7 万吨增加

到 14719.3 万吨,缺口量上涨了 2914.6 万吨,涨幅达到 24.69%。粮食短缺问题加重。

第二节 非洲粮食问题的空间差异演化

选择 1994—1996 年、1999—2001 年与 2007 年三个时间段,采用生产性粮食满足率指标,分析非洲粮食问题的空间差异及其演化。

生产性粮食满足率＝1－(生产性粮食缺口量／同期粮食消费量)

参考联合国粮农组织等相关机构的评价指标,结合非洲实际情况,将生产性粮食自给程度划分为五种类型(限于数据因素暂不考虑进出口影响),据此分析非洲粮食问题的空间差异及其演化。

表 2-3　生产性粮食自给类型划分

类　型	基本自给型	半自给型	次半自给型	不自给型	重度不自给型
生产性粮食满足率(%)	80—100	50—80	25—50	10—25	0—10

计算得出非洲 49 个主要国家生产性粮食满足率(表 2-4),根据粮食自给类型划分标准,划分出 1994—1996 年、1999—2001 年与 2007 年三个时间段内的非洲主要国家粮食自给类型(图 2-5)。

表 2-4　非洲主要国家生产性粮食满足率　　　　单位:%

国　家	1994—1996 年	1999—2001 年	2007 年
摩洛哥	50.29	27.45	20.61
阿尔及利亚	18.36	14.49	28.10
突尼斯	27.53	32.48	50.96
利比亚	5.83	9.26	8.78
埃及	44.04	60.61	70.18
苏丹	39.32	36.80	59.35
毛里塔尼亚	20.53	17.66	16.60
马里	60.74	73.70	97.65
尼日尔	69.75	82.56	96.99
佛得角	3.34	11.40	1.39

国　家	1994—1996 年	1999—2001 年	2007 年
冈比亚	18.39	37.46	34.05
塞内加尔	30.74	34.72	23.29
几内亚比绍	34.92	34.42	41.59
几内亚	41.70	61.25	90.52
塞拉利昂	32.62	23.73	82.90
利比里亚	8.30	18.62	26.21
科特迪瓦	20.46	21.91	20.09
布基纳法索	51.16	63.84	63.92
加纳	22.82	23.00	21.02
贝宁	28.81	41.32	43.68
多哥	38.20	54.76	56.72
尼日利亚	43.92	46.49	55.62
乍得	40.74	49.43	74.34
喀麦隆	23.65	27.09	37.87
中非	10.50	18.07	21.40
加蓬	5.57	5.72	7.71
刚果（布）	1.02	1.31	1.81
刚果（金）	10.76	13.65	12.54
厄立特里亚	19.19	29.44	52.25
埃塞俄比亚	44.16	51.26	63.04
乌干达	22.18	27.55	32.17
肯尼亚	31.87	31.90	38.02
索马里	17.20	22.71	11.08
卢旺达	8.07	11.10	14.48
布隆迪	13.53	15.88	18.84
坦桑尼亚	40.67	42.07	61.20
安哥拉	9.74	15.49	16.78
赞比亚	37.46	37.40	53.49
马拉维	45.95	67.50	91.54

国家	1994—1996 年	1999—2001 年	2007 年
莫桑比克	21.49	31.57	26.31
纳米比亚	16.72	14.28	21.56
博茨瓦纳	13.00	4.85	9.01
津巴布韦	57.41	59.65	38.40
南非	61.36	65.08	53.14
莱索托	23.16	27.37	10.96
斯威士兰	44.58	45.78	12.33
科摩罗	7.80	8.85	10.86
马达加斯加	53.97	58.69	69.55
毛里求斯	0.19	0.09	0.23

注:数据中不包含塞舌尔、赤道几内亚、西撒哈拉、吉布提、留尼汪、圣赫勒拿、圣多美和普林西比。
资料来源:根据 FAO 2007—2010 年统计年鉴整理。

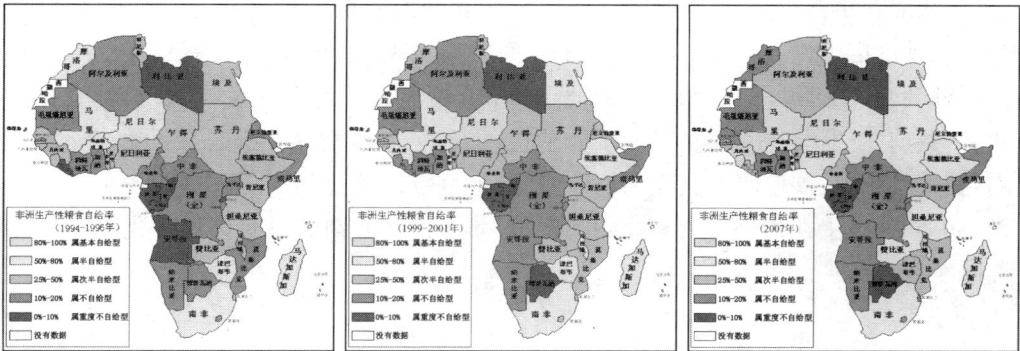

图 2-5　非洲主要国家生产性粮食自给类型的空间演化

资料来源:根据 FAO 2007—2010 年统计年鉴整理。

一、整体视角下非洲粮食问题的空间演化

从非洲整体角度来看,粮食问题在朝好的方向发展。通过 1994—1996 年、1999—2001 年与 2007 年三个时间段的对比(表 2-5),非洲基本自给型与半自给型国家数量明显增多,两者之和从原来的 7 个国家增加到 18 个国家;另一方面,不自给型与重度不自给型国家数量呈现下降趋势,两者之和从原来的 25 个国家减少到 21 个国家。

表 2-5 非洲不同粮食自给类型国家数量统计   单位:个

年份	基本自给型	半自给型	次半自给型	不自给型	重度不自给型
1994—1996	0	7	17	16	9
1999—2001	1	10	18	14	6
2007	5	13	10	15	6

注:数据中不包括塞舌尔、赤道几内亚、西撒哈拉、吉布提、留尼汪、圣赫勒拿、圣多美和普林西比。

究其原因,从内部因素来看,走过世纪之交的非洲,在其农业发展道路上迎来了很多机遇。总体上日趋稳定的政治局势为非洲农业发展提供了良好的内部政治环境,同时多数国家进行经济体制改革,提高对农业的重视程度,为非洲整体农业的发展营造了较为稳定的经济政策环境。例如东非国家厄立特里亚,其政府对于发展本国农业较为重视,鼓励农民以发展种植业为主,并于 1994 年 11 月将发展灌溉农业作为厄立特里亚政府的战略性目标之一,而且在其农业促进与发展司设立了灌溉农业发展处进行政策指导,在诸多利好因素的促进下,厄立特里亚的生产性粮食满足率从 19.19% 迅速涨到 52.25%。另外非洲一体化进程也逐步加速,2001 年非洲联盟成立,从而在更高的层面上指导与推动整个非洲的农业发展特别是粮食问题的解决。从外部因素来看,非洲粮食问题的空间格局呈现一个较好的发展趋势也离不开国际社会及相关国际组织的资金援助与技术支持。以世界银行为例,从 1991—2006 年,一共向非洲提供了 28 亿美元的农业援助,占世界银行在非洲总援助额的 8% 左右,在其 77 个发展政策性贷款项目中,农业项目数量就达到了 18 个,所占比重达到 23.38%。通过上述内外部因素的共同作用,非洲粮食问题的空间格局优化也就不言而喻了。

二、区域视角下非洲粮食问题的空间演化

从非洲 5 个区域来看,粮食问题的空间格局随时间的演化改变还是比较大的(表 2-6)。

表 2-6 区域视角下非洲不同粮食自给类型国家数量统计   单位:个

		基本自给型	半自给型	次半自给型	不自给型	重度不自给型
1994 | 1996	北部非洲	0	1	3	1	1
	西部非洲	0	3	7	4	2
	中部非洲	0	0	1	3	2
	东部非洲	0	0	3	4	1
	南部非洲	0	3	3	4	3

		基本自给型	半自给型	次半自给型	不自给型	重度不自给型
1999|2001	北部非洲	0	1	3	1	1
	西部非洲	1	4	5	6	0
	中部非洲	0	0	2	2	2
	东部非洲	0	1	4	3	0
	南部非洲	0	4	4	2	3
2007	北部非洲	0	3	1	1	1
	西部非洲	4	3	4	4	1
	中部非洲	0	1	1	2	2
	东部非洲	0	3	2	3	0
	南部非洲	1	3	2	5	2

注：由于数据因素，非洲国家中暂不考虑塞舌尔、赤道几内亚、西撒哈拉、吉布提、留尼汪、圣赫勒拿、圣多美和普林西比。

　　1994—1996 年，北部非洲与西部非洲生产性粮食自给型是以次半自给型为主体，而中部非洲、东部非洲和南部非洲以不自给型为主；1999—2001 年，北部非洲和东部非洲则是以次半自给型为主，原以次半自给型为主的西部非洲则下滑变成以不自给型为主，中部非洲则在次半自给型、不自给型和重度不自给型各占 1/3，南部非洲主要是以半自给型和次半自给型为主；2007 年，除南部非洲外，其他区域都出现了较好的发展趋势，北部非洲与东部非洲都从前一时间段的次半自给型为主转变为半自给型为主，西部非洲实现了以基本自给型和半自给型为主的转变，中部非洲虽然主体部分依然为不自给型与重度不自给型，但出现了半自给型的国家，南部非洲发展较差，从前一时间段的半自给型和次半自给型为主下滑为不自给型为主。

　　从各个区域基本自给型与半自给型国家数量比重来看（表 2 - 7），北部非洲与西

表 2 - 7　非洲各区域粮食基本自给型与半自给型国家数量比重　　　　单位：%

地区	1994—1996	1999—2001	2007	平均增长速度
北部非洲	16.67	16.67	50.00	11.11
西部非洲	18.75	31.26	43.75	8.33
东部非洲	0	12.50	37.50	12.50
南部非洲	23.08	30.77	30.77	2.56
中部非洲	0	0	16.67	5.56

部非洲基本自给型与半自给型国家数量比重在五大区域中最大,东部非洲与南部非洲其次,中部非洲最低;从基本自给型与半自给型国家数量比重增长速度来看,东部非洲与北部非洲较快,而中部非洲与南部非洲增加最慢。

究其原因,仅举两例:一是粮食问题趋好的西部非洲国家尼日利亚,一是粮食问题日趋恶化的中部非洲国家刚果(金)。尼日利亚的生产性粮食满足率从1994—1996年的43.92%增长到2007年的55.62%,实现了从次半自给型国家到半自给型国家的转变,这除了其耕地资源丰富、气候资源多样、水资源充足等自然条件以外[1],稳定的社会政治局势以及政府对农业生产的重视起到重要作用,特别是尼政府将农业放在国民经济的中心地位,采取了增加农业投入,扶助农民进行"农业发展项目",提高农民生产技术,鼓励本国和外国资本经营大规模农场等一系列政策措施,以促进农业粮食发展。[2] 再加上联合国粮农组织和世界银行等国际援助机构的技术与资金支持,这诸多因素推动了尼日利亚粮食问题的好转。尼日利亚模式也代表了西部非洲乃至整个非洲粮食问题空间格局优化发展的特点与成因。另一方面,刚果(金)的生产性粮食满足率始终在10%~13%左右徘徊,呈现一种低水平往复趋势,主要原因是社会混乱,政治局势动荡,战乱摩擦与冲突频繁,根本不能为农业粮食的发展提供一个很好的内部环境。据相关资料,刚果(金)在1998年8月爆发第二次刚果战争,至2003年7月刚果民主共和国过渡政府成立,该战争才正式结束。但是整个国家仍然冲突不断,东部地区仍时有激烈的武装冲突。在2004年,估计每天有至少1000人死于军事冲突或食物短缺。[3] 加之刚果(金)的人口增长率居高不下,2007年人口增长率达到2.83%,粮食问题严重不言而喻。

第三节　解决非洲粮食问题的对策建议

粮食问题对于非洲未来的发展与稳定至关重要,粮食问题处理与解决的程度直接影响着非洲经济社会的稳步发展与人民生活水平的提高。通过对非洲粮食问题时间演化与空间演化过程的分析,应从以下几方面措施入手,改善并推进非洲粮食问题的解决。

---

① 赵贤.尼日利亚农业现状及中尼农业合作研究[J].亚非纵横,2011(2):51.
② 陆庭恩.非洲农业发展简史[M].北京:中国财政经济出版社,2000:273-287.
③ 彭玉龙.非洲:祈盼远离战魔[J].世界知识,2000(11):13-16.

一、切实维护社会与政局稳定

非洲粮食问题的时空演化显示,动荡不安的社会政局对粮食发展产生破坏作用甚至毁灭性打击,所以稳定压倒一切,必须切实采取相关措施维护社会和政局稳定。[①] 对于粮食问题相对较好的区域,如北部非洲与西部非洲,应继续推动并巩固政局与社会稳定,为农业粮食生产与发展提供良好的政治和社会环境;而对于粮食问题比较严重的区域,如中部非洲,则要下大力度打击破坏社会稳定的势力,切实提升社会政治局势的稳定度,只有这样才能让农业在一个相对稳定的环境中恢复发展,进而推进粮食问题的解决,扭转粮食问题恶化的局面。

二、控制人口数量,提高人口特别是农民素质

非洲人口问题同样严峻,对粮食生产提出了巨大的挑战与压力。从独立至今,非洲人口增长率远远超过经济增长率,高的人口出生率致使需求的粮食远超过原有土地的生产能力,人们只得去破坏森林和草地来增加耕地数量,如埃塞俄比亚曾经森林覆盖面积达到40%,由于人为的破坏,20世纪90年代骤减到3.1%。[②] 被破坏的环境对气候的调节能力又不断下降,造成干旱等灾害的不断发生,导致全非60%的土地处于干旱的威胁下,50%的土地受到荒漠化威胁[③],其直接后果就是粮食作物的减产、绝产,饥饿面积不断扩大,粮食问题加重。再加上人口的科学文化素质处于较低水平,特别是农业生产方面的科技与管理人才极其匮乏,使得本已恶化的粮食问题雪上加霜。所以,非洲各国政府应采取措施鼓励少生优生,科学控制人口数量与人口增长,使人口增长率逐步降低并与经济社会发展相协调,同时提高人口文化素质,特别是加强对农民粮食生产知识与技术的培训,提升农民种植粮食的水平与能力,从而推动粮食问题的好转与解决。

三、全力促进农业发展与粮食生产

在解决非洲粮食问题方面,政府应起到主导与核心作用。非洲独立之后,部分国家政府的腐败、制定措施的不力以及对农业粮食生产的忽视已经造成了严重的后果,使得非洲许多国家从独立之初基本满足粮食消费到如今的大多数国家必须严重依赖粮食进口。所以,推进非洲粮食生产的发展,政府应改变以往对粮食生产的忽视态度,采取各种措施全力促进农业发展与粮食生产。在政策上要对粮食生产大力扶持,给予农民更多的优惠政策,包括粮食生产技术培训、农业资金支持等;加强农

①　陈才.世界经济地理[M].北京:北京师范大学出版社,1999:248-255.
②　朱丕荣.非洲农业的困境与出路[J].世界农业,1996(11):6-8.
③　姚桂梅.非洲农业危机的根源探析[J].西亚非洲,2002(3):23-25.

业基础设施建设,包括兴修水利设施、提高农药化肥及农业机械的使用水平、建设公路、铁路等农业运输通道,切实提高农业灌溉、运输、仓储以及防灾减灾水平。[1] 另一方面,由于很多非洲国家女性是粮食生产的主要劳动力,如撒哈拉以南非洲地区,一些国家女性农业劳动力的比重高达 60% 以上,政府应更加重视女性的地位和作用,给予其应有的权利,使女性群体能够充分发挥自身优势,促进粮食生产与发展。[2]

四、深化多领域国际农业合作

非洲粮食问题的解决除了"自力更生"外,还需要加强与国际社会的交流,深化多领域国际农业合作。从 20 世纪 70 年代开始,国际社会真正对非洲农业进行援助,经过 40 年左右的发展,国际社会的农业援助确实在一定程度上推动了非洲粮食生产的发展,但所取得的发展与非洲粮食的巨大需求之间还是相差甚远。非洲还需要在综合农业发展、农业政策与农业人才培训、农业科研与推广、粮食作物生产技术和农业基础设施建设等方面继续加强国际合作,充分利用外部资源"为我所用"。特别是在粮食生产技术方面,中国等国家相继在非洲建立农业技术示范中心,并且每年选派一定数量的农业技术专家在非洲进行农业技术传播[3],非洲应抓住机遇,充分学习与借鉴农业发达国家的生产技术,真正做到消化吸收,"为我所用",促进粮食生产与发展。

(杜志鹏　赵　媛)

参考文献

[1] 李淑芹,石金贵.全球粮食危机与非洲农业发展[J].世界农业,2008(10):1-2.

[2] 陈宗德.增强危机意识 加快农业发展——当前粮食危机给非洲的重要提示[J].西亚非洲,2009(1):12-13.

[3] 陆庭恩,艾周昌.非洲史教程[M].上海:华东师范大学出版社,1990.

[4] 张同铸.非洲经济社会发展战略问题研究[M].北京:人民出版社,1992.

[5] 王洪一.解析非洲"政变年"[J].国际问题研究,2004(3):57-60.

[6] 赵贤.尼日利亚农业现状及中尼农业合作研究[J].亚非纵横,2011(2):51.

[7] 陆庭恩.非洲农业发展简史[M].北京:中国财政经济出版社,2000.

[8] 彭玉龙.非洲:祈盼远离战魔[J].世界知识,2000(11):13-16.

[9] 陈才.世界经济地理[M].北京:北京师范大学出版社,1999.

[10] 朱丕荣.非洲农业的困境与出路[J].世界农业,1996(11):6-8.

---

① 张同铸.非洲经济社会发展战略问题研究[M].北京:人民出版社,1992:249-292.
② 段道怀.提高非洲农业生产力[M].北京:中国农业科技出版社,1988:10-11.
③ 王晨燕.对非洲农业援助新形式的探索[J].国际经济合作,2008(4):35-38.

［11］姚桂梅.非洲农业危机的根源探析［J］.西亚非洲,2002(3):23 - 25.

［12］段道怀.提高非洲农业生产力［M］.北京:中国农业科技出版社,1988.

［13］王晨燕.对非洲农业援助新形式的探索［J］.国际经济合作,2008(4):35 - 38.

［14］PRB. 1990,1998,2000—2006 World Population Data Sheet. http://www. prb. org.

［15］FAO.世界粮农组织统计年鉴［G］. 2007 - 2011.

第三章

非洲海洋渔业资源与中非渔业合作的机遇与挑战

非洲沿海海洋渔业资源丰富，成为国际与非洲合作的热点，全球渔业与食物供给中海洋渔业极其重要。本章根据非洲丰富的渔业资源开发现状，探讨了中非渔业合作的机遇和挑战，认为中国渔业资源日益衰退、渔业养殖技术先进、海洋捕捞能力强大，与非洲渔业资源丰富、养殖技术落后和海洋捕捞能力弱小之间形成了较强的合作机遇。当前中非渔业合作也面临着远洋渔业成本加大、远洋捕鱼受限越来越多、与非洲沿海国家协定覆盖范围狭窄、在非传统欧美国家的贸易保护主义等问题。面对这些机遇和挑战，本章提出了相应的对策。

第一节　全球渔业与食物供给

一、全球渔业概况

鱼是人类食物蛋白质供应的主要来源之一，对人类食物安全和健康发挥着重要作用。渔业捕捞和水产养殖业在很多国家特别是水滨地区（包括海洋、湖泊、河流、水库）社会经济和食物安全中具有十分重要的地位。20 世纪 80 年代后期以来全球捕获鱼产量基本趋于稳定，水产养殖鱼产量快速增加，1950—2008 年全球渔业产量变化如图 3-1 所示，其中捕获量略高于养殖量，养殖在渔业发展中的地位日益突出，并带动全球渔业产量持续增长。

二、从水产品国际贸易看海洋渔业的重要性

根据联合国粮农组织公布的数据，按照联合国粮农组织"水生生物国际标准统计分类（ISSCAAP）"，换算到鲜活重量，其中鲸鱼、海豹和其他海洋哺乳类动物和植物产品不在统计之内。1984 年、1994 年和 2004 年世界水产品出口数据整理了上述三个年份累计的出口量图（图 3-2），其中明显可以看出：海鱼出口量占绝对优势，依次是贝类、甲壳类、洄游类，淡水鱼和杂鱼类在国际出口中比重很少。

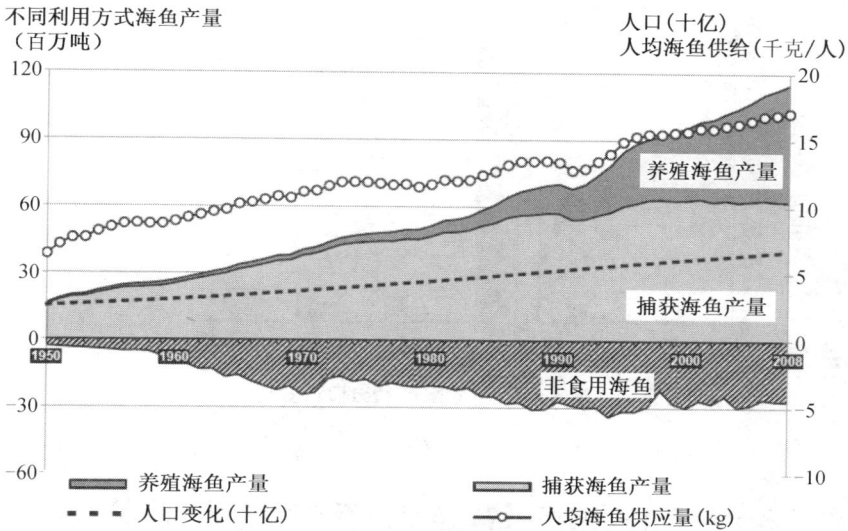

图 3-1 全球海洋渔业产量和人均渔产品供给量变化

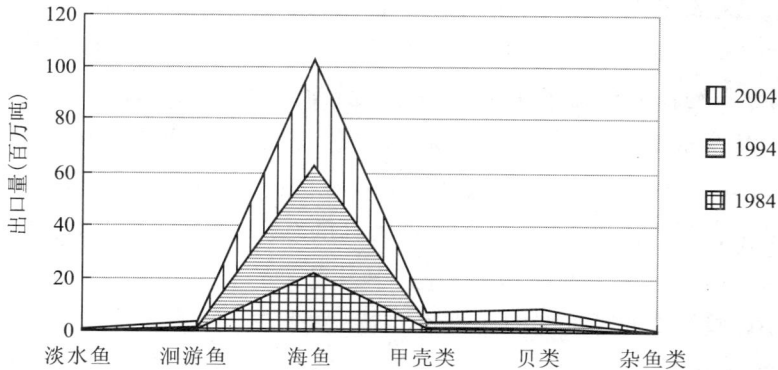

图 3-2 国际水产品出口量和构成

从 1984 年、1994 年和 2004 年世界水产品出口量变化(图 3-3)中可以看出:世界水产品出口量呈上升趋势,其中洄游类、甲壳类、贝类出口量呈持续上升趋势,而海鱼的出口量从 1984 年到 1994 年总量增加很快,2004 年和 1994 年相比,海鱼出口增加量很小,与主要世界渔产品出口国海洋渔业生产接近极限有关。

在世界水产品出口的经济价值中,海鱼占主要组分,以龙虾、虾和蟹为主的甲壳类渔产品出口数量少,但经济价值高。2004 年海产品中甲壳类不足 5×10^6 吨,经济价值超过 170 亿美元;渔产品出口超过 40×10^6 吨,其经济价值只有 370 亿美元。其次是洄游鱼类和贝类。

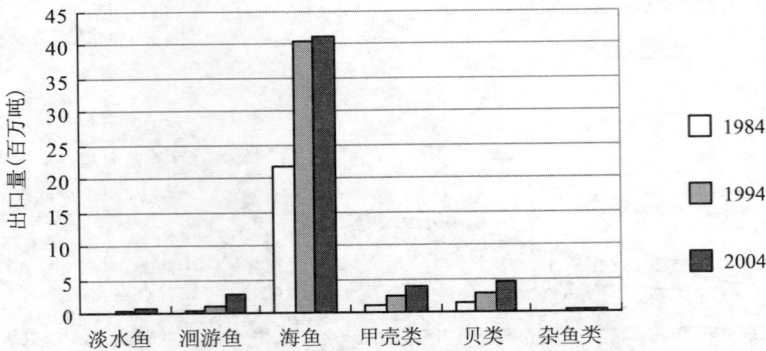

图 3 - 3　国际水产品出口量变化

第二节　非洲海洋渔业资源开发基本概况

　　非洲位于亚洲的西南面,东濒印度洋,西临大西洋,北隔地中海与欧洲相望,海岸线长达 26000 公里。非洲面积约 3020 万平方千米(包括附近岛屿),南北约长 8000 公里,东西约长 7403 公里,约占世界陆地总面积的 20.2%,次于亚洲,为世界第二大洲。2008 年非洲总人口 10 亿,约占世界总人口 15%,城市人口约占全洲人口 26%,预计 2050 年将达 20 亿人。人口分布以尼罗河中下游河谷、西北非沿海、几内亚湾北部沿岸、东非高原和沿海、马达加斯加岛的东部、南非的东南部比较密集。非洲海岸外与非洲大陆相关的岛屿很多,其中最重要的是世界第四大岛马达加斯加岛。其他小一些的岛屿有东部的塞舌尔群岛、索科特拉岛和一些其他岛屿;东南部有科摩罗、毛里求斯、留尼旺和一些其他岛屿;西南部的有亚森欣、圣赫勒拿岛和特里斯坦-达库尼亚群岛;西部有维德角、比热戈斯群岛、比奥科和圣多美与普林西比岛;西北部则有亚速群岛、马德拉群岛和加那利群岛。非洲沿岸的上升流和丰富的营养物质造就了非洲丰富的海洋渔业资源,绵长的海岸线和众多的海岛为开发海洋渔业资源奠定了很好的基础。

　　在过去的二十年中,非洲地区的渔业取得了明显的进步,渔业捕捞量整体上呈现稳步增长的趋势。近十年来,非洲国家的海鱼捕获量为 4 百万至 5 百万吨(图 3 - 4),在全球海鱼捕捞量中的比重很低,不足 10%。人均海鱼供给量在世界各大洲中最低,只有 8.5 千克/人,只有亚洲国家和世界平均水平的一半。

　　非洲的海洋渔业主要包括 FAO 统计的 3 个区,即东大西洋中部(34 区)、东南大西洋(37 区)和西印度洋(51 区)。除了非洲国家之外,世界其他远洋捕捞国家也在

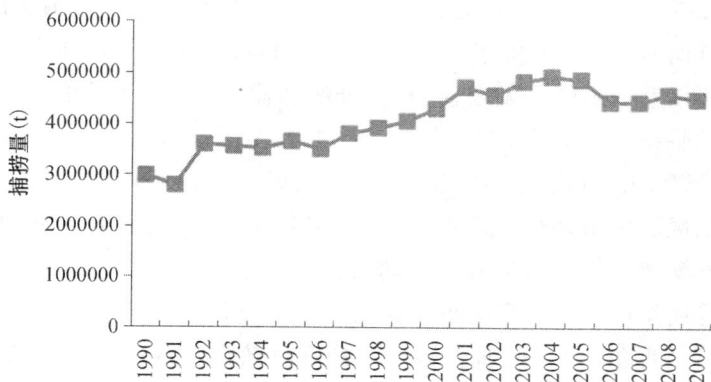

图 3-4　非洲海洋捕捞量变化

非洲毗邻的太平洋和印度洋进行海洋捕捞,捕捞总量要超过非洲国家的捕捞量。

34 区在非洲的西海岸,从直布罗陀到扎伊尔河口,既具有诸如主要海流、上升流和赤道辐合带的海洋特性,又为温带、热带和赤道水域、潟湖和红树林所环绕。1950年至 1994 年期间,22 个本地区国家和超过 25 个远洋国在该海区捕捞的鱼约计 190种或物种群。该海区的渔业以小型中上层鱼类为主,特别是沙丁鱼和其他鲱科鱼类约占总渔获量的 50%。在 20 世纪 70 年代之后,世界远洋捕捞发达国家在该海域出现导致 34 区的渔获量减少,尤其是小型中上层鱼类。34 海区的渔获量自 1990 年达到创纪录的约 410 万吨以后,略有下降。整个 20 世纪 70 年代和 80 年代年总渔获量变化在 250 万吨和 330 万吨之间。这些变化主要是由于小型中上层资源诸如竹笑鱼和沙丁鱼的波动造成的,这些资源绝大部分受气候变化以及来自东欧国家捕捞压力的影响。1994 年 22 个沿海国家的渔获量创纪录地占到该海区总渔获量的 78%。自1950 年以来,这些沿海国家渔业的稳定发展使年均增长达 20%。1994 年 25 个外国远洋捕捞船队主要捕捞小型中上层鱼类,其渔获量约占该海区总渔获量的 22%。

37 区涉及东南大西洋沿岸的安哥拉、纳米比亚和南非 3 个国家。南非的渔获量还包括来自西印度洋的一些渔获量。该海区的其他部分主要是本格拉上升流系,该流系通过向表层水域注入富有营养的冷水,使这 3 个国家大部分海岸线形成较高的生产量。本格拉上升流系的北部边缘大约在 15°S 到 17°S 之间,安哥拉南部有安哥拉暖流而形成明显的暖锋。该海区生产力高,在 20 世纪 50 年代和 60 年代建立起了具有良好管理历史的渔业。该海区中上层渔业资源主要有沙丁鱼、鲼鱼和无须鳕等。20 世纪 50 年代和 60 年代该海区的总渔获量迅速增加,80 年代末之后总渔获量下降趋于平缓,20 世纪 90 年代之后持续浮动在 140 万吨左右。1994 年南非为上岸量最高的国家,总上岸量超过 50 万吨,其次为纳米比亚(30 万吨)和安哥拉(7.1 万吨)。一些远洋捕捞船队也在纳米比亚和安哥拉水域进行捕捞,例如,1994 年初,近

23 万吨南非竹笶鱼被捕获,主要是被俄罗斯、乌克兰和爱沙尼亚等国捕捞船队捕获,还有约 3 万吨南非无须鳕和深水无须鳕主要被西班牙捕获。与此同时,西南非洲沿岸国家对海洋渔业资源的开发权益、利益分配和监管提出了更多的要求,其他国家的海洋捕捞面临越来越多的限制。

51 区位于西印度洋海区,拥有大约 3000 万平方公里水面,包括拥有渔业资源特点截然不同的区域。季风产生的上升流扩大到印度西部沿海,有较高的海洋渔业资源生产力。红海狭窄的大陆架和潮流动力也造就了独特的渔业地位。亚丁湾和索马里沿海也是由季风产生上升流的海域,季风期期间生产力高。51 区还拥有一些小型海洋岛屿。塞舌尔、毛里求斯和科摩罗拥有反映海洋或接近海洋特点的特色渔业,而南部拥有温带和亚南极性质的渔业。西印度洋的海洋渔业捕捞量从 20 世纪 50 年代的大约 50 万吨增加到 1992 年的近 380 万吨,1992 年以后渔获量略有下降之后转为持续稳定。该海区主要渔业资源有中上层鱼类(鲱科、沙丁鱼科、鳀科、鲭科等),其中长头小沙丁鱼是主要种类,中上层资源还包括羽鳃鲐和各种头足类以及鲈形目、犬牙石首鱼属和石首鱼科的各鱼种。自 80 年代初期以来,鲣和黄鳍金枪鱼的渔获量大增;80 年代中期,价值高的对虾渔获量一度迅速增加。

第三节　中非渔业合作的机遇与挑战

一、中非渔业合作的机遇分析

1. 全球化背景下,中非合作加速发展

经济全球化作为不可阻挡的历史浪潮,给新世纪人类社会的发展带来了深远的影响,它为世界各国提供了在更广泛的领域内积极参与国际竞争的机会。任何一个国家的发展都应该考虑全球化因素,充分利用全球化机遇,探索出先进的发展模式。中非友谊源远流长,基础坚实,在全球化背景下,中非合作方兴未艾。2000 年 10 月,中非合作论坛北京部长级会议隆重举行,会议通过了《中非合作论坛北京宣言》和《中非经济和社会发展合作纲领》。2006 年 11 月,中非合作论坛北京峰会顺利举行。2009 年 11 月,通过了《中非合作论坛沙姆沙伊赫宣言》。这些都有力地推动了中非技术合作,具有深远的历史意义。中非合作范围涉及国家政治互访、经济贸易、科教、文化技术、医疗卫生等多方面。就经贸合作而言,近年来中非贸易呈现高速增长态势,中非贸易自 2000 年突破 100 亿美元以来,年均增长 32%,2009 年中非贸易额达到 910.7 亿美元。2009 年中国成为非洲第一大贸易伙伴国,中非贸易占中国对外贸易总额的比重由 2% 上升到 4%,占非洲对外贸易总额的比重由 4% 上升到 10%。[1]就中非农业技术合作而言,中非农业技术合作有序开展,不断深入。目前,中

国同南非、埃塞俄比亚、莫桑比克等 10 多个国家签署了渔业合作协议或谅解备忘录；帮助非洲建设了农、牧、渔业等近 40 多个项目,涉及整治农田、修坝筑堤、提供农机具、建设畜牧和水产养殖场等；同时中国还为非洲举办了 30 多期农业技术培训班对来自 40 多个非洲国家的政府官员和技术人员进行有关种植业、畜牧业、渔业和农业管理等多个领域的培训。[2]

2. 中非渔业合作起步早、效果明显

当前,国际渔业也越来越体现出全球化的特征,要实现渔业的可持续发展,必须深入参与渔业发展的国际分工,发挥本国现实和潜在比较优势,拓展海外市场,提高本国渔业的竞争力。但是中国目前只享用了全球渔业资源极少的一部分,是水产养殖大国,海洋捕捞小国,这一格局造成了中国近海资源利用的不可持续,亟待从全球资源配置的角度加以解决。[3]非洲渔业资源丰富,与非洲国家进行远洋渔业合作,是我国参与全球渔业资源配置的重要手段。1985 年 3 月,中国水产联合总公司等派出我国第一支远洋渔业船队起航开赴西非海岸,开启了中国与非洲的远洋渔业合作。20 多年来,我国还先后与非洲地区十几个发展中国家建立和发展了互利互补的国际渔业合作关系,相继签订了中国—毛里塔尼亚渔业协定、中国—几内亚渔业协定等合作条约。为非洲国家提供了大量就业机会、开发了这些国家的渔业资源,我国企业也形成了外商合资、合作或补偿贸易的多种合作方式,就地捕捞、加工和销售,保持了较高的生产效益。[4]

3. 中非渔业发展存在互补关系

(1) 中国渔业资源的衰退与非洲渔业资源的丰富

由于对捕捞能力的增长没有实行有效的控制,加之渔业生产的比较效益和市场需求的驱动,使得近海渔业资源受到了严重的破坏。自 20 世纪 70 年代起,中国的渔业资源就进入了衰退期。据统计,中国大黄鱼 70 年代产量为 10 万吨,80 年代为 6 万吨,90 年代仅为 2.5 万吨;小黄鱼 50 年代产量为 12 万吨,70 至 80 年代为 3 万吨,90 年代只有 2 万吨。[5]在资源密度方面,以南海为例,目前的渔业资源的密度仅相当于上世纪 90 年代初的八分之一,六大鱼汛也相继消失。[3]黄海渔场已有 16 种主要经济鱼类、7 种甲壳类、3 种贝类资源濒临枯竭;传统的黄渤群系带鱼、鲆鱼、真鲷、河鲀、黄姑等渔业都已先后失去了产业价值。[6]2008 年国家海洋局海洋战略研究所课题组发布的《中国海洋发展报告》认为目前中国海洋生态系统健康总体欠佳,以过度捕捞为代表的对海洋物种的过度利用而直接导致种群数量下降甚至物种灭绝问题十分严峻。中国近海渔场的底层和近底层传统经济鱼类已经严重衰退和枯竭。目前处于严重衰退状态的鱼类包括:大黄鱼、小黄鱼、带鱼、红娘鱼、黄姑鱼、鳕鱼、鳎类等,只有中小型的中上层鱼类和头足类尚可捕捞。[7]而非洲地处几大寒、暖流交汇区,在西非、东非以及西南非海域形成了诸多著名的渔场:西北非靠近大西洋沿岸为加纳利寒流和几内亚暖流交汇处,使沿岸各国如毛里塔尼亚专属经济区海域成为鱼类资源丰富的良好渔场;本格拉寒流和几内亚湾暖流交汇处的西南非,形成了诸如安哥拉近海域等盛产金枪鱼的优良渔场;此外马达加斯加海域还是世界著名的虾场之一。FAO 数据显示在 2003 年至 2007 年间全球渔业产量从 1.26 亿吨增加到 1.4 亿吨。非洲年平均渔产总量约为 0.65 亿吨,鱼种纷繁复杂,其中近 80% 来自大西洋沿岸国家。

(2)中国渔业养殖技术的先进,非洲渔业养殖技术相对落后

我国是世界上唯一一个养殖产量超过捕捞产量的国家,拥有较先进的养殖技术,已经形成了"南虾北鱼"优势品种的基本养殖格局,养殖模式朝着多样化、集约化方向发展,除传统的滩涂养殖、浅海养殖外,养殖领域进一步拓宽,深水抗风浪网箱养殖发展迅速,陆上的工厂化养殖面积也不断增加,仅山东省 2003 年海水鱼工厂化养殖面积已达到 260 万平方米,比 2002 年增加了 60 万平方米。科研和生产单位还创造了鱼、虾、蟹、贝、藻类的混养、轮养和梯级养殖模式,立体开发、利用水体。养殖品种也实现了多样化发展,实现了以贝藻类养殖为主,向虾蟹类、鱼类和海珍品养殖全面发展的养殖模式。[8]同时,以水产品加工业为代表的第二产业蓬勃发展。据统计,加工企业、总产量和总产值在 10 年间分别增加了 54.8%、159% 和 226.4%。现代高新技术在水产加工业中的广泛应用,改善了加工设备和工艺,提高了精深加工度、产品附加值和质量安全标准。我国渔业初步改变了单纯依靠第一产业的不平衡发展格局。[9]新世纪以来,我国的渔业技术取得了巨大的进步,优良苗种繁育、生态养殖、重大病害防治技术研究迅速发展,为我国水产养殖业的快速健康发展、成为世界第一水产养殖大国提供了科技保障。水产基础研究部分领域达到国际先进水平:基因技术以及功能基因组学应用基础研究为我国水产动物种质资源的评估提供依据。在海洋渔业遥感信息与资源评估服务技术及系统集成、示范,高海况打捞设备的研制,海洋生物酶的研究等领域都取得了显著成绩。[10]

当前,世界对鱼类产品的需求将激增,与当前形式相反,非洲是全世界七大洲中唯一在近几十年人均鱼肉供应量没有发生显著变化的大陆。1973 年,非洲人均消费鱼肉 10.3 千克,而 2002 年是 10.5 千克[11],且该地区鱼类年产量不足世界总产量的 1%。作为水产资源丰富的地区,非洲发展水产养殖业潜力巨大,将成为未来世界水产养殖业发展的重点地区,但是非洲水产养殖业发展依旧落后。例如:冈比亚目前有 20 家渔产品加工厂,仅有 7 家加工厂的产品可外销到欧盟各国销售[12];加纳当地的淡水养殖才刚刚起步,海水养殖处于空白阶段;坦桑尼亚寻求与中国的渔业项目合作培训当地沿岸居民渔业生产养殖技术;突尼斯海水、淡水养殖均处在起步阶段,产量仅为 2500 吨,我国可充分利用在海水、淡水养殖技术方面的经验和优势,开展经济技术合作,双方合作前景广阔[13]。2005 年 8 月在尼日利亚举行的一次峰会上,来自 25 个非洲国家的首脑签署了一项决议,呼吁尽快对鱼类养殖业进行投资。

（3）中国的渔业捕捞能力强，非洲的渔业捕捞能力相对较弱

随着我国海洋捕捞业渔获量的增长，捕捞能力也显著膨胀，即机动渔船数和发动机总功率大幅增加，并积累了大量捕捞能力。[14] 1998 年我国机动渔船数达到其历史峰值约 283200 艘[15—18]，捕捞能力高居世界首位，远远超过俄罗斯、美国、日本和印度等世界渔业大国[19]。

非洲海岸线很长，渔业资源丰富，此外，非洲还有大量的内湖资源，渔业资源相当丰富，但是由于缺乏设备，几乎没有捕鱼业，渔业资源得不到很好的开发。目前，很多非洲国家的渔民仍然沿用传统的捕捞方式，工业捕捞船数量较少，而且多为小马力的机动船，手工捕捞主要采用无动力的独木舟等，使用的工具主要有小型刺网、延绳钓及手抛网等。除了摩洛哥以外，绝大部分非洲国家仍依赖落后的手工业方式进行捕捞作业，使得非洲国家一般只能局限在近海捕捞，而专属经济区大部分海域的渔业资源都要依赖与外国合作来进行开发和利用。[20]

二、中非渔业合作的挑战分析

中国和非洲诸国政治经济关系良好，我国对非经援较多，各国政府高层人士及广大民众对我国友好，这非常有利于中国渔业公司赴非开展远洋捕鱼活动，或与非洲各国进行渔业合作。但是中非渔业合作也面临许多不利条件。

1. 非洲各国加强海洋专属经济区的管理，我国在非远洋渔业成本加大

在西非和东非，由于沿海国大多没有充分开发利用专属经济区内渔业资源的力量，尤其缺乏物质和财政力量，各沿海国与远洋国签订协议，允许外国渔船入渔，但要缴纳一定的入渔费或许可费，并且要在人员培训、财政援助、技术转让、贸易、销售等方面给沿海国以回报。20 世纪 90 年代以来，非洲国家加快了在专属经济区内渔业管理的步伐，加强了彼此之间的合作。特别是 1994 年《联合国海洋法公约》生效以来，非洲国家在管理措施和条款条件方面会更加严格、苛刻，而要求的回报会更高，并在法律规则的实施上，进行区域合作。由于长期的开发，西非、东非的一些已开发的渔业资源也大多处在充分开发状态。所有这些都会使我国在非洲的远洋渔业成本上升，经济效益下降，如果我们不在养护渔业资源上和在遵守沿海国法律制度上与沿海国采取合作态度，则可能会在不少国家失去入渔资格。

2. 一些国家对开始颁布相关法规，控制海洋渔业及相关工业

以纳米比亚为例，纳米比亚渔业资源十分丰富，很多国家都对投资纳米比亚渔业十分感兴趣，中国和纳米比亚在捕鱼领域也有长期的合作。自 1990 年以来，中国外经贸部、农业部、中水产（集团）总公司、烟台水产公司和青岛远洋渔业公司等多次派员来考察并写出考察报告，但至今未有实质性进展。1995 年以来，烟台国际公司和水产公司先后与一纳籍台商合作成立一家渔业公司，至今也未正式获得渔权及配

额。中国企业为什么在纳米比亚渔业领域发展如此步履维艰呢？主要是因为纳米比亚政府已经逐渐意识到渔业资源保护的重要性，并颁布了相关法律强化对渔业资源的管理。1991 年年底，颁布《关于合理开发渔业》白皮书，强调：确保恢复资源；扩大陆上加工，保证本国人参与及利益，实施渔权及配额控制，保证渔业发展。1992 年底，新的《海洋渔业法》颁布，规定政府对海洋渔业及相关工业实行控制。由于纳米比亚严格控制渔权、配额及新渔业企业的审批，不再向外国或合资企业发放渔权及配额，中国企业想独自进入该领域的希望十分渺茫。也门颁布《也门渔业法》，规定也门渔业部和各省渔业厅为本国和外国渔业公司发放捕捞许可，并负责签发批量渔货买卖和出口许可，以及渔产品培育和养殖许可。在捕捞配额的确定上，由于也门渔业部缺乏科学的资源调查，对捕捞总配额量以及配额的分配不尽合理。[21]

3. 中非双边渔业合作协定少，覆盖范围窄

与非洲国家签订渔业协定对于规范非洲渔业秩序、维护中非双方的渔业利益、发展中非渔业合作以及稳定双边关系具有重要意义，同时也为中国的公司自主到非洲进行渔业投资合作打开了通道。但是，我国到目前为止，仅仅与埃及、埃塞俄比亚、南非、毛里塔尼亚、几内亚、塞舌尔、也门、巴布亚新几内亚等 10 多个非洲国家签署农渔业合作协议或谅解备忘录，包括中国—毛里塔尼亚渔业协定、中国—几内亚渔业协定等合作条约，中国—塞舌尔渔业协定（《关于中国渔船在塞海域进行捕鱼的协定》）、中国—巴布亚新几内亚渔业协定、中国也门渔业协定。渔业协定覆盖的范围小，不利于中非渔业合作的拓展。

4. 欧美国家在非洲形成传统优势并抵制新的投资者

非洲渔业的发展离不开西方发达国家的资金、技术及管理经验等方面的援助，主要涉及渔业政策、管理及监控和环境与资源的调查评估，许多西方国家的渔业公司多年前已在此开展渔业对策，先入为主且有资金技术实力，并形成传统势力，经济利益互相渗透，抵制新的投资者等。面对中国企业的竞争，欧美企业正在失去它们过去在非洲拥有的优势，西方媒体现在大肆炒作中国在非洲搞所谓"新殖民主义"，污蔑中国现在在非洲就是"赤裸裸的交易"，丑化中国形象。此外，美国对我国鱼类出口征收反倾销税，欧盟和日本也相继颁布更加严格的质量安全法规和标准，对从我国进口的水产品在卫生要求、检验检疫制度、商品标记制度、进口企业的注册制度和认证体系等方面作出各种苛刻规定，导致我国水产品出口出现较大幅度的波动，损失较重。2008 年 9 月 29 日，欧盟理事会正式通过了《关于建立共同体系统以预防、阻止和消除非法、不报告和不管制捕捞的法规》（简称 IUU 法规），规定从 2010 年1 月 1 日起对进入欧盟市场的部分海洋捕捞产品进行合法性认证。欧盟 IUU 法规内容繁杂，有些方面还缺乏可操作性，如果被不适当地解释、引用和延伸，很可能成为贸易保护主义的借口，对我国的渔业出口形成重大的冲击。此外，IUU 法规还可

能引发美国等国效仿,从而对我国水产品出口造成连锁影响。[22]

第四节　对策研究

一、强化远洋渔业的宏观管理和政策扶持

各级渔政管理部门和渔业企业领导层必须树立海洋渔业已进入全面严格的管理时代和有偿利用海洋渔业资源的新渔业理念,要主动适应国际渔业管理制度,注意其发展趋势,在实践中遵守有关国际渔业管理的规定。在远洋渔政管理上,一方面完善远洋渔船注册和许可制度,建立捕捞统计制度,使国家能够宏观调控远洋渔船规模,了解捕捞作业情况,向国际组织和有关国家提供相关数据,履行我们的义务;另一方面,建立对违规船只的惩罚制度,树立我国负责任渔业大国形象。同时,要加快建造抗风能力强、航速快、配备舰载直升机等现代化管理设备、适应远洋管理要求的大吨位渔政船,提高渔政管理的装备水平,维护我国远洋渔船的合法权益。[23]

二、加强与非洲沿海国合作力度,提升远洋渔业软实力

全球和区域性渔业组织,在远洋渔业的配额等渔业资源分配上起着重要作用。如果不参与这些渔业组织,可能会丧失我国在该地区的入渔权利,因此我们应该积极参加相关渔业组织,加强对渔业组织规章制度和惯例的学习与研究,扩大我国的渔业权益,合理地承担义务。今后应加强有关海域渔业资源的调查研究,分析今后趋势,争取在这些组织中求得更多的有利条件。政府及有关部门要争取更为宽松的入渔政策,争取签订双边入渔协定或申请特批渔权及配额,对非洲渔业开发和发展予以援助,如赠款、科研及培训等,把援助非洲发展渔业列为推动中纳关系的重点,为中国公司申请渔权及配额铺路,把援外与经济合作相结合,用中国援外贷款为中非渔业合资企业提供资金支持;同时,加强政府间和民间的渔业谈判与交流,尽可能同所在国的企业建立一些生产和经营方面的合作,拓宽我国渔业作业范围,在互惠互利的基础上使双方的关系与沿海国渔民的感情更加密切,巩固和加强渔业友谊,不断提升我国远洋渔业的软实力。

三、避开锋芒、找好中非渔业合作突破口

非洲各国逐渐重视渔业资源保护,一些区域性和专业性渔业保护组织相继成立,一些沿海国家对海洋环境、入渔条件各方面管理更规范、要求更严格。沿海各国逐步建立了海洋专属经济区,采取措施保护海洋资源,对外国船只入渔设置限制条件,对捕捞总量、作业方式、海域、捕捞品种、规格等都作出了详细要求。这些使得我

国进入非洲渔业成本加大、争取捕捞配额竞争激烈。当前中非渔业合作应该避开锋芒,寻找中非渔业合作新的突破口。考虑到中非渔业合作的互补和互利,可考虑与非洲选择合适项目,如渔港设施修建、渔船租用及维修、劳务技术合作、渔网具生产、塑料包装生产、制冰冷储、冷冻运输、海产养殖加工及市场营销,开拓国内及其他国际市场。选择下述领域作为投资重点:(1)制造用于海鲜出口加工的器具和设备;(2)加工生产罐头、听装鱼;(3)建造、维修和保养各种渔船和拖网等必要的捕鱼设备和工具;(4)建造海鲜冷冻设备和工厂。本着遵循可持续发展的原则,保护当地海域的自然环境,使中非双方互利、双赢。

四、加强队伍建设,应对渔业资源与贸易保护

国际渔业竞争日益激烈、贸易保护主义抬头。我国一方面要继续与相关国家进行贸易合作,一方面要加强自身队伍建设,更好地在国际贸易中保护自己的权益,实现自己的利益。要遵守国际渔业协定的相关规定、健全远洋渔业管理机制、加强渔业船员的教育和培训,减少涉外渔事违规事件。加强对市场、交通、渔港、质量检测等设施的投入,积极加强新技术、新品种开发,培养渔业人才,尤其是加强有关远洋渔业的技术和法律人才建设,为远洋渔业的发展储备人才,加大对远洋捕鱼船只装置支出的补贴,按照海洋法公约渔业资源养护要求进行实时卫星位置报告,以减轻远洋渔业企业的负担。关注和及时熟悉了解相关国家新法规的变化情况和最新发展动态,提前按新法规要求进行自查和整改,并制定有针对性的应对措施,做到有的放矢,及早应对,主动规避和防范风险。[24]提高质量安全意识,建立和完善出口水产品追溯体系,完善自检自控体系,对水产品质量安全进行严格的要求和控制。此外,要深入实施多元化战略,走市场多元化道路。改变出口依赖少数市场的格局,积极开拓非洲等渔业资源与贸易市场,尽可能减少和分散贸易风险。

五、对中国在非洲的远洋捕捞和港口建设、临港渔业加工等进行统筹规划

伴随非洲的崛起,非洲的对外经济和贸易日益活跃,沿海港口建设是重要的基础工程建设,也与海洋渔业资源的开发密切相关,是海洋渔业捕捞的基地。近30年来,我国很多工程建设企业参与了非洲的港口建设和无偿支援,建立了很好的港口航运合作关系。现阶段在非洲实施渔业资源开发面临诸多当地政策和法规方面的制约,同时,适合大型渔船停泊的渔港和临港渔业加工链的配套建设十分薄弱,需要国家层面的扶持和引导,相关水产捕捞企业、港口建设企业和渔产品加工企业进行合作,可以推动中非渔业合作与开发朝更高的目标发展。

(张振克 张凌华 徐华夏)

参考文献

[1] 中非关系[OL]. 新华网. http://news. xinhuanet. com/ziliao/2006 - 06/14/content_4695531. htm.

[2] 刘青海,刘鸿武. 中非技术合作的回顾与反思[J]. 浙江师范大学学报(社会科学版),2011,36(172):1 - 6.

[3] 胡振宇,龙隆,曹钟雄. 从国家视角看发展远洋渔业的战略价值[J]. 中国渔业经济,2008,26(6):85 - 89.

[4] 王金奎. 我国远洋渔业的国际合作与风险分析[J]. 中国渔业经济,2009,27(2):69 - 73.

[5] 张军涛,李哲. 建立面向 21 世纪的中国海洋渔业资源开发利用模式[J]. 科技导报,1999(10):43 - 45.

[6] 徐质斌,李相林. 中国渔业资源衰退问题的多因性与组合解[J]. 渔业现代化,2008,35(3):47 - 51.

[7] 国家海洋局海洋发展战略研究所课题组,编. 中国海洋发展报告(2008)[M]. 北京:海洋出版社,2008.

[8] 李纯厚,王学锋,王晓伟,等. 中国海水养殖环境质量及其生态修复技术研究进展[J]. 农业环境科学学报,2006,25（增刊）:310 - 315.

[9] 现代渔业技术体系建设探析[J]. 中国水产,2006(3):15 - 17.

[10]《中国水产》编辑部. 细说"十五"渔业发展成就[J]. 中国水产,2006(3):15 - 17.

[11] 联合国环境规划署. 全球环境展望年鉴 2006[M]. 北京:中国环境科学出版社,2007.

[12] 李伯军. 非洲渔业养殖是亮点[N/OL]. http://www. africa518. com/html/2010 - 12/2558. html

[13] 剑虹. 最后的金矿——无限商机在非洲[M]. 北京:中国时代经济出版社,2007.

[14] Liu,Q. &D. G. Chen. The fisheries and the fisheries resources in the Yellow Sea[M]// G. H. Hong,J. Zhang&B. K. Park(Eds.)Health of Yellow Sea. The Earth Love Publication Association,Seoul,ROK,1998.

[15] 中国海洋经济统计年鉴(1979—1992)[M]. 北京:中国统计出版社,1995:128.

[16]《中国海洋年鉴》编辑部. 中国海洋年鉴(1994—1996)[M]. 北京:海洋出版社,1997:44.

[17]《中国海洋年鉴》编辑部. 中国海洋年鉴(1997—1998)[M]. 北京:海洋出版社,1999:48.

[18] 中国渔业统计资料(1998—2000)[M/OL]. http://www. cnfm. gov. cn/tongji/analysis. asp.

[18] 中国渔业年鉴(2001—2003)[M]. 北京:海洋出版社,2004:48.

[19] 刘克岚,黄硕琳. 我国渔业政策与渔业管理问题探讨[J]. 上海水产大学学报,2000,9(2):169 - 171.

[20] 李伯军. 非洲渔业区域性合作初探[J]. 西亚非洲,2008(3):64 - 67.

[21] 崔霁丹. 浅析也门渔业现状及中也渔业合作的潜力[N/OL]. 上海水产集团总公司新闻中心国际渔业,2009 - 09 - 15. http://www. sfgc. com. cn/html/news/gjyy/15950. html.

[22] 王瑜. 积极应对 IUU 法规对我国水产出口的冲击[N/OL]. 人民网,2010 - 05 - 18. http://finance. people. com. cn/nc/GB/11626107. html.

[23] 高强,王本兵,杨涛. 国际海洋法规对我国远洋渔业的影响与启示[J]. 中国渔业经济,2008,26(6):80 - 84.

[24] 潘云娣,樊建康. 欧盟 IUU 法规对水产品输欧的影响及应对[N/OL]. 宁波日报,2010 - 06 - 15. http://daily. cnnb. com. cn/nbrb/html/2010 - 06/15/content - 201776. htm.

第四章

非洲生态环境变化对农业发展的影响

生态环境不断恶化是人类面临的一大突出问题,它不仅使人类生存陷入生态环境恶性循环之中,而且严重阻滞了经济社会的健康发展,尤其是人类赖以生存的农业处于日益危险的环境之中。生态环境不断恶化在世界各大洲中,非洲更为突出和严重。生态环境灾难不仅给非洲人民造成重大的生命财产损失,而且也阻滞了非洲经济社会的正常发展。因此,非洲的生态环境问题受到国际社会的关切,有关的科学工作者也将这一问题作为长期研究的重要课题。非洲生态环境问题最为突出的主要表现在以下几个方面:土地退化和荒漠化过程加速,影响范围日益扩大;水草资源环境日益恶化;森林生态环境退化加速;生物多样性破坏日益严重。

第一节　土地生态环境变化的主要特点与农业发展

一、非洲土地生态环境变化的主要特点

1. 土壤肥力降低

根据 FAO 世界土壤资源报告给出的相关数据(表 4－1),以及土壤限制性在北部非洲、中部非洲、西部非洲、东部非洲和南部非洲的现状分析(图 4－1),可以看出北部非洲主要限制因子表现为土壤贫瘠(Shallowness),其次是土壤侵蚀问题,分别占北部非洲面积的 38％和 16％。本区一般属于农业开发的"自然障区",气候干旱是构成"障碍"的最主要因素,每年长达 6～7 个月以上的旱季和降水不足,构成对农业季节的限制。居第二位的"障碍"因素是土地的贫瘠与荒漠化,沙漠、缺水、水热分配不协调,严重制约着本区的农业发展。虽然存在一定的问题,但本区内未受限制的土壤所占比重也较大(16％),地中海沿海平原、山间平原、河流谷底、尼罗河三角洲及冲积平原,沙漠中的绿洲等都是富庶的农用地。北部非洲非常重视农田基础设施建设,发展集约农业,是非洲农业生产力水平最高的地区。

表4-1 土壤肥力承载力分类土壤潜在限制因子与世界土壤图土壤分类间的相关性

FCC soil constraints	Major soil groups	Soil units
Hydromorphy	Fluvisols, Gleysols, Histosols	Gleyic
Low cation exchange capacity	Arenosols, Ferralsols provided sandy and not humic	
Aluminium toxicity	Ferralsols and Acrisols that are not humic	Dystric Cambisols, Dystric Planosols, Dystric Gleysols
High phosphorus fixation	Clayey Ferralsols and clayey Acrisols	
Vertic properties	Vertisols	Vertic Cambisols, Vertic Luvisols
Salinity	Salt Flats, Solonchaks	Saline phases
Sodicity	Solonetz	Sodic phases
Shallowness	Lithosols, Rendzonas, Rankers	
Erosion risk		Steep slopes; moderate slopes with contrasting top-and sub-soil texture

资料来源:联合国粮农组织世界土壤资源报告,http://www.fao.org/corp/statistics/zh/.

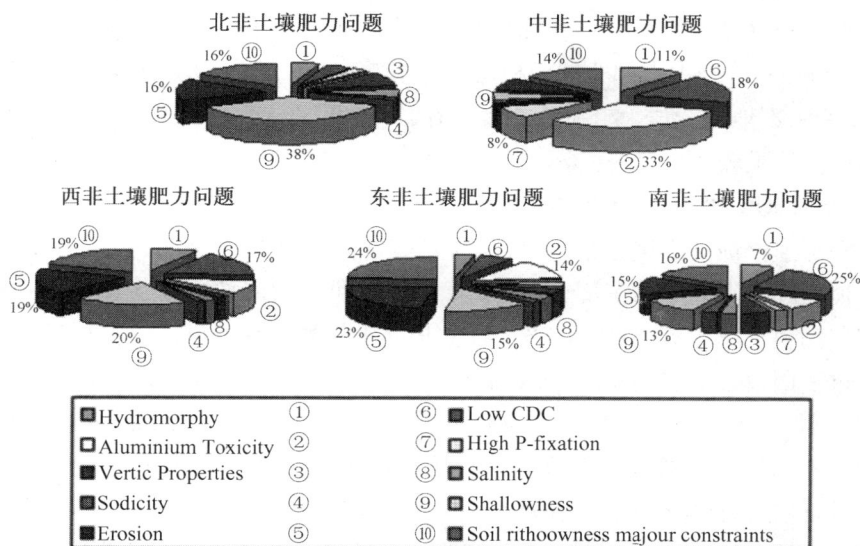

图4-1 非洲土壤肥力问题

资料来源:根据FAO世界土壤资源报告数据整理。

中部非洲主要限制因子表现为铝毒、阳离子交换能力低、排水差及铁氧化物含量高,分别占中部非洲面积的33%,18%,11%和8%。本区北部属撒哈拉沙漠,中部属苏丹草原,南部属刚果盆地,西南部属下几内亚高原。本区内未受限制的土壤所占比重仅占14%左右。

西部非洲主要限制因子表现为土壤贫瘠(Shallowness)、土壤侵蚀问题和阳离子交换能力低,分别占西部非洲面积的20%,19%和17%。本区内未受限制的土壤所占比重也较大(19%)。

东部非洲主要限制因子表现为土壤侵蚀、土壤贫瘠(Shallowness)和铝毒,分别占东部非洲面积的23%,15%和14%。本区北部是非洲屋脊——埃塞俄比亚高原,南部是东非高原,印度洋沿岸有狭窄的平原,东非大裂谷纵贯东非高原中部和西部。本区内未受限制的土壤所占比重最大(24%)。

西部非洲主要限制因子表现为土壤贫瘠(Shallowness)、土壤侵蚀问题和阳离子交换能力低,分别占西部非洲面积的20%,19%和17%。本区内未受限制的土壤所占比重也较大(19%)。

东部非洲主要限制因子表现为土壤侵蚀、土壤贫瘠(Shallowness)和铝毒,分别占东部非洲面积的23%,15%和14%。本区北部是非洲屋脊——埃塞俄比亚高原,南部是东非高原,印度洋沿岸有狭窄的平原,东非大裂谷纵贯东非高原中部和西部。本区内未受限制的土壤所占比重最大(24%)。

南部非洲主要限制因子表现为阳离子交换能力低、土壤侵蚀和土壤贫瘠(Shallowness),分别占南部非洲面积的25%,15%和13%。南非高原为本区地形的主体,高原中部地势低洼为卡拉哈迪盆地,四周隆起为高原和山地,本区内未受限制的土壤所占比重较大(16%)。

2. 非洲土壤侵蚀与退化加速

非洲加速侵蚀的土壤分布广泛,最易受侵蚀的地区是西北部的 Maghreb 地区、埃塞俄比亚和非洲高原的东部、南部草原及尼日利亚东南部。据估算,1989年因侵蚀造成非洲粮食总产减少:谷物820万吨,根茎类作物930万吨,豆类60万吨。撒哈拉地区过去因侵蚀造成的减产为:谷物类370万吨,根茎类640万吨,豆类30万吨。

在非洲,土壤侵蚀已经严重威胁到土壤农业生产力。在北部非洲,突尼斯南部的风蚀和北部的水蚀都在很大范围内有较严重的永久性危害。在梅德宁附近的干草原上,风蚀是最严重的危害,在那里,很多地区都有风蚀槽在灌丛之间不断形成,围绕灌丛又形成沙堆。土地生产力很可能已降低了至少50%,主要是由暴露在风蚀槽中的底土硬化而引起的。在突尼斯半干旱和半湿润的西半部,水蚀已经使很多土壤严重退化。在过去的一些耕地上的片状侵蚀已将土壤侵蚀到基岩。侵蚀的痕迹在泰尔山南部尤为广泛。在摩洛哥,侵蚀所引起的土壤生产力损失主要限于该国北部的丘陵与不平缓的地区。在西部非洲,几乎整个尼日利亚都在遭受着轮垦所带来的暂时减产,人口压力已引起农业用地的过度开发。加纳东北部的一个地区,由于过大的土地压力和随后的土壤侵蚀,已遭到永久性的土壤生产力损失。Hunter 曾提及楠戈迪州的一个地区,那里的大片土地已被剥蚀了表层土壤,他认为那里的人口已超过其土地承载力的 3~4 倍。风蚀普遍发生在沿撒哈拉南缘的半干旱地区,马里西部有一个地区已遭到永久性危害。流动沙丘是西部非洲最干旱地区的一种自然发生的现象。在较湿润的固定沙丘上的耕作,在许多国家(毛里塔尼亚、马里、布基纳法索、尼日尔和尼日利亚)都引起了这类沙丘的重新流动。在东部非洲的肯尼亚、乌干达和埃塞俄比亚,侵蚀所造成的严重危害特别突出。肯尼亚的低地和高地广泛分布着沟蚀、片状侵蚀和细流侵蚀,西部遭到毁林的高地上土壤侵蚀也很严重。严重的水蚀给沿着肯尼亚—乌干达边界的 Karamojong、Turkana 和 Samburu 人口居住区的很多牧场造成了永久性的破坏。在埃塞俄比亚,片状侵蚀和细流侵蚀是最重要的侵蚀方式。Milas 和 Aslat 曾明确指出,埃塞俄比亚北部大约有 9880 万英亩土地已经退化成了不可逆转的石质荒漠。幸运的是,土壤侵蚀在中非并不是很严重的问题。但在南部非洲的斯威士兰和津巴布韦的部分地区存在从中度到严重的侵蚀危害,莱索托的情况更坏一些。

据报道,非洲每年损失 180 亿吨表土。土壤侵蚀最严重的地方每年每平方公里的侵蚀量在 200 吨以上。目前,非洲 40% 的土地已失去了 10% 的潜在性生产力,其中失去 50% 以上潜在性生产能力的竟达 17%。受风蚀影响的非洲土壤占 17%。受不同程度水蚀的非洲地区的土壤约占 36%,水蚀造成的表土流失虽说是自然因素,但是,人类的破坏行为加速了水蚀面积的扩大。

埃塞俄比亚高原占该国大约 45% 的陆地面积,全国 85% 的人口和 75% 的牲畜生活在这些高原上。但这些重要的土地是世界上遭到最严重侵蚀的地方,大约 50% 的土地都发生了显著的土壤侵蚀;25% 的土地发生严重的土壤侵蚀;5% 的土地已经不能种植农作物。这片高原平均每年流失厚达 4 mm 的土壤,远远超过了非洲平均每年不超过 0.25 mm 的新土壤形成速度。估计埃塞俄比亚的有效土壤深度为 20~59 cm。如果当前的土壤流失速度得不到缓解,这片高原在未来 100~150 年内将流失几乎所有表土层。

总之,在北部非洲的阿尔及利亚、摩洛哥和突尼斯,东部的埃塞俄比亚、肯尼亚和乌干达,西部的尼日利亚和加纳的东北部,南部非洲的莱索托、斯威士兰和津巴布韦,都在全国范围内存在由水蚀导致的不可逆转的土壤生产力损失。受到侵蚀的国家:西北非洲的布基纳法索和尼日尔,东部非洲的布隆迪和卢旺达,南部非洲的马达加斯加、马拉维、莫桑比克和南非。人类活动是引起土壤侵蚀的重要原因之一,根据 FAO 世界土壤资源报告数据,由于人类活动引起的土壤退化问题最严重的五个非洲国家如表 4-2 所示。

表 4-2　人类活动导致的土壤退化最严重的五个非洲国家

国　　家	人类活动导致的土壤退化占全国面积比例(%)
卢旺达	75
布隆迪	65
布基纳法索	43
喀麦隆	31
突尼斯	31

3. 萨赫勒(sahel)带农业环境日趋恶化

位于中西非的萨赫勒(sahel)地带介于撒哈拉沙漠与苏丹草原之间,宽度 300480 公里。西起佛得角群岛,向东一直延伸到苏丹的尼罗河谷地,东西长约 6500 公里。包括佛得角全境、塞内加尔北部、毛里塔尼亚南部、马里中部、上沃尔特北部的一小部分、尼日尔南部、乍得和苏丹中部。

萨赫勒(sahel)地带属于半荒漠或者荒漠化热带草原气候,气候条件不佳。虽然该地带终年高温、日照充足,有利于农业生产,但是降水稀少而变率大,植被稀少,是发展农业的限制因子。在北萨赫勒带,年平均降水量不足 350 毫米,不能满足最耐旱农作物的最低限值,因此,种植业全部依赖灌溉;南萨赫勒带年平均降水量在 350 毫米以上,基本能满足御谷、高粱等作物的需要,但是降水年内分布不均,年际变率大,很不利于农业生产。北萨赫勒带降水集中在 7—9 月,南萨赫勒带降水集中在 6—9 月,此期间的降水量约占年降水量的 87%～94%,而雨季的迟早会给生产带来严重的后果。在雨季提前的情况下,往往初雨之后紧接着是十天到半个月的干旱,农业生产不是错过播种期就是播种后幼苗刚出土便被旱死,不得不重播,在塞内加尔北部有的年份甚至重播三次;雨季推迟时,则意味着在漫长的旱季中本已筋疲力尽的居民和牲畜,又要延长一段艰苦的青黄不接时期;而即使在雨季内降水分配不均的现象也很突出,降水方式多为暴雨,而暴雨过后接着是长期的干旱,因此雨季内更是旱涝频发,较之年降水稀少对农牧业的影响更大;降水年变率更是不容忽视的农业影响因素。各年之间的降水量往往相差一倍以上,最大的年降水量与最小的年降水量则相差2～6 倍。若考虑上蒸发因素,问题的严重性更是明显。萨赫勒带的年蒸发量多在 1800～2000 毫米之间,大大超过了年降水量,而且年际变化小,所以在少雨的年份即使在雨季同样能形成旱灾。长期以来,干旱一直是萨赫勒带农业突出的问题。上个世纪 70 年代出现的一次干旱,使得本地区罗索、博尔、达加纳、蒂瓦万、扬扬五个测站的降水量仅及年平均降水量的 18%～30%,连续 5～6 年的旱灾使几百万人陷入困境,如乍得和毛里塔尼亚的牲畜各损失 70%,尼日利亚损失 80%。

由于降水少、蒸发大,故地表河川湖泊很少,大多数地区只有一些间歇性河或干河谷。常年性水源只限于尼日尔河、塞内加尔河、沙里河和乍得湖等"客河"及其支流,他们具有发展灌溉的潜力。但是各河流年内径流变化很大,这对于传统的退洪耕作和发展灌溉均不利。

由于气候水分条件不佳,萨赫勒(sahel)带土壤发育为沙土、微红棕色土。沙土分布在北部,土层很薄,肥力极低,风蚀严重;微红棕色土分布在南部,矿物质较丰富,但土层薄,肥力也较差。这两类土易导致土壤侵蚀和沙漠化。近年来由于利用不当,使得萨赫勒(sahel)带沙漠化加速向南扩展,面积不断扩大。

由于气候干旱,萨赫勒(sahel)带的植被稀疏,一般总覆盖率不足 30%,最多见的是草本和刺灌木,只有在河流谷地才能见到稀疏的乔木。而萨赫勒(sahel)带的草场条件也远不及南面的苏丹草原,多为牲畜不能吃的或者不喜欢吃的植物,限制了牧业发展。

长期以来,撒哈拉沙漠不断南移,萨赫勒(sahel)带沙漠化日趋严重,农业生产环境日趋恶化。延巴克图附近尼日尔河道为流沙所迫,八个世纪里向南推移 11 公里。塞内加尔境内捷斯到圣路易一带殖民入侵以前植被覆盖良好,如今却是沙漠成片。有人估计,在过去的半个世纪里已有 65 万平方公里的土地被沙漠所吞噬。这一灾难性的后果固然与当地气候等自然条件有关,但更主要的是脆弱的生态环境不断受到不当的人类活动的破坏造成的。其中,首先是不合理的垦耕,尤其是盲目扩大迁徙种植和草地轮种,耕作规模日益扩大,植被和土壤大面积遭受破坏,是生态平衡不可逆转的变化;其次就是过度放牧,主要是牲畜过分集中在少数地方,德·德皮埃尔专门研究过该地带的沙漠化问题,并生动描述了这一过程。在居民点和水源附近,畜群集中的头数大大超过了草场载畜能力,尤其是在干旱年份,牲畜饲料紧张,牧草被连根拔掉,草啃完了就啃树叶,树叶吃完了,牧民就折绿枝条喂牲口,这样使得大量树木草被遭到严重破坏。据专家研究,萨赫勒(sahel)带植被覆盖演化进程的趋势是趋于退化或完全消失中,无论从质量上还是从数量上,植物群落都在退化,而干燥度却在严酷地加剧。[①] 这是导致沙漠化经常性的、生态学方面的原因。

旱灾频繁而严重是萨赫勒(sahel)带自然环境的极不利因素,因此,合理开发利用当地农业自然条件,充分利用当地水源,合理保护利用土壤和植被,发展畜牧业,限制种植业,是战胜旱灾、发展农牧业的关键所在,同时也是控制沙漠化的有效

① Depierre D. ,et al. Le rôle du forêstier dans l'aménagement du Sahel[M]// Notes techniques du MAB. UNESCO,1974:41-53.

途径。[①]

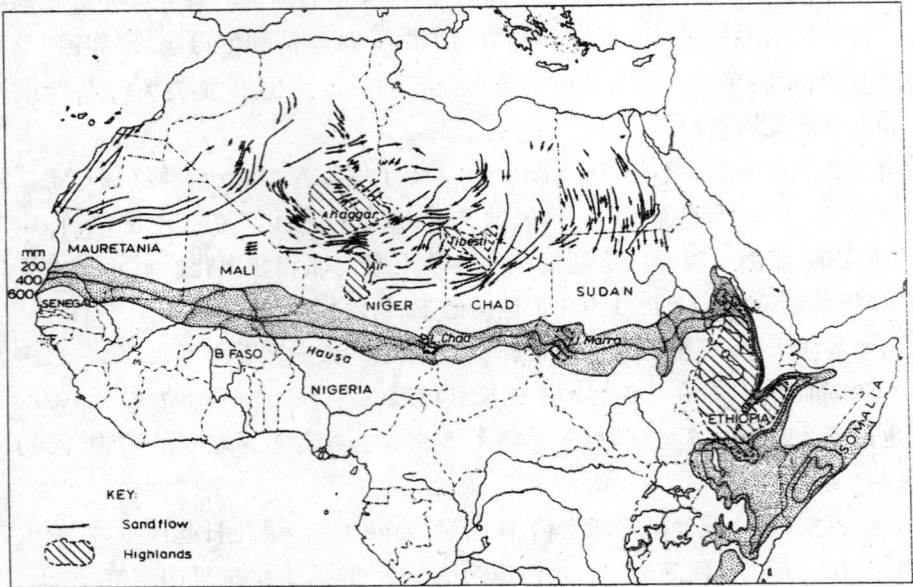

The shaded area here is between the mean annual rainfall values of 200 and 600 mm. The Saharan sandflow pattern is adapted from M. Mainguet and L. Canon, 'Vents et paléovents du Sahara, tentative d'approche paléoclimatique,' Revue de Géogr. Phys. et Géol. Dyn. 18:241-50. (From A. T. Grove, 1978,' Geographical introduction to the Sahel', Geogr. J. 144:407-15.)

图 4－2　根据等雨量线确定的非洲萨赫勒区域

资料来源：A. T. Grove. The Changing Geography Africa[M]. Oxford：Oxford University Press,1989(43).

二、非洲土地生态恶化对农牧业发展的影响

1. 土壤退化严重威胁农牧业的正常发展

深入分析非洲生态环境特征,不难看出非洲生态环境相当脆弱,倘若农业开发利用不当,极易使生态环境恶化。非洲大陆的气候、水文和地貌特征决定着土地开发利用的方向在土地利用过程中产生和加剧了不同特征及程度的生态环境问题。

热带森林带光、热、水和生物资源配合有序,土地资源丰富,非常有利于农业发展。但是,热带土壤的脆弱性和热带病虫害的蔓延成为了该地带土地资源利用的重大障碍。该地带暴雨强烈,降雨前后气温变化大,容易引发病害。在山地区,一方面,土地粗放开发,水土流失较严重;另一方面,交通不便,土地、生物等资源没有得到合理充分的开发利用,在非洲热带森区,现有耕地约 6689 万公顷,在已耕地中撂荒

---

① 曾尊固. 非洲农业地理[M]. 北京：商务印书馆,1984：267－285.

图片 4 - 1　非洲土壤贫瘠

资料来源:百度文库,http://www.wenku.baidu.com。

闲地约占 40%。① 更严重的是,热带森林区大面积清除森林、滥砍滥伐,不合理的农业垦殖致使自然肥力本来不低但结构性差、更新快速的富铝土失去森林的庇护,发生严重的水土流失、土壤退化现象,丧失森林更新与农业利用的可能性。热带雨林以木材生产为目的的土地经营管理方式,不仅经济、社会和环境效益不能统一有效,而且更加剧了森林被毁,生态环境脆弱性加大。热带雨林带没有严冬,流行的病虫害如萃萃蝇、疟蚊、蝇虫等可以终年繁衍,这也是本带不容忽视的一个重要生态环境问题。

非洲热带草原带约占非洲总面积的 40%,土地利用方式具有其独特性。该带年内降水季节分配不均,旱季漫长,降水年内年际变率大,土地资源数量丰富而质量差。该区域的土壤类型中红棕色土分布最广,结构松散、土层薄、肥力低、保水保肥抗侵蚀力差,容易受风蚀和流水侵蚀,农牧业利用存在一定困难。

非洲热带草原的旱季焚荒是农牧民世世代代沿袭的习俗。虽然是一种落后的生产方式,但对于非洲草原目前的土地利用模式来说,成为当地牧民清理外来林木、恢复地力、保护牧场的社会、经济、环境的综合平衡方式。然而,它降低了地表植物种类和覆盖率,易引起土地侵蚀、沙化等生态环境恶化趋向。随着非洲农牧业生产技术的进步,这种平衡总有一天会被打破,对于热带草原生态环境发展演变又会带来重大影响。

非洲热带荒漠带降水稀少,广大地区缺乏地表径流,部分地区居民利用地下水、

---

① 张同铸.非洲经济社会发展战略问题研究[M].北京:人民出版社,1991.

高山融水、常流河水等发展灌溉农业、畜牧业等粗放的农业活动。撒哈拉地域的大部分地区因受干旱气候和荒漠土地的限制,而难以成为人们定居并从事农耕的环境,地表水源和植被条件也不利于发展大规模集约化畜牧业,只有部分地表和地下水条件较好、土地又适于农耕的地方有较多的农作物种植而成为绿洲。因此,整治和改造荒漠生态环境对于非洲荒漠地区来说是一项有效而艰巨的任务。埃及、利比亚、阿尔及利亚等荒漠面积较大的非洲国家在开发利用荒漠土地资源方面取得了一定的成效,同时也取得了可喜的生态和社会效益。主要的途径和措施有广开水源,扩大灌溉面积;改善草场,发展畜牧业,使牧民趋向定居;增建和完善水利设施,提高农业生产水平;营造防护林网,改善区域农业生态环境;有效地发挥土地资源潜力,建立农业生产基地,提高土地利用率,适当发展集约化农业生产。

非洲的西北和东部以及南部高原山地区是地势较高、地形崎岖的山地和高原。山地和高原由于水热条件的垂直分异明显,生态环境的多样性有利于农业的综合发展。但山地高原区土地土壤贫瘠、质地差,土地资源缺乏,可耕地资源有限,热量不足,作物生长期短,有些热带经济作物种植受到限制;山地高原因地形障碍,影响水分分布,往往成为农业界线;坡度的不同,对农业土地利用的影响也很关键,阴坡、阳坡的农业特点截然不同;更为重要的是,山地高原区农业活动极容易发生水土流失,尤其是非洲常见的顺坡种植现象,造成山地高原区很强的水土流失,生态环境破坏严重;非洲的山地高原区是非洲许多河流的发源地和绿洲水源地,对非洲农业在很多方面有十分重要的意义。

东非高原是非洲大陆地势最高、高差最大的自然地理单元。东非大裂谷的东支斜穿埃塞俄比亚高原中部,把高原分割为西北和东南两部分。西北部分被众多河流切割成顶平边陡、土层深厚的桌状地,农业开发利用率较高,而有些墚谷相间分布地区,表土较粗糙、地表切割强烈,可耕地很少;东南部分地势向西南方向倾斜,河流较浅,谷底分布许多内陆湖泊,有一定宜耕宜牧地可为农业利用。但是,该地带地势高峻,农业布局具有明显的垂直分异特点。加之该地区气候较干燥,土地切割强,容易形成水土流失,土地资源利用限制因素多。鉴于东非高原一带土地开发历史悠久,土地垦殖程度高,高原上盛行坡耕,又缺乏必要的防护措施,因此,农业土地开发需慎之又慎,生态保护任务迫切。东非高原的南部大部分地区较为平坦,土地资源丰富,可耕地和宜牧地广阔,土壤较肥沃。东非高原的维多利亚湖区及其附近山地,土地垦殖率较高,但由于过度放牧和垦耕,水土流失成为农业土地利用的严重障碍;而高原上河流谷地、盆地地底等分布较广,雨季积水成沼泽湿地,旱季得不到灌溉,土地开发垦殖程度不高,有待于兴修水利设施,挖掘其土地生产潜力,促进土地资源的合理利用。

非洲大陆南部是由断崖三面环绕的一内陆高原,土地类型相对较复杂,既有成片的草地和雨后积水浅洼地,也有大面积的盐沼低地。虽然这些低山坡和丘陵坡地可以宜耕宜牧开发,但是,该地带地表较为破碎,又加上该地降水少、时空分布差异大,气候干旱,荒漠面积较大,土地质量较差,主要以牧业为主,粗放经营。该地带土地开发利用的生态环境问题较大。

位于非洲大陆西北部的阿特拉斯山地区,影响农业的因素主要是宜耕土地较少且降水偏少,限制了农业对光热资源的有效利用。该地域属于地中海气候的沿海地带,降水集中于冬季且年内年际变率大。因此兴修水利不仅是该地域发展农业生产的重要保障,也是今后进一步开发利用各类土地、充分发挥当地土地资源潜力的前提条件。虽然自然环境不利于农耕,但却有特殊的生态环境意义。首先,山地有相对较为丰富的降水、地表水和地下水,是发展灌溉的主要水源;其次,山地森林植被具有明显的涵养水源、保持水土的作用。同时山地牧草资源丰富,为畜牧业的发展提供了有利条件;再次,横亘于该地南部的山脉,在减弱沙漠热风沙尘对沿海农业的侵袭方面起了重要的屏障作用[①]。

2. 荒漠化范围日益扩大,严重威胁农牧业发展

非洲总面积的 1/3 是沙漠,仅撒哈拉沙漠面积就达 777 万公顷,非洲的荒漠化面积占土地总面积的 34%。耕地、草地荒漠化率竟达 80%,受荒漠化危害的农村人口约 80%。非洲的荒漠化主要发生于干旱和半干旱地区。在广阔的干旱半干旱地区(约占非洲总面积 50%),约有 18% 的面积已经发生严重的荒漠化,其中大部分分布于撒哈拉沙漠南北两侧的牧场和雨灌耕地。

东、西非地区。家畜增加造成过度放牧,特别是村落和水井周围的饮水场,家畜集中到饮水点饮水的同时也将周围的牧草啃光。在索马里难民和游牧民的定居点,本来就贫困的地区加上社会动荡不安,致使荒漠更是有增无减。肯尼亚限制游牧民移动的政策导致荒漠化加重。尼日利亚正处在由传统耕作方式向新方式过渡时期,社会经济十分混乱。

卡拉哈迪沙漠及其周边地区,载畜量过大的牧草地、一些村落的饮水点也变成了荒漠。津巴布韦南部、纳米比亚北部,村落四周的树木被砍倒做烧柴、放火垦荒、过牧使森林受到严重破坏,并伴有风蚀、水蚀,农田表土严重流失。在丘陵地带由于休耕期缩短,焚烧农作物秸秆使土壤受到严重侵蚀。坦桑尼亚水蚀严重,水淹常有发生。

北非大部分放牧草地都有流沙移动、沙丘侵入、饮水不足、家畜移动路线集中等导致的严重风蚀、水蚀。在灌溉农地周围的放牧草地因过牧而造成重度荒漠化。沙地风蚀、坡地水蚀及随之而来的弃耕,使突尼斯、摩洛哥国土的 1/2 正变为荒漠,其中

---

① 张同铸.非洲经济社会发展战略问题研究[M].北京:人民出版社,1991.

1/10 已难以恢复。

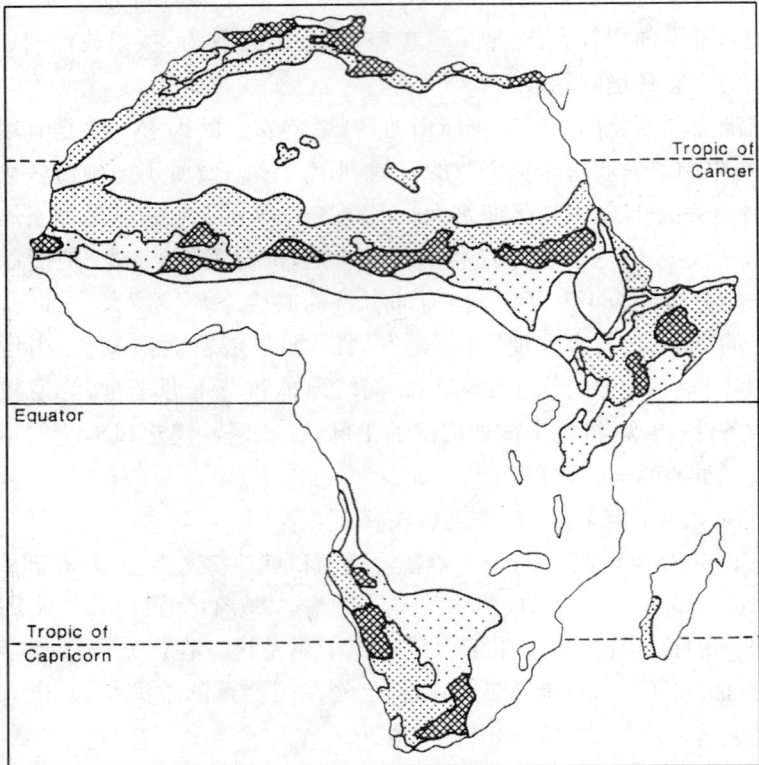

图 4-3 非洲干旱与半干旱区域的沙漠化风险
资料来源：A. T. Grove. The Changing Geography Africa[M]. Oxford：Oxford University Press，1989：216.

　　土壤干旱加速了土壤沙漠化的进程，破坏了土地的生产力，造成易于沙漠化的环境。在中南部和东部非洲国家普遍存在的干旱、人口压力和贫穷问题都与沙漠化有密切关系。卡拉哈里周围的一些国家，如博茨瓦纳、津巴布韦、纳米比亚，农业耕作正不断蚕食着干旱和半干旱的牧场，造成边缘农田严重沙漠化，缩小了放牧区域，导致严重过度放牧和土地沙漠化，在莱索托同样存在着向山区延伸耕作和过度放牧的问题，结果造成了严重的土壤流失。对于牧场来说，干旱加剧了过度放牧的影响，加速了沙漠化的进程。滥伐森林是造成该地区沙漠化的一个重要原因。1970—1980 年间，加纳木材林地和森林覆盖面积减少 8.3%，马拉维 30%，赞比亚 20%，坦桑尼亚 10%。大量滥伐森林的情况，特别是薪柴生产，往往集中在相对有限的区域内，导致该地区水资源损失和土壤流失加剧，这引起或加速了土地的沙漠化。

　　新的农作系统打破了原有的土壤生产力平衡系统,但没有建立起新的适合更高的土地产出水平的肥力补偿机制,使得土壤肥力日益下降,成千上万公顷原来适宜耕作的土壤处于日益严重的土地退化状态。据统计,目前整个非洲已有 20% 以上的耕地被沙漠覆盖,另有 60% 的耕地面临沙漠化的威胁,如果不对荒漠化采取防范措施,到 2025 年,非洲人均占有耕地将下降为原来的1/3。

　　沙漠化进程在非洲萨赫勒带(指撒哈拉沙漠边缘的大草原地区)最为严重,在那儿,大多数土著大型哺乳动物种类受到灭绝威胁。

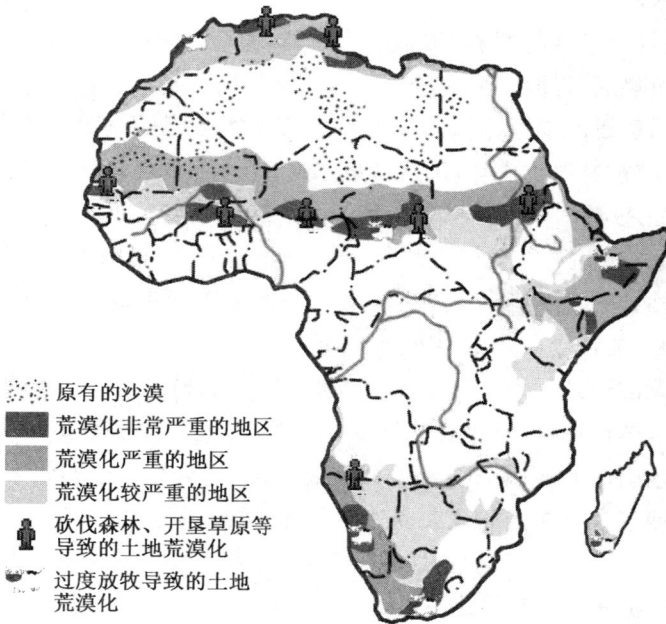

图例：
- 原有的沙漠
- 荒漠化非常严重的地区
- 荒漠化严重的地区
- 荒漠化较严重的地区
- 砍伐森林、开垦草原等导致的土地荒漠化
- 过度放牧导致的土地荒漠化

图 4-4　非洲土地荒漠化区域分布

资料来源:百度文库,http://www.wenku.baidu.com.

第二节　水草资源环境恶化与畜牧业发展

一、地表水资源变化与农牧业发展

　　农业生产的水分条件包括雨水、地表水和地下水,其中雨水和地表水对非洲农业的影响尤显重要。雨水的季节分配、干旱期的长短都直接影响非洲的农牧业,一遇旱年或雨季的迟来早退都会造成农作物的大面积减产,放牧和游牧活动规律被打乱,以致造成大批牲畜死亡。20 世纪 60 年代以来,不断出现的干旱,影响范围之广,农作物和牲畜的损失之惨重震惊世界,科学工作者更加认识到研究非洲降水变率所导致的水环境变化对农业正常发展的影响及其对策更为迫切和重要。

非洲地表水资源相当丰富,但地理空间分布极为不均,严重约束着农牧业的发展和区域分布。

非洲河流、湖泊逐步缩小,水资源严重危机。非洲现有大小 600 多个内陆湖,然而污染严重,水位正以惊人的速度下降,水质日益恶化。据肯尼亚维多利亚湖 6 个主要湖港采集的数据表明,6.9 万平方公里水域面积的维多利亚湖水位已经在短期内平均下降了半米,一些区域甚至下降了两米半。同时大量污水和废弃物被投入湖中,为风信子提供了丰富的营养,覆盖了大片水域,使湖水中严重缺氧,生态系统受到严重破坏。坦噶尼喀湖生态环境也正在日益恶化。船只及各港口和船坞的大量废油成为湖水的重要污染源,同时还有大量生活垃圾污染环境。乍得湖由于常年干旱、过度用水和植被遭严重破坏,湖区沙进水退,湖水面积已从 20 世纪 60 年代的 2.5 万平方公里减少到目前不足 2000 平方公里。乍得湖湖水面积锐减,使占非洲面积 1/4 的乍得湖地区的生态环境严重恶化。如果任其缩小,将给乍得湖沿岸国家的环境以及经济和社会的发展造成灾难性影响。环保学者警告说,如果不尽快采取有效措施,这些湖泊可能在今后几十年内变成沼泽。

由于大量湖泊遭到污染,水量减少,非洲 2/3 的农村人口和 1/4 的城镇人口无法取得足够而安全的饮用水;每年有数以百万计的人,其中大多数是儿童,直接死于因饮用不洁净的水引起的疾病。联合国有关报告警告说,在不远的将来,大量湖泊环境的恶化将会使越来越多的非洲人成为离乡背井的难民。

二、草地资源开发对农牧业发展的影响

草地资源是一种可更新资源,是农业资源的重要组成部分。非洲的草地资源具有面积大、类型多、总体质量不高等特点。非洲的草场资源总面积约 88248.9 万公顷(1994 年),约占世界草场总面积的 1/4,草地类型多样,以平原为主,热带草原为其主要类型。非洲有大面积的热带稀树草原,约占全洲总面积的 40%。它的分布范围包括北纬 10°～17°之间,南纬 15°～25°之间以及东非高原的广大地区,大致呈马蹄形包围着热带雨林。

非洲热带草原植被以稀疏林地为主,典型的稀树草原发育在降雨量 750～1000 毫米、5 个月旱季的地区。主要树种是金合欢和波巴布树,散布在草原上,地面植物以 1～1.5 米的禾本科草类为主,有芒草、管属、苞茅等。另外高原草地主要以豆科的伊苏豆属、短盖豆属、单翅龙脑和玖尔百木属等树种为主。[①]

---

① 曾尊固.非洲农业地理[M].北京:商务印书馆,1984.

非洲丰富的草场资源使畜牧业成为非洲仅次于种植业的第二个农业部门,非洲畜牧业产值约为农业总产值的1/5。在毛里塔尼亚、索马里、博茨瓦纳等国,超过70%的人口是牧民;苏丹、尼日利亚的牧民也占其总人口的20%～36%。乍得、布基纳法索、尼日尔等国的畜产品出口值占其农产品出口总值的30%～50%。因此,非洲畜牧业的地位非常重要。

非洲长期依赖天然草地经营放牧畜牧业,20世纪以来,草地荒漠化现象十分严重,载畜量水平更是低下。据

图片4-2　塞内加尔过度放牧而成的荒漠草原
资料来源:http://www.wenku.baidu.com.

FAO的调查,非洲现有的畜群已超过草原牧场载畜能力的50%～100%。在有些草原牧场地区,甚至把条件优良的牧场开垦为耕地。长期超载放牧以及随意开垦破坏,致使草原严重退化。据统计,非洲草地以每年2590万公顷左右的速度递减。自1968年以来,非洲草地损失已达7亿多公顷,占原草地面积的25%。热带草原是非洲用于放牧的主要场所,其特点是其水草资源随季节变化较大,雨季水草丰美,但到了夏季,干旱情况严重,由于缺水,植物干枯,牧草数量、质量均明显下降。另外,水源的不均匀分布也影响草场的均衡使用,旱季时地表江流减少,大面积的草场无法利用;同时,在水量充沛的河流湖泊和水井附近,集中了大批牲畜,造成过度放牧和部分草场退化。

非洲稀树草原主要用于牛和羊等牧业生产,约有5%的区域被划分为自然保护区。非洲草场面积8.9亿公顷,约占土地的30%。草地类型多样,以平原为主,但热带平原草地开发利用水平远远低于世界平均水平,造成资源浪费。原始落后的烧垦型农业对草地造成较大破坏,在西非每天大约有2000公顷的草地被烧掉。据联合国粮农组织的调查,非洲现有的畜群已超过草原牧场载畜能力的50%～100%。在有些草原牧场地区,甚至把条件优良的牧场开垦为耕地。长期超载放牧以及随意开垦破坏,致使草原严重退化。据统计,非洲草地以每年2590万公顷左右的速度递减。自1968年以来,非洲草地损失已达7亿多公顷,占原草地面积的25%。

非洲历年放牧草场面积的变化很小,在9亿公顷左右,约占非洲土地总面积的30%。在地中海和北非干旱地区、萨赫勒地区、稀树草原地区以及南部非洲半湿润

和半干旱地区变化较为明显。①

非洲需要提高草场利用率,建立人工栽培植被以提高其生产力,发展集约型的草地农业,并吸收借鉴成功国家的有用经验,如美国的普列利草原,该草原大部分已开垦为作物种植区,发展肉牛业,形成了著名的玉米肉牛带;新西兰60%以上的天然草地已改良为优质的人工草地,围栏放牧发展畜牧业,成为世界著名的羔羊肉和羊毛的出口国。但是改良草场的前提是充分的资金、技术支持,对于非洲来说,综合治理、改良草场建设是一个逐步实现的过程。

第三节　森林生态环境问题与农林业发展

非洲森林覆盖面积大约为6.5亿公顷,占世界森林覆盖总量的17%左右。森林覆盖率为22%;木材蓄积量约464.6亿立方米,每公顷的蓄积量为72立方米。非洲是世界热带木材主要产区之一。

非洲大陆的森林资源退化严重,仍以较快的速度消减着。非洲几乎完全依靠热带森林和丰富的植被来维系生态平衡,然而进入20世纪80年代以来,非洲地区的生态环境遭到了严重的破坏,森林遭到无节制的砍伐。据联合国粮农组织估计,1980年非洲的森林面积为650万平方公里,到1990年减少到600万平方公里。1990—2000年,非洲每年平均毁林526.2万公顷,年均递减率0.78%,远高于世界平均水平(0.3%),是世界森林面积减少最多的地区。其中最宝贵的热带雨林损失最为严重,现存面积仅为历史纪录的30%左右。在过去的20年间,非洲的雨林以2.9万平方公里/年的速度减少,按照这样的趋势,再经过几十年,雨林就会消失。

根据FAO发表的《2000年世界森林资源评估报告》,1990—2000年全球年均毁林面积为939.1万公顷,年均毁林率为0.22%,而非洲每年毁林526.2万公顷,年均毁林率高达0.78%,远高于世界平均水平。森林资源的消减,引发了众多的环境和生态危机,虽然已经引起重视,但是随着非洲人口增长和经济的发展,合理开发利用及保护森林资源也是一项相当艰巨的任务。②

非洲森林资源退化的原因是多方面的。一是随着人口的增长,对粮食的需求增加,使森林面积逐渐缩小。二是游耕制、轮种制等滥垦,形成土地荒漠化生态危机。三是过度采伐,导致森林生态系统退化,同时造成某些最珍贵树种的消失。四是森林火灾。此外,军事冲突、政治动乱、开矿毁林和欧洲人的掠夺性采伐方式等使森林

---

① 文云朝.非洲农业资源开发利用[M].北京:中国财政经济出版社,2000.
② 文云朝.非洲农业资源开发利用[M].北京:中国财政经济出版社,2000.

无法安全、持续经营。①

采取有效措施保护非洲森林资源是一项紧迫的任务,应根据非洲的经济社会背景,从社会技术、经济政策、人才信息等方面来寻求解决方法。

(1)开发新能源,减少薪材使用

非洲至今有很多国家仍然以薪材作为主要生活能源,不仅浪费资源,还会对环境造成有害影响。抑制薪材的消耗是非洲绝大部分国家面临的普遍任务,这不仅要求改变其能源消费结构,更重要的是根据各国的能源资源潜力,积极开发新能源,如大力发展太阳能、风能等。

(2)合理开采,开发新林区,保护天然林

关键是改善基础设施条件,特别是交通运输,防止部分交通便捷地区森林资源的过度开采,同时开发新林区,种植人工林。对保护生态环境作用大的高价值的森林,采取了保护的措施,如实施天然林保护工程、建立森林自然保护区和森林公园等,禁止开采非洲濒临灭绝的珍贵树种。

(3)发展替代产业,平衡发展农林牧业

非洲所产木材大部分是以原木的形式出口,不但不利于非洲森林资源的可持续利用,而且妨碍了当地木材加工工业的发展。寻求替代产业,如森林旅游业、果树栽培业、养殖业、茶业、蜂业、草药种植业等特色产业,不仅能带来可观的经济效益,对非洲森林的资源保护也十分重要。

(4)政府加强管理,制定并实施森林可持续经营标准与指标和生态认证

非洲的许多珍贵树种,由于缺乏管理与保护,乱伐、偷伐现象严重,有的已濒临灭绝。制定森林可持续经营标准指标,如国际热带木材组织(ITTO)的《热带天然林可持续经营标准与指标》,值得非洲国家参考、采用。

生态认证是另一项可借鉴的制度,是由欧美国家发起并执行的有关进口和在市场上销售热带木材及其制品的标签制度,标签上确认这些木材何时产于何国何处的已实现可持续经营的森林。

(5)改进林业加工技术,发展树木的集约化栽培业

有规划地发展桉树等速生树种的工业人工林,并在其周围建立造纸厂及其他木材加工厂,构成一个现代化的林业产业带。该产业是依靠现代林学技术和密集资本投入建立的专业化生产体系的林业生产方式——木材培育产业,不仅有经济优势,更具有生态效益。

---

① 侯元兆,等. 热带林学[M]. 北京:中国林业出版社,2002.

图片 4 - 3 刚果(金)砍伐森林
资料来源：http://jimmyshipping.blog.sohu.com.

第四节 生物入侵及生物多样性破坏与
农牧业发展

　　非洲是世界上生物最为丰富的地区之一,平均每 1000 平方公里拥有维管植物计 15 种、两栖动物 2 种、爬行动物 3 种、豢养禽类 5 种、非豢养禽类 1 种、哺乳动物 3 种。非洲植物种类多达 4 万多种。非洲拥有热带森林动物、热带稀树草原动物、热带荒漠和半荒漠动物,以及地中海亚热带森林动物群,被称为"世界的天然动物园"。

　　然而自 20 世纪特别是 60—70 年代以来,非洲的生物多样性面临严重危机,生物种类和数量锐减。除了上述森林资源损失严重外,野生动物也面临相同的命运。在过去的 35 年中,非洲的犀牛数量减少了 97%。到 20 世纪 90 年代初,西非的黑猩猩数量从高峰时的 100 万只减少到原有数量的 1/10。20 世纪 80 年代,非洲的大象数量减少了一半,从 120 万只减少到只有 60 万只,在有些国家大象数量减少多达 90%。在南部非洲,1980 年濒危植物有 1915 种,1995 年增加到 3435 种。某些特有物种已经灭绝,包括莱索托和斯威士兰的 4 种羚羊、马拉维的蓝色牛羚等。

　　这不但破坏了本地区的生态系统和生态平衡,也严重地制约非洲经济的发展。在非洲,木柴和其他生物资源是至少 90%的人口的主要能源,野生动物是偏僻地区居民蛋白质的主要来源。非洲的经济结构比较单一,其经济发展所需资金很大程度上依赖生物资源的出口所换回的外汇。多样化的生物资源是非洲经济的主要支柱之一,生物多样性的降低必然严重削弱和制约非洲经济的发展,成为非洲贫困和落后的重要原因之一。

外来入侵物种可从正负两个方面影响人类生活,但是,当这些物种替代了本地物种、引发重大环境演变时,所造成的环境与社会损失可能超过任何经济效益。例如,维多利亚湖是世界上最大的淡水鱼产地之一,长期以来一直为沿湖各国的数千万居民提供丰富的渔产品和便利的水上交通。2005 年,乌干达、肯尼亚和坦桑尼亚因出口维多利亚湖泊的尼罗河鲈鱼鱼片而收入 2.72 亿美元。但是,自从 20 世纪 50 年代引进这一物种,尼罗河鲈鱼已经改变了维多利亚湖泊的生态系统,几乎没有天敌的河鲈大量吞食当地鱼类,使湖中鱼的种类和蕴藏量大幅减少,许多渔民只好改行,几千万祖祖辈辈依靠湖泊为生的肯尼亚人、坦桑尼亚人和乌干达人的生活受到严重威胁。另外,泛滥成灾的风信子使水下的氧气和阳光大大减少,导致大量鱼虾和水生植物死亡。这样不断恶化的环境使非洲农牧业受到极大限制影响,解决这些问题有利于非洲农业发展,是一项相当迫切而艰巨的任务。

(周秀慧)

第五章

非洲城乡联系的初步研究

区域经济的发展水平必然体现在时间和空间的分布上。一般来说,经济发达地区发展比较均衡,经济欠发达地区存在明显的异质性。但实际上,不论是发达国家还是发展中国家,经济发展的不平衡性在一定的区域范围内是必然存在的。由于城市和乡村在政治、经济、文化等方面的差异,导致了"两元经济"的格局,这反映了城市和农村经济发展的空间关系。城市作为区域经济社会活动的核心,它的存在以辐射范围内的广大农村地区为依托,二者不断地进行着物质、人员、技术等的交流,进而形成了城市和农村之间密不可分的联系。

城乡联系是指公共与私人资本流动的增加、迁移或通勤人口的增加、城乡之间商品贸易的增加,同时包括思想观念和信息的交流以及新事物的传播,构成保持空间相互作用的整体"流动性"。

国内外城乡联系的理论很多,早期以非均衡增长理论和城市中心论为主,认为城乡发展是不平衡的,强调以城市为中心,资源要素从城市到乡村的流动来带动乡村地区的发展。马克思恩格斯的阶段论用历史唯物主义观点解释城乡内部联系,认为社会分工导致资源往城市集聚[1];增长极理论的提出者弗朗索瓦·佩鲁主张非均衡发展,城市作为一个增长极,城乡联系主要是城市资源要素向农村的扩散;缪尔达尔的循环累积因果关系理论指出,发达区域和不发达区域间有两种机制在起作用:扩散和回流效应,即一方面城市通过要素扩散带动周围农村发展从而城乡差距缩小,另一方面各要素往城市流动又使得城乡差距扩大;赫希曼的中心-外围模型也说明不平衡增长通过淋下和极化效应在区域间传递[2]。此外,还有弗里德曼的空间极化发展理论等都是重要的城乡联系理论基础。

20世纪70年代之后城乡联系理论发生了重要的转变,更注重城乡关系对发展的影响,尤其是这种关系如何决定相对稀缺的资源在社会中的分配。部分学者对城市中心论提出批评,如利普顿认为城市集团利用自己的政治权力,通过"城市偏向"政策使社会的资源不合理地流入自己的利益所在地区,而资源的这种流向很不利于农村的发展,通过这种不公平的城乡关系,造成了发展中国家的不发达,贫富差距的加大。[3]

第一节　非洲城乡联系的概念与模式

一、概念

城市的定义基于三个方面的要素：一是某一聚居点内的居住人口和人口密度；二是基础设施的获得程度；三是有正式的界限，使得次国家层次的管理得以组织。非洲城市有其特殊性，姜忠尽等认为非洲城乡差别大，城市内部就存在二元结构突出等特点。[4]

非洲的城乡联系有其特殊性。概括而言，它分两个主要的范畴：空间联系和行业联系。空间联系即流动现象，如人、商品、货币、信息和废弃物等；行业联系是指城市与乡村地区通过产业联系彼此获得供应或获取原料。非洲的城乡联系主要能反映出在非洲，农民与商人、农产品生产者和城市服务者以及城市消费者之间的日交易状况。

二、模式

冯云廷很好地将城乡联系的主要模式归纳为物质能量联系、经济联系、人口移动联系、技术联系、社会作用联系、服务联系、政治行政组织联系等。[5]那么针对非洲本土的实际情况，其城乡主要存在以下几种联系。

1. 物质联系

物质能量联系强弱主要通过考察城市与乡村在能量流、基础设施、生态上的相互依赖程度。在非洲城乡之间的物质联系主要表现在通过交通运输和通讯网络等基础设施的建设来连接城市中心和乡村地区。如交通网络"扩大了农业就业，改善了交流，也扩大了非农产业就业，并延伸了服务的传递范围"。

如尼加拉瓜在 20 世纪 60 年代通过建设连接农场和市场的道路网络，把十年前的若干小自治地区组织起来形成了一个国家市场；肯尼亚目前已经建立了一个现代化的道路网络联系城乡，电话和邮政设施也将城乡居民联系在了一起；20 世纪 90 年代，南非最深刻的社会变革之一是移动电话的出现以及这种通信技术彻底改变了城市和乡村之间的通讯方式。

目前非洲城乡联系的现状是基础设施条件虽有所改善，但还是难以满足城乡居民的方便联系的需求。

2. 经济联系

经济联系主要通过原材料和中间产品流、前后向及双向生产联系、城乡间商品流动和行业结构、购物消费形式、收入流、市场模式、信贷和金融网络以及资本流来体现。

非洲城乡经济联系是指家庭财产，如拥有的土地、房产等，以及他们使用这些资产参与的各种经济活动,也包括他们通过各种技术以及设备所参与的城乡联系。城市中心为农村地区生产的主要产品提供销路,同时也提供非农业就业机会。

如在肯尼亚,商业企业依靠农村地区来提供消费产品;在基安布(Kiambu)区,经过改善的道路网络和肥沃的农业土地使小规模农业生产者能够进入内罗毕的市场,买农产品的妇女能够一直经营到深夜;城市和乡村之间的货币流是非洲城乡联系的主要组成部分。城市向农村汇寄的收入占到肯尼亚城市工资的大约五分之一。

此外,目前在非洲其他家庭和文化事件等方面城乡联系也表现得更加紧密,形式更加多样化。

3. 人口迁移联系

从农村到城市或从城市到农村的短期和永久性的人口迁移,以及城乡之间的通勤是城乡联系的一个重要形式。非洲的城乡人口迁移一种是乡村向城市地区的流动,以年轻人为主,他们在农村找不到事儿做,城市往往有更多的非农就业机会,并且公共服务设施相对农村较好;另一种是城市向乡村地区的流动,其特点是城里人(如退休官员、个体商人等)到乡村买土地做地主,但不住农村。

非洲是目前城市化速度最快的大洲,可见其人口主要还是以农村往城市迁移为主。但非洲城市内部存在严重的二元结构,不少农村居民迁往城市之后,居住在非正式区(或贫民窟)。

表 5 - 1　居住在城市贫民窟里的人口比重　　　　　　单位:%

地　区	1990 年	2000 年	2010 年
发展中地区	46.1	39.3	32.7
南非	34.4	20.3	13.3
撒哈拉以南的非洲	70.0	65.0	61.7
拉丁美洲	33.7	29.2	23.5
东亚	43.7	37.4	28.2
南亚	57.2	45.8	35.0
东南亚	49.5	39.6	31.0
西亚	22.5	20.6	24.6
欧洲	24.1	24.1	24.1

资料来源:《联合国千年发展计划 2010》。

4. 社会联系

所谓的社会联系主要是指亲友关系、仪式、典礼、宗教活动、社会团体间的相互作用。在非洲,发展中心之间以及发展中心与其农村腹地之间是广泛多样的社会联系的焦点,市场中心在农村地区扮演着重要的角色。在很多非洲国家,经济交换活动发生在传统的社会集会和仪式中。经济活动的种类和频率与社会事件紧密联系,传统的非洲市场提供了社会交流的重要场所。

5. 服务供应联系

通常,城乡服务供应联系主要表现在城乡之间的教育、职业培训、医疗卫生、商业和技术服务、交通运输系统以及通信系统等方面。城市地区是其农村腹地的专门化服务的提供者。城市中心和农村地区必须紧密联系以便更广泛地分配社会和经济服务,并提高农村人口享受城市生活的机会。

非洲城乡服务供应联系是城市地区比农村地区拥有质量更好、种类更多的服务。在城乡之间已经发展了交通和通信网络的地方,靠近城市的农村家庭就能享受到城市高水平和专业化的服务。

整体而言,非洲除少数大城市中心区有较完善的贸易、通讯和交通网络,其余城市本身功能有所欠缺,辐射服务的农村腹地有限,城市贫民窟问题严峻。

6. 政治和行政组织联系

政治和行政组织联系主要是考察城乡的组织结构模式、组织间的相互依赖、行政区之间交易模式以及非正式的政治决策链等。非洲的政治和行政组织联系主要体现在确保农村社区项目能够从中央政府机构和城市社会精英那里获得发展资金的重要途径。

三、特点和影响

非洲发展的特殊性导致其城乡联系尚处于初级阶段,联系的广度和深度都不够,城乡之间尚未形成良性的互动。

非洲的城乡联系是不平等。古典的城乡关系理论认为城乡之间是一种共生关系,其中城镇是农村地区的服务中心,为农村提供产品市场、公共设施、商贸服务和就业机会。相应地,农村地区被看作原材料、加工产品和劳动力的供应地,以及城市服务的需求者。同时非农活动已经成为农村人口谋生方式的组成部分。而目前在非洲,由于城市发展水平低,扩散效应弱,辐射带动能力差,农村地区享受的城市服务非常有限,甚至许多城市连自身居民基本的生活服务也提供不了。资源(项目和投资等)更多地集中在城市,城乡发展悬殊。

非洲城乡联系既带来积极的影响,如对乡村而言,淋下效应或扩散效应即接受辐射,接近市场、接近就业岗位和公共服务等,也存在一系列负面作用。以发展城市中心来改变不发达状况为前提,小城市中心是大城市中心的产物,而这类大城市中心已经成为非洲殖民地的原材料以及来自世界制造业中心的制成品进行交换的中心。农村地区小城市中心的形成,是由于不断扩展的边缘资本系统渗透进入农村腹地,目的是吸收在前资本主义生产关系下产生的盈余。此外,城市居民向农村的流动,一方面富人往乡村投资促进当地的发展;另一方面也使得土地价位不断上扬,新移民引进经济作物并且控制了城里的市场,使得原住民生存更加困难。

第二节　对非洲加强城乡联系的思考

一、中国城乡联系的实践经验

城与乡的统筹是社会发展必然的趋势。几千年来,中国的城乡发展一直处于二元状态,城乡分割严重,不利于经济社会的可持续发展。新中国成立特别是改革开放以来,政府逐渐意识到城乡协调发展的重要性,采取了系列措施来促进城乡发展。城乡联系经历了三个阶段,20世纪70年代到80年代农村工业化城乡联系模式、20世纪90年代以来以市场为中介的城乡联系模式和新世纪从城乡二元结构向城乡一体化迈进的城乡良性互动模式。虽然这中间也走了不少弯路,但摸索出了一些促进城乡联系的实践经验。历史文化、资源环境、经济文化、制度体制和认知观念是影响城乡发展的要素,发挥这些要素之于农村农牧业、城市工业和城乡第三产业的积极作用,共同促进区域经济的发展。一旦区域经济发展了,在制度创新以及技术进步的作用下,区域经济特殊化、农牧业产业化、新型农村工业化、农村城镇化以及城乡逐步走向一体化,通过这些途径来统筹城乡,消除二元结构。而城乡发展的统筹反过来将进一步促进城乡居民的认知观念,促进区域经济的发展,不断推进城乡统筹的深化发展。在过去的三十几年里,如何更好地促进城乡联系,中国一直在实践中探索。上述这种区域经济与城乡协调发展的互动机制,是基于实践的经验总结。

二、非洲加强城乡联系的建议

非洲的城乡联系固然有其自身的特殊性,但中国促进城乡联系的实践经验可以在一定程度上提供借鉴。

① 城乡联系的发展与社会生产力的发展是紧密联系的。城乡分离、对立、融合到一体化是历史发展的必然,不同的生产力阶段,城乡联系呈现不同的联系方式。当前非洲的经济发展水平决定了其城乡联系的主要模式。因而加快社会生产和技术进步,是增强城乡联系、促进城乡协调发展的根本。

② 城乡联系方式的发展、变化与城市化进程是同步进行的。不同的城市化水平下有不同的城乡联系特点。城市化水平和质量越高,城乡联系将愈加紧密。非洲当前城市化的特殊性,决定了其城乡联系问题的解决也不可能一蹴而就地很快实现由城乡分离到城乡融合和城乡一体化。

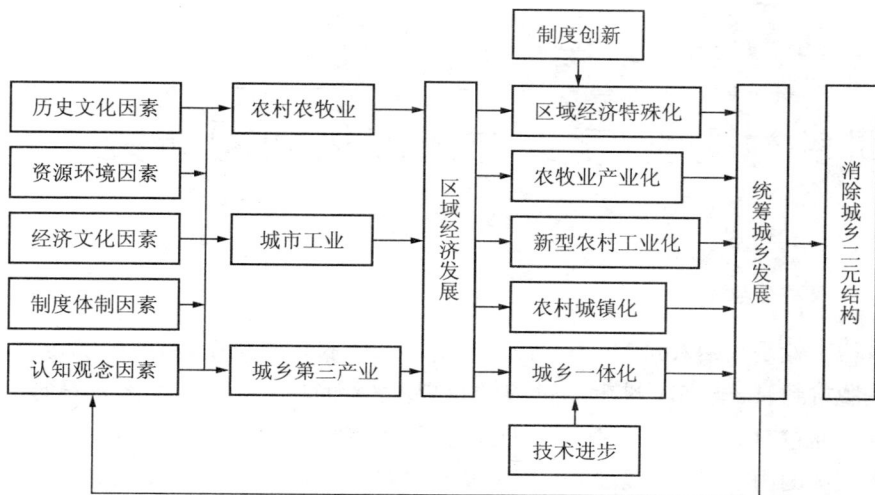

图 5 - 1　中国区域经济与城乡协调发展的互动机制

③ 要从实际出发,考虑区域差异进而采取灵活多样的应对措施。中国在打破城乡二元结构的实践中,采取了一系列措施,如加大对农村和农业的投资;建立健全土地流转制度;加快城镇化进程,吸纳农村剩余劳动力;加强沟通城乡的交通通讯等基础设施建设,通过点轴形成网络促进城乡融合;减少农村人口,提高人口素质等。这些都是值得非洲借鉴的方面。同时中国十分注意城乡协调发展的推进时序,根据区域不同的情况,确定短期、中期和长期目标。为此,非洲加强城乡联系,在发展规划、具体项目及其时序推进过程中要借鉴相似经验,扬长避短;政策的制定和实施中要考虑非洲本土实际。

(熊丽芳)

参考文献

[1] 马克思,恩格斯.德意志意识形态马克思恩格斯全集(第 3 卷)[M].北京:人民出版社,1975:156 - 57.

[2] 刘盛和,吴传钧,等.评析西方城市土地利用的理论研究[J].地理研究,2001,20(1): 111 - 119.

[3] Tveitdal, Svein. Urban 2 Rural Interrelationship: Condition for Sustainable Development [J]. United Nat ions Environment Programme,2004,19(2): 145 - 167.

[4] 姜忠尽,王婵婵,朱丽娜.非洲城市化特征与驱动力因素浅析[M].西亚非洲,2007(1): 21 -26.

[5] 冯云廷.城市聚集经济一般理论及其对中国城市化问题的应用分析[M].大连:东北财经大学出版社,2001:130 - 132.

第六章

非洲乡村工业与乡村城市化问题研究

乡村工业是吸纳农村剩余劳动力、调整单一的农村产业结构、发展农村经济、促进农民脱贫致富、丰富农村市场供应的重要途径和推进乡村城市化进程的主要动力。本章通过对非洲乡村工业实践的分析,揭示乡村工业发展严重滞后与乡村城市化进程缓慢的内在互动关系因素,探索发展乡村工业促进乡村城市化进程协调同步发展的途径与对策。

第一节　非洲乡村工业发展的战略意义与实践

一、研究非洲乡村工业发展的意义

1. 消除二元经济格局

发展中国家的二元经济结构,在地理上表现为现代工业和现代文明的大城市与以传统农业为生产的落后农村的并存、人才技术和资金集中在城市,而农村中则滞留着众多过剩的非熟练劳动力。这种状况也称为现代工业与现代文明集中的"区位"与"非区位"的并存,或称为"中心"与"外围"的对立,即城乡对立。两种地区相互隔绝,人才、技术和资金很难流动,阻碍着发展中国家实现农业的现代化。

消除这种二元经济格局的根本方法是实现工业化,但不是仅仅在城市中建立大工厂以及工厂集中的工业区,而是要在城市建立大工厂及建设新工业区的同时,也要在农村发展农产品加工和利用农村自由的中、小工业,并在农村发展各项非农业生产项目。乡村工业是适宜于许多发展中国家农村劳动力自由丰富而资金短缺的现实。

发展乡村工业的意义,从根本上说,就是要消除"区位与非区位",或"中心与外围"城乡之间的隔绝与对立。因为发展乡村工业的过程,也就是把现代城市与落后农村联系起来的过程,是现代技术、人才以及部分资金向农村扩散的过程。当现代技术、人才和资金与农村丰富的劳动力资源、自然资源相结合时,就不仅是创造新的物质财富,而且是推动农村经济和文化发展,特别是提高农村劳动力的熟练程度和文化素质。在发展乡村工业的过程中,还可以加速开发某些较落后的地区,甚至建立某些新的居民区。乡村工业发展将会带动这些偏远地区的交通运输业,促进其商品流通,打破这些偏远地区长期保持自然经济的封闭状态,有助于改变乡村贫穷落后的状况。减轻工业布局偏重于城市,帮助农村地区发展经济。

乡村工业发展将工业文明注入农村,促进了农村科学、文化、教育和公共福利事业的发展,大量的人力资本投入打破了狭隘封闭的传统观念意识,现代科学知识和市场观念提高了农村劳动者的专业技能和经营管理水平,造就了一大批农民企业家和新型农民。农民素质的提高和生活的改善缩小了城乡差别和工农差别,加快了工业化和城镇化建设,推动了农村社会的全面发展。

一个国家的工业化道路不仅决定了农业在国民经济发展中的地位和状况,而且也决定了乡村工业的状况。如果走片面强调发展资金和技术密集型的城市重工业的工业化道路,虽然打算加快实现工业化,但是后果却是加强了二元经济格局。而农村工业发展不起来,农村经济状况就很难改观。[①]

2. 与农业相互促进,带动乡村经济开发

通过乡村工业带动乡村经济开发,就可以使乡村经济发展与工业化相适应,改变原来乡村经济结构拖工业化后腿的状况。因为乡村工业能够从提高乡村劳动力的熟练程度、提高乡村收入水平和提高乡村社会购买力、为工业化开拓市场等许多方面来促进工业化进程。

发展乡村工业有助于逐步打破和消除发展中国家一般存在的两个恶性循环。一个恶性循环是贫困的恶性循环,即由于贫穷,投资不足,以致生产水平低下,造成居民实际收入水平低,从而形成投资的力量很弱,如此循环不已。而发展农村工业,就可以提高居民收入水平,因为乡村工业初建所需投资较少,可以降低开办企业的最低门槛,然后逐步提高生产水平。另一个恶性循环是工业化方针失误导致的恶性循环,即为了迅速工业化,往往强调扩大投资规模,并企图以此来吸收劳动力,但强调扩大投资却会转向追求新技术而减少吸收劳动力,以致过剩的非熟练的大量农村劳动力与现代化的大工业并存并立。而注意发展劳动密集型的农村工业就有助于更多地吸收农村过剩劳动力,消除片面发展重工业和城市大工业所造成的畸形产业结构。[②]

乡村工业还可以增加制成的加工的农产品出口,减少初级农产品原料出口,从而提高农产品出口换汇的价值,改善发展中国家的贸易条件。

---

① 丁泽霁,陈宗德,主编. 改造传统农业的国际经验——对发展中国家的研究[M].北京:中国人民大学出版社,1992:137.

② 中国非洲问题研机会、时事出版社编辑部合编.非洲经济发展战略[M].北京:时事出版社,1986.

3. 提供农民就业与增加收入,降低农村贫困率

乡村工业将大批生根于土地的农民"解放"出来,使之成为为工业提供劳动力的工资劳动者和半工半农者,解决了人口增长与土地数量有限之间的矛盾,劳动力资源由传统农业部门向工商业部门转移。将农业中多余的劳动力转移到工商业,又为工业品创造出容量更大的国内市场。农民将农耕与手工业相结合,生活在"二重经济"之中,人均产出得以提高,生产生活条件得以改善。[①]

乡村工业有利于利用土地资产,利用充裕的农村劳动力,对促进农村经济发展、增加农民收入和补给农民生活都具有重要意义。乡村工业化必然引发农民观念文化的变革。

从社会发展方面看,乡村工业发展对提高城乡居民生活质量,促进农村和谐社会的实现具有不可估量的积极意义。乡村工业的发展不仅使轻工业产品市场实现了从卖方市场向买方市场的转变,增加了城镇居民的实际收入,而且农村劳动力大量转移到乡村企业就业,也增加了农民的工资性货币收入以及股金分红、承包和租赁所得,成为农民脱贫致富的主要途径。在农民接受工业的同时,工业也在接受农民,影响农业,改变农村的面貌。

二、非洲乡村工业的实践

1. 非洲乡村工业门类

世界各国对乡村工业的定义和统计口径不尽相同。但大体上可以说,乡村工业是指地理位置在城市以外的广大农村中分散开办的从事商品性生产的中小型企业,包括各种制造业、采矿业、建筑业、公用事业、商业服务业、农产品加工业等。每个企业的规模小、职工人数少和投资额少。开办这种企业的,有农业生产者,也有到农村来投资的工商业者和城市居民。[②]

非洲的乡村工业,即农村所办的工业和建筑业的总称,是指对各种原材料进行初加工和深加工以及对农村矿产资源进行开采的生产部门,主要包括建材、纺织、机电、冶金、化工、食品、饲料工业等。[③] 乡村一般地处交通不便的偏远地区,居民主要从事各类服务业、手工业及小型加工业,产品消费市场有限。目前非洲主要的乡村工业包括三类:

(1) 为人民生活服务的食品、服装、造纸、化肥等农副产品加工业

非洲很多国家工业基础薄弱,以简单农畜产品加工为主。在农村,除经济作物

① 田源,编译. 撒哈拉以南国家的发展路漫漫[J]. 编译参考,1997,4:11-16.
② 丁泽霁,陈宗德,主编. 改造传统农业的国际经验——对发展中国家的研究[M]. 北京:中国人民大学出版社,1992:140.
③ 陈宗德,姚桂梅,主编. 非洲各国农业概况[M]. 北京:中国财政经济出版社,2000.

需要加工外,能获得增值的还有农村食品和畜产品的加工,有 50.6％的工业增值是来源于食品加工,其主要产品有碾米、榨油、面包、牲畜饲料、肉类、乳品、皮革等。

纳米比亚以简单畜产品加工为主。贝宁是个落后的农业国,独立前基本上无工业可言,独立后逐步发展起一些农产品加工工业,主要由油类、纺织和食品三部分组成。乍得农牧产品加工企业以棉花加工为主,另有一些纺织、卷烟、面粉、饮料、制糖、畜产品、农机制造等中小企业。乌干达主要是农产品的加工,包括咖啡、棉花、茶叶、食糖、烟叶、食油、酿酒以及奶制品和谷物加工等。刚果(金)的乡村工业产品以食品加工业为主,近年来因资金短缺、原料供应不足,开工率仅 30％,其产值在国内生产总值中所占的比例微乎其微(约 1.3％)。科特迪瓦特别重视农产品加工业的发展,强调利用经济作物生产大国的优势,建立具有科特迪瓦特色的工业基础。科特迪瓦是非洲国家中农业加工业较发达的国家,尽管如此,除个别产品外,农业产品总体加工能力仍很薄弱。

（2）为加工工业服务的产品生产和协作

中非的乡村工业基础薄弱。撒哈拉以南非洲工业部门的产值仅占国内生产总值的 30％,其中制造业仅占国内生产总值的 15％,工业主要以农产品和矿产品的加工为主。

卢旺达乡村工业的规模很小,而且相对有限,多数是以农副产品为主要原料的小型加工厂和加工作坊,其主体是建在咖啡、茶叶产区的咖啡加工厂和茶叶加工厂,产品主要供出口。

坦桑尼亚最大的加工制造业是农产品加工部门。农产品初步加工的工业通常位于种植区附近,在农产品加工方面,建立了现代化谷物加工厂、榨油厂和咖啡加工厂等。

埃及农村的工业产品主要是依靠农作物为原料的产品,像小型的面粉加工厂、牲畜和家禽的饲料厂、棉籽榨油厂、小轧花厂、通心面厂、蔬菜与水果加工厂等,尤其是埃及的缝纫厂,都利用农村妇女的廉价劳动力,是埃及成衣出口的重要来源。

农产品加工业是多哥经济的重要部门,而且随着近几年国内生产条件的提高,农产品加工业有所增长,其中最突出的是棉花加工业。

（3）手工艺品生产

在热带非洲国家的农村工业品中,木雕一直是深受世人欢迎的。盛产的各类乌木和珍贵硬木是木雕的极好材料。木雕作品大多数为男女的造型和野生动物雕像,如女性木雕有的用头顶水、水果、木头、农副产品等。动物造型的,如象、长颈鹿、猴子、豹、犀牛等,造型逼真,风格独特,既有夸张与变形风格的作品,也有自然与写实风格的作品。尼日尔的农村手工业大约占国民生产总值的 5％,从业人员 2 万左右,大部分是手工纺织工人,主要手工产品有棉毯、马鞍、金银器皿、农具、狩猎武器等。

此外,农村中还有制陶、制盆等器皿和编织等手工业。

2. 原料与产品市场状况

乡村工业有其先天不足的一面,即资金、技术、市场、信息与基础设施等条件皆不及城市工业,原材料的来源往往存在城域上的限制,从业人员文化素质较低,难以形成现代化的生产管理系统,以致产品的档次和质量低,无法同城市工商商品竞争,社会上对农村工业容易产生偏见和轻视,城市企业也就不愿轻易向乡村工业投资。

利用当地资源的非洲乡村工业,消费市场狭小。不过工业经济作物的利润回报率比粮食利润回报率要高得多。基于国内外市场的需求,非洲工业经济作物具有很大的潜力。①

3. 乡村工业的经营形式

乡村工业着重于农产品原料加工,正可发挥非洲具有的丰富乡村资源优势。非洲农村企业的经营形式,可以概括为五种:

① 农民在从事农业的同时,利用自有简单设备,加工当地农产品或利用当地资源的制品。

② 较大的农场主或农业经营者开办的小型农产品加工厂。

③ 城乡居民个人在农村开办的小型工业企业和商业服务业等企业。

④ 农民合作社组织经营的农产品加工厂和农工联合企业。

⑤ 城市工商企业、国家工商企业,以及外国资本企业、跨国公司等经营的大型农工联合企业和农产品加工企业。②

苏丹的乡村工业产品主要集中在国营农场和农业合作社。因为这些国营单位和集体单位经营的农作物品种比较齐全。这样就有一些加工农作物产品的工厂的出现,如面粉加工厂、奶制品厂、皮革厂、鱼罐头厂、肉制品厂等。但总体说来,苏丹的乡村工业还处于初级阶段,其制成品一般说来质量不高。③

第二节　非洲乡村工业的发展进程及其影响要素

一、非洲乡村工业的发展过程

独立时,非洲各国只有几家矿山和初级产品加工厂。农村中沿用着刀耕火种的

---

① 陈宗德,姚桂梅,主编.非洲各国农业概况[M].北京:中国财政经济出版社,2000.

② 丁泽霁,陈宗德,主编.改造传统农业的国际经验——对发展中国家的研究[M].北京:中国人民大学出版社,1992:140.

③ 陈宗德,姚桂梅,主编.非洲各国农业概况[M].北京:中国财政经济出版社,2000:444.

耕作方式,生产力水平非常低下。殖民统治造成的二元经济和单一经济结构,使城市之外仍处于落后的自然经济状态。

独立以后,非洲各国政府都表明要发展民族经济。政府的政策对加速农业生产商品化的进程起着重要作用。随着民族经济发展对农产品需求的增加,各国政府采取了措施促进农业商品化的发展,提高农业生产水平。在少部分商品化程度较高的非洲地区,农村经济的主导产业已出现从初级食品生产向第二、三产业的转移,收入分配实现了较高程度的货币化。[①]

表 6-1　非洲部分国家乡村工业发展过程

国别	时间	乡村工业发展情况
几内亚	1980 年以前	主要为食品加工和手工艺品生产
	1985 年以后	以粮食生产为主,乡村工业品和农业工业品日渐丰富
坦桑尼亚	1963 年独立以后	乡村工业得到大发展,主要为农作物为主的加工业、农业原料加工工业及为国内市场提供消费品的进口替代工业
乌干达	1980—1986 年	经济凋敝、政治动荡,乡村工业受到严重打击
	1987 年以后	乡村工业稳步恢复
	1990—1997 年	制造业增长快速,尤其是粮食加工、木材、造纸、烟草和制革

总的来说,非洲现代工业规模小,水平低下,传统手工业在国计民生中仍有重要意义。整个工业水平处在工业化前期的起步阶段。这种二元经济结构特征同样反映在城乡经济社会上,表现在规模小而水平不高的现代城市经济与广大的落后的传统农村经济上。

二、非洲乡村工业发展的制约性因素

1. 乡村工业资源

非洲国家发展工业具有不少有利的客观条件,而很多的资源和能源其实都来自农村,因此在农村利用其本身的资源,就地发展工业,可以节省大量的运输成本,但由于交通运输条件差,限制了资源的开发。

首先,非洲的矿产资源丰富。据考察,世界上发展工业所必需的五十种矿产资源非洲几乎都有,其中有些矿产的蕴藏量和产量在世界上都占有突出的地位,如铬、锰、钻石、黄金、铜、锡、铝矾土、磷酸盐、石墨、石棉等。其次,非洲具有丰富的热带作物提供充足的原料。再次,非洲的能源也很丰富,有五大河流,流域面积占大陆面积的三分之一,水能资源占世界的 27%。另外,石油资源也很丰富,但这些丰富的资源

---

① 陈宗德,姚桂梅,主编.非洲各国农业概况[M].北京:中国财政经济出版社,2000:371.

仅适宜于大规模的现代化开采,小矿山开采是不经济的。

2. 乡村劳动力

非洲的农业劳动力占全洲劳动力总数的60%以上,除少数产油国和工矿业发达的国家外,大多数非洲国家的农业人口占农业劳动力的比重都在80%以上。

建立乡村工业的必要条件是农村存在着过剩的劳动力,或存在着可利用的自然资源。就多数发展中国家的情况来说,农村有劳动力过剩和资金不足两个特点,必须从这两方面出发来发挥乡村工业的优势。

乡村工业要充分利用农村过剩的劳动力,建立劳动密集型产业。许多发展中国家的农村存在大量非熟练劳动力,只有发展劳动密集型的非农产业,才能够充分利用这些过剩劳动力,同时提高其劳动熟练程度和文化素质,并且能够使其中成长为熟练劳动力的一部分人较容易地转移到城市大工业中去,为工业提供充足的熟练劳动力。大量过剩劳动力转移到非农业部门中就业,也有助于农村社会安定。

进入20世纪70年代,许多国家城市工业发展的实践证明,城市工业不能为日益增多的流入城市的农村劳动力提供就业岗位,证明了过去经济理论认为靠城市工业吸收农村过剩劳动力的设想是不符合70年代的现实的。特别是许多国家农村中无地农民的数量在剧增,形成广大农村失业者阶层,必须解决他们在农村的就业问题。因此,需要发展农村工业和乡村非农产业,解决农村过剩劳动力就业。①

在非洲的农村,对农、牧民来说,手工业属于副业。传统的手工业者有铁匠、织工、皮靴匠、陶器匠、木匠、搭盖土坯茅舍等。在农业区,他们的生活水平稍高于农民。农村劳动力文盲率高,接受教育的人数少,致使科学技术十分落后;即使引进先进的科技和设备,也很难在广大的农村普遍推广、应用。这是制约农村发展的最重要的因素。②

3. 农业生产方式的变革

土地改革对乡村工业发展的影响:非洲国家存在着复杂的土地制度,各国在独立后都面临着如何解决殖民统治时期的土地制度阻碍社会生产力发展的重大问题。30年的实践表明,问题不仅在于要从法律上变革土地所有制,而且要从经济上变革传统农业生产方式。③

农业生产方式的变革与乡村基础设施和卫生设施的建设、村庄公共事务管理应以农为本,优先发展农业和农产品加工业,这是撒哈拉以南非洲国家实现工业化不可逾越的阶段。撒哈拉以南非洲国家发展较为成功者,都是较好地解决了农业问

① 李智彪.非洲的人口、资源、环境与可持续发展[J].西亚非洲(双月刊),1997(3).
② 陈宗德,姚桂梅,主编.非洲各国农业概况[M].北京:中国财政经济出版社,2000:428.
③ 吴能远.论非洲工业发展战略[G]//非洲经济发展战略.北京:时事出版社,1986:59-74.

题,然后才较顺利地发展工业和其他事业,形成良性循环。相反,很多国家由于农业问题未得到解决,工业化也成为泡影,整个经济陷于困境。撒哈拉以南非洲国家每年花费宝贵的外汇进口数以千万吨的粮食,不仅影响经济发展,也危及政治独立。要解决政治独立、经济独立,首先必须解决"肚子独立"。[①]

4. 国家工业基础

发展乡村工业的前提条件是城市大工业有一定的基础。应该认识到,任何国家的工业化都是从城市建设工业开始的。只有城市工业有了一定发展,有了技术、人才和设备的基础,才能向农村扩散。但是在城市工业迅速发展的条件下,也可以在城市大工业发展的同时来发展乡村工业。非洲是一个工农业资源、劳动力资源非常丰富的大陆,对发展工业是有利的。

非洲城市工业的迅速发展既为农村经济变革提供了物质基础,同时也对农村发展提出了新的挑战,要求改变原有的以单一初级农产品出口为主的农业经济格局和农村落后的状态。城市工业化的迅速发展,生产方式加紧向农业部门渗透,加速了传统农村的改造过程。

乡村工业发展是以城市工业发展为条件并受其推动的,非洲广阔农村地区拥有丰富土地、物产和劳动力资源,所缺少的是资金和技术,这对城市企业家有着巨大吸引力。但是非洲很多国家独立后,由于实行不适当的国有经济政策,对外经济关系也较为封闭,生产力提高很慢,国内市场有限,农业资源未能得到充分利用,所以乡村工业品的生产也很落后。[②]

三、非洲乡村地区的城市化

1. 城市化和乡村城市化

城市化指"人类生产和生活方式由乡村型向城市型转化的过程,表现为乡村人口向城市人口转化,以及城市不断发展完善的过程"。

乡村城市化是指乡村人口的城市化或者是乡村地区的城市化,前者概念的外延比后者大,不仅包括乡村地区的城市化,也应该包括乡村人口向城市的集中过程。乡村地区的城市化是城市思想观念和生活方式向乡村地区的逐步渗透过程,这种社会变动过程既包括了城市人口的外溢,也包括乡村地区在城市的辐射下的城市化演进变动过程。这里探讨的主要是乡村地区的城市化,主要关注的对象是乡村。[③] 至

---

①　丁顺珍,刘月明,杨京鸣.非洲国家工业发展缓慢的原因及前景[G]//非洲经济发展战略.北京:时事出版社,1986:75-86.

②　丁泽霁,陈宗德,主编.改造传统农业的国际经验——对发展中国家的研究[M].北京:中国人民大学出版社,1992:137.

③　金其铭,董昕,张小林,编著.乡村地理学[M].南京:江苏教育出版社,1990:1983.

今,广大的乡村地区,尤其是撒哈拉以南非洲,乡村仍处于落后的自然经济状态,商品经济很不发达,距乡村城市化相去甚远。

2. 过度城市化

城市化本来是一个国家或地区工业化和现代化的标志,经济发达的标志。但非洲城市化的飞速发展却并非生产力发展的结果,而是在人口膨胀背景下大量农村人口盲目涌入城市的结果。如外国学者对尼日利亚、坦桑尼亚等国在上世纪70年代的城市人口统计表明,进城的农村人口约占城市人口增长比重的60%。很明显,这是一种畸形的城市化,这样的城市化不仅引发了一系列城市问题,而且成了经济发展的重大制约因素。[①]

城市理应推动社会走向进步,但是,很可能有一些城市已成为进步的累赘。非洲的大城市通常人口过多,超过了城市的容纳能力。由于农村人口外流,城市的人口挤满了空间,他们生活极端贫困。

非洲城市化是由大量农村人口向城市的盲目流动导致的,其缺乏坚实的物质和经济基础,没有与之相适应的生产力保证,所以,非洲的快速城市化不仅不能促进相应的经济社会发展,反而引起了一系列的社会问题。

3. 城市化对农村发展的影响

经济的持续增长一般伴随着城市化,但是非洲的城市化并没有带来经济的增长。在经济发生变革的同时,现代化进程也改变着人们的生活方式。越来越多的家庭已移居到城市去生活。有数据表明,非洲独立之前,城市居民只占总人口的1/7,而现在有超过1/3的人口居住在城市。许多农民来到城市是因为别无选择。

城市人口的畸形膨胀,也使非洲国家的农村经济发展严重受损。在非洲一些国家,历史上就有乡村劳动力外迁的传统,且缺乏稳定的农业商品生产。他们以生命周期的特定阶段在城镇和乡村流动,打工赚钱,并将劳务报酬寄回当地农村。在涌入城市的农村人口中,青壮年劳动力是主力。他们之所以离开农村,与非洲国家农业生产长期停滞不前、农村居民生活过于贫困有关。而他们的离去,又使非洲农村有价值的人力资本不断减少,从而使本来就十分落后的非洲农业经济更加缺乏活力。没有活力的农村又往往会迫使愈来愈多的农村青年流向城市谋生,形成恶性循环。

农村的变化也包含了农村道德观、价值观的变化。道德观、价值观的变化原因是:农村的劳动力出去打工,非传统的价值观侵蚀了农村人的心灵,一味地追求物质生活,个人主义、损人利己的思想滋生起来,从而导致农村社会的社会基础发生变

---

① 李智彪.非洲的人口、资源、环境与可持续发展[J].西亚非洲(双月刊),1997(3).

化。改变了原来农村的社会基础,如社会、经济的相互承担、相互扶持的传统社会结构。①

第三节 非洲乡村工业化与城市化的互动关系

一、非洲城市化扩展不是工业化的结果

一般说来,经济发展促进城市化进程,反之亦推动经济发展,客观上相互存在着互动同步推进相关关系。但在非洲,城市化进程并没有带来相应的经济发展,也不是工农业发展的结果,它是由于农村人口激增,而农业并未得到相应发展来养活增加的农村人口,致使大量的农民盲目流入城市谋生而导致的。

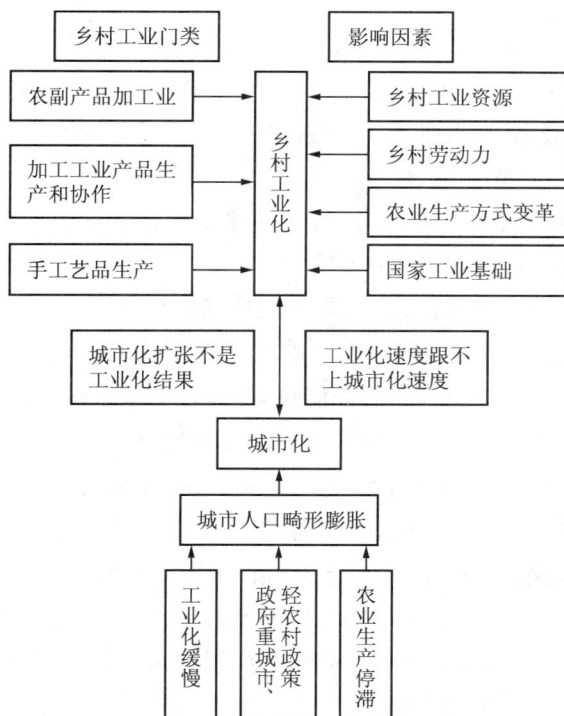

图6-1 非洲乡村工业化与城市化互动关系示意图

为了与高速发展的工业化和城市化扩张相适应,非洲必须强化乡村工业发展,从而带动乡村工业的全面开发。

---

① 陈宗德,姚桂梅,主编.非洲各国农业概况[M].北京:中国财政经济出版社,2000:681.

非洲工业化进程十分缓慢,制造业相对发达的非洲国家有南非、津巴布韦、尼日利亚、肯尼亚、埃及、摩洛哥、突尼斯等。非洲只有南非和埃及可以列入正在工业化国家的行列;其他几个国家制造业有了一定的发展,已朝工业化迈出了初始的步伐,开始了工业化进程;其余的非洲国家则尚未开始工业化。因而,工业化作为一项历史任务,仍有待非洲国家付出艰辛努力才能实现。

乡村工业的社区特征反映出大多数就业都采用兼业形式,半工半农,从而无法完成农村剩余劳动力从农民向市民的真正转变,因此,引导乡村工业向一定区域的中心小城镇聚集,是加速工业化进程的必然战略选择。

二、城市与乡村的差距拉大,不利于乡村工业发展

非洲国家在发展计划中,偏重工业,忽视农业;注重城市。一般而言,城市(尤其是大城市)往往是一个国家或一个地区的政治、经济和文化中心,因此工业、商业、服务业和交通运输业比较集中和完备,这在非洲国家城市经济中表现更为突出,尤其是工业高度集中在城市,因此非洲国家独立后,为发展民族经济,偏重推动工业化,城市便成为政府投资的重点地区。

在发展中国家,政府在投资、信贷和金融政策上都会优先于城市地区。长期以来,非洲国家对于农业生产缺少足够的重视,农业生产投入长期处于低下水平,致使农业生产发展缓慢,农民收入低、生活贫困,农民的生产积极性遭到严重挫伤。以塞拉利昂为例,20 世纪 60 年代政府对农业的投资仅占该国公共投资的 10% 左右。进入 70 年代至 80 年代,不少国家对农业的投入还出现下降趋势,据联合国粮农组织的调查,1978—1982 年间,17 个非洲国家农业投资年均下降 0.1%。此外,非洲国家对农产品的收购价格偏低,塞拉利昂政府对生姜、咖啡和可可的收购价还不足世界市场售价的 50%。近年来非洲国家对农业生产总的经济投入仍然很低,平均每个农民的经济消费只有 10 美元。据估计,许多非洲国家的农业投资在政府预算中比重不足10%,严重制约了农业的发展,落后的农村依旧。

政府的这种偏重城市、忽视农村的政策,使得国家经济发展不平衡,城乡差距拉大,进而使得大量的农村人口盲目外流,进入城市,导致更多的城市问题。

(姜忠尽　和玉兰)

第七章

非洲解决乡村能源供求矛盾的基本途径与对策

非洲 60% 以上的人仍然生活在农村。尽管城乡人口分布在变化,但是农村仍将是大部分非洲人的家。农村消耗大量的木材、作物秸秆和畜粪,断绝了农业生产性能源即有机物能源的来源,导致农业内部能源离开了农业生态系统,使之陷入恶性循环之中,成为非洲国家农业扩大再生产的最主要限制性因素之一。因此,研究非洲乡村能源的供应问题显得格外重要。本章主要通过非洲乡村能源消费的现实,探索合理解决其供求矛盾的途径与对策。

第一节　非洲乡村能源利用的基本特点

非洲乡村能源主要的采用方式有:家用能源、农业能源和小型企业能源。[①]

非洲家用能源主要用于烧饭、照明和取暖,能源消耗的水平与种类取决于很多因素,例如能源的可获得性以及能源的价格。家用能源的消费占能源总消费量的68%,而传统燃料在家用燃料消耗中的比重达 77%,很明显家庭是初级能源资源的主要消费者。[②] 非洲农村大多农户做饭主要用木柴、作物秸秆和牛粪,因为采集方便且几乎可免费获得。

农业生产中能源主要用于运输、抽水、土地耕翻、播种、收割等。机械使用很有限,说明非洲乡村农业活动主要依赖人力。人力与机械相比生产效率当然很低,但人力灵活,有传统的农耕技术和经验。然而非洲农村人均每天摄入的热量远不能应付繁重的农活。很多农村地区使用的另一种重要能源是畜力。但是撒哈拉以南非洲畜力的使用远不如亚洲那样普遍,主要是由于动物疾病如锥虫病,以及传统耕作

---

① (瑞典)Anders Ellegard. 对非洲农村电力状况的分析[J]. 世界电力,2003(4).
② ENERGY IN SUB-SAHARAN AFRICA(Youba Sokona),里约+5 论坛报告(RIO +5 REPORT) 1997 年 3 月.

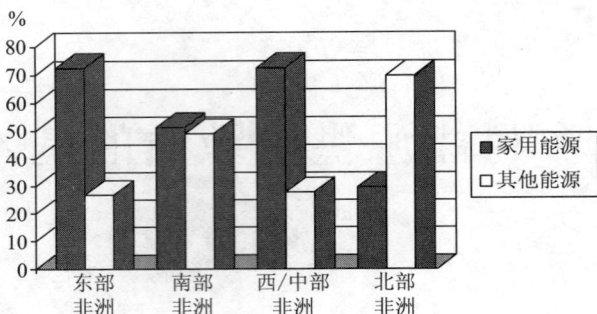

图 7-1 非洲乡村家用能源比例

资料来源：ADB-Households.

习惯的影响。

小型乡村企业主要是商服企业和制造企业。前者包括商店、饭馆、酒吧等，后者主要为啤酒制造、碾米、榨油、食品加工等。大部分依赖家庭劳动力，妇女是主要劳动力，参与的大部分是能源密集型企业，如食品加工。由于生物能源价格以及可获得性的变化，往往导致企业运营不稳定，对妇女的参与也有一定的影响。

一、非洲乡村能源供求特点

1. 农村居民点小而分散，能源利用广而分散，以就地取材为主

由于非洲农村居民点小而分散，国家统一的电价又同样适用于农村地区，但农村的供电成本远远高于接近于电网的城区，因此，建立电力网络对于大部分非洲农村来说异常昂贵，造成农村常常难以通电。这种分散不通电状况在东非和南非要比非洲西部突出，大部分农村居民生活在相互分离的家园，通电更难。例如坦桑尼亚有个村庄在 15 年前通过资助通了电，15 年后还是那些农家通着电，电也仅用于照明，没有任何的发展。撒哈拉以南非洲的人口接近非洲总人口的 80%，但通电人口不到7.5%，大约 80% 的农村人口使用传统的能源，且主要是未经加工的燃料，成为世界上电气化程度最低的地区。至今，农村电力问题依然是制约农村发展的一大瓶颈。许多非洲国家农村电气化最典型模式是从属于国家电力公司的国家大电网连接到乡下的村庄和遥远的区域。国家大电网不断地延伸，到达城镇和住宅区时增加了成本费用，人口稀少的偏僻地区最后才能得到供电。因此，在许多偏僻的住宅区经常使用柴油机发电，或通过一个地方性的配电网供电。

在非洲农村，许多可再生能源技术太昂贵和复杂，对当地居民来说很难承担，运行操作和维修也是问题。缺乏维修和维护能力是可再生能源技术使用最大的障碍。

2. 生物质能是农村家庭主要能源，热能利用效率低下

非洲的能源行业仍然处在发展的初期，因为只有 34.3% 的非洲人已经用上电，

但农村人口能使用上连接到输电网的电只有 16.9%。很多非洲国家只有不到 20%的人能用上电,在一些国家这一比例只有 5%,而农村地区的用电比例更低,仅有 1%。全球发展中国家的人口约有 45.65 亿,其中 16 亿人还在无电的农村地区生活,而非洲占了 2/3。因此,农村不得不依赖生物质能。

非洲对生物质能的利用方式主要是乱砍滥伐森林的传统利用模式。在不少非洲国家中,生物质能占全国能源消费量的 79%～80%,在某些农村地区甚至高达 90%。大量消费薪柴、作物秸秆和牛粪,其热能利用效率极其低下,明火烧饭,热能利用率不超过 5%。可以断言,在相当长的时期内,生物质能源仍是非洲农村主要的能源。人力和畜力仍然是农业生产的主要动力。由于家庭收入低,合适的投资机会少,木材可能仍然是非洲重要的能源来源。据预测,2000—2020 年,非洲木质燃料的消费量将增加 34%。尽管木质燃料在总能源供给中所占的比重很可能下降,但依赖木材能源的绝对人数将增加。①

3. 农村能源供应短缺严重,为世界各大洲之最

非洲农村能源的短缺状况在世界各大洲中最为严重,尤其是占地约为非洲总面积 40%的热带草原地区,缺能最为严重,已陷入危机之中。② 20 世纪初,木材在非洲能源消费总量中占 66%,东非和西非更高于 75%,远高于亚太的 29%和拉美的 20%。萨赫勒地带对木材的依赖程度更为严重,多在 80%～90%,其中马里和布基纳法索高达 93%～94%。据估计,非洲木材采伐量中 85%以上是用作燃料的,远高于世界平均水平,为世界各洲之冠。该地带大约 94%的人口忍受不同程度的缺柴之苦。据统计,热带干草原地区的人口约为 3000 万,每年要消耗 1650 万吨燃料,相当于 20 万平方公里林地每年生产的木材生物量,这成为沙漠化的一大重要诱因。此外,城市居民生活用能也依赖薪柴,毁灭性的樵采从城市向周围扩展,有的首都居民所需薪柴不得不从周围 50～100 公里的范围内采集而来,有些首都周围 15～20 公里的范围内,丛林已采伐殆尽,生态环境恢复几无可能。

二、非洲农村大量利用生物质能的严重后果

1. 自然植被遭到严重破坏,森林资源锐减

由于能源资源短缺,不少非洲国家把木材作为重要的能源来源,这在普通非洲人的日常能源消耗中尤为明显。例如马里尚不生产石油和煤,每年国家为进口石油及相关产品要花费大量的外汇。由于解决燃料的手段极其有限,木柴、木炭等传统

---

① 联合国森林议题——非洲区域展望[C]//世界森林状况. 2009.
② 姜忠尽. 非洲能源资源的开发与能源供应[G]//非洲经济发展战略. 北京:时事出版社,1986:108 - 119.

百万立方米

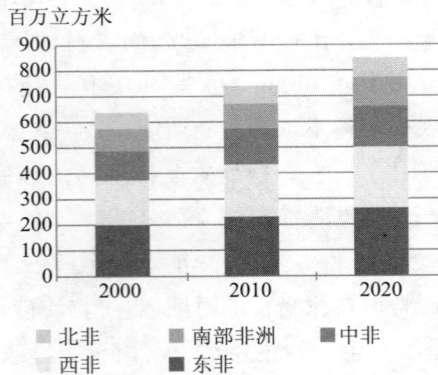

图 7-2 非洲各地区木质燃料消费量

资料来源:联合国粮农组织。

能源的消费占马里全部能源消费的 80% 以上,使本来就很有限的森林面积逐年减少,能源问题也成了国民经济进一步发展的瓶颈。[①] 然而,以木柴为能源,必然会破坏有限的森林资源,既不是长久之计,也与可持续发展背道而驰。森林是绿地生态的主体,在维持生态平衡、调节气候、保持水分和防御沙漠侵袭方面发挥着极其重要的作用。在热带林区,大面积的林木砍伐和掠夺式的开荒种地,导致大面积森林被毁坏,同时也导致了森林质量的下降和生物多样性的减少。木材资源无节制的过度采伐和药类植物的采摘大大加重了生态环境问题的严重性。

森林不仅为非洲人民提供了薪柴、为经济发展提供了原材料,也是某些家庭收入来源之一。例如,有些家庭没有生活来源,不得不以伐木烧炭为生。据联合国粮农组织估计,非洲森林面积从 1980 年的 650 万平方公里减少到 1990 年的 600 万平方公里,其中最为宝贵的热带雨林损失更为严重,现存面积仅为历史纪录的 30% 左右。从 1950 年到 1983 年,非洲 24% 的热带雨林消失,此后仍以每年 1% 的速度继续消失。损失全部森林 80% 以上的国家有布基纳法索、布隆迪、乍得、埃塞俄比亚、冈比亚、加纳、几内亚比绍、利比里亚、毛里塔尼亚、尼日尔、卢旺达、塞内加尔和塞拉利昂。损失森林 50%～80% 的国家有贝宁、博茨瓦纳、喀麦隆、中非、科特迪瓦、赤道几内亚、几内亚、肯尼亚、莱索托、马达加斯加、马拉维、莫桑比克、尼日利亚、索马里、苏丹、斯威斯兰、多哥、乌干达、刚果(金)和津巴布韦。更为严重的是毁林比造林的速度快 30 倍。[②] 1996—2000 年间,非洲森林面积以平均每年 5.3 万平方公里的惊人速度在减少,位居各大洲之首。撒哈拉以南的非洲,森林面积自 1990 年以来每年大约减少 0.6%,刚果(金)、马

---

① 马里能源概况。

② 包茂宏.非洲的环境危机和可持续发展[J].北京大学学报(哲学社会科学版),2001,38(3).

里每年分别减少 0.3% 和 0.7%,尼日尔和尼日利亚减少率均高于 2%。

表 7-1　森林面积及其变化

区域	面积(千公顷)			年度变化(千公顷)		年变化率(%)	
	1990	2000	2005	1990—2000	2000—2005	1990—2000	2000—2005
中非	248538	239433	236070	−910	−673	−0.37	−0.28
东非	88974	80965	77109	−801	−771	−0.94	−0.97
北非	84790	79526	76805	−526	−544	−0.64	−0.69
南部非洲	188402	176884	171116	−1152	−1154	−0.63	−0.66
西非	88656	78805	74312	−985	−899	−1.17	−1.17
非洲总计	699361	655613	635412	−4375	−4040	−0.64	−0.62
世界	4077291	3988610	3952025	−8868	−7317	−0.22	−0.18

注:提供的数据经四舍五入。

资料来源:联合国粮农组织。

2. 生态环境日益恶化

在非洲,自然植被遭到严重破坏,超过了植被的自然更新能力。环境退化现象在非洲较为普遍,后果也较为严重。人类不合理的农业经济活动方式也加剧了环境的恶化。例如,至今仍大量存在的过度放牧、不合理的耕作和过度砍伐等都严重地破坏了地表植被覆盖,助长了沙漠化。由于森林和其他植被受到严重破坏,水土流失相当严重。

居民点周围樵采半径日益外延,生态环境日益恶化,耕地、放牧地、水资源破坏严重。萨赫勒地带以南的农业活动向北侵入一向以畜牧业为主的萨赫勒地带,在旱季即将结束、雨季到来之前,放一把火,烧一片荒,再把地稍整一整就下种。一般不施用化肥和农药,除做些人工除草外,较少有其他田间管理措施。这种掠夺式的刀耕火种,导致土地退化日益严重。过度放牧、滥垦和过度樵采等现象,使原本脆弱的环境受到破坏,昔日的牧场变成了荒漠。这是一种荒漠化的激发因素,没有这种激发作用,那里一般不会发生荒漠化。因此,从这个意义上说,人类的过度经济活动是萨赫勒荒漠化的主要诱因。此外,还应当指出,在萨赫勒地区,人类活动的这种破坏性具有普遍性,而且十分强烈。[①]

在过去的半个世纪,全球约 900 万平方公里的干燥地区变成了沙漠,其中 1/3 发生在非洲,解决农村能源供应问题刻不容缓。

农村大量的消费薪柴、作物秸秆和畜粪,断绝了农业大量的有机物即农业生产

---

① 丁登山.非洲荒漠化的主要特点和发生原因[J].中学地理参考,1994(05).

性能源的来源,长此以往,植被退化以至破坏,导致大量的农业内部能源离开了农业生态系统,使之陷入恶性循环之中。这是目前广大非洲国家农业扩大再生产最主要的限制性因素之一。①

3. 浪费劳动力资源,尤其是妇女劳动力

一个家庭往往占用一个劳动力去砍柴。在撒哈拉以南非洲,每天几乎都是由妇女和儿童花费数小时时间采集燃料。烧柴日益短缺,樵采半径日益延伸,妇女劳动力为了养活不断增多的孩子,无休止地在远处采集薪柴。这一无节制的做法已经使非洲的森林面积减少了1/8。贫困的农民不得不去争抢那点可怜的宝贵资源,加之土地贫瘠减产,人们变得愈加贫困。

4. 人的身体健康受到严重损害

由于妇女儿童花较多的时间做饭,受到生物燃料排放物的危害很大。2004年,荷兰政府组织召开了"能源:可再生能源在千禧年发展目标中的潜在作用(Energy for Development: The Potential Role of Renewable Energy in Meeting the Millennium Development Goals)"大会,会议报告中谈到,世界上大约200万人,包括89%的撒哈拉以南非洲居民以植物作为日常烹饪与采暖的能源。在以植物作为廉价能源的地区,人们的日常活动多以无烟道的室内炉灶或露天式炉火为中心。由于妇女承担了绝大部分包括烹饪在内的家务劳动,母亲和孩子受室内炉火烟雾的伤害程度要远高于男性,烟尘污染引起的呼吸系统疾病发病率很高。② 巧妇难为无火之炊,有的家庭食物半生不熟,甚至是生食,导致肠胃炎和寄生虫病。

图片7-1 埃塞俄比亚木材收集

---

① 姜忠尽. 非洲能源资源的开发与能源供应[G]//非洲经济发展战略. 时事出版社,1986:108-119.
② Valerie J. Brown. 沼气:非洲的新兴能源[J]. 环境与健康展望 ehp(中文版),2006,114(4c).

第二节　解决非洲乡村能源供应的途径与对策

煤油是农村使用最广泛的一种能源,但对贫苦人家来说相当昂贵。对高收入家庭,使用电能是一个好的选择,但低收入家庭无力选择用电。若把国家电网扩到农村,则费用太高。偏远农村常常住着较贫困的人,他们没有能力和方法来改变自身生存状况。国家应统筹城乡能源基础设施建设,推动城市能源基础设施和公共服务设施向农村延伸,鼓励开发多种形式的能源,提高农村的商品能源供应能力,保障农村能源的正常供应。

在现实情况下,非洲国家开发利用可再生能源如水能、太阳能、生物质能等,可能是最适宜的能源,其优点是:运行成本低;不需要什么费钱的燃料运输;在用电的地区发电;改变能源方式不会使环境恶化。[①]

图片 7-2　科特迪瓦室外用木材生火做饭

图片 7-3　马里室内用木材生火做饭

---

① (瑞典)Anders Ellegard. 对非洲农村电力状况的分析[J]. 世界电力,2003(4).

一、生物质能源开发利用

生物质能源主要是指利用植物、农作物秸秆、农牧业生产废弃物、有机生活垃圾等提取能源,如甘蔗乙醇和生物柴油。推广生物燃料和替代能源,可以促进能源多样化,有效缓解高油价给非洲国家带来的巨大压力,有助于实现高油价下的能源自我保护。因此,探索非洲开发生物质能源的途径和对策具有重要的现实意义和长远的战略性意义,不仅有助于解决能源短缺问题,而且也有利于保护生态环境和人们的身心健康。以南非的生物质能利用情况为例,生物质能在南非主要应用于发电、室内供热、乡村沼气、废物利用、开发生产燃料(主要是酒精和植物油)、小型农场的泥炭沼气开发等。南非可再生能源大部分来自燃烧木材。全国生物质能(主要是燃木、木屑、木炭等)占家庭能耗60%。生物燃料是南非生物质能的重要开发应用课题。南非正加紧研发利用玉米、向日葵、大豆、坚果和棉花等农作物制造生物燃料。2006年11月颁布的《生物燃料战略》,提出生物燃料产业的年发展速度应达4.5%,在未来国家可再生能源目标中占比应达75%,国家燃油混合标准规定酒精占8%,生物柴油占2%。国家进一步制定了鼓励用生物质能生产生物燃料减税30%的优惠政策。[①]

1. 建立农村用能薪炭林基地

在缺能较为严重的热带非洲,建立农村用能薪炭林基地可能是解决农村能源供应切实可行的有效途径之一。野生灌木具有耐干旱与瘠薄、速生、易繁殖、生物量大、热值高等特性,因而有着巨大的开发价值。建立灌木林能源基地,制定合理的采伐和更新制度,实为解决农村生活燃料的有效途径之一。例如南非的生物质能主要来自乡村燃烧用木材、制糖业用的甘蔗渣、林业用的纸浆和废纸以及小麦、稻秆和高粱等农作物。目前,作为生物质能的木材和木炭燃料是国内特别是乡村最主要的可再生能源,大量来自人工林木,其比例的67%用于国内家居生活,12%用于工商业。[②]

2. 大力种植生物燃料作物

非洲的自然条件有利于大规模生物燃料作物的生长。发展潜力巨大的有甘蔗、可可、咖啡、橡胶、椰子、麻风树、竹子等。西方发达国家如英国、德国、美国、加拿大、日本积极开拓非洲市场,种植麻风树、甘蔗、橡胶等,生产生物液体燃料。非洲国家也在积极进取。南非把发展生物燃料作为发展可再生能源的主攻方向,已建立生物乙醇工厂。尼日利亚计划建立15家乙醇工厂。[③] 在全球能源供应紧张的背景下,生物柴油已成为一个巨大的产业,棕油替代能源可能是一个合理的解决办法,以减轻

① 许鸿. 挖掘可再生能源宝库南非共和国明确可再生能源发展中期目标[J]. 云南科技管理,2008(1).
② 许鸿. 挖掘可再生能源宝库南非共和国明确可再生能源发展中期目标[J]. 云南科技管理,2008(1).
③ 李荣刚. 种植能源作物开发生物液体燃料[J]. 农业工程技术(新能源产业),2009(2).

工业世界对能源的需求。近期,中国公司在刚果(布)建立了 100 万公顷油棕种植园。至今,大多数非洲国家制订了地区或国家性质的"生物能计划",并且大部分项目在最近几年中已得到实现。主要投资方是外国投资者、国际非政府组织或非洲地方团体。投资模式可分为三大类型。

① 国际化模式:由私人企业领导,依靠国际化背景,大批生产和销售,主要用于出口。莫桑比克是此类模式的典型。

② 小规模模式:家庭承担的农业生产,主要销售于当地市场。马里、布基纳法索、贝宁是典型代表。

③ 合同模式:通过建立合同关系由小农业生产者承担的生产,形成一定产业规模,产品主要内销或出口。马达加斯加为代表。[①]

3. 沼气[②]

非洲具有丰富的农业生物量和森林生物量,据统计,其能源量分别为 2.98 亿吨和 42.4 亿吨,其合计能源量在 55.9 百万亿~795.0 百万亿 Btus(英热单位),占世界 23.6%,仅次于拉丁美洲位居世界第二。对于撒哈拉以南非洲的大部分乡村用户来讲,生物燃料仍然是可供选择的最主要的能源。生物燃料使用中引进的高新技术可以保证稀有生物资源被有效地使用,并且降低其在使用过程中对妇女和儿童产生的负面影响[③]。

农村能源的解决,不能只着眼于商品能源上,而应立足于利用农业内部生物质能上。这就要求处理好农业内部能源平衡与生态环境之间的关系及农业生活用能与生产用能之间的矛盾,尽可能使农业的恶性循环转向良性循环中去,节省下来的作物秸秆可以用作饲料和还田,畜粪可用作肥料以提高土壤肥力、增加产量。

开发利用沼气是提高生物质能经济效益的有效途径。特别是在热带非洲,沼气资源十分丰富,生产不受季节限制,推广简便易行,除解决生活用能之外,还可以提供上好的有机肥料。埃及一户农民,利用两头牛的粪便和作物秸秆做原料,日产沼气 3~6 立方米,除满足全家七口人燃料之需外,每年可得肥料 40~50 立方米,足够 25 亩农田施肥。撒哈拉以南非洲,可运行 15~20 年的沼气发酵装置的费用要低于太阳能电力系统和架设传统电网系统的花费。一份 AGAMA 能源报告估计,在南非有 40 万家庭拥有 2 头以上的牛,但却没有电,这些家庭可以使用沼气发酵装置。这份报告还注意到,南非有 45% 的学校没有电,66% 的学校只有简陋的卫生设施,27%

①　法媒称可再生能源的未来在非洲(法国国际广播电台)[N/OL]. 中国经济网,2011 - 05 - 05. www. chi-nanews. com/ny/2011/05 - 05/3018970. shtml.

②　姜忠尽. 非洲能源资源的开发与能源供应[J]. 非洲经济发展战略. 时事出版社,1986.

③　甄峰,郑俊,魏宗财,等. 非洲乡村发展研究新进展[J]. 西亚非洲(月刊),2006(7).

的学校缺乏洁净的饮水,12%的没有任何卫生设施。沼气装置可以有助于解决上述问题。据 UNDP 全球环境设备数据清单的数据显示,单一家庭使用的沼气发酵装置每天只需要 1～2 头牛、5～8 头猪或 4 个成年人的排泄物作为原料。使用一头牛每天的尿液与粪便就可产生 1～2 千瓦的电能或 8～9 千瓦的热量,一年下来,这仅仅能够满足电冰箱的耗电量。在非洲,绝大多数的沼气发酵装置可以提供足够的能源用于家庭烹饪与照明。① 由此可知,在广大的非洲农村利用沼气具有广阔的发展前景。

自 20 世纪 70 年代末 80 年代初,中国农村沼气技术的发展推广已享誉世界。中国政府经常派出不少沼气专家前往非洲,推广中国沼气技术,包括农户用沼气、大中型沼气工程、沼气发电、城市生活污水处理、建立国家长期实验室、沼气资源调查和制定国家沼气发展规划,以及举办各类管理和技术人员培训班等。

二、小水电

水能资源是一种再生性很强的优势能源,对于矿物能源短缺的非洲国家来说,如能克服资金、技术、材料等方面的困难,大力开发水能资源,不仅可缓解其紧张的能源供应形势,而且可促进其社会经济的可持续发展。撒哈拉以南非洲有两大区域拥有特别丰富的水电资源:从肯尼亚到赞比亚的广大地区以及大西洋海岸线从几内亚到安哥拉的区域。这两个区域拥有将近非洲总水电资源的 60%。非洲水电资源理论蕴藏量估计为 3 876 TWh/年,几乎完全集中在撒哈拉以南的区域,大约有 49% 水电资源被确认为技术上可开发。依照国际水电协会(IHA)说法,非洲水电资源的开发只占技术可开发资源的 7%。由于各地降水和蒸发的差异大,季节性流量不稳定,宜建水电站坝址大都远离主要消费区,直接影响河流的综合开发使用。像塞内加尔河、尼日尔河、沃尔特河和其他河流都有适于修建水电站的地方,但其中只有极少数被利用,修建较小型的水电站很有必要。西非西南部、喀麦隆和比阿夫腊湾的一些岛屿都有充沛的降水和山地,适于发展电力工业。

以刚果(金)为例,刚果(金)全国 98.7%的电力来自水电,总装机容量约为 2516 兆瓦。国家电力公司(SNEL)生产占 96%,达 2416 兆瓦。刚果(金)电力主要由英加水电站供应,该电站有 14 台机组共 1774 兆瓦。刚果(金)拥有丰富的水能资源,全长 2900 公里的刚果河自东向西呈弧形流贯全境,流量每秒 42000 立方米,为世界之最。加上刚果河的许多支流以及其他众多河流湖泊,刚果(金)水能理论蕴藏量 7.74 亿兆瓦时(MWh),其中可开发的水能资源 10 万兆瓦(MW),占非洲的 37% 和世界的 6%。其中,位于刚果河下游的英加(Inga)地段,水电可装机 44000 兆瓦,英加水电站是刚果(金)目前重点开发地区。尽管刚果(金)拥有丰富的水能资源,但仅有 7% 被

---

① Valerie J. Brown. 沼气:非洲的新兴能源[J]. 环境与健康展望 ehp(中文版),2006,114(4c).

开发利用。

此外,在刚果河一些支流上修建了 20 余座小型水电站,共装机 101 兆瓦。[1]

南非的小型水电开发也是可再生能源发展的重要组成,在东开普省和夸那省,具备开发短期和中期应用的多个小水电站(10 兆瓦以下)的潜力,可惜全年雨水较少,影响了南非小水电潜能的发挥。据统计,南非小水电开发潜力达 5160 MW 至 7154 MW,现有大小水电站容量为 661 MW。[2]

小水电的生产规模虽小,但对开发地区性资源,发展地区经济具有重要的意义。从整个非洲情况来看,小国居多,经济落后,技术水平低下,以建设中小型水电站为宜。目前,全球已进入绿色电力时代,小水电因其投资小、见效快,可因地制宜分散开发和就地供电,对环境影响较小等特点。联合国开发署把向非洲农村地区供电当作一项优先发展的战略计划。2005 年正式启动撒哈拉以南非洲农村微小型水电发展与投资项目,由 85 座微/小型水电站组成,容量在 50~200 kW 之间。每个项目至少能使 500 个家庭受益。在小水电建设方面,中国是经验最丰富的国家,十分重视"亚非小水电合作",已通过国际小水电中心在 23 个非洲国家开展了小水电咨询、规划和项目示范活动,说明中国小水电的经验因地制宜地实践于非洲,是大有作为的。目前,非洲小水电(小于 10 MW 的标准)仅占非洲水电装机总容量的 1.5%,远低世界的 5%~6%。因此,非洲需要进一步研究小水电的开发。到 2001 年底,尼日利亚拥有 41 个正在运行的小水电站(小于 5 MW 的水电站),总装机容量是 32 MW。马达加斯加正在运行 11 个小水电站(小于 10 MW),总装机容量 106 MW。肯尼亚有 6 个小型和微型水电站正在运行,总容量 13.64 MW。布隆迪有 27 个小水电站正在运行,总容量 2.93 MW(小于 1 MW)。[3]

马里的水电资源也较为丰富,尼日尔河和塞内加尔河流经马里的大部分地区,境内流经长度分别为 1780 公里和 669 公里,两河常年有水,水电资源丰富。目前马里境内在两河流经之地建有数个水力发电站,全国年发电量为 6.36 亿度(2003 年),电力覆盖范围虽逐年有所提高,但远未达到要求,城市为 16%左右,而农村仅有 1%。由于资金所限,设备陈旧,管理不善,加上技术力量不足,供电部门在扩大电力供应规模的同时,未安排资金进行必要的维护,电力供应经常中断,对人民生活和工业生产造成极大的不便。[4]

① 驻刚果(金)经商参处. 刚果(金)电力资源及供求情况[R]. 2009,7.
② 许鸿. 挖掘可再生能源宝库南非共和国明确可再生能源发展中期目标[J]. 云南科技管理,2008(1).
③ 艾瑞克·古夫,程夏蕾,刘应宗. 非洲水电发展和农村电气化研究[J]. 小水电,2006(6).
④ 马里能源概况。

图片 7-4　马里小水电

三、太阳能[①]

非洲太阳能资源丰富且可用度高,处于世界优势地位。全非洲的年日照时数总量为 3300 小时,每年每平方米的辐射能量为 2475 度电,约为 1.5 桶原油所产生的热能,可见资源潜力之大。太阳能资源潜力以热带草原和沙漠地区为最大。撒哈拉地区每年每平方米可生产 3800 度电,萨赫勒地区和苏丹草原带可生产 2592 度电。以国家而论,摩洛哥、阿尔及利亚、突尼斯、利比亚和埃及太阳能热发电潜能很大。阿尔及利亚的太阳年辐照总量 9720 MJ/m²,技术开发量每年约 169440 TWh。摩洛哥的太阳年辐照总量 9360 MJ/m²,技术开发量每年约 20151 TWh。埃及的太阳年辐照总量 10080 MJ/m²,技术开发量每年约 73656 TWh。太阳年辐照总量大于 8280 MJ/m² 的国家还有突尼斯、利比亚等国。阿尔及利亚有 2381.7 km² 的陆地区域,其沿海地区太阳年辐照总量为 6120 MJ/m²,高地和撒哈拉地区太阳年辐照总量为 6840~9540 MJ/m²,全国总土地的 82% 适用于太阳能热发电站的建设。[②] 太阳能资源在南非得天独厚,南非是世界上太阳辐射最高的国家之一,其大部分地区年平均日照达 2500 小时,平均日照太阳辐射能量在 4.5 kW 至 6.5 kWh 之间,24 小时全球太阳辐射平均值高达 220 W/m²（同比美国大部分地区达 150 W/m²,欧洲达 100 W/m²）,估计其太阳能加热发电潜力可达 43 TWh(1 TWh＝10000 亿瓦/焦耳时)。[③] 截至目前,南非太阳能光电辐射板年安装容量已达 5 MW。

①　姜忠尽. 非洲能源资源的开发与能源供应[G]//非洲经济发展战略. 北京:时事出版社,1986.

②　全球太阳辐射资源分布[EB/OL]. 2011 - 04 - 06. http://wenku. baidu. com/link? url＝0sKzFY4XEasC2aDYaQVzYMDaYluiTH0yAjvuvZYy0jEnQ13UjNTSrfeQ6QMiWMLv1gFI2—HQYbDPx99glsFJcAARj6MBj7teEnGaEgdCzd3.

③　许鸿. 挖掘可再生能源宝库南非共和国明确可再生能源发展中期目标[J]. 云南科技管理,2008(1).

图片 7-5　马里太阳板

非洲在开发太阳能方面,处于小规模的试验阶段,在全世界 15 千兆瓦的太阳能光伏装机总容量中,非洲所占比重甚微(15 兆瓦)。目前非洲的太阳能利用主要集中于农业生产如吸水灌溉和民用如烧水、烧饭、磨面粉等。塞内加尔 1979 年在某村建立了太阳能抽水机设备,每日抽水 5 万公升。尼日尔卡拉奴村于 1979 年建立了太阳能泵站,每小时可吸水 400 立方米,灌溉土地 40~60 公顷。太阳能干燥不仅可以减少丰收后的损失,在价格提高时可以为农民的农产品提供市场。太阳能消毒法为水消毒,可以方便地提供干净的水,减少水带来的病菌,提高劳动力的质量,进而增加农业产出和农民收入。

中国计划在 40 个非洲国家建太阳能发电厂,以便向落后的边远乡村提供电力照明,促进非洲绿色能源发展。欧盟计划经地中海铺设高性能电缆用于传输从撒哈拉沙漠发出的太阳能,沙漠将遍布太阳能发电厂。

尽管如此,太阳能远不能满足乡村居民的生产和生活需要,在非洲大部分国家仅仅用于照明和启动低电压。

四、地热能

非洲的地热能主要集中分布在东非大裂谷带,与环太平洋沿岸地热带和大西洋中脊—地中海—中东—中国滇藏地热带形成世界三大地热资源带。东非大裂谷带由于火山活动产生的地层内蕴藏有温度较高的地热,这一带国家都在积极调查和开发地热能。这一地区热能潜力估计在 1000 万千瓦。东非裂谷地热带包括吉布提、埃塞俄比亚、肯尼亚等国的地热田。除了在板块边界部位形成地壳高热流区而出现高温地热田外,在板块内部靠近板块边界部位在一定地质条件下也可形成相对的高热流区。肯尼亚和埃塞俄比亚是非洲仅有的利用地热发电的国家,大约占东非发电总量的 4%。肯尼亚地热能发电已占发电量的 15%,政府希望 5 年内向国家电网输送 500 兆瓦的地热能电力。

五、风能

非洲风能主要集中于撒哈拉沙漠及其以北地区和南部沿海地区。撒哈拉沙漠及其以北地区,由于大部分是沙漠地形,地势平坦开阔,故而其风速也较大,基本在 6 至 7 m/s 以上。撒哈拉沙漠以南的陆上地区风资源较为贫乏,风速较低,大部分地区均在 5 m/s 以下,部分地区甚至不到 3 m/s,只有南非陆上风资源较好,其风速能达到 7 m/s 以上。非洲南部沿海风速很大,达到 8~9 m/s 以上,中东部沿海风速也较大,达到 6 至 7 m/s,具有较大风资源储量。[①] 据非洲发展银行的研究,毛里塔尼亚的风能潜力几乎是其每年所需能源的 4 倍,苏丹的风能潜力可以满足所需能源的 90%。南非也拥有相当丰富的风力能源,风能丰富地区的平均风速超过了 4 m/s。南非风能估计可达 30 亿瓦,按实际应用的 30% 能源转换和 25% 的发电能力保守估算,可提供至少电力 1.98 万亿 Wh,风能发电潜力十分大,这还不包括海上风能利用。在南非,风能的发展主要考虑利用其沿海地区、高地和悬崖地带建立风场,结合现有的抽水设施实现大规模的风力发电,输送到国家电网中,缓解高峰用电需求;小规模利用风能可结合多种发电组合,比较灵活。目前,最具代表性的风场示范项目主要有开普敦附近的 Klipheuwel 风场和 Darling 风场。由南非 Eskom 公司开发的 Klipheuwel 示范风场主要利用风能进行大规模发电。整个系统年发电已超过 40 亿 Wh,其总容量 3.2 MW,发电负载系数在 20%~30% 之间。Klipheuwel 风场由三台

图片 7-6　南非风力发电厂的涡轮机

---

① 　全球风资源分布统计[EB/OL]百度文库,2011 - 10 - 19. http://wenku.baidu.com/link? url＝cW8c6k_mEuUuiMKykRAtwuDSyX5jTdTma6jN4qdRSP12Cw4dVk0OtwhjJktbQetHepdJsdZJwPVjFdPdPlPYNwRXdVeN6ilW6VSoHnyQT_O

发电机组组成,其中两台丹麦涡轮发电机容量分别为 660 kW 和 1750 kW,一台法国涡轮发电机为 750 kW。第一台机组于 2002 年 8 月投入发电,第三台机组于 2003 年 2 月投入使用。该系统涡轮发电机组发电时,风速为 11 km/h 至 50 km/h;风速为 50 km/h 时,系统达到满负荷工作。位于西开普省的 Darling 风场于 2005 年 3 月投入使用。该系统结构高 50 m,由四台丹麦设计的风力发电涡轮机组成,每台可生产 1.3 MW 电能,其总发电能力达到 5.2 MW。这是南非第一个进行商业化运作,由丹麦政府资助,并入国家电网的工程。该风能发电示范项目开启了公共部门和私营机构成功合作的典范,也是南非在风能利用与开发领域开展国际合作的成功范例。

另外,在人烟稀少的地区如北开普省地区,具有经济价值的小规模风能系统,采用单一风能电池储能或与太阳能光电辐射转化、柴油发电系统混合发电的设备也有所开发。[①]

但是大部分非洲国家的风能资源潜力远没有充分地开发。2008 年年底,非洲风力发电的装机发电能力仅有 593 兆瓦,但近年发展较为迅速,例如,埃及计划到 2020 年拥有 7200 兆瓦的风力发电能力,将可满足国内 12% 的电力需求,摩洛哥的目标是满足 15% 的需求。南非、肯尼亚、埃塞俄比亚都在积极开发风能资源。

六、合理解决非洲乡村能源供应值得进一步探讨的问题

至今,广大非洲农村地区的每户农民最基本的生计困难之一,仍然是解决烧柴问题,乡村发展的重要任务之一,是如何因地制宜地发挥各地的能源资源优势和开展多能协调发展,提高生物质能利用的效率和技术,合理有效地解决乡村能源供求矛盾,保证乡村发展目标的实现。笔者认为有必要探讨以下问题。

① 研究有效利用生物质能源的技术和装置。

研究用更高效、对环境更有利的生物质能利用方式和技术,把生物液体燃料的生产作为重要的能源技术,纳入国家能源生产、管理系统。现阶段,主要开发生物乙醇和生物柴油。科学有效地种植生物燃料作物和科学有效地利用生物质能,提取生物能源,具有现实意义。在生产生物液体燃料的同时,建立自身的市场营销体系。

② 积极探讨中非乡村能源合作领域、合作模式和保障机制。

开展沼气资源调查和制定国家沼气发展战略规划,实施大中小型沼气工程、沼气发电,建立国家沼气实验室等,同时,研究如何能在广大的热带非洲乡村地区推广廉价而简便的沼气池建造技术,逐步改变农民薪柴明火烧饭的传统落后习惯。

③ 研究太阳能应用技术。

开发小型廉价的适用农村居民应用的太阳能装置,如太阳能热水器、太阳灶、太

① 许鸿.挖掘可再生能源宝库南非共和国明确可再生能源发展中期目标[J].云南科技管理,2008(1).

阳房。从长远考虑,中国与非洲太阳能资源丰富的国家建立合作关系,共同探讨大中小型太阳能工程的可行性,建立太阳能实验发电厂。

④ 加强中非在乡村能源领域中的合作,大力开展生物质能和太阳能应用技术的培训,为非洲国家培养专门人才。

⑤ 通过能源分配和税收的自由化,加强乡村小型企业和农业部门现代能源的使用。立法对于推进现代能源在农村的使用非常重要。乡村区域现代能源的分配应该定位于小型企业和农业部门。

⑥ 乡村区域现代能源技术应该重视解放妇女劳动力,使妇女从繁重的砍柴中解放出来,给她们提供其他机会以获得更高的收入。

(姜忠尽　杨益晖)

第八章

非洲传统文化在农村社会转型中的地位和作用

第一节　从文化多元走向文化融合

随着全球政治经济一体化,文化也逐渐呈多元化趋势,而文化身份的认同问题已成为新的历史背景下最重要的话题之一。在中非合作论坛的不断推动下,中非双方在政治、经济、文化等领域已经获得显著成果。然而文化的多元化也带来了负面的声音,文化交流被误读为"文化霸权主义"、"后殖民主义"。为了进一步推动中非合作的可持续发展,让中非文化交流从多元走向融合,必须加强双方文化"对话",必须对文化身份的认同及其重建进行深入的思考。

中国和非洲在政治、经济、文化合作等各个领域取得了长足的发展,双方建立了"政治上平等互信、经济上合作共赢、文化上交流互鉴"的新型战略伙伴关系。目前,中国是非洲第一大贸易伙伴,非洲是中国第四大海外投资目的地。近年来,中国对非洲经济增长贡献率达 20％以上。双方贸易额由 2000 年的 106 亿美元增长至 2008年的 1068 亿美元,年增长率保持在 30％以上。[①] 更值得一提的是,中非双方的文化交流日益频繁,每年都有相当数量的文化代表团互访,涉及科技、教育、经济、文化、艺术等各个领域。越来越多的孔子学院在非洲建立,非洲在华留学生人数也不断增加。文化身份包含了文化认同与文化重建之双重含义。

随着世界经济一体化,跨国界的文化交流也日益频繁,文化的多元化在异质文明之间擦出火花的同时也引发了一系列对文化移民的思考,"文化霸权主义"、"后殖民主义"之说逐渐声起,而越来越多的学者也开始关注文化身份问题。在《多元文化杂交时代的民族文化记忆问题》中,张德明写道:"世界文化正卷入一场前所未有的文化权力之争,同时也正在经历一个不断加速的文化杂交过程……第三世界传统的

---

① 习近平在中非合作论坛成立 10 周年研讨会上的演讲[OL]. 中央政府门户网站,2010 - 11 - 19. http://www. gov. cn/ldhd/2010 - 11/19/content_1748530. htm.

文化和价值观急剧地发生变化,在经济与国际接轨的同时,文化也进入了转型期。"①那么,在这样一个全球化经济高速发展的时代,一个国际资本流动规模与形式不断增加的时代,一个社会经济、生活方式不断同化的时代,我们到底是谁? 跨民族、跨语言的国际交流日益普遍,由此产生的文化身份认同是否会逐渐淡化传统意义上的文化界限? 全球化是否最终会导致民族身份的丧失? 在中非政治、经济、文化合作蒸蒸日上的今天,对文化身份的思考十分重要。

随着文化保守主义的兴起和后殖民主义的衰微,文化身份的认同与重建已经成为一个无法回避的全球性问题。要探究全球化趋势下中非文化身份的认同与重建,首先必须理解什么是文化身份。在《全球化时代的文学和文化身份构建》中,荷兰学者瑞恩·赛格斯(Rien Segers)指出,文化身份具有固有的"特征"和理论上的"重建"之双重意义,也就是说,文化身份已经不仅仅是人们固有概念里某一特定文化所特有的,某一具体的民族与生俱来的一系列特征,同时体现了具有主观能动性的个人所寻求的"认同"之深层含义。② 这一文化身份的概念,在一定程度上打破了我们固有的"民族文化身份"定义里的界限。在当今世界经济全球化的趋势下,文化也逐渐趋于一体化,我们为不同民族文化所定义的文化身份差异变得不再那么明显。在《全球化:文化的生产与文化认同》中,麻国庆将全球化趋势下不同国家、地域和民族文化之间的互动形象地比喻为"文化的生产"与"文化的再生产"。他指出,不同的文化"无意识地传承"传统,在不同的时间和空间背景下,常常为来自国家和民间权威的力量进行着"有意识的创造",利用原有的文化资源和新的文化创造来展示各自的文化特征,形成一种"文化+文化"的现象。③ 因此,在全球政治经济一体化的影响下,民族传统文化不可避免地受到外来文化的影响,或者说传统文化在现代化转型的过程中已经从概念和界限上进行着悄然的转变。

在文学研究、文化研究乃至社会科学研究领域,对文化身份展开的讨论与思考已相当深入。美国著名编剧奥古斯特·威尔逊(August Wilson)在论及美国黑人的身份时,以"我们是谁"的提问来引发对美国非裔黑人生存现状的思考,引导他们正确地认识后殖民主义和文化帝国主义。④ 另一位美国著名非裔作家艾丽斯·沃克

---

① 张德明. 多元文化杂交时代的民族文化记忆问题[J]. 外国文学评论,2001(3):11.

② 瑞恩·赛格斯(Rien Segers). 全球化时代的文学和文化身份构建[M]//跨文化对话(2). 上海:上海文化出版社,1999:90 - 99。

③ 麻国庆. 全球化:文化的生产与文化认同——族群、地方社会与跨国文化圈[J]. 北京大学学报(哲学社会科学版),2000,37(4):152.

④ 黄坚. 从《我是谁?》到《我们是谁》:论奥古斯特·威尔逊戏剧中的美国黑人身份认同》[D]. 华东师范大学,2009:12 - 16.

(Alice Walker)在《外婆的日用家当》中对文化身份的认同与重建也进行了深刻的思考。[①] 在经历了大迁徙、大萧条和黑人权利运动等一系列重大历史变革之后,在非洲文化传统与西方文化的双重意识下,这位非裔作家对自己特有的文化身份产生了前所未有的焦虑。凭借着带有一定自传色彩的《三个女强人》,法国非裔作家玛丽·恩迪耶获得了 2009 年的法国龚古尔奖。这位长着非洲面孔、接受过法国文化熏陶的女作家,通过细腻的笔触向读者讲述了三个非洲女人与法国相关的奇特遭遇。"非洲"、"法国"和"文化身份"共同构成了这部文学作品的主题。毋庸置疑,在当今政治经济全球化的大背景下,文化身份的探寻与重建已经成为探索"民族历史"和发展"国家软实力"的重要课题。

在非洲的传统文化中,宗教信仰占据了很大的成分。对至上神和对祖先的崇拜在非洲传统意义上的社会文化生活中是一个极为重要的部分。16 至 20 世纪,非洲在不断迈向现代化建设的进程中,传统文化因为受西方殖民扩张而受到了冲击,殖民统治、种族歧视、文化流失都让非洲这片土地血迹斑斑。20 世纪 80 年代之后,随着反种族主义斗争的不断开展,黑人的传统历史文化在现代化转型中发生了改变。一方面,民族解放运动的开展让非洲各国人民致力于民族独立运动之中,另一方面,受西方殖民文化和种族歧视的影响,非洲人民受西方思想的影响愈来愈大,对其特有的文化身份开始感到极为困惑。被喻为非洲的"莎士比亚"的尼日利亚作家沃尔·索因卡,深受西方现代诗歌传统和非洲殖民地社会文化现实的双重影响,对自己的文化身份有着令人难以理解的复杂心理。两种不同的文明带给这位"文化的混血儿"的影响是潜移默化的。他的作品往往深深根植于非洲世界和非洲文化之中,但是在进行文化反抗的同时,也表现了一定的悲观主义色彩。

在《从"世界史"到"全球史"》中,杨念群对民族主义进行了详尽的解释:"'民族主义'是相当晚起的一个概念,是随着近代民族国家建立的过程而逐渐确立起来的。一群拥有相同语言、历史经验和认同感的人组成一个民族,成为一个不可分割的单位。"针对文化保守主义,他进一步提出了自己的见解:"这样一种意识由欧洲传播到亚洲等地,一旦落地开花,就好像完全变成了一种当地民族捍卫自身文化资源与历史认同的本土传统思想。更有趣的是,这种'假象'的形成恰恰伴随着反对西方的入侵、捍卫民族尊严的姿态出现的,这真是一个惊人的悖论……非西方民族主义的兴起,虽然表面上与西方帝国主义为敌,在根基层面却受到殖民观念的制约和影响,成为传播西方文明的样本。"[②]

---

① 杜荣芳,胡庆洪. 寻找女性的家园——浅析艾丽斯·沃克的《外婆的日用家当》[J]. 重庆文理学院学报(社会科学版),2006(3):29-32.

② 杨念群. 从"世界史"到"全球史"[M]. 北京:生活·读书·新知三联书店出版社,2011:52.

一味的文化保守主义和后殖民主义显然是可怕的。全球经济一体化让我们面临着新型的多元文化世界格局,在一元文化中寻求发展是不现实的。正如法国作家热·文索诺(Genevieve Vinsonneau)在《文化身份》一书中指出,在这个经济全球化的时代,人们所认定的传统意义上的文化界限变得逐渐模糊,无论是文化还是公民身份都不可能完全分离而独立存在。相反,文化身份已然形成一种复杂的社会现象,既依赖于社会参与者不断地更新创造,也扎根于其传承的历史,并且与这二者碰撞时的社会大环境息息相关。无论在领土、宗教、国家、民族等领域,文化身份都引发了激烈的争论与探讨。人类通过这种自发的,甚至理所当然的一致性,重新定位自己,进而给了人类之所以存在的意义。[①] 如何从文化多元走向文化融合,在相异性中找寻双方的共同点,在民族文化核心价值认同的基础上,批判地吸收与融合外来文化的优秀成果,并以此来谋求进一步发展,在双方文化"对话"中找到新的突破点显得十分重要。杨洪承在《关于中国比较文学研究的思考》中提出了对文化身份、文化立场和文化语境的独到见解:在多重叠合的文化语境中,我们所面临的生存境遇和选择,是要不断探寻适应文化语境变化的新的增长点。必须采取兼容并包与承认差异的文化立场。[②]

综上所述,在中非合作日益频繁的今天,如何重新定义文化身份已成为具有重大历史意义的新课题。我们要学习、理解和尊重非洲文化,尽管其传统文化有其保守的一面,但作为一笔丰富的文化遗产,有其独特性和代表性,且已经渗透于非洲人的日常生活。只有对非洲文化的理解和尊重,中非异质文明才能从多元走向融合,中非合作才大有希望,才能在复杂的国际关系中走向美好的未来。

第二节　非洲传统文化在农村社会转型中的地位和作用

一、南非

南非是一个笃信宗教的国家,同时也是一个宗教多元化的国家。除了非洲传统宗教,世界性的主要宗教在南非都有一定影响,如基督教、犹太教、伊斯兰教和佛教等。南非居民主要有非洲人、白种人、"有色人"(混血种人)和亚洲裔人四大种族。其中,非洲黑人是南非的原住民族,占总人口的 3/4 以上,也是南非的主体民族,分为9 个部族:祖鲁人、科萨人、斯威士人、恩德贝勒人、南索托人、北索托人、茨瓦纳人、聪

---

① Vinsonneau Genevieve. *L'identité culturelle*[M]. Paris:Armand Colin,2002:9.

② 杨洪承. 关于中国比较文学研究的思考[M]. 上海:上海文化出版社,2001:180.

加人和文达人。在所有的南非居民中,白人、有色人的大多数和 60％的黑人信奉基督教新教或天主教;亚洲人约 60％信奉印度教,20％信奉伊斯兰教;部分黑人信奉原始宗教。在多民族、多元化的南非乡村社会中,宗教组织能起到一种协调和凝聚作用,激励有着共同宗教信仰的民族内部产生一种强大的心理因素和精神力量。非洲本土教会作为南非最大的基督新教的宗教组织,广泛分布于城市和乡村,教会的领导人和信徒都是黑人。

自 19 世纪 80 年代白人殖民者完成对班图语非洲人的征服、占领南非 90％以上的土地后,南非黑人被挤压到零散狭小的土著人保留地,传统的部落酋长制度沦为白人统治的工具;1948 年南非政府把黑人分为 10 个黑人家园,企图通过各个黑人家园由自治到独立,从而最终把非洲人从南非分割出去,并为此扶植和利用接受黑人家园政策的部族保守势力,强化对非洲传统社会的控制。新南非实现民主变革后,传统部族领导人的地位仍旧得到承认,但受到宪法的制约,黑人社区酋长专制的传统权力有所削弱,村社土地使用的分配权也不完全由酋长控制,当然,古老的酋长制度在广大农村地区仍有很大影响,酋长们竭力维护原有权力,确立本阶层在南非国家中应有的地位。尽管酋长已逐步丧失其原有的政治地位和权力,但仍然是非洲人心目中德高望重的智者或长者,特别是在黑人传统文化保存较好的乡村地区。在举行有关时令、成年礼、节日等盛大庆典时,酋长是人民的领导者和代表。在南非的班图诸族中,15 世纪就形成了权力集中的酋长领地。

在现行宪法通过之前,南非由于种族歧视和种族隔离政策的推行,宗教自由权利的法律保护范围和力度都存在许多不尽如人意之处。从推行临时宪法起,宗教自由权利的保护获得了更加充分的保障。总的说来,南非政府的政策是不干涉宗教活动,对非主流宗教派别也日益宽容,当然仍有大量规模较小的本土宗教还没有得到政府承认。另外,南非广播公司和对外广播电台设有宗教节目。在政府的推动下,宗教和世俗社会之间的交融进一步加强。在南非,尽管延续了 300 余年的种族隔离制在法律上已宣告结束,但是,社会生活仍然受到种族隔离制遗留问题的影响,白人和黑人文化差距大,贫富差距也难以在短时期内缩小。以大城市为主体的白人南非和以“黑人家园”为主体的黑人南非,是判若云泥的两种天地、两种生活图景。南非白人居住区与黑人城镇反差极大,前者有瑰丽多姿的花园别墅和豪华住宅;而后者简陋的铁皮小屋星罗棋布,多以波楞瓦或铁皮为顶,形似纸盒的简单窝棚,有的甚至用木板和纸板搭成,屋内缺乏基本的生活、卫生设施,住房一家挨一家,单调暗淡,与精致多彩的白人住房形成强烈反差。

南非是一个迷人的复杂综合体,种族众多,社会文化多样,南非黑人传统文化极具代表性的一面。首先是其独立性与封闭性。作为世界文化的重要组成部分,黑人传统文化是一种相对封闭、独立发展的文化形态。南非各民族在自己所处的特殊的热带自然生态环境中,创造发展起了自己有别于东西方的、独具形态的热带大陆黑人文化,近代又经历了白人殖民者的侵略和统治,经受过种族隔离制度的镇压。在这些独特的历史进程与发展过程中稳定和沉淀下来的黑人文化,有着自己独特的文化模式、思维特征、行为方式、心理结构、宗教情感、伦理习俗和价值观念,是黑人存在于世界的独特方式。此外,由于有形的地理屏障和无形的文化屏障,各部落之间、部落与外界之间往往没有足够的经济文化交往和信息沟通。这种与传统部落生活息息相关的黑人文化,具有明显的保守性和封闭性特征。

二、刚果(金)

宗教的多元化是刚果(金)社会的一个重要特征。民族独立后,刚果(金)实行了政教分离的政策,此举受到教会的强烈反对。而传统宗教在争夺权力、控制教育资源或者经济资源方面,并没有对政府提出多少要求。因此,有些传统统治者,即使他们本人是基督徒或者穆斯林,在殖民统治结束后的社会政治秩序中,也反对抛弃传统的政治斗争,认为强调殖民前的宗教基础很有必要。

刚果(金)存在相当多的宗教组织(协会),这些带有宗教性质或者宗教倾向的组织在一定的领域工作,为刚果(金)社会的发展作出了贡献。这些宗教组织有的以医疗、卫生为工作内容,比如帮助乡村居民预防艾滋病;有的则以改善居民生活、发展乡村经济为内容,比如融资、帮助村民修盖房子,从而帮助改善居住条件;有的宗教组织则专注对难民或者灾民的救助。宗教组织的出发点就是通过社会宗教形式,参与刚果(金)的社会发展,以求改变刚果(金)乡村贫穷、饥饿、疾病的残酷现状。同时,为村民提供宗教精神活动的场所,希望通过宗教活动,加强人与人之间的理解和沟通,从而消除各部族之间的频繁冲突。由于宗教生活在社会生活中具有非常重要的位置,宗教的礼仪和习俗在刚果(金)社会中,特别是在乡村社会中得到大家的尊重和重视。无论是传统宗教中的宗教崇拜、祭祀,还是生活中的婚嫁、生育、丧葬、宗教节日庆典,数千年来留下的传统得到了继承,严肃的宗教礼仪得到了尊重。这种对宗教礼仪和社会习俗的继承与尊重增强了部落的凝聚力,使得传统文化的根基更加牢固,从继承和保护文化传统的角度来看有很多好处。

刚果(金)是一个多宗教并存的社会,除了存在传统宗教,还有伊斯兰教、基督教。但是,虽然刚果(金)人皈依了西方两大宗教,传统宗教在社会生活中,特别是在乡村生活中依然是主流。在刚果(金),传统宗教主要体现在祖先崇拜和对神的崇拜。认为祖先看管家园,佑助着家族、部落成员,直接关心和过问着家庭和财产方面的一切事情;他们使后代五谷丰登,六畜兴旺,人丁昌盛,福禄长寿。祖先随时可以来到世人身边,或者说,他们就活在人们身边。传统社会非常敬畏祖先和神灵,并形成了不同的宗教仪式,刚果(金)人的至上神崇拜也是传统宗教文化中的一个重要方面。

在刚果（金），传统的酋长权力在现代权力的执行中具有非常重要的位置。因为刚果（金）的人民大多数生活在乡村，所以他们直接受到传统文化的影响，直接接受酋长的领导。酋长一般拥有精神和政治的双重统治地位。酋长扮演着族人与祖先进行沟通的介质，他的精神威望在传统而神秘的就职仪式上十分明显。酋长的个性特点和人格魅力直接影响着他的精神领袖的地位。从传统权力的角度讲，从酋长拥有的政治权力的角度来讲，他必须担负起为族人创造良好生活环境的责任。他要公正地对待族人，公平地分配领地上的资源，此外，还要担负保护族人安全的任务。所以，酋长拥有武装力量的权力，这种权力得到国家公共权力机构的认可。

以血缘为纽带的部落是刚果（金）传统社会生活的基石。这种社会结构特点，使传统文化具有典型的与部落生活特点相关的独立性和封闭性。部落文化把人们的眼界局限在某一地域、某一部落的狭隘范围之内，通过宗教、神话传说等形式强调本部落的神圣性，强化成员对共同体的认同和情感，强调对部落组织的效忠。部落与外界没有常规性的联系，没有经济的、文化的、人际的广泛交往。刚果（金）部落文化的这种封闭性限制了与外界的沟通和相互了解，加深了不同部落之间的隔阂、怨恨和仇隙。对内，人们亲如一家，互相分享。对外则或消极共处，各部落相互分隔，不来往，不通婚，或相互敌对，兵戎相见。部落文化的这种封闭性和排外性是当今非洲社会部落主义、地区主义肆虐，国家动荡不已的重要文化原因。

到了共和国时代，乡村社会的组织结构和生活模式有了较大改变，特别是颁布了土地法之后，传统社会力量（酋长）希望保持他们对土地，与国家收回对土地控制的意愿发生了冲突。刚果（金）以部落为特征的传统生活模式有几千年的历史，已经形成坚固的文化传统。直到今天，基本的家庭生活体制和文化习俗很大程度上得到了保留。刚果（金）的乡村以集体生活为特征，基本单位是以血缘为纽带的氏族（家庭），几个家庭的联合组成村社。在集体生活中，每个成员都是村社的有效组成部分，有集体劳动的思想，知道自己的义务和责任。

在现代教育兴起之前，黑人各族真正使用文字的范围和程度很有限。文化的传播、保存和继承在很大程度上依赖人们的记忆和口传。口传往往同社会经济与大众生活融为一体，并经过许多代人的传承加工，成为集体创作的产物。由于鲜有文字，文化的传承主要依靠口传和口述，口传的方式会导致传播的信息发生变异，从而具备异质性。同时，由于黑人文化的内容、形式等与部落生活紧密联系，从而产生地域差异。

三、马里

马里是个多民族的国家，共有 23 个部族，其中人口在 10 万人以上的有：班巴拉、颇耳、塞努、萨拉考列、桑海、马林凯、图阿雷格、多贡、博博、阿拉伯、迪亚瓦拉。马里的宗教信仰主要有三种,即传统宗教、伊斯兰教和基督教。信仰伊斯兰教的居民占全国人口的80%;基督教占2%;传统宗教占18%。根据马里1960年9月宪法及1961年1月宪法修正案规定,马里共和国为世俗国家,不分宗教,各民族在法律上一律平等。关于宗教组织和宗教活动,政府规定,宗教组织的建立、传播和集会等必须预先得到内务部的同意。政府还允许普通学校的学生在教学计划以外的时间里,接受一定的宗教教育。对于伊斯兰教,政府颁布了允许两种婚姻制度并存的婚姻法,即多妻制和一夫一妻制并行,在一定程度上保留了伊斯兰精神。对于基督教,允许西方传教士进入马里。

宗教信仰包含着人们对日常需求的态度和满足这些需求的方式。非洲人把这些宗教礼仪看作最高保证,可保证其生存的基本需求和形成其社会秩序的基本关系——土地、牛、雨水、身体健康、家庭、氏族、国家等。这些神秘的准则反映了生存要素的普遍意义。此外,宗教提供着社会本身所不能提供的约束力,提供着靠世俗的约束力所不能维持的道德和法律规范。因此,宗教的礼仪、习俗渗透到马里社会生活中的方方面面,从居民的个人行为、生育文化、青春期文化到婚姻、丧葬、节日文化,无不体现出宗教的巨大影响力。

马里北部沙漠和半沙漠地区著名的游牧民族图阿雷格人中,成年男子个个戴面罩。面罩是用长4米的黑色或白色宽条布缠绕而成。他们用面罩把整个头部包裹得严严实实,只露出眼部的一条缝。这个习俗可以追溯到11世纪,戴面罩不是为了抵挡大风沙,而是代表一种信仰,为了防备一切鬼怪幽灵的袭扰。又如,马里的黑人妇女把黑色看成是吉祥的、最美的颜色。因此,他们有用染料将手、足和牙龈染成黑色的习俗。在节日文化方面,马里有伊斯兰教的重要节日开斋节和宰牲节(又称古尔邦节),还有基督教的圣诞节。当然,在非洲各个传统社会里,在社会生产力水平普遍比较低下的情况下,几乎所有的节日庆典都程度不等地带有宗教性,直接起源于自然崇拜、图腾崇拜、祖先崇拜、部落神崇拜的祭典。

马里农村的土地归国家所有,以酋长控制土地为特征的封建土地所有制已开始解体。延续千余年的西非酋长制,陷入了衰落和解体状态。土王和酋长虽已被剥夺其"天然统治者"的政治地位和经济特权,但人还在,影响犹存。在乡村社会中,酋长的主要职责是主持宗教祭祀,管理内部事务,调解成员之间、氏族之间和部落之间的纠纷等,他们熟悉本族的历史、法规以及各种习俗和禁忌。一些大酋长除办农场、牧场和种植园外,还开工厂、设商店、搞运输、与外资联合经营企业,有的已成为新兴的百万富翁。他们名为酋长,实则为企业家。不少人已发财致富,成了"黑富翁"。

作为凝固的艺术,马里传统民居承载着丰富的传统信息和历史文化内涵,有鲜明的区域性、文化性、历史性和民族性。它以其传统的形式迎合了居民自在的天性,并为之提供了相应的物质环境。19 世纪的法国殖民文化和马里北部地区占统治地位的阿拉伯文化,对马里的文化影响巨大,对马里的建筑风格亦有深刻影响,特别是在平民住宅方面。在马里可以看到三种建造形式:最主要的土制建筑的材料是土坯,被用在所有的土制建筑中,黏土建造的形式分布在国内各个地区;石头建造的形式可在中部和西部地区看到;稻草和动物皮建造的形式出现在游牧民族,尤其出现在北部。至于水泥建筑则出现在殖民者到来的时候。

马里传统民居形式风格多样,每个区和每个民族也各具特点。住宅的形式是以家族和民族为主,住在同一个地区,所有的住宅风格大体一致,能够从建筑形式及其屋顶构架辨认出这些乡村居住环境各自不同的类型。马里农村的房子极为简单,以圆形或方形土墙茅草房屋为主,一般没有木制门窗装置。由于聚族而居,到处可以看到用土砖砌成的一个个小圆屋所围成的院落。在通布图地区,除了圆形土墙茅草房屋外,有的居民还建筑平顶方形和长方形土屋或带有晒台的泥坯楼房而居。总的说来,马里农村住宅内部条件比较简陋,家具较少,居民多就地铺草或羊皮而卧。

作为非洲传统文化内核的传统宗教毕竟是非洲土生土长的宗教,这种孕生于非洲自然人文环境的宗教有悠久的历史和广泛的社会基础。至今,仍然有一些马里人保持着传统的宗教观念:信仰非洲传统宗教的人数占 19%,特别集中在多美人、博博人、班巴拉人中。东北部加奥地区的桑治族信仰荷莱教,其崇拜神叫丁纳神。自古以来,桑治人把荷莱神尊为部落保护神。在南部和东南部塞努福、博索、多贡、班巴拉等族居住地区,当地居民流行多神崇拜,设有供奉多神神灵(其实是各种自然力的化身)的神堂。此外,在马里人中,对祖先的崇拜也很流行。

马里是西非地区的文明古国,中古时代加纳、马里、桑海三大帝国的核心地区,在其乡村社会中也明显集中体现了黑人传统文化的以下特征。马里地处西非中部,除最北端外,全境均属热带,北部为撒哈拉大沙漠,南部为热带稀树草原。马里文化是在赤道热带大陆这种独特生态环境下、在与欧亚大陆各文化保持微弱联系的半封闭状态下发展起来的,近代又经历了法国侵略者的殖民和统治。这一文化的历史进程与发展模式既有人类文化演进的一般属性,又呈现出明显区别于欧亚大陆各种文化的个性特点,是一种独具历史形态与个性特征的文化。马里人有着自己独立的价值观念和精神思维特征。这种价值观念与精神特征构成了马里人存在于世界的独特方式,是马里人对世界、对自己与世界相互关系的独特把握方式。

《松迪亚塔》是全非洲最恢宏的口述史诗,讲述了马里帝国的开国史。当后人根据部落长老的吟唱将这部史诗记录下来时,足足用了 8 万字。这部长诗记录和歌颂了马里帝国开创者松迪亚塔的丰功伟绩。讲述者往往插入自己的议论,让故事更加跌宕起伏、动人心魄。另外,在非洲的广大农村,部落文化并未受到大的冲击,原生的和次生的部落形态如同汪洋大海,仍是非洲社会主要的和基本的社会组织结构。

部落共同体的稳定性沉淀积累下来,逐步转化为某种相对固定的文化心理结构,形成传统文化的成分之一。由自然条件、历史条件和社会文化等多种因素,决定了部落文化作为非洲传统文化的主流绵延至今。

黑人传统文化不仅集中表现在马里乡村社会的规范、伦理道德和节日庆典之中,包括生育文化、儿童期文化、青春期文化、婚姻文化、丧葬文化以及与生产、生活相关的诸多庆典礼仪活动中,也集中反映在其传统宗教信仰之中,包括图腾崇拜、祖先崇拜、自然力崇拜、巫术和占卜、各种神话等,还集中反映在对美的追求之中,诸如雕刻、绘画、人体装饰艺术、口头文学、奔放的音乐和舞蹈等。

在进行现代化的建设中,传统文化的继承和保护问题值得重视。当看到传统文化成为现代化发展的一个影响因素时,酋长制受到了严峻的挑战。但是,仓促取消酋长制的弊端很快就暴露出来,简单地否定过去是不能建立起美好未来的。虽然传统文化有阻碍国家发展的一面,有必要加以限制,但是也要发挥其积极的一面。既要让酋长继续发挥作用,也要让酋长积极参与国家的变革,努力成为国家不可或缺的合作者。

(陈　沁　刘成富)

索 引

N

O

P

Q

R

S

附录一

附图目录

附录二

附表目录

下篇